万荣记忆

历史·经济·文化·人物

畅大成　薛勇勤　主编

山西出版传媒集团
山西人民出版社

图书在版编目（CIP）数据

万荣记忆 / 畅大成，薛勇勤主编.--太原：山西
人民出版社，2015.12
ISBN 978-7-203-09242-1

Ⅰ.①万… Ⅱ.①畅… ②薛… Ⅲ.①万荣县—概况
Ⅳ.①K922.54

中国版本图书馆CIP数据核字（2015）第224991号

万荣记忆

策　　划：李鹏凯

主　　编：畅大成　薛勇勤

责任编辑：席　青　何赵云

出 版 者：山西出版传媒集团·山西人民出版社

地　　址：太原市建设南路21号

邮　　编：030012

发行营销：0351-4922220　4955996　4956039　4922127（传真）

天猫官网：http://sxrmcbs.tmall.com　　电话：0351-4922159

E－mail：sxskcb@163.com　　发行部
　　　　　sxskcb@126.com　　总编室

网　　址：www.sxskcb.com

经 销 者：山西出版传媒集团·山西人民出版社

承 印 厂：山西臣功印刷包装有限公司

开　　本：787mm×1092mm　1/16

印　　张：32.75

字　　数：500千字

印　　数：1-3000册

版　　次：2015年12月 第1版

印　　次：2015年12月 第1次印刷

书　　号：ISBN 978-7-203-09242-1

定　　价：88.00元

如有印装质量问题请与本社联系调换

不能忘却的记忆

——序

我的家乡是山西省万荣县。离开家乡到京都上学、就业、工作已经有 37 个年头了，老家的朋友——万荣县委宣传部长李鹏凯捎来了一本《万荣记忆》的书稿，让我给写个序，现在就摆放在我的面前，这让我感到了一种亲切和亲近。

《万荣记忆》用了六个板块来追溯万荣县历史演变的轨迹，不是那种编年史的体例或地方志的方式，这使得文稿的征集是发散的，而非收敛的，可以尽可能地得到撰稿人的响应与配合，而不会让人变得望而却步，不敢问津。

依笔者看：这六个板块从文字数量上讲，"红色记忆"最充分、最丰满，时间上也最久远；"岁月回眸"与"轶事钩沉"次充分、次丰满，时间上也属中程距离。"纪实连载"与"光影之音"及"黄河涛声"略显得弱了一些。

就"红色记忆"而言，实际上主要写的是我党在土地革命、抗日战争、解放战争时期在原万泉县、荣河县后合并为万荣县的这块大地上的可圈可点的事件，可亲可近的人物。1937 年 8 月，朱老总、彭老总并叶剑英、左权、任弼时、邓小平等率 115 师、120 师从陕西芝川镇东渡黄河来到荣河县庙前村，当时由中共荣河直属支部书记关复东和支委丁皖义负责接待工作，他们安排当地船工千余人和 400 余条木船，摆渡过来八路军大部队，然后分赴抗日前线。这等荣耀在长时期未被发掘出来，对故乡的人们显然是不公平的。"红色记忆"告诉我们：荣河县的党和群众不仅对中国革命总体战略有间接的作为，而且有直接的贡献。

中共"高干"知识分子万荣（时为荣河县）杜村人士杜任之教授与阎锡山在抗日统一战线中的博弈，更让人捏把汗，又让人难以平静。阎老西奉行"二的哲学"，即骑墙政治，所谓"需要就是合法，存在就是真理"。只要他需要，就挂抗日招牌，就行剿共之实；只要能存在，就可以勾结日本鬼子，这使人想起他"在三个鸡蛋上跳舞"的口头禅，而我们的杜先生面对暗箭难防的迫害每每处变不惊、化险为夷，显示了共产党人魔高一尺、道高一丈的斗争艺术及政治睿智。

特别是关于周希汉（解放后任我海军副司令员）旅长1947年4月上旬率领队伍解放荣河县城的战役更是惊心动魄，激烈异常，攻城部队连续两天失败，最后在压倒一切敌人决不被敌人所压倒的英雄气概及缜密严谨的运筹帷幄下，终于获得了胜利，有力地牵制了和分散了胡宗南匪军对延安我西北人民解放军的压力。当然，胜利中也浸透着众多烈士的鲜血与生命。想起自己曾经先后求学五年的荣河老县城，还有如此这般的悲壮而又光荣的历史，不禁对烈士和我人民军队、我人民群众的浴血奋斗的历史肃然起敬，心存感恩。

就"岁月回眸"和"轶事钩沉"而言，包括"纪实连载"的若干内容，实际上主要写的是我党成为执政党以后万荣县地方党组织在建设时期领导当时群众艰苦奋斗的史实纪载。最初是万泉县、荣河县的分设，到合并为万荣县，再到大合并为稷山县，后又到一分为三，恢复成为万荣县、稷山县、河津县，包括晋南专区分设为两个专区行署及县际之间的调整划分，反映了地方党组织在治理国家过程中的认识和实践的曲折与进步。大黄牛基地的促成与最早国营企业——荣河棉花加工厂的建成，反映了我党工作重心由革命向建设、由政治向经济的转型；县级工业体系的规划及万荣人民大礼堂从设计到落成，反映了我们县级基本建设由手工业方式向现代建筑技术的提升。高潮池的初建与引水工程的千辛万苦、千军万马，包括省上凿井队的引进，都体现了党和人民群众的血肉相连，利益与共，体现了党对人民生活疾苦的关切与无微不至的努力，也造成了人民群众对当时我党干部，例如李明、王国英等深深的崇敬与长久的歌颂。汉语拼音及普通话的推广成为全国的一面旗帜，引起毛泽东主席的重要批示及万荣人民大学的创立，显示了党对文化建设的高度重视，也显示出万荣的党群全面建设社会主义的极大热情和积极性。

在这两个大的时代阶段之外，对文革时期的情况也有所反映，包括万荣中学宣传队的活动。1971年的岁月印记：包括北京知青在万荣的先进事迹、王希亮和他的气流清选机及文革后首次省人代会万荣代表团的合影等等，标志着即使在整体动乱的年代，万荣的党组织和人民群众仍在以这样或那样的方式直接或间接地与"四人帮"做斗争，尽可能地维护着一个地方的稳定与发展。

美中不足的是，缺少了改革开放历史新时期的大事件及突出人物，这也许是离今天的人们越近，越不好记载的缘故，抑或是把"记忆"定格在遥远的岁月，暂时还没有能涉及。其实，改革开放也三十多年、接近四十年了，很有必要给它足够的笔墨。否则，我们就会有所亏欠了。但愿在下次修订时，能有所补充。至少，后土祠的修建、地中海的构思、西滩湿地公园的落成以孤峰山上国际滑雪场地的开辟，应该有所反映吧！

笔者在家乡上小学、上中学，回乡务农，担任民办老师，后任大队团支部书记、党支部委员，大队革委会副主任，准备接任大队党支部书记时，参加恢复高考后的第一次考试，有幸被录取到京城求学，是地道的万荣学子，始终有着深厚的万荣情结。读着这部书稿，不仅使我象过电影一样回顾了自己在家乡父老的养育下成长的历程，回顾了乡情、亲情给我的看得见的关怀与看不见但都确实存在着的滋养，而且使我更深遂地了解，这生我养我的地方有着悠长的历史，丰富多彩的风俗民情，栩栩如生、感人至深的各种人物，习近平同志要求我们"记得住乡愁"大概也包含着这诸多元素在其中吧！由此引发笔者思考：我们从这块土地走出来，我们的所作所为能够对得起这块土地吗？能够对得起家乡父老乡亲吗？能够对得起家乡的志士仁人吗？不能说没有做什么事情，但对家乡的眷恋和馈报显然很不够，很不够……一种有愧欠的责任感油然而生。《万荣记忆》应该成为在这块热土上祖祖辈辈生活、生存人们的思念、记载与永恒的乡土乡情教材，应该成为在这块土地上为官一任、为人一生的有否作为的标志和评价平台。

我愿意成为被记忆的元素，也愿意为记忆贡献一点文字。

此为序。

郝振省

2015 年 2 月 23 日

目　录

红色记忆

岁月回眸

轶事钩沉

万荣记忆

among jiyi

纪实连载

光影之音

黄河涛声

红色记忆
HONGSE JIYI

万荣县的第一个党组织、第一个党员

1919 年，反帝反封建的五四运动，促进了马克思主义在中国的传播，1921 年，中国共产党应运而生。追求光明、热爱真理的青年知识分子终于有了组织依靠和精神寄托。当时，原万泉县和荣河县在外地读书的一些青年学生和有影响的革命积极分子，也逐步接受到了马克思主义思想启蒙，通过党的外围进步组织学习宣传革命理论，思考中国的前途命运。

1924 年，第一次国共合作时期，中共太原党小组（后改为中共太原支部）。当时在山西省立第一中学读书的万泉县乌苏村人王占京率先加入了太原社会主义青年团（后改称中国共产主义青年团）后来转为中共党员，积极投身于革命，成为万荣县党史上的第一个中国共产党党员。

1925 年，上海五卅惨案发生后，太原成立了"沪案后援会"，组织举行了五万人的反帝爱国游行示威，发动各界人士募捐支援上海工人斗争。在太原读书的万泉县周家村人周子贞，在参加完省城罢工罢课斗争后返回家乡，并在万泉三高（设在今皇甫乡埝底一带）向学生们进行反帝爱国思想宣传，也组织了学生游行示威，抗议外国势力侵华行为。荣河县各高级小学的教师、学生及县城民众代表随后也召开会议，在武庙内成立了"沪案后援会"，声援上海工人斗争，后土大地反帝爱国运动蓬勃展开。

1927 年初，王占京从苏联"莫斯科中山大学"结业回国。当年 3 月，他和在运城省立第二师范上学的解俊义（即林楠，万泉东丁人，当时为中国共产主义青年团团员）一起回到万泉县，并以中国国民党党员的名义，成立了国民党万泉县党部，以国民党的名义为掩护，在群众中进行反帝爱国宣传，以半公开的方式开展革命活动，动员进步青年加入党组织。这个党部，其实就是万荣县的第一个地下党组织——中共万泉支部（属中共太原地委领导）。同一年，党领导下的群众组织——万泉县农民协会也成立了。

大革命失败后，国民党反动派在山西的右派和阎锡山当局相继都追随了蒋介石，并大搞"清党"运动。1927年7月，左派国民党万泉县党部被查封，王占京、解俊义等人被迫离开万泉县。但万泉县革命斗争的火种并没有被熄灭。在进步青年李哲人、杜思中、张锦辂等人组织下，万泉县学生又以县立三高为中心，继续开展轰轰烈烈的革命运动。1932年，荣河县党组织——中共荣河特别支部（时属中共永济中心县委领导）建立，万泉、荣河两县的革命运动从此翻开了崭新的一页。

黄黎阳

万荣县早期入党的部分共产党员

王占京，万泉县乌苏村人。1924 年，他在山西省立一中读书时加入了太原社会主义青年团（后改称中国共产主义青年团），后转为中共党员。

杜任之，万泉县七庄村人。1927 年 11 月，他经共产党员张楚娟、乔其美介绍，在上海法租界加入中国共产党。

解俊义（林楠），万泉县东丁村人。1930 年，他经原河东特委书记，当时任中共太原市委书记的冯彦俊介绍，在太原加入中国共产党。

曹普，万泉县古城村（今万泉村）人。他经解俊义、阎子祥介绍，在太原小店加入中国共产党，并担任中共山西临时特委委员。

武士俊，原荣河三高学生。1932 年，他在升入运城省立第二师范（后简称运城二师）后，经闫子祥介绍加入中国共产党。

李哲人，万荣籍。1933 年，他在运城二师上学时，经阎子祥介绍加入中国共产党。

赵振帮、王世学、张承志，在荣河县薛吉村当长工。1936 年，他们经河南籍中共党员田园介绍，加入中国共产党。

　　以上这些早期加入党组织的共产党员，虽然多数在外地入党，但他们经常利用一切机会，回到家乡积极开展党的工作。随着 1927 年，中共万泉县支部（属中共太原地委领导）和 1932 年中共荣河县特别支部（属中共永济中心县委领导）的分别建立，万荣县党组织和党员队伍迅速发展壮大。

谢村早期的共产党员

1937年秋天，朱德总司令率八路军北上抗日时，部队曾经路过荣河县的庙前、社南等村，在广大人民群众中播撒了抗日的火种。不久，受河南籍共产党员田园在谢村、薛吉当长工期间秘密向人民群众宣传抗日思想的影响，谢村有了共产党员。最早的是1938年加入党组织的王季白。

八年抗日战争时期，谢村建立的基层党小组和党支部，是晋南地区较早的基层党组织之一。第一任党支部书记当时由王季白担任，后由丁满祥等担任。担任过党小组组长的有王满刚、王满祥等。谢村党支部成员在上级党组织的直接领导下，主要负责秘密传递上级指示和情报，护送来往的革命同志奔赴抗日前线。党支部书记王季白的家里就是当时党组织的秘密联络站（点）。曾任万泉县民主县长的地下党员黄维弟，为了在荣河一带开展党的工作，就曾在王季白家秘密隐蔽了一个多月。为了保障党组织和过往同志的绝对安全，王季白当时还在家中牛院草厦的麦草下设置了可直接通往村外的暗道，以便紧急情况时同志们可以安全转移。

1944年5月，抗日斗争形势日益严峻，环境日益恶劣，加之当时荣河县党内出了叛徒，党组织被严重破坏，上级党组织遂决定将临时驻扎在荣张村王林清家的荣河地下县委机关及时转移。当时安排随同县委机关转移的共产党员中，除了王林清（原名王经缠，化名薛林清，娘家在谢村，荣河地下县委书记杨鹏鲲的爱人）全家人以外，其中还有王森旺（化名石明）、王兴旺（化名马占）、王满纲（化名薛若盟）、丁满祥（化名周旭民）等几名同志，他们都是谢村人。

周旭民等人，护送荣河县委机关及王林清一家，经过运城又北上绕道灵石等地，一路即用辛，最后安全到达了沁源革命根据地，出色地完成了党组织交给的光荣而艰巨的任务。新中国成立后，周旭民等人都参加了社会主义建设事业。其中，王林清曾担任新中国成立后荣河县首任妇联主任，周旭民曾担任了天津市警备区副政委。

黄维弟，1920 年出生于万泉县黄家庄。1937 年加入中国共产党，曾任中共万泉县二区区委书记，中共荣河县委宣传部部长。1945 年 9 月，任万泉县民主政府县长。同年 10 月在猗氏县张白村对敌斗争中牺牲，年仅 25 岁。

田园，河南省濮阳县西门镇人。1938 年，他在担任中共乡吉特委秘书时，以给人扛长工做掩护，在当时的荣河县谢村、薛吉等村秘密开展党的地下工作，发展党员。新中国成立后曾任甘肃省工商行政管理局局长等职。1996 年 9 月在兰州逝世，终年 88 岁。

立虎

朱德同志在万荣

　　1937年七七事变后，抗日战争全面爆发，当年8月底到9月上旬，为了北上抗日，由中国共产党领导的国民革命军第八路军第一一五师、第一二〇师，分别从陕西省芝川镇渡过黄河到达荣河县庙前村，并经过了金鼎、社南、周王等地。当时随大部队渡河的八路军主要领导有：总指挥朱德、副总指挥彭德怀①、参谋长叶剑英、副参谋长左权、政治部主任任弼时、政治部副主任邓小平以及第一二〇师师长贺龙等。

　　部队渡河时，由中共荣河直属支部书记关复东和支部委员丁皖生负责接待工作。万泉、荣河两县牺盟会组织安排当地船工千余人，集中木船400多艘，昼夜运载部队过河。战士们过河后分别被安排在荣河县的周王、社南等村居住，抗日部队受到了万泉、荣河两县各界群众和学校师生的夹道欢迎。9月15日，总部领导朱德、彭德怀等也渡过黄河抵达荣河县，朱德总指挥曾安排住在宝鼎村的潘家玺家中。期间，朱德总指挥还对丁皖生等共产党员讲了当前国内外形势以及共产党领导人民群众北上抗日的决心和信心。在经过通化镇西畅村时，朱德总指挥又住在了村民畅印庆家。告别时，朱德同志还特意与房东畅印庆合影留念。

　　中国共产党领导的八路军北上抗日途经万泉、荣河两县，极大地鼓舞和激发了万泉、荣河两县人民群众的抗日热情。如今，时光已经

---

　　①1937年9月，国民政府军事委员会又将第八路军番号改为第十八集团军，总、副指挥改称总、副司令。

流逝七十多年，当年朱德同志曾住过的潘家玺家，因后来数次遭遇特大洪水灾害已经不复存在。西畅村畅印庆家，始建于清光绪年间，历经 100 多年风雨侵蚀至今尚存，期间并未进行过翻盖和整修，就连砖瓦、门窗都还保留着清代的原模原样。只是当年朱德同志住过的北房最东一间，现在已经由木板床替代了当年的土炕，现代木床与四面墙壁上张贴的画报彰显着明显的新的时代气息，这与多年烟熏火燎的黑色墙壁形成了鲜明的时代差异。

潘启胜　石芳娥

抗战期间的中共稷王山县委

　　1938年3月9日，日寇的铁蹄踏进了万泉、荣河两个县城。为了适应抗日斗争的大局需要，根据稷王山一带地下党组织的基础和工作斗争形势，上级党组织决定在稷王山一带建立中共稷王山县委，直属中共猗氏中心县委（后为汾南中心县委）领导。当时稷王山县委领导着万泉、安邑、稷山、闻喜、夏县等位于稷王山一带的基层党支部，秦居信、李承儒（化名王克义）先后担任县委书记，县委机关驻在万泉县南文村。后因斗争形势需要，又转驻于万泉县的上义、下义村。

　　1939年2月，汾南中心县委书记贾全明（贾学义）携妻薛翠玲和幼女以"难民"身份，住在南文村王树林家，领导汾南各县的抗日工作。为了隐蔽身份，贾全明还在共产党员王民家开了个小杂货铺作掩护，把杂货铺作为汾南中心县委和周围各县委及新军二一二旅内部党组织的联络点。这期间，受汾南中心县委的指示，稷王山县委还在西文村的袁儿沟秘密举办了一期党员训练班，培训党员、积极分子数十人，为当地抗日斗争培养了骨干力量。

　　在稷王山县委的领导下，当时稷王山周围的村庄都建立了农民救国会、妇女救国会、儿童团、自卫队等抗日组织。这些组织在稷王山县委的领导下，开展站岗放哨、掩护伤病员、传递情报、编演抗日剧目、进行宣传等工作，为抗日斗争做出了突出贡献。1939年，新军二一二旅（由政卫一支队改编）驻扎在南文村一带，旅长孙定国受全国抗战形势和部队战士抗日热潮的影响，对稷王山军民的抗日行动一直持支持态度。1940年1月底，稷王山县委决定与孙定国旅长正面接触，商议策反他的队伍。并决定由第一一五师独立支队一大队政委彭之久（彭雪枫之弟）与孙定国谈判，谈判地址就密定在南文村的一孔土窑洞里。

经过一整天的秘密谈判后，稷王山县委与孙定国旅长达成了一致协议，孙定国毅然率7000多名官兵起义，并编入八路军序列。随后，孙定国率部积极参加抗击日寇的战斗，他们接连击败骚扰南牛池等村庄的日伪军，在荣河、巩村、孤山鞍轿坡等地设伏，击毙日伪军60余人，烧毁敌汽车2辆，缴获大批战利品，又数次袭击万泉县日军据点，几次攻打万泉县城，致使日伪军闻风丧胆，长时间龟缩在巢穴不敢出城。

1940年2月6日，根据上级党组织指示，稷王山县委在南文村碑楼堰场召开了近万数军民参加的抗日誓师大会，整个会场军民欢呼，群情激奋，抗日热情空前高涨。会后，孙定国根据上级命令，立即率部到浮山、沁源一带，与薄一波领导的决死纵队会师，奔赴抗日前线。

中共稷王山县委于1938年成立，1940年2月终止活动，历时一年多时间，在河东军民的抗日史上发挥了特殊作用，做出了重大贡献，在党的建设史上也留下了光辉的一页。

运党史

稷王山根据地的"红色医院"

　　抗日战争时期，在稷王山革命根据地，活跃着一支全心全意为抗日军民服务的医护队伍，这就是被人们亲切称为"红色医院"的根据地野战医院。

野战医院的建立和发展

　　1938年9月，山西牺牲救国同盟会（简称牺盟会）将安邑县抗日游击支队与稷王山抗日游击支队合编为晋绥教导第三总队，总队长由孙定国担任。随之，两个游击支队的卫生所也合并为教导第三总队卫生所。1938年冬，教导第三总队又改编为政卫一支队，其卫生所也随之改编为政卫一支队所属医院，由徐振本任院长，吴秉荣为业务副院长。1939年夏，政卫一支队再次改编为二一二旅，医院也随之成为二一二旅的野战医院。当时，野战医院共有50余名医护人员，设有医疗、护理、司务会计三个科室。其中医疗科又包括门诊、住院、药房三个分科，有20人左右。护理科约有15个人，主要任务是搞好临时救治和护理工作。司务会计科主要负责伤病员的伙食管理、经费筹集和后勤事务等。同时野战医院还成立有一个担架连，共计100余人。另外，各连队都配备了卫生员，卫生员的主要职责就是检查和落实战地卫生、食品卫生、环境卫生和伤病员的个人卫生等。

　　在初建三总队卫生所时，药品特别短缺，医疗器械也很少，只有一些零星的药品和纱布、棉球等，就连用来做手术用的三折刀也仅有一个。同时缺乏医护人才，医疗技术也很落后，只能给伤员做一些简

易包扎，以及简单的伤口医治。到 1939 年"十二月事变"时，已成立一年有余的野战医院，医疗器械才开始有所增加，医疗技术有所提高。除了能及时处理好战地救治工作外，还能医治一些疑难杂症，为伤员做手术等。由于药品增加，医院还专门设立了药品库，为了方便出诊，孙定国旅长还让部队给医院配备了六头骡子作为交通和运输工具。

提高医疗技术　多方筹集药品

野战医院的医护人员都是在抗日战争爆发后才参加革命工作的，他们虽有爱国热情，但大多都缺乏一定的医疗技术。当时，在几十名医护人员中，没有一个是正规医护学校毕业的科班生，大家几乎都是通过短期的培训学习后就直接来到野战医院开始工作。因为这些医护人员根本没有战地经历，所以特别缺乏实施战地救护和紧急抢救伤员的常识和本领。于是，为了尽快提高医护人员的技术水平，医院聘请了当时的一一五师独立大队一支队政委、早先当过医生的彭之久（1910年出生在河南省镇平县七里村，烈士彭雪枫的胞弟。1929 年参加革命工作，1947 年 4 月在夏县骆驼湾战斗中牺牲，年仅 37 岁。）为教师，给医护人员讲授医药知识和战地救护要领。又请了当地的老中医为大家讲解中草药的采集和医用处置方法。同时，医院还组织大家进行实地练习，学习如何开展战地抢救和转运伤员。在每次遇到战斗时，医院还都派出医护人员随担架队一起出发，深入到前线配合战斗，抢救伤病员，让医护人员在实践中学习，逐渐提高了医护人员的技术水平。

野战医院在稷王山根据地两年多的时间里，由于日军的层层封锁，上级供给的药品寥寥无几，而想到敌占区购买药品更是困难重重，因此药品奇缺。医院领导和医护人员便想出了就地取材、自筹药品的办法。大家把在稷王山当地采集的蒲公英、远志、菊花等药材经过处理后，配制成了止血药。又用黄檗、地黄等制成了治疗烧伤的药。还学着用土硫黄、花椒水来给伤病员实施消毒。

除了自筹药品外，周围群众也纷纷伸出了援手，他们把自家采集的中药材都无偿送给了野战医院。甚至还有一部分群众把自己冒着危险到外地买回的药品也无偿送到野战医院。

当时有个从外地逃难到万泉县埝底、三管庄一带开药铺的医生叫樊浩然，他怀着对稷王山根据地抗日军民的极大热爱，多次以医生的身份到敌占区去采买药品，然后又冒着生命危险一次一次地把药品送到了野战医院。有一次，樊浩然再次到稷王山送药品，当他走到东坡村的药王庙自然村时，突然遭遇战斗。樊浩然急中生智，从村外的庄稼地里绕行了十几里地，才终于把药品安全送到了野战医院。

一切为了服务伤病员

当年在野战医院里，无论是医务人员还是政工保卫人员，都坚持把"全心全意为伤病员服务"作为工作宗旨。虽说是革命战争年代，但野战医院为每个伤病员都建立了病例制度，对每个伤病员每天的病情都有详细记载，对重伤病员则时刻都有医护人员精心守护。

1939年的夏秋之交，稷王山一带蚊蝇滋生，少数军民感染上了伤寒病，有的感染者甚至高烧到40度，口干舌燥，昏迷不醒。这种病本应及时输液治疗，但因输液用的盐水短缺，医护人员便只好用蜂蜜与菊花浸泡过的药水，一勺一勺地喂到病人的口中。就这样用土办法治疗，前后坚持了一个多月后，终于治好了所有伤寒病感染者，创造了土法上马治疗伤寒传染病的奇迹。

1939年底，由于药品奇缺，孙定国旅长曾使用公文理直气壮地派人到阎锡山司令部秋林去领药，并派了一个营的兵力沿途护送，保障了药品安全到达野战医院。还有一次，野战医院驻地的杏树岭南坡村突然发现有敌人上来，附近群众立即与医护人员一起行动，很快就把伤病员们转移到了沟底的几家窑洞里。敌人来后发现没有人，就对着窑洞打了几枪。孙定国在听到枪声后，立即安排部队行动，机智地把敌人引诱上山，保护了野战医院的安全。

孙定国旅长和旅参谋主任陈捷第（浮山县人，新中国成立后曾任贵州军区副司令员）、旅政治部主任朱佩瑄（芮城县人）等经常到野战医院慰问伤病员和医护人员。每次来到医院，孙定国旅长都要亲手把糖块送到每个伤员的口中。他还指示，要把当时特别缺的猪肉全部送到伤病员食堂，为伤病员加强营养。

稷王山革命根据地的野战医院前后共坚持了两年时间，直到阎锡

山发动"十二月事变"后，野战医院才与二一二旅及部分地方干部一起，转移到了晋东南（沁源）根据地。

回忆讲述：王善学

整理：立木　康强

贾子厚和他的导师杜任之

杜任之（1905.5—1988.11），万荣县人，我国著名哲学家，侨界文化名人。抗战期间，杜任之和山西一些进步人士发起组织了"牺牲救国同盟会"，被选为临时执委会委员，积极开展抗日救亡宣传活动。太原沦陷后，杜任之受命到临汾参与组建抗日民族统一战线性质的"民族革命大学"，并担任教务主任，边教学边宣传抗日，培养了大批抗日骨干。新中国成立后，杜任之先后被任命为山西省人民政府委员、财经委员会委员兼秘书长、山西财经学院院长、山西省商业厅厅长、中国科学院编译出版委员会副主任兼党组书记等职。

这是贾子厚老师和杜任之先生在抗战时期的一段革命情结，我了解之后很有感触。今天把这一段鲜为人知的史实整理出来，对我们认识这位党的地下工作者、马克思主义哲学家杜任之先生和当年追求进步的贾子厚，以及了解当时复杂的社会现状都是很有教益的。

贾子厚北山求学　民九中并不革命

1939年农历正月二十三，十四岁的贾子厚跟着本村的几个同学背着被褥衣物，穿过日寇横行据点，经过一昼跋山涉水，来到了乡宁县北岭村民族革命第九中学。校长王英子因为贾子厚年纪小、文化程度低，不想收他。年幼的贾子厚急得直流眼泪，哀求校长说："我在家整天跑日本，不能念书。我想来念书，抗日，你们一定要收下我。"王队长又说：日本鬼子攻上山，学校就要转移。你跑不动，还是回去吧。带领贾子厚来的永斌见状说：队长，不怕。他家穷，常在山沟打柴，可能跑哩。你让他回去还得我送哩。要不先让他住下，万一不行，有人回汾南时再带他回去。就这样七哀八求，学校领导总算答应让贾子厚暂住下试学一段时间。

贾子厚是万泉县南牛池村人。他五岁时父亲病故，母亲靠给邻村几家财主当佣工养活着他姐妹三人。日军侵占了汾南后，村里学校解散，他便失学了。肚子吃不饱，还三天两头钻山沟跑日本。听进步同学说北山有一所抗日革命学校，贾子厚就苦苦央求母亲，才跟上同村几个伙伴上了吕梁山，希望学点知识，找一条生活出路。

民族革命第九中学是当时国统区第二战区司令阎锡山训练基层干部的一所学校。学生大多来自国统区，约有六七百人。衣食及学习用品全部为供给制，并实行军事编制军事管理。课程开设有语文、算术、政治、军事四门课。每天两次会操，三天一次劳动，即砍柴、推磨等。1939年12月，政治课还讲"抗日救国十大纲领"、"民运工作"，可是到1940年以后，政治课就变成了以反共为主的思想教育。这样看来，民族革命中学当时其实并不革命。

贾子厚有幸认博士　大委员结识小老乡

1942年12月的一天傍晚，校务主任张继光忽然叫贾子厚、杨文荣和任德云三位同学谈话。三个人到了张主任房后，见到了一位身材魁伟、精干英武、穿着灰布棉军装的陌生人，并操着万泉县一带口音。只见他和气地招呼贾子厚他们坐下，亲切地问他们姓名、籍贯和年龄等。张主任介绍说：这位是杜委员，是大教授杜任之先生，万泉县七庄村人。贾子厚早就听说过七庄村杜任之是从法国留学回国的教授、博士、哲学家，现任山西省政府委员，是同志会高干、民族革命大学

二排左起第四为杜任之

杜任之

的教务长。贾子厚便越发肃然起敬，把这位大老乡看作是自己的长辈。张主任说，现在给你们一个学习机会，杜委员要到汾南地区去放赈，想带你们三个去，你们需要在杜委员直接领导下搞一段社会工作。三个学生听了喜之不尽，觉得这实在是求之不得的好事，都愉快地满口答应了。

第二天早上，杜任之和贾子厚等一行七人（当时随行的还有杜的副官徐登州、卫士冯玉旺、秘书姚存仁）从北岭村动身，经马匹峪向汾南进发。傍晚，峪口有三十四军一个团在迎接杜委员。这样在军队掩护下，他们连夜过了汾水，黎明前到达万泉县集义村，第二天便到了三十四军军部驻扎地桥南村（即今万荣西村乡桥南村，当时为稷山县），驻扎在了村里一个三合院内。汾南行署主任兼第八集团军副司令彭毓斌、三十四军军长王乾元等都驻守在这个村。有三十四军最能战斗的六十一团担任警戒，大家都认为一定很安全。

不料，当晚大约一点，有人突然紧急敲大门，卫士冯玉旺隔着门就问："谁？干什么的？"

"查户口，开门！"回答的口气很硬。

冯玉旺说："我们是军部机关，不接受检查。"

"我们奉彭主任命令来检查，不开门我就要动手啦！"他们说着就有人上了房顶。贾子厚他们便拿上仅有的一支冲锋枪、两把手枪和七八颗手榴弹，守护在杜任之房门前和窗户下，做好了战斗准备。冯玉旺刚把大门打开，20多名全副武装的士兵端着刺刀就一拥而进。副官徐登州用冲锋枪顶住他们大声喊道："站住，杜高干叫你们负责人到房里讲话！"

听说杜委员叫他们负责人，又见里边做好了战斗准备，他们这才退出大门，连说：误会、误会！之后急忙撤走了。

杜委员当时就当着大家的面大声斥骂道："彭毓斌这个王八蛋，这分明是给我脸色看。"贾子厚他们这才认识到，三十四军彭毓斌这伙所谓的长官黑心眼还挺多的。

彭毓斌一见日军就溃逃 老大娘满含悲愤诉苦情

一天拂晓，贾子厚他们猛然听见村西沟边有枪声，急忙穿上衣服，抱起行装，拉着马匹就往外冲。这时大家发现日军已进到了村里，他们便顺沟边的小道撤离。平时耀武扬威、号称34军最能战斗的"马团"这时却步步溃退。彭毓斌挥着盒子枪，指着他的团长、营长们大喊："不给我顶住，我杀你们狗头！"一名团长还举枪击毙了几个退逃的士兵，军队这才发起一阵反击，把日军钉在了村里。杜任之率领一行七人便疾步飞驰，一直撤到了新绛的南池村。

到南池村第二天，正是1942年阳历新年，三十四军军部照样猪肉美酒庆新年。宴席上彭毓斌大骂在桥南村担任警戒的三营士兵，并枪毙了一个连长作为新年祭祀。其余营连长们见状，都胆战心惊地端起酒杯，喝下不知是什么滋味的新年酒。

一天早上，有位大娘提篮送饭。当杜任之和贾子厚他们坐下吃饭时，大娘却坐在一旁不住地流眼泪。杜委员难受地放下筷子问道：大嫂，你有什么难事？大娘说：我没有什么难事，倒有一句难听的话。杜任之说：有什么话你尽管说，都是自家人，我家就在万泉县，咱们是老乡，你说对说错都不要紧。老大娘便说："我们村三年来不是管驻军饭，就是日本人来了逃难。我们管饭是为了叫军队打日本，可日本鬼子一来，军队比我们老百姓跑得还快。鬼子走了，军队却比老百姓来得还早。每天三顿饭，我们老百姓有粮没粮，总得叫你吃饱。可是，我们送饭得送到何时？你们什么时候才能把日本鬼子打走呢？"

杜任之听了禁不住唉声叹气，难过地说："大嫂，你应该这么问，可我该怎么回答呢，只好等胜利的那一天吧！大嫂，如果不打走日本鬼子，我吃你的饭感到羞愧呀！"

杜任之放赈救苍生　贾子厚实践受教育

有一天，杜任之把贾子厚、任德云、杨文荣他们召集在一起，宣布说：今天我们要正式开始放赈工作了。地点是稷王山区万泉、稷山、闻喜三县交界处被日本鬼子烧杀过的村庄。你们每人去一个县，配合当地政府查清受害灾民，登记造册。要逐户访问，调查真情，三天内完成任务。贾子厚被分在了万泉县的文村，由一区区长景涛配合。那时，日本鬼子对稷王山抗日根据地实行惨无人道的"三光"政策，被烧杀的村庄一片凄凉，真是触目惊心，房屋被焚为灰烬，连土窑洞都烧裂了。

他们三人按照杜任之指示，深入到每个农户，逐户逐人清查登记，造成花名册。在向杜任之汇报后，文荣、德云当时便请假回家了，只有贾子厚一人还跟在杜任之身边。放赈时，灾民按册点名领取现款，成年人每人十元，小孩每人五元。在万泉、闻喜两县发放时，每到一村都召开大会，按册点名发放。有好多花甲老人领到赈款后，一再叩头谢恩。贾子厚双手扶起他们，眼里也满含泪水。

在回稷王山的路上，配合贾子厚的是三十四军驻稷王山团政治部解主任。半道上解主任从马上跳下来对贾子厚说：小贾，咱们去的云岭和丈八沟都是山区，不安全，你把钱给我吧！贾子厚说：杜委员把赈款交给我带，是让我亲手发的。再说，我紧跟在你马后面，左右又有警卫，不会出错的。解主任又说：你年纪小，丢了不好交代，还是给我吧。他说着跳下马伸手就夺贾子厚肩上的挎包。贾子厚一气之下大声骂道：你们这些人心真黑，见钱就不要脸了。给你，我不去了。说着就把数千元挨号的新票子掷在地上，掉着眼泪扭身回去了。当然，这种不负责任放弃本职工作的做法，杜委员后来在大骂解某人之后，也给予了贾子厚以严厉的批评和教育。

一个月的赈灾工作告一段落后，杜任之回到了吉县。此时已是农历腊月二十四五了，杜任之给了贾子厚一张五元钞票让他回家过年，顺便听听汾南人民对当地军政人员的反映。他们依依挥手告别之后，贾子厚禁不住泪流双颊。这次跟随杜任之在自己的家乡放赈救灾，对他来说实在是感受颇深呀！

小学生勤恳好学习　大教授病中写作勤

1942 年 2 月，贾子厚回到了学校，学校政治部主任董应赞想保送他到"民族革命大学本校"或"青年军教导团"深造。贾子厚不愿当阎匪的官，提出想到当时驻扎在吉县克难坡的省政府跟随杜任之委员学习。早就想结识杜任之的校务主任张继光便顺水推舟满口答应：那很好，我正要到司令长官部学习，我带你去。

次日，贾子厚便跟在张继光的马后，经过两天的长途跋涉，来到了吉县克难坡阎长官部。杜任之先生热情地接待了他，并十分风趣地说：小贾，你愿意跟我当然很好，可我是个有职无权的穷官，没办法给你安排好工作。你就住在我这里吃个卫士粮。我知道你爱学习，就给我当学生吧。我这个留学过法国的大学教员或许能教你这个小鬼学点知识。可你跟着我会觉得委屈的。贾子厚满心喜悦地说：我不委屈，一点都不委屈，能跟着你学习锻炼，那是我的幸运。

从此，贾子厚跟另一名卫士同住在一房，负责为杜任之采办生活用品，清扫卫生，做一些勤务工作。空余时间就学习杜任之给他安排的功课，主要有《社会发展史》《古今诗话》和《阵中日报》等。

杜任之当时主要在南村主持"民族革命政治实施研究院"的工作，负责轮训县级干部（暗中宣传共产党的抗日政策）。每天早上五点半要参加"朝会"，聆听阎锡山或其他高干的训话，并安排当天工作。他白天参加同志会，在省政府集体办公。晚上要参加阎锡山或梁化之主持的高干会议，还要抽时间加班编写研究院所用的教材。

杜任之先生当时已四十多岁，身体瘦弱，面容憔悴，还有肠胃病。伏案写作时，常常要一手按压着肚子，一手执笔，头上豆粒大的汗珠直淌。每当此时，贾子厚便会端一杯热茶放在桌上，关切地说：杜先生，你休息一会吧！杜任之则说：哪能休息，院里还等着教材讲课呢。他病情严重时便请上几天假，爬在炕上用手使劲按住剧疼的腹部，口授提纲，让秘书笔录。经他修改审定成教材书，然后才交给教师上课。

小秘书跟着导师学真理　杜高干秘密为党做工作

经过一个多月的共同生活，杜任之看到贾子厚聪明伶俐、勤奋好学，也能体贴关心人，便对他说：小贾，你一边学习，一边给我当个小秘书。第一，你每天要看报，要把报纸上有关国际国内的要闻摘录下来，在吃饭时给我讲清楚，每周再写一个时事总结。第二，遇到我开会晚上睡得过迟，第二天早上不要叫醒我，由你去参加"朝会"。要记住当天的工作安排，在我洗脸时汇报给我。第三，每个星期天我要系统地学习（其实是学习共产党的文件和抗日政策），写些东西，你把我的房门从外面锁住，然后坐在门前看报学习，不要让任何人打扰我。第四，白天我去上班办公，你就在我房间内读书，有通知或来客时你就记在记事簿上。小贾，我告诉你，我是个办事认真讲求实效的人。但脾气急躁，有时会无名地生气，你要理解我，还得受委屈。这些，你能干得了吗？

我能，一定能干好。你要及时批评我、教导我。贾子厚听了信誓旦旦地说。

这以后，每个星期天便是秘书贾子厚最繁重的工作日。星期六下午他要先到研究院和杨汝桥秘书联系，再到八路军驻二战区办事处王世英主任处取到《新华日报》和其他共产党的文件和资料。星期天"朝会"毕，就把杜先生锁在房内，他则坐在门外值岗学习。当时同志会在克难坡新沟开办了洪炉训练班，参会的县团级军政干部经常利用周日的半天休息时间来拜访杜先生，贾子厚都一一给予婉言谢绝。下午再向杜先生汇报本周要闻和自己的学习收获，接受先生的考察和辅导。

兴奋时老少高唱黄河颂　愤怒中师生大声斥阎贼

五月的一天，杜任之骑着骡子，沿黄河边到几个村视察研究院实施工作。走到奔腾呼啸的黄河岸边上，杜先生非常兴奋，他先用法语唱了一遍《黄河颂》，然后和贾子厚一老一少用汉语大声唱起了《黄河颂》。之后，杜先生问子厚：小贾，你看这黄河、大山和肥沃的农田，有什么感想？贾子厚说：我们祖国辽阔富饶，高山大河宏伟壮丽，四万万同胞勤劳勇敢，可是我们却被小日本赶上了北山，像老鼠一样躲藏在洞里，多窝囊呀！这是为什么呢？

杜先生又问：小贾，你在克难坡住了几个月，有什么看法，有什么想法？你给我说个心里话吧。

贾子厚便大胆地说：杜主任，我有件事想不通。阎长官每次讲话差不多都要提到和八路军打仗，怎么很少说跟日本鬼子打仗呢？他常说国民政府和军委会给二战区粮食少，要大家克服困难，坚持抗战。可他的太太和少爷生活却那么腐化，公馆摆设得那么富丽堂皇，这是什么道理？他一讲话就教育青年干部要联系群众，可他却把克难坡原来居住的群众赶出去，在四周山头修起沟壕、

贾子厚

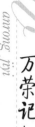

碉堡，岗哨林立，戒备森严，禁止老百姓进来。他一开会就带30多名卫队，前呼后拥把他裹在中间，不要说老百姓，就是一些军政官员也不能接近他，这怎么能联系群众呢？

小贾，你看得很准，也问得很好。杜任之先生笑着说。老阎讲究的就是"二"的哲学，是骑墙政治。他常说，需要就是合法，存在就是真理。只要他需要，就挂抗日招牌，行剿共之实。只要能存在，也可以勾结日本鬼子。讲到这里，杜先生激动极了，谈话声几乎高过大河奔腾的声音。讲完，他又关切地说：小贾，今天谈话只限于咱俩人，可不能说给第三个人听啊。

贾子厚心知肚明杜任之先生是反阎锡山人物，是一名地下共产党员，是位爱国爱民的抗日将士。便又说道：杜先生，我看不惯二战区的腐朽政治和腐败官员。我想和你儿子杜光一样到延安去学习，你送我去吧！杜任之说，杜光是国共合作时期去的。以后看情况，有机会我一定想办法送你去延安。哎，小贾，你这个想法要让老阎的亲信知道了，可是很危险的。这是政治问题，千万要注意。

梁化之怕同僚背后下手　赵宗复教子厚革命真理

七月的一天晚上，杜任之在新一沟参加完洪炉训话会后，和梁化之、席竹虚、李冠群等几个高干一道返回二新沟。当走到两条沟之间的洞口，梁化之突然大喊：站住，枪卸肩，都把子弹退出来。所有其他随从卫士都只得把子弹从枪膛退出，而后梁化之的卫士在检查了大家的枪后，却把他的手枪子弹上膛顶火。梁还把杜、席和李的身上摸了一遍，命他们跟在自己的卫士后边走，并宣布在洞内谁都不准举手，不准说话。梁拉着杜先生的手并肩先进了洞里。大家只好服从命令，跟着自己的首长穿行过洞。

到家后，贾子厚问杜先生：梁化之今天过洞时为什么要那样？杜任之非常气愤地说：发疯！爱捣鬼的人总怕别人捣他的鬼。他怕咱们在洞里杀害他。贾子厚说：你们都是高干，他怎么能那样不信任人？杜先生说：那些王八蛋谁都不信任。贾子厚这才相信下级军官和士兵说得对——山西高干一人一座山，每人有一派。相互之间面和心不和，矛盾重重，钩心斗角，都暗里操着害人之心。他可真为爱国爱民的地下共产党员杜先生担心呀!

1942年8月上旬的一个早上,在洪训班结业的乡宁县长武尚仁向杜任之辞别,杜任之给他说:尚仁,这是我的小鬼,在这里委屈了他,我想让他上你们那儿第二联合中学再深造一下。武尚仁满口答应,贾子厚十分高兴,第二天就背上行李跟在武尚仁马后步行到了乡宁县城。因为他只有初小水平,所以只考了个私费备取生。贾子厚便找到刚上任的九专署专员席竹虚帮忙解决学费。席口头答应帮助,但却只给了他一块多毛票。贾子厚只得打电话求助杜任之先生。杜任之便说:我以后每月供你五元,再多我就拿不出来了。杜任之当时虽身为省府委员,但非常廉洁,所以每月收入很有限。同时他资助的学生和下级干部很多,每月还要靠在大学当教授的夫人李淑青给予经济补助。

12月上旬,贾子厚在转入晋山中学后才吃上了公费。晋山中学教务主任是阎锡山老师赵戴文的公子赵宗复(地下共产党员),他请的教师都是山西教育界的名流,还特别聘请了李菽阴、高来、周力、刘晨暄等共产党人士。在赵宗复主任和进步老师的资助教育下,贾子厚读了《高尔基选集》《鲁迅全集》等中外名著和进步读物,还特别学习了共产党办的一些地下报刊,使他的文化知识和思想修养及革命真理,都有了很大的收获和提高,坚定了跟共产党走抗日救国道路的决心。

阎百川授命杀害杜高干 众君子泣血抗议救任之

1943年冬天一个寒冷的夜晚,赵宗复主任叫贾子厚谈话,他说杜任之先生在孝义被捕了,昨晚已由宪兵押回到了司令部。你有困难找我,别和他联系了。

贾子厚一听这话犹如五雷轰顶,浑身不住地颤抖。唯一关怀他的恩人和导师突遭横祸,他一时真不知道如何是好。

原来杜任之到孝义区当主任时,看到官员营私舞弊,随意加重老百姓的赋税,因而饿死了不少百姓,于是,杜任之在会议上慷慨激昂为民请命,谈了几句正义的话就被走狗反映给了阎锡山,再加上杜任之切断了阎锡山与日本人暗中勾结做生意的财路,阎雷霆大发,立即密令将杜任之逮捕并授意他自裁(自杀)。阎锡山的老师、山西省主席赵戴文以身力保，说："你要杀杜任之，我就跳黄河。"孝义区32位村级指导员也给阎写血书抗议。晋南专员吴晟（吴哲之）亲笔向阎陈其利害。隰县焦县长致信阎为杜任之求情："一家哭，何如一路哭！"

这诸多正人君子的泣血誓保给了阎锡山一定压力，才使杜任之先生免于极刑。后杜任之受赵戴文邀请到山西大学任教授去了。

贾子厚由此看到了正义遭杀戮、爱国爱民抗日人士受惩罚的现状，便对国民党的腐败无能和阎锡山二战区的反动政治极为反感，毅然决然离开了北山，回到了万泉南牛池村家里。1945年6月，通过考试，贾子厚被聘任到万泉二高当了一名教师。

从此，贾子厚和他人生道路上的唯一恩人和革命导师杜任之先生失去了联系，他只有一直默默地、深深地怀念着、祝愿着这位伟大的国际共产主义战士和拥有博大精深思想的博士、教授和著名的哲学家。

马天文

晋威将军姚以价的生前身后事

　　他是辛亥革命的先行者，曾任山西太原起义司令官，并担任总指挥；他是蒋介石任命的陆军中将，却与共产党人过从甚密，并为长子参加地下党活动提供方便，又送其奔赴抗日前线；他逝世后，被国民政府追授为陆军上将，但棺木却一直被寄存于异乡他地，新中国成立后才有幸魂归故里；他青年时期就远离家乡，村人多数都与他从未谋面，但半个世纪以来，乡贤亲友却一再奔走呼吁，要求在家乡为他建立专门的纪念馆。他就是人称晋威将军，现万荣县通化镇西毋庄村人姚以价。

　　姚以价（1881—1947），字维藩，今万荣县通化镇西毋庄村人。因通化镇原属河津县，河津县又有龙门的别称，故姚以价自号龙门。

　　姚以价出身寒门，父亲姚名道一生务农，除耕种几亩旱地薄田外，农闲时间常以木匠手艺走村串巷，为人做工，养家糊口。以价七岁时父母双亡，以价从此跟随叔父姚名魁生活，并在叔父的私塾里学习文化知识。小时候，他就从村人的口中得知，唐朝名将薛仁贵的家乡就是河津。

　　薛仁贵成为姚以价幼时十分崇敬的偶像和立身处世的楷模。因而，从学童时代起，姚以价就尚武好动、酷爱骑射、秉性耿直、豪爽不拘的性格。由于当时的清政府腐败无能，列强弱肉强食我中华，这些在姚以价的心里留下了深刻的伤痛，也更加坚定了他从军报国、浴血疆场的远大志向。

　　幼时的姚以价就显示出了刚正不阿、聪慧倔强的性格。还在私塾上小学的时候，有一年夏天，学堂里苍蝇骚扰，搅得学生们无法安心上课学习。气愤之余的教书先生便以"讨蝇檄文"为题，命学生各作一首讨伐苍蝇的五言诗。姚以价听后口占一绝："拔来三尺剑，逐出几群蝇，为民除大害，不负七尺躯。"虽说是实实在在的口诛笔伐，可姚以价的诗中却提出了拔剑、逐蝇、为民除害的决心和志向，因而博得了先生和学友们的赞扬。

光绪二十八年（1902），停办两年之久的山西武备学堂于当年夏天复办，并在全省招生。血气方刚的姚以价毅然投笔从戎，与阎锡山、温寿泉、黄国梁、荣炳等同期考入山西武备学堂。光绪三十年（1904），山西巡抚张曾奏准清廷，选派50名学生赴日留学。姚以价因品学兼优，考列上等，与阎锡山、张维清等人一起官费留学日本。

旅日期间，姚以价先后结识了温寿泉、李烈钧、唐继尧等激进青年，受反清革命思想的影响和熏陶，曾参与了李烈钧等推翻清廷的秘密活动。

1907年，姚以价留学毕业回国后，在山西督练公所任教，1909年升任八十六标五营管带，后转任八十五标管带，并因其学科术科俱佳、练兵有方，深受上峰器重。山西的六个新军营中，经他亲自训练、管理的就有四个营，在中下层军士中享有很高声誉。1910年，在陆军部会试中，姚以价又因考列上等，被授予步兵科举人、协军校军衔。

青年时期的姚以价

1911 年，武昌起义爆发，山西新军中的革命党人密谋响应。第八十五标二营同盟会会员杨彭龄、张煌为密谋举事的中坚骨干，负责中下层士兵的发动工作。当时，姚以价虽然还不是同盟会会员，但他一向同情革命，思想激进，在新军中又职务较高，声望卓著，因而被杨彭龄、张煌等推为义军司令，姚以价也慨然应诺。

10 月 29 日凌晨，太原起义正式发动。参加起义的全体官兵在太原附近的狄村广场聚众誓师。姚以价神情激越地历

姚以价任起义军司令时发布的告民众书

数了清兵入关、肆虐中华、嘉定屠城的种种暴行，以及清廷腐败无能、外患日深、国事日非、人民生活在水深火热之中的情势等。他在誓师大会上大声疾呼：吾辈身为军人，理当奋起救国，与清廷决一死战，为亿万同胞雪耻复仇。全场官兵群情激奋，同仇敌忾，决心誓死杀敌。

姚以价随即下达了"攻占太原"、"攻打抚署"的作战命令：

一、本军拂晓攻占太原；

二、第一营由督队官苗文华率领，攻打满洲城；

三、崔正着率两队攻占军装局；

四、其余营队随本司令攻打抚署。

接着，他又宣布了四条作战纪律：

一、不服从命令者斩！

二、临阵后退者斩！

三、抢劫财物及奸淫妇女者斩！

四、烧毁教堂及骚扰外国侨民者斩。

　　下达命令和宣布军纪之后，起义部队即兵分三路向省城太原进发。拂晓时分，义军前哨即从新南门（后改称首义门，旧址在今太原市区五一广场）破关而入，直扑巡抚衙门，驱散了抚署的亲军卫队，将巡抚陆钟琦、协统谭振德乱枪击毙。太原起义宣告成功，姚以价为山西辛亥革命立下了不可磨灭的功勋。

　　太原光复之后，各路义军将领及上层人士齐集省咨议局，组成了山西军政府，并推举了八十六标标统阎锡山为都督。为防堵清廷派兵入晋，姚以价被山西军政府委任为东路军司令，率所部民军前往娘子关、固关一带据险设防。

　　当时，清军北洋第六镇统制吴禄贞也系同盟会会员。他奉命率第六镇清兵及曹锟、卢永祥等部由河北保定南下抵达石家庄之后，即借"宣抚"之名按兵不动，暗中却派老同盟会员何遂前往娘子关与姚以价取得联系，由姚连夜电约山西军政府都督阎锡山前往晤谈，共筹大计。双方商定共组燕晋联军，以吴禄贞为联军大都督兼总司令，阎锡山为副都督兼副总司令，截断京汉铁路，直捣北京。后因吴禄贞被袁世凯派人刺杀，燕晋联军遂失败瓦解。清廷便另派张锡銮为山西巡抚，督率曹锟、卢永祥所部三万余人向娘子关、固关一线的义军发动猛攻。

太原首义门

当时，驻扎在娘子关的姚以价所部义军官兵仅两千余人，众寡悬殊，情势危急。姚以价一面派人向太原告急，一面写信给正定镇总兵徐邦杰进行策动，劝其弃暗投明，反戈一击。同时，指挥所部民军奋勇抗击，与清军在娘子关下相持达两月之久。后终因众寡悬殊，力不能支，娘子关失守。

离开娘子关后，姚以价先到武汉，后转赴天津，次年曾一度又返回太原。因姚生性耿介，从不把阎锡山放在眼里，后来在娘子关作战时，又因与阎锡山意见不合，影响战事，所以深为阎所忌恨。此次姚以价返回太原，阎

姚以价的　　　　　姚以价的
陆军上将牌匾　　　上将参议牌匾

锡山虽然一面设宴请姚，另一面却指使其御用文人在《晋阳日报》撰文，攻讦姚以价。同时又组织剧团演出了一个名曰《辛亥革命》的剧目，把姚丑化为一个手持刀片的鲁莽武夫。姚一怒之下，踢翻了宴席，砸了报馆，并将报馆主笔的门牙打掉。而后，姚出城至黄国梁公寓打电话对阎锡山说：我明天要到北京去，与我拿一万两银子来做川资。阎虽然十分不满，但因姚系辛亥革命首义功臣，一时间也奈何不得。再者见驱姚离晋的目的已经达到，遂于第二天亲自带人将银子送到姚处，并假意挽留姚说：我把军务司长和师长的位子都给你空着，你愿干啥都行。姚当即答道：老子绝不在你小子手下干事伺候，旋即离并赴京。

当时总揽清廷军政大权的袁世凯在得知姚以价与江西都督李烈钧交往甚厚后，遂请姚赴赣，以对李加以笼络。姚即借机离京赴赣，并被李烈钧委任为总参谋长。不久，李在江西发动二次革命，姚衔命北上，有所策动，被袁世凯侦知，便屡次派兵搜查其宅第。姚于是复离

京前往云南，策动滇军反袁，并任援陕滇军司令，积极参与以蔡松坡（即蔡锷将军）为首的护国战争。及至袁世凯死后，姚又重返北京。

1924 年，第二次直奉战争爆发，姚以价参加了讨伐曹锟、吴佩孚的活动，被任为山西军讨伐司令官，授将军府晋威将军。1930 年，蒋阎冯大战即中原大战爆发，姚以价又被南京政府任命为国民政府军事参议院参议，受命宣抚山西，在韩复榘、石友三等部从事反间活动，策动韩、石所部包围大同，进攻雁门关，使晋军侧背深受威胁。嗣后，姚被南京政府授予陆海空军总司令部上将参议。

姚以价的长子姚第鸿曾在上海、山东、河南等地上学，广泛接触了进步思想和共产党人，并加入了中国共产党。姚第鸿利用父亲的崇高威望和家庭的特殊地位，积极开展党的地下工作，在姚以价的专用列车上以及有地位的亲友家中，都成了隐蔽党的负责同志和机密文件的地方。一次，山东省政府主席韩复榘和姚以价密谈时，夸耀说他已经侦查到一些共产党的活动情况，姚第鸿在旁闻讯后，立即报告给了党组织，使党的地下组织免遭破坏。

姚以价在觉察到儿子的异常行动后，对姚第鸿说："你如果入了共产党，我也不反对，可韩复榘翻了脸是不讲情面的。"果然，此后不久，韩复榘在姚以价的专列上搜查到了党的秘密文件、传单、刻字钢版和油印机等，并当场抓获了姚第鸿，还说要让其父姚以价进行处理。姚以价表面上决定长期禁闭姚第鸿，暗中却强制将姚第鸿送往日本留学。

七七事变以后，抗日战争全面爆发，姚以价毅然变卖了家中所有资产支持抗日斗争，并让姚第鸿在山东参加了抗日部队。姚第鸿在父亲的感召和影响下，踊跃投身到抗日队伍中英勇杀敌，几立战功，后在山东聊城的一次战斗中不幸牺牲，为国捐躯。

姚以价曾与孙中山先生交往密切，并深得孙中山的赏识。在陕西居住期间，姚以价和中共领导人林伯渠同志也曾频繁接触，关系密切，对中共"捐弃前嫌、团结御侮"的主张极表赞同，因而受到国民党右派势力的疑忌。1941 年 6 月，姚以价被免去了军事参议院参议一职，直到 1945 年抗战胜利后，姚以价又被授予陆军中将军衔。

为了避免遭到蒋介石特务的迫害，姚以价于 1946 年迁往兰州居住。解放战争开始后，姚又回到陕西县，不久因病就医于西安医院，于1947年3月10日（农历二月十八日）病逝，终年66岁。南京国民政府又追授姚以价为陆军上将，并由陕西当局在三晋会馆主持召开了追悼会。会后，在亲友的秘密安排下，姚以价的灵柩暂时寄放在了西安卧龙寺，直到新中国成立后的1951年，才在当地政府的安排下，由亲友将其棺木迁回到故里西册庄村正式予以安葬。

姚以价一生虽然因革命远离家乡，但他对家乡厚土怀有极深的感情。夜深人静的时候，他常常感叹：自己是个少小离家的出门游子，多少年来只想着报效国家，却从来没有机会为家乡父老做点什么。他特别怀念家乡的民俗习惯，尤其是对家乡的蒲剧艺术情有独钟，并对家乡蒲剧的发展和推广做出过贡献。当年二十多岁的阎逢春在蒲剧界虽然已经小有名气，可是在西安这个大世界里却难以得到登台献艺的机会。家乡蒲剧团在来到西安市一个月后，有人来找姚先生说，想让家乡的蒲剧在西安市大剧院上演，姚以价当即表示：一定要通过自己的努力当晚就让阎逢春在西安登台献演。就这样在当天晚上，阎逢春表演的帽翅功、吹胡子瞪眼和提袍甩袖等功夫，征服了在场的所有观众。正是在姚以价的帮助下，古老的蒲剧艺术在西安市和周边地区才占据了一席之地。

春去秋来，寒来暑往。如今，姚以价虽已逝世半个多世纪了，但家乡人民一直视他为骄傲。20世纪80年代，由于种种原因，姚以价的坟茔没能得到整修。如今，家乡父老仍然希望在家乡为姚以价建立一座专门的纪念馆，以永久纪念这位辛亥革命的功臣。同时把纪念馆建成青少年爱国主义教育基地，以大力弘扬姚以价的民族精神和爱国情怀。

林智宏　尉培荣　韩维元

辛亥革命先驱者中的两位万荣人

1911 年，孙中山、黄兴等在推翻清朝专制统治、创立中华民国的辛亥革命中，得到了成千上万民主革命者的鼎力相助，也得到了广大海外华侨、华人和留学生的共同支持。在这庞大的革命洪流中，不乏我们敢为人先、争强好胜的万荣人，其中彪炳千秋的佼佼者，当数姚以价和冯钦哉。

姚以价（1881—1947），字维藩，万荣县通化镇西毋庄村人。由于通化镇原属河津县（今河津市），河津历史上素有龙门之称，故姚以价又自号龙门。

早在 1904 年 7 月，二十三岁的姚以价和二十一岁的阎锡山，与同学们一起扬帆出海前往日本留学。在这艘轮船上至少有 50 名山西籍学生，他们分别来自山西武备学堂、山西师范学堂和山西大学堂。这是山西历史上第一次、也是清政府第六次派出的赴日留学生，共计 260 多人，比前五次派出的总数还多。其中，只有姚以价、阎锡山和张维清三人是由清政府出资的公费学生，其余的都是山西省的公费学生。

在这批学生当中，姚以价显得特别受人瞩目。由于学生们都知道，姚以价的文学功底深厚，军事学科也很有一套，与人交往又常常义气为先。这批留日学生在出发之前曾受到清政府陆军部侍郎姚锡光的反复告诫：要远离革命党。

但是，让姚锡光倍感失望的是，学生们早把他的告诫置于脑后。反而在后来几年来，他们与孙中山领导的革命党越走越近，经常谈论的就是如何革命的问题。姚以价他们的共同认识就是四个字："南响北应"（即南方起义，北方响应之意）。

1911年10月10日，武昌起义爆发后，各省纷纷响应。山西新军中的革命党人也积极参与，姚以价与杨彭龄、温寿全、卫鸿志、张煌等人都是发动太原起义的中坚力量。姚以价当时虽然还不是同盟会会员，但由于他思想激进，坚决支持革命，加上他在新军中职务较高（步兵科举人、军校军衔），声名卓著，因而被大家推举为义军总司令。

当年10月29日凌晨4时，太原起义正式发动，参加起义的八十五标二十一营以及其他广大官兵在狄村广场聚众誓师。姚以价以义军总司令的身份，在会上历数清兵入关、肆虐中华、清廷腐败无能、内忧外患日深、人民生活在水深火热之中的种种事实。姚以价在讲话结束时振臂高呼：吾辈身为军人，理当奋起救国，与清廷决一死战，为亿万同胞雪耻复仇。当时全场官兵听了他的讲演后，群情激奋、同仇敌忾、高呼口号，决心誓死杀敌。姚以价当场下达了"攻战太原"、"攻打抚署"的作战命令和义军行动军纪。

当日拂晓时分，义军在姚以价等人的指挥下，兵分三路向省城太原进发。义军前哨部队从新南门（辛亥革命后改为首义门，旧址在今太原五一广场）破关而入，直捣巡抚衙门，当场击毙了巡抚陆钟琦和协统潭振德，太原起义宣告成功。姚以价为辛亥革命立下了永记史册的功勋。

太原光复后，姚以价因与攫取山西军政府都督的阎锡山政见不合而愤然离开山西。1930年被南京政府授予陆海空军总司令部上将参议，并享有"晋威将军"称号。1947年3月，姚以价在西安逝世（被南京国民政府追授为陆军上将），灵柩暂时存放于西安卧龙寺。直到新中国成立后的1951年，在当地政府的安排下，姚以价的棺木才得以魂归故里，安葬于家乡西册庄村。

冯钦哉（1890—1963），万荣县解店镇南薛朝村人，原名敬桂，又名精一，读书期间曾改名为敬业。他一生中使用时间最长的是他的字钦哉。

1906年，冯钦哉考入运城宏道学校，清宣统元年（1909）又考入山西省立师范学校。在校期间，他接受了许多进步思想，并加入同盟会，积极拥护和支持孙中山推翻帝制、建立共和的革命行动。1911年10月29日，山西新军革命党发动起义前后，冯钦哉积极活动，支持革命，并有幸结识同乡——起义军司令姚以价。

太原起义宣告成功后，为了巩固胜利成果，在姚以价、阎锡山、杨彭龄等起义领导者的安排下，冯钦哉回到了家乡万泉县，当年冬天就组织成立了"万泉县反清独立大队"，并担任大队长。

在清朝统治的200多年中，清政府要求人们效仿满族人的生活习俗，男人们都必须留长辫子。认为只有留长辫子的官员才配作清朝的臣子，留长辫子的百姓才算是大清的臣民。辛亥革命后，革命党人便呼吁人们剪掉沿袭多年的长辫子，支持和拥护革命行动。因此，就连当时的窃国大盗袁世凯，也有剪掉辫子的经历。

虽说剪掉大辫子是当时拥护革命、反对帝制的象征，但在广大普通老百姓的心目中，无论谁当皇帝，他们都还是以种地为生，对剪不剪辫子并不以为然。当年，冯钦哉在回到家乡后，也积极动员老百姓剪掉辫子。但见到家乡的老百姓对剪辫子的号召并不积极响应，冯钦哉又急又气，就决定首先动员自己的家人和亲人们一齐动手，率先剪掉辫子。

"中华民国"刚刚成立月余时间的1912年农历正月的一天，薛里村杨家祠堂的官院戏楼内正在演戏。突然，冯钦哉带领30多名独立大队队员闯开了戏院大门进来，随即又从里面关上了大门。冯钦哉当场下令，让队员们一拥而上，要剪掉戏院内所有男人们的辫子。

但冯钦哉的舅舅家就是薛里村，他舅父杨金彦（其子杨浩林是中共万泉县新中国成立后的第一任县委书记）此时也正在戏院里看戏。冯钦哉见有些队员手持剪刀犹豫不决，迟迟不肯动手，便知道大家是碍于他舅父在场的原因。只见冯钦哉快步来到舅父杨金彦身边，不由分说就剪掉了舅父杨金彦的辫子。其他人见状立刻一拥而上，互相动手，很快就剪掉了所有在场男人们的辫子。

事情到了这一步，戏便也看不成了，大家开始不停地摸着自己的头顶，显得十分惊讶和愕然。杨金彦此时则大声骂道："这成何体统，今后再不要叫我舅父了，我没有你这样的外甥。"冯钦哉此时却一声不吭，但他心里清楚，要彻底废除沿袭了数千年的封建帝制，让中国走上民主共和的道路，剪掉人们头上的辫子容易，而要彻底根除人们心中那根无形的辫子，则还需要任重道远的不懈努力。

　　冯钦哉是早期同盟会会员，曾追随辛亥革命领袖孙中山、黄兴等人，积极投身辛亥革命。他与姚以价一样，都和孙中山关系密切。后参与护国讨袁（世凯）战争、北伐战争和抗日战争，后被国民政府授予陆军上将。1949 年初任国民党华北"剿共"副总司令，与傅作义总司令等一起策动了北平和平起义。1963 年在西安逝世。

尉培荣

红色记忆

惩恶扬善的吴哲之

吴哲之，曾用名吴晟，今万荣县皇甫乡皇甫村人，1947年加入中国共产党，曾从事党的地下工作。

1941年，由杜任之事先推荐，阎锡山委任吴哲之为第二战区战地工作团团长及山西省十五专署专员。

吴哲之上任后，在我党的策划下，他明里应付着阎锡山的征兵征粮、筹措经费等事宜，暗中则为我党壮大地下工作力量、发展武装、开展抗日斗争，做了大量工作。他任用共产党员和进步人士董警吾、王海清以及开明人士王子英、王滑英、赵一白

晚年吴哲之（1978年在中央文史馆工作时留影）

等担任各县县长，大刀阔斧地惩处了一批又一批民愤极大、反响强烈、罪证确凿的坏人，极大地镇压了恶腐势力。而吴哲之本人也以文武双全、平易近人、廉洁朴素、除恶扬善、雷厉风行的形象，得到了当地民众的拥护和称赞。至今还流传着这样的说法，说当年只要吴专员耳听一两次某些坏人坏事后，就会立即派手下人查明真相就地镇压，对民愤极大者还以专署名义发布告示，警示于众。对当地的社会治安震慑很大，建立了较好的社会秩序和政权机构。

1943年，一次，吴哲之在回村视察以工代赈修复皇甫桥工程时，发现一民工老汉仍在工地干活，便上前询问："老人家，你这么大年纪

村里为什么还派你当差呢？"你儿子呢？老汉在听到吴专员问话后急忙跪下，老泪纵横地说："我儿子被政卫营一个姓韩的因为夺妻给暗害了。"听了此话吴非常气愤地说："老人家你马上回去，明天见了村长就说是我吴哲之不让你来了。"老汉听了吴专员的话后起初还有些将信将疑，继而双膝跪地千恩万谢地说："常听说吴专员是青天，今日得见实在是我们全家祖辈有幸啊。"说着老汉早已泪流满面，泣不成声。吴哲之急忙双手扶起老汉说："老人家不必如此，你就放心地回去吧。"吴哲之回到专署后立即派人展开调查。经查，原来是1943年日伪军在对稷王山革命根据地进行秋季大"扫荡"时，十五专署政卫营采取化整为零的办法，分驻在各村开展对敌斗争。期间，政卫营三连排长韩富（一说韩顺）被派驻在现在的林山村尉家岭尉福海家。不长时间，韩富便与尉妻卫改娃勾搭成奸。不久，韩萌生了杀夫霸妻的恶念。一次在卫改娃去北吴村娘家返回的路上，韩富在途中关帝庙处将接妻回家的尉福海用镰刀砍死后逃逸。吴专员听罢案情汇报后，立即派人将凶手韩富及同案人犯卫改娃缉拿归案，在漫峪口村被处以极刑。

吴哲之就是如此坚持秉公办事，惩恶扬善，并敢在太岁头上动土。当年山西省长赵戴的孙子赵德铭在任万泉县警察局长期间，倚仗权势，欺男霸女，无恶不作。赵还投靠日军，追杀共产党人，民愤极大。吴哲之得知后立即下令逮捕了赵德铭，不久将其押往三文村正法，并将其人头先后悬挂于胡村、北吴、袁家等村的门楼上予以示众，民心大快。

国共合作破裂后，毛泽东同志曾亲自口授电文指示杜任之：统一战线不会破裂，蒋阎反动派还不敢公开投靠日本，目前迫切任务是为维护统一战线而斗争，凡可能留在蒋阎阵营的同志必须留下坚持这块阵地。当时，吴哲之一直在梁化之的监控下工作，处境非常危险。但他在此种情况下却毅然坚持加入了中国共产党，大有"大雪压青松，青松且挺直"的革命气魄。

新中国成立后，吴哲之任北京市政府秘书长。"肃反"运动中有人指控他有杀害共产党人的嫌疑，被送往伍姓湖农场劳改，直到1977年才予以平反，恢复工作，按起义人员对待。1982年，吴哲之病逝于北京，安葬在北京八宝山革命公墓。

卫志坚　梁天海

年轻的中心县委书记——贾全明

贾全明，又名贾学义，曾化名靳泉、武华、丁平。1919年2月出生于今万荣县解店镇西贾村。1931年，贾全明由县立第五高小毕业后考入运城私立明日中学。"九一八"事变东北沦陷后，因组织领导该校学生进行反会考斗争，被学校当局开除。1935年，贾全明又考入运城省立第二中学。"一二·九"抗日爱国运动爆发后，贾全明偕同薛罗毅等进步学生，联络第二师范、女子中学等校同学组织了罢课游行，再次被该校以"操行卑劣，不堪造就"的罪名给予开除。1936年，贾全明考入陕西省西安中学读高中。为支援绥远抗日斗争，他与薛罗毅积极筹备成立了"山西旅陕同学会"，同时想方设法筹款寄往抗日前线。同年在"一二·九"爱国运动纪念日期间，贾全明还参加了西安学生举行的向张学良、杨虎城请愿游行活动。西安事变后，贾全明再次和同学们一起上街游行，强烈要求蒋介石"停止内战，一致抗日"。后又加入民族解放先锋队，并担任小组长，赴三原等地开展慰问红军活动。

1937年1月，贾全明奔赴延安，考入了抗日军政大学，开始正式接受马列主义思想教育。同年6月，经鲁滨、温建平介绍，贾全明加入中国共产党。同年8月，又到中共党校进行学习，进一步坚定了他的革命理想和信念。同年12月，贾全明由中共中央北方局分配到乡（宁）吉（县）特委（即地委）任组织干事、巡视员，1938年始，任中共汾南中心县委（原由猗氏中心县委改为汾南中心县委，后又改为汾南工委）书记，负责万泉、荣河、猗氏、安邑、永济、稷山等汾河以南地下党组织和部队党组织的工作，当时年仅十九岁。后来贾全明又带着爱人薛翠玲、女儿秋桂和一名交通员，在万泉县东文村以开设杂货铺为掩护，开展党的地下工作，积极发行我党主办的《新华日报》，广泛宣传抗日主张。1939年冬，贾全明等人带领群众在万泉县组成了"万人请愿团"，并由董警吾任总指挥，抗议伪万泉县长朱一民为阎锡山"拔兵"的行为。阎锡山策划的"十二月政变"被粉碎后，阎又与日本鬼子同流合污，汾南抗日形势急

贾全明烈士

剧恶化，贾全明和部分人员遂以南张户高小教师的身份转入地下活动。1940年春，中共领导的晋南游击队和新四军被迫撤退，中共乡吉特委也因种种原因与上级失去了联系，使斗争形势陷入更加艰难和复杂的境地。受乡吉特委（后称中共乡吉地委）派遣，贾全明于当年7月20日前往延安与中央取得了联系。1941年秋，中共乡吉地委又与上级失去联系，贾全明再次奔赴延安去找党中央，接通了乡吉地委和晋西南工委的组织联系。在从延安返回后，贾全明继续以游商身份作掩护，肩挑货担，游村串乡，通过各县委建立起许多党的联系点，以开杂货铺、药店、诊疗所作掩护开展地下工作。同时还派党的地下工作者打入日伪或阎锡山政权机关进行抗日活动。1942年夏，贾全明利用万泉县七庄村一个中共地下党员家办喜事的机会，召开了中共汾南中心县委所属各县县委负责人会议，研究了如何组织抗日武装力量的问题。

　　1942年，阎锡山和日军勾结，加紧了对共产党员和抗日群众的残酷迫害。为粉碎阎锡山的阴谋，贾全明日夜奔波于各地开展工作。当年7月26日，贾全明步行去今南张乡范村部署党的工作，在路经李家坡时，贾全明和通行的邓志勇不幸被阎锡山的荣河县政府国民党兵团抓捕。起初匪徒们只是为了勒索钱财，后因坏人告密，匪徒们得知了他们的真实身份，便气势汹汹对他们进行严刑逼供，企图追查出

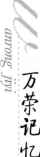

汾南党组织的情况。但贾全明他们忠贞不屈，丝毫没有透露任何真情，用生命保护了党的机密。当晚，阎锡山特务便将二人活埋，临刑时贾全明高呼"共产党万岁！"，遂慷慨就义，时年 23 岁。

我的表兄——贾全明烈士二三事

我的表兄贾全明是万泉县西贾村人，他是我舅舅的三儿子。1942年7月26日，时任中共汾南中心县委书记的他在去万泉县范村部署党的工作途中，路过李家坡时被阎锡山荣河县政府国民党兵团抓捕，虽遭到严刑逼供，但他始终忠贞不屈，当晚便遭阎锡山部特务活埋，临刑时高呼"共产党万岁"，当时年仅23岁。

而今虽已时过多年，但我与全明兄的一些往事，仍时常萦绕在我的心里。

1940年初秋的一天晚上，正是掌灯时分，全明兄风尘仆仆地来到我家，母亲（我母亲是全明兄的姑姑）急忙为他准备饭菜，只见他随便吃了一些就要告辞离去。我当时年龄尚小，多日不见全明兄，真想让他在我家里住上一晚，听他讲一讲外面的新鲜事情。可是，见全明兄双眉紧锁、心事重重的样子，我也不敢再多说什么。后来才知道，那次全明兄是受党组织派遣去延安与党中央联系，以接通乡吉地委和晋西南工委的联系。为了保密，全明兄从延安归来后，不便直接回西贾村，就先到我家吃饭休息，然后再连夜离开去安排工作，难怪他当时总是那样来去匆匆。

1941年初春的一天，全明兄和我到解店赶集。我俩驾着牛车来到解店，先买了一些东西，然后全明兄就把牛车赶到一个比较僻静的地方，嘱咐我看好牛车和东西，说他有点事要离开，一会儿就回来。我当时坐在车辕上，只见全明兄小心翼翼地进了一家药店，大约有半个时辰的工夫，全明兄才提着一包草药走出了药店。我问他是给谁抓

红色记忆

的药，他说这药是不能喝的，你现在还小，这些事你以后长大了就会明白的。后来我才知道，那天全明兄去的药铺实际上就是一个党组织的秘密联络点，赶牛车上会、进药铺抓药都是为了掩护他的革命行动而已。

全明兄在稷王山革命根据地开展工作时，经常以游商的身份来往于村村巷巷。有一次他从稷王山来到我家就是担着一担核桃来的。我当时并不知道这是为了作掩护用的，只是一直问全明兄核桃是从哪里买来的，贩一次能赚多少钱。全明兄回答说："挣钱多少都不要紧，你想吃就吃吧。"听了全明兄的话，少不更事的我抓起一把核桃打着就吃，引得全明兄和全家人都笑了起来。

全明兄牺牲时我只有十岁左右，他从事的革命工作我还不能完全理解，只是跟着爸爸妈妈为他的永久离去而哭泣不已。直到 1945 年日军投降、1947 年万泉县解放，我才真正理解了全明兄一生的所作所为。他完全是为了党和人民的事业，为了民族独立解放和共产主义的伟大事业，献出了自己年轻而宝贵的生命，他的死比泰山还要重。新中国成立后，党和政府追认全明兄为革命烈士。几十年来，全明兄的革命英雄事迹也一直激励和鼓舞着我。1949 年 3 月，我毅然报名参加了中国人民解放军，1957 年听从祖国召唤，参加了抗美援朝战争，转业后又一直从事救死扶伤的医生职业，直到 1984 年光荣离休。

李英才

父亲杨鹏鲲烈士光荣牺牲七十多年来，在我心头一直萦绕着许多——

刻骨铭心的记忆

我的父亲杨鹏鲲出生于 1914 年农历十月初九，曾担任中共荣河县地下县委书记，山西新军二一二旅五十六团政委。1940 年在沁源县抗日对敌斗争中不幸负伤，因遭遇隐藏敌特医生暗害而牺牲，时年 27 岁。

父亲牺牲后的七十多年来，有许许多多的人和事一直留在我的记忆里，让我刻骨铭心、终生难忘。

杨鹏鲲在运城上中学时留影

全家转移

自从父亲秘密参加地下党组织加入抗日斗争队伍后，受父亲的影响，我家有不少亲戚朋友也都先后走上了革命道路。由于父亲在抗日斗争中的英勇表现，引起了驻荣河县日本鬼子的疯狂报复，日本鬼子曾多次对我家亲人们进行了恐吓和突然袭击。尤其是父亲在担任中共荣河地下县委书记和二一二旅五十六团政委期间，荣河县委机关就迁驻到我家，日本鬼子对我家的报复更是达到了无以复加的地步，他们曾几次指使伪军或买通土匪放火烧了我家的房子。后来，根据上级党组织安排，父亲就转移到了沁源县对敌作战。

1944 年春，地下党组织为了我们的安全，安排我们全家也向晋东南根据地转移。但由于当时特殊形势，我们只能避开敌占区，绕道至晋中的灵池、富家滩等地再折回向晋东南走。地下党组织领导张铁民（时任汾南中心县委书记）、郭兆英等，对我们全家转移根据地的事提前做了周密的安排。当时我们家共有奶奶、姑姑（杨玉清，化名林泊）、母亲（王林清）、姐姐（杨婉莺，化名王瑛）和我五口人。而那时候距父亲牺牲在沁源县，已经有三年多了，但党组织和我的母亲及姑姑，一直强忍着悲痛不敢对我奶奶提起。

在这次转移中，地下党组织安排了周旭民（党内化名王满祥，新中国成立后任天津市警备区副政委）、王森旺（党内化名石明）、王兴旺（党内化名马战）、王满纲（党内化名薛若盟，他们四人都是荣河县谢村人、地下党员，又都是同学，多年来我们一直对他们都以舅舅相称）与我们一起向晋东南根据地转移。因为我当时只有三岁，所以一路上都是他们四个人轮流背着我走。我们从家乡荣张村出发，沿路经过临晋县后到达运城。

在运城火车站，接待我们的地下党同志早就在那里等候多时。起初，母亲在与他们接头时，由于双方约定的暗语有误，造成了接头失误。后经过母亲再三回忆，重新确认了准确的接头暗语，同时又调换了一名负责人证实后才接上头。然后在地下党组织的精心安排下，我们又从运城出发向目的地走去。

杨妙莺在沁源县烈士陵园纪念碑前

经过几天几夜的长途跋涉，我们翻过了一座座的大山，因为怕口音不同引起不必要的麻烦，一路上也不敢和任何人搭话。在经过灵石县时，由于日本鬼子的袭扰，我们还在富家滩一带滞留了一段时间，期间仍然不敢和任何人说话。这样在不知过了多少天后，才总算到达了晋东南革命根据地沁源县。

虎口脱险

我们在根据地待了两年多的时间，期间，日本鬼子投降。再到1947年初，荣河县和晋南许多县一样都解放了，我们便又从沁源县回到了家乡荣张村。这时候还是解放初期，国民党残余势力和一些土匪劣顽仍在荣河一带有所活动。

我父亲在荣河县工作期间，不仅是抗日斗争的先锋，而且对一些地痞恶霸也予以沉重打击。所以，残留在荣河一带的残渣余孽仍然是人还在、心不死，他们多次利用晚上夜黑蒙面对我家进行报复骚扰。有一次，已经是深夜时分了，突然，几个蒙面人带着武器强行闯入我家，见我和姐姐还年幼就去抓大人。由于姑姑躲避不及，被蒙面人抓住就往门外拖拉。

在十分危急的情况下，奶奶赶快跑到隔壁的农会报告情况，农会干部急忙召集民兵持枪追赶。由于不知道蒙面人是从哪条巷道逃跑的，农会干部便急中生智，命令民兵爬上房顶向村里的四个方向都连续开枪示警。据姑姑后来讲，蒙面人在听到村里的枪声后吓得惊慌失措，不知所以，于是她乘机逃脱，跑进了旁边一块麦地，又爬上了一棵一丈多高的桑树。在蒙面人逃远后，她稍微镇定了一下，才下树来选准县城方向不顾一切地向前跑。当时，荣河县领导和县大队的武装人员在听到枪声后也四处察看动静，这才发现了正慌忙中奔跑的姑姑。

就这样，姑姑在十分危急的情况下逃脱了虎口，随即被荣河县领导安排住在了荣河县城。后来，在党组织的安排下，我们一家也离开荣张村，在荣河街上的一个亲戚家住了下来。

沁源寻亲

父亲在沁源县牺牲，我们怕奶奶知道后心情承受不了，因此一直瞒着奶奶，对于父亲牺牲后的安葬地点也一直不敢公开打听。1956年奶奶去世时我正在上高中，当时按照村里的习俗安葬奶奶，都是由我以孝子的身份代父亲暖窑、顶盆、填土、谢孝等。

后来，我和姐姐一个去了四川成都，一个去了广东广州，距离家乡实在是太远了。但是我们姊妹俩以及家里的其他亲人心头总有一个心结，那就是寻找父亲牺牲后的安葬地点和相关信息。可由于时间太过遥远，我们都感到一时无从着手。

1997年清明节前，我从广州回到了家乡荣张村。村里有个叫杨子生的人忽然找到我说，这几年他在沁源县做生意，一个偶然的机会发现沁源县的烈士陵园纪念碑上有我父亲的名字，包括姓名、籍贯、职务以及牺牲的时间、地点等相关信息。这条消息让我十分兴奋，我连夜找到以前的同学周稳重女士说明了情况，稳重也十分高兴，表示愿意和我一起到沁源去。

第二天一早，我和周稳重就带着杨子生为我们画好的路线图从荣张村出发，途经运城转至长治，然后到达沁源县。在和当地民政局联系后，我们又向不少老年人打听了相关情况，并根据他们提供的线索，最后在距离沁源县城20多里地的一个小镇上找到了父亲的安葬地，它就在一个山坡上的高崖边。据当地老年人讲，当时这条崖的土堰上一溜排开挖了不少简易窑洞，每个窑洞里都临时安葬着一位烈士，每位安葬烈士的窑洞顶上都有两块砖，记载着烈士的姓名和相关信息。但由于年代久远，现在这条土崖的具体位置已经很难确认了。

这样的情况虽然令我们感到有些失望，但站在人们所说的大概位置上，我们仍久久不愿离去。幸运的是我们在沁源县的烈士纪念碑上总算找到了父亲的名字和相关信息，虽然籍贯一栏把荣张村写成了"北张村"，但其他诸如姓名、职务、牺牲时间等都写得准确无误，这让我的心里有了很大的安慰。终于，我们找到了父亲的永远安身之地，从一定意义上说，也应该是不虚此行了。

回忆讲述：杨妙莺（杨鹏鲲烈士的二女儿）

采　　写：尉培荣

追忆母亲王林清

王林清（左一）一家摄于 1947 年冬。左二为杨妙莺，左三为杨鹏鲲烈士的母亲，左四为杨婉莺，右一为杨鹏鲲烈士的胞妹杨玉淑

  人们大多只知道我的父亲杨鹏鲲烈士的英雄事迹，其实，我的母亲也是一位英勇抗战的中共地下党员，她为革命事业做出的无私无畏的奉献，也是值得永远载入史册的。

  母亲原名王经缠（向晋东南根据地转移时化名王林清），受父亲进步思想影响也加入了中国共产党，并积极发动群众宣传抗日救国思想，开展反对内战等革命活动。小学文化程度的母亲不但自己努力学习，还组织周围人学习，如我的姑姑、姨姨、舅舅、表姨，等等。她还教孩子们念会了不少抗日顺口溜，我记得最熟悉的有：

东北沦陷"九一八"事变，"卢沟桥事变"七月七日爆发。

当年地下党荣河县委机关转移到我们家时，母亲总是竭尽全力协助革命工作。从活动场地、需用物资、过往人员的吃住及安全保护，到分发学习资料、运送枪支弹药、联络人员、组织学习等无所不做。当时为了掩护地下党县委机关活动，党组织曾专门为我们家做出了一系列安排和考虑。一是安排地下党员及先进分子在我家当长工；二是开药店方便地下党人联络，避免人来人往引起注意；三是请人在我们家教授养蜂方法，以方便工作联络。

因此，我们家总是长工不断，有时一个，有时两个或更多。我记忆中有李长发、王四娃、海朝、周东发、黑窝等；药店的长工有杨占明、狗娃等；常来往的人有坡上的贯之、坡下的天曾、师村的余振其兄弟等。他们实际上都是在党组织的安排下，以这些身份做掩护从事地下工作。余振其当时还是日本鬼子身边的"皇协"（即在日本鬼子身边工作的中国人）。

新中国成立后，母亲曾担任荣河县第一任妇女联合会主席，之后回村照顾我瘫痪在床的奶奶多年。而我和姐姐杨婉莺（即王瑛）一个在成都参加工作，一个在广州参加工作，对晚年的母亲都没有很好地尽到应有的孝心。

1981年，母亲永远地离开了我们，烈士父亲的贤妻、我们的好母亲、党的优秀女儿，怀着对党的满腔忠诚，走完了她无愧于亲人、家人，更无愧于伟大的党、伟大祖国的一生！

回忆讲述：杨妙莺

整　　理：立　木

秦中科烈士一家

在万荣县的八年抗日战争史上，秦中科烈士是一位可歌可泣的抗日英雄。

秦中科，1914年农历三月二十三日出生，是今汉薛镇东文村人，他出身于一个贫苦农民家庭，家中姊妹三人，秦中科排行老大，有一个弟弟和一个妹妹。

关于秦中科的出生年月，此前有不少书报杂志的说法很不统一。我们通过在东文村的实地调查了解，同时，今年已经七十五岁的秦中科的大女儿秦聪慧也对我们十分肯定地说，母亲和叔叔

秦中科烈士遗像

在世时就经常告诉她，父亲牺牲那年她只有虚龄8岁，而她出生于1937年，父亲秦中科那时23岁。这样看来，秦中科应该出生在1914年。

东文村现在还有不少已经80岁以上的老人，对秦中科当年积极组织抗日游击队，经常出其不意袭击日本鬼子，在抗战中英勇杀敌的英雄事迹至今耳熟能详，其中不乏许多感人至深的故事。

一位英勇坚强的抗日勇士

秦中科出身贫寒，迫于生计，他的父亲十四岁时就到临猗县三管庄一家肉铺当徒工，后来被阎锡山军队抓了壮丁后不幸死亡，致使家庭生活更为艰难。秦中科从小目睹日本鬼子的种种暴行，家仇国恨使

他更坚定了参加抗日斗争的决心。在当时山西新军二一二旅旅长孙定国及广大官兵的启发下，又在当时中共地下党员、抗日游击队队长秦尚武等人的影响下，秦中科不仅光荣参加了地下党组织，而且按照党组织的指示，坚持在十里文村一带秘密发展抗日游击队队员，并担任了分队长职务。

根据当时抗日斗争形势的需要，秦中科与游击队队员一起经常是白天下地参加劳动，晚上组织行动袭击敌人，使驻扎在万泉县的日本鬼子闻风丧胆。他们不仅利用稷王山一带的有利地形开展游击活动，而且经常深入到万泉县城和孤峰山一带，在大路旁伏击日军炮楼附近的布兵。由于秦中科本人自小营养不良，从来没有长出过头发，日军驻万泉县司令部曾多次发出通缉令，悬赏捉拿"秃头"游击队队长。但秦中科非常机智勇敢，加上有广大群众的掩护，每次都安全脱离险境。1943 年，上级安排秦中科担任了猗氏县（今属临猗县）警察局中队长。1944 年 5 月，猗氏县警察局改编为汾南人民抗日游击支队（简称汾南支队），秦中科担任了第一中队长。1944 年 11 月，汾南支队奉命转移，途中在夏县黄土沟与 3000 多名日军突然遭遇，秦中科和队员们迅速登上山头，占据有利地形，用步枪、机枪一齐向敌人扫射。战斗一直从清晨打到中午 12 点多，虽然打得日军尸横遍野，但终因敌众我寡，最后还是被日军包围。在这万分危急关头，秦中科纵身跃出阵地，率先与日本鬼子展开了白刃肉搏。只见自己被 20 多名日本鬼子用刺刀团团围住，秦中科掏出手榴弹当即炸死了几名。敌人见他英勇机智，又发现摘掉帽子后的秦中科是个秃头，身高足有 1 米 8，认定他正是"秃头"游击队长，便想生擒活捉他，就一个劲地向秦中科围拢靠近。这时秦中科已经被打断了一条腿，但发现敌人的企图后，他仍然临危不惧，十分镇定，就在敌人离他只有几步远的时候，秦中科毅然勇敢地拉响了最后一颗手榴弹，与日本鬼子同归于尽。

秦中科壮烈牺牲的时间是 1944 年农历十月初二，当时年仅三十一岁。

一段日军侵华的残忍历史

秦中科自从参加了抗日游击队以后，曾多次组织队员们神出鬼没地给日军以沉重打击。因此，日本鬼子对他是恨之入骨，在多次悬赏捉拿秦中科未果的情况下，就对秦中科的家人进行了惨无人道的疯狂报复。

1943年农历中秋节前的一个夜晚，已经是深夜时分了，多名日本鬼子在皇协军的带领下再次对秦中科的家人突然袭击。他们撞开秦中科的家门，将秦中科的母亲和妻子捆绑起来强行带走，并连夜突击审问，威逼拷打，胁迫利诱，要秦中科的母亲和妻子讲出秦中科的下落，说出游击队藏枪支弹药的地方。

那时，游击队的活动特点就是利用有利时机，趁敌不备时予以打击。游击队员们白天都在地里劳动，枪支弹药则由中队长秦中科藏匿在一个秘密的地方，除了秦中科以外，大多数游击队员并不知道详细情况。可婆媳俩却知道秦中科的活动规律，也知道枪支弹药的具体藏匿地点。有时候遇到紧急情况，婆媳俩还会和秦中科的弟弟妹妹分头去通知游击队员，所以实际上她们都是游击队的秘密联络员。但她们更知道，如果说出了这一切，就等于完全出卖和断送了游击队。所以，尽管敌人使尽了所有的卑劣手段，婆媳俩却始终守口如瓶，不肯对敌人吐露一丝实情。

第二天，乡亲们知道秦中科的母亲和妻子被敌人带走后，大家开始四处打听和寻找。直到当天下午天快黑的时候，乡亲们才发现，原来敌人把她们婆媳俩五花大绑后，扔在了柳林庄一家人的猪圈里。

还有一次夜里，秦中科正组织游击队员的时候，由于当晚月光明亮，不幸被日军的密探发现。秦中科一时没有办法脱身，被敌人抓了起来，带到柳林岭的一处山坡上，受到了严刑拷打，并要他交出游击队的枪支弹药。据在场的一个皇协军后来交代说，当时，日本鬼子曾多次威逼秦中科跪下，但秦中科坚贞不屈，视死如归，高大的身躯一直挺立着。后来，日本鬼子恼羞成怒，决定当场杀害秦中科。幸亏皇协军里有个人与秦中科是老乡，还是老熟人，是这名皇协军通过翻译官告诉日本鬼子说，只有秦中科才知道游击队枪支弹药的隐藏地点，现在若杀了他，是无济于事的，不如先把秦中科押解起来慢慢审问更好。这才给了秦中科一个借机逃跑的机会。

秦中科借机逃跑后不久又参加了抗日斗争，万泉县司令部的日本鬼子便对秦中科一家进行了更为疯狂的报复。一次，日本鬼子趁夜深人静之际闯入秦中科家中，把秦中科家里仅有的两个面瓮和一口水缸打得粉碎。见秦中科家里的猪圈里还有一头猪，日军又当场将猪杀死，致使院子里猪血横流。由于在秦中科家里得不到他们想要的东西（武器、弹药），气急败坏的日本鬼子又在秦中科家里纵火焚烧，把秦中科全家人的衣服被褥、桌椅家具全部烧成了灰烬。

一幅唯一的烈士遗照

秦中科牺牲时只有三十一岁，而在那兵荒马乱的年代里，他从来就没有照过相。1983年，国家民政部为秦中科颁发烈士证书时需要照片，本想在一些史志书籍中找到烈士的遗存照片，但也未找到。不料，笔者这次在走访调查中却有了十分意外的发现。有村民告诉我们说，他好像在秦中科的一位亲人家中发现过烈士的遗像。于是我们急忙找到秦中科的大女儿秦聪慧，经问证后，原来她们姊妹三人和一些亲友家中都有放大了的父亲遗像。

这还是国为在抗日战争期间，日本鬼子出于长期霸占中国的罪恶野心，曾经因为要求所有中国成年人都要办理"良民证"，而"良民证"上是要贴照片的。对于日本鬼子的罪恶行径，秦中科开始因为十分反感和愤怒，所以坚决不肯照相，更不去办"良民证"。后来，还是党组织和同志们提醒他说，日本鬼子办的"良民证"有时就是一张护身符，对我们开展抗日活动十分有利，秦中科这才去照了他一生中唯一的一张照片。

这张照片后来一直由秦中科的母亲细心珍藏着，有多少个日日夜夜，英雄的母亲常常拿着儿子的照片泪湿衣襟，痛莫能名。20世纪60年代初，曾经和秦中科一起参加过抗日游击队、在临汾某单位工作的解长院，几次找到烈士的母亲说，有许多当年的老战友都十分怀念秦中科烈士，大家都想得到一张烈士的遗像作个永久纪念。就这样，解长院把烈士的遗像放大后，并加洗了几十张分发给了秦中科的亲人及当年的领导和战友。现在，秦中科的三个女儿和亲属们的家里都保存着烈士秦中科的遗像，原照则一直存放在现定居西安市的秦中科三女儿家中。

一根祖辈铭记的白头绳

当年，秦中科在夏县牺牲后，消息很快就传到了万泉县，也传到了东文村党员和群众的耳中。初闻噩耗，村民们几乎都不敢相信自己的耳朵，大家无论如何也不愿相信，一贯英勇机智的秦中科会壮烈牺牲。

当人们得知这个消息是实实在在的时候，党组织和村民们一时都十分为难。当时的情况是，村里人全都知道了秦中科牺牲的事，唯独秦中科家里人还不知道实情。应该在什么时候用什么样的方式，把秦中科牺牲的消息告诉他的亲人呢？当时，秦中科的大女儿只有8岁，二女儿才五岁，三女儿只有几个月大，英雄的母亲又常年有病，如果知道了这样的噩耗后，对于秦中科一家人来说该是多么沉重的打击。

由于秦中科的大女儿秦聪慧当时经常在一些同伴家玩耍，终于有一天，一位大嫂想出了一个办法。原来按照当地的风俗习惯，只有在亲人去世的时候，晚辈们才会穿白戴孝。这位大嫂就在聪慧要回家的时候，特意准备了一条用白线捻成的头绳系在了聪慧的小头辫上，并一再嘱咐她，出了门就一路回家，不要再去别处玩耍了。随后这位大嫂又当即约好几位姊妹来到了秦中科的家中，她们怕秦中科的家人一时难以接受这个残酷的现实。

1950年春，当时的中共万泉县委、县政府安排第二区（区委所在地为今汉薛镇西景村，区委书记是牛效英）领导组织了专人与夏县方面联系，将秦中科的棺木从夏县运回东文村。按照当地的风俗习惯，秦中科的棺木并没有直接回到自己家里，而是放在了村里的秦家祠堂。秦中科的大女儿秦聪慧后来回忆说，当时还年幼的她晚上跟着母亲和亲人到祠堂烧纸祭奠，刚开始心里还有些害怕，但看到那么多人都来为父亲送花圈和挽幛时，心里便又十分感动，也就不害怕了。第二天安葬父亲时，方圆十里八村的干部群众，还有万泉县政府的领导，第一区、第二区的领导都来为父亲送行。村民们也回忆说，秦中科当年在夏县牺牲后，当地抗日军民最初为秦中科等烈士都安置了棺木，并作了标记后就地安葬。后来，秦中科的棺木和遗骸在重新回到家乡时，村人原准备为他另换一副棺木，可经过反复商议后，最终仍然用了原棺木，并没有再更换。

一个令人钦佩的革命家庭

在十里文村一带乃至更大的范围内，提起秦中科一家，人们都会这样说，那一家人是为抗日斗争做出了极大牺牲和贡献的，是一个革命家庭。

从最初秦中科参加抗日游击队时起，他的一家人便老的老，小的小，地里的农活常常无人干，家里生活十分困难。1941年，由于生活所迫，秦中科母亲只好把年幼的大女儿与邻村一家人结了"娃娃亲"，以期望女儿婆家能给些生活接济。

秦中科牺牲后的1946年左右，烈士家中的生活更是到了难以为继的地步，全家人经常是吃了上顿没下顿，尤其是年幼的孩子，经常因为饿肚子而嗷嗷直哭。村里许多人实在看不下去，就不时去帮助他们。但是在那样的年月里，大家的生活都十分困难，靠接济帮助的日子也实在难熬。到1947年万泉县解放时，烈士的亲人们只能常常靠

民政部为秦中科颁发的烈士证书

野菜勉强度日。

当时担任万泉县人民政府县长的秦尚武也是东文村人，秦尚武的母亲见烈士家人实在难以生活下去，一天，就与秦中科的妻子一大早起来，一起动身到万泉县政府（今万泉乡所在地）找到县长秦尚武和县委书记杨浩林，说明了烈士家人的实际生活困难。杨浩林和秦尚武了解情况后十分难过，他们当即决定，让县干部立即给烈士家人送去100斤高粱。就这样，烈士的亲人们才算度过了生活难关。

八年抗日战争期间，秦中科的母亲和妻子，包括秦中科的弟弟和妹妹，都曾为游击队做过传送情报、通知人员、放哨站岗等工作。秦中科的小妹妹秦雪绒当时只有十来岁，目标小，不易被敌人发现，因此，家里人也常常让她当地下交通员，担负送信、送情报、在村里巷道观察望风的任务。但是新中国成立以后，秦中科的家人一直没有给政府提过任何要求，直到1953年，秦中科的妻子、母亲和三个未成年的女儿，才享受到了全年每人24元的抚恤金。而秦中科的弟弟、妹妹，这些在抗战中也曾做出过贡献的人，从没有向政府要过任何补贴，一生都在村里务农。

秦中科的大女儿秦聪慧后来中专毕业后参加了工作，20世纪60年代又被下放回村。以后组织上落实"62压"政策时，秦聪慧也没有再找过组织，而是一直安心在家务农。1974年，当时的万荣县委书记、县人武部政委宋国志在东文村下乡蹲点时，在了解秦聪慧的情况后才安排了有关人员查证落实，为秦聪慧重新安排了工作。而秦中科的三女儿师范毕业后在西安市当了一名普通教师，二女儿则一直在村务农。

卜建琴　丁彩萍　立木

忠诚的共产主义战士——董警吾

董警吾（1913—1946），原名书绅，字警吾，笔名鲁奋，今万荣县汉薛镇南坡村人。

董警吾少时家贫，但他追求真理，勤奋好学。1931年时在李家窑小学任教。"九一八事变"爆发后，他与进步教师畅学伦、曹声瑄收集了很多进步书刊在学校给师生借阅，并教唱抗日救亡之歌曲，宣传抗日思想。1933年，他被调到七庄村明伦小学任教，继续倡办图书室，购置革命书刊，传播抗日救国思想。同时公开讲述爱国人士的事迹，撰文揭露国民党政府的不抵抗行为。"七七事变"后，抗日战争全面爆发，他辞教欲投奔革命圣地延安，但因无得力帮助而未能实现。随后，他又应黄家庄鼎新学校校长董嘉谟（中共党员）聘请到该校任教。几年间，他精心编写了《辩证法读本》教学讲义，继续坚持宣传中共抗日救亡思想，引导学生积极参加抗日斗争。1938年，经杜思忠和董加谟介绍，董警吾加入了中国共产党。

1939年"十二月政变"之前，董警吾便按中共汾南中心县委指示，在李家窑村创办了民族革命高小，一方面为党培养干部，一方面掩护革命人士活动。期间，他多次与伪万泉县县长朱一民妥协投降日本鬼子的行为做斗争，并担任了当年的"万人请愿团"总指挥，组织请愿活动，逼迫朱一民停止为阎锡山"拔兵"，极大地鼓舞了群众的革命斗志。同时他又和张铁民、曹声瑄、秦文玉等共产党人在刘和村共同创办了一所民族革命高小，并出任校长。期间，还先后编写了《中国近代史》与《中日问题》两部教材，向学生灌输爱国主义思想。

1940 年 8 月，董警吾接受中共乡吉特委指示，打入阎锡山精神建设委员会万泉县分会任农民干事，秘密进行党的地下工作。期间，他先后把乡吉特委派来的樊长俊、牛居鹏和孙喜青等人介绍到阎锡山二战区的政府和学校，以担任的公开身份开展党的地下工作，壮大了党的队伍，保障了组织经费。1941 年 5 月，董警吾担任了猗氏县教育科长、县政府事务秘书，之后，他又以其合法身份启用进步知识分子任教，营救了中共荣河县委负责人柴天登、袁兆太等同志。在猗氏县县长被日军

董警吾

抓走期间，董警吾代行县长一职，在其三个月的代行职务期间，他又趁机将一批共产党员安排到各个机关，扩大了党的地下工作势力范围。

1942 年 5 月，阎锡山十五专署专员吴哲之（中共地下党员）正式委派董警吾接任猗氏县县长。在任职三年间，他更是建立了以共产党员为骨干的县政府警卫队，并按照中共汾南中心县委的指示，把党创建的四支抗日游击队和稷王山战地工作团，以及收编的阎锡山 34 军某部共三百余人，统一编入猗氏县警察局，由中共地下党员秦尚武担任局长。这支地方武装在董警吾的指挥下，多次奇袭打击了日伪部队。1943 年夏，在猗氏张篙村截获了伪军一百多辆盐车。在阎景村附近，截获了日伪军汽车三辆，人员全俘，物资尽缴，又铲除了一些扰害民众的阎锡山地方官吏和民愤极大的编村成员、村长。由于这支武装力量除暴安良，救国救民，日军和阎军便怀恨在心，遂联合兵力进行围剿。中共晋西南工委及时决定将这支抗日武装调往太岳军区第五分区，改编为汾南抗日游击大队，董警吾任政治主任，秦尚武任大队长。后又编归太岳军区第三分区五十四团。汾南办事处成立后，董警吾任办事处副主任。

1945 年 8 月，董警吾同中共稷王山工委特派员杨俊峰率领游击队，配合太岳军区三分区五十四团在望嘱等村，多次击退进犯的日军，包围并打掉了化峪镇阎军据点，粉碎了阎军的围剿计划。在围剿中，

收编的滩匪雷文清因经不起考验，带领部分官兵叛离解放区。董警吾为了再度争取雷文清部，就让部队先离开西村与敌周旋，他和王斌、王海清于 1946 年 8 月 11 日暂避到南仁村赵寿之家，准备随后再找雷文清。不料被叛徒向刘和编村村长徐英豪告密，阎军七十二师二一六团随即包围了南仁村。赵寿之的邻居张双贺的妻子又将董警吾等人的隐蔽处所告诉了阎军连长邢穆文，三人不幸一起被捕并被押往运城。之后，运城警察局长刘化育对董警吾等人施尽了酷刑，企图获得我党情报，但却始终未能得逞。当时国共合作尚未完全破裂，阎锡山当局公开处决共产党人还有所顾忌，他们便组织打手假借"民意"，于 1946 年 10 月 1 日（农历九月初七）在运城洪炉台将董警吾、王斌二人用棍棒打死。临刑时董警吾高呼"共产党万岁"，时年三十四岁。

董警吾牺牲后，其尸体一度藏被匿于运城西门外，直到万泉县新中国成立后，人民政府才将董警吾的遗体安葬在了其故乡南坡村。

县党史办

从隐蔽战线到公安厅长

——追思革命烈士吴柏畅同志

1958年元月，吴柏畅同志在西安主持陕西省公、检、法会议时，因猝然病发不幸逝世，享年仅五十三岁。陕西省人民委员会追认吴柏畅同志为革命烈士，中共中央副主席、政务院总理周恩来特发来唁电，对吴柏畅同志的英年早逝表示了深切哀悼。

吴柏畅（1905—1958），曾用名力亚、树华、贝昌、河东，万荣县贾村乡通爱村人。幼年时，吴柏畅曾在私塾学习，完小、初中毕业后又步行到陕西韩城念书，并考入原西北杨虎城部王保民旅教导大队。由于他思想进步，工作积极，1926年3月，受中共陕西省委派遣，从事了地下兵运工作。1930年，杨虎城率部由豫回陕任西安绥靖公署主任兼陕西省政府主席，吴柏畅同志此时便担任了中共地下党员张汉民所属的省政府警卫团连长，并长达四年之久。期间，他利用各种关系多次秘密为谢子长、刘志丹领导的陕北红军送情报、运弹药，历尽艰险，出生入死，给陕北红军补充了大量军械，为中央红军到达陕北后的发展和壮大做出了特殊贡献。

1936年，吴柏畅同志加入了中国共产党，开始从事隐蔽战线工作。之后，他在西安搜集情报，为我党和平解决西安事变、建立抗日民族统一战线做了大量工作。为了不暴露身份，吴柏畅后来根据中共指示回到了山西晋东南太岳军区工作。此后，他率领部队在晋城、阳城地区打击日伪，英勇作战，使日军闻风丧胆。由于敌人屡次对吴柏畅诱降无效，于是便张榜悬赏捉拿他。以后吴柏畅又到武乡县八路军总部学习，聆听了朱德、彭德怀、左权等中共领导人的教导。学习结束后，他又被组织委派到中共陕西省委（驻泾阳县云阳镇）警卫营任副营长，后再被派到延安抗日军政大学学习，毕业后参加了陕甘宁边区大生产运动。1939年夏，他再次回到陕西省委被任命为警卫营营长，在此期间参与侦破了派遣到陕西省委的两起敌特案件，保卫了地下省委机关的安全。再后来又被调到省委统战部任支军科科长，其出色的工作受到了省委领导的多次表扬。

1940年，蒋介石胡宗南开始对陕甘宁边区实行严密封锁，吴柏畅冒着生命危险到西安、宝鸡、河南、运城等地传达我党指示，并收集情报，购买运送武器，曾多次机智勇敢地突破敌人封锁线，带领许多中共党员、进步人士和优秀青年进入边区，为党输送了大量新鲜血液。

毛泽东主席为吴柏畅签发的任命书

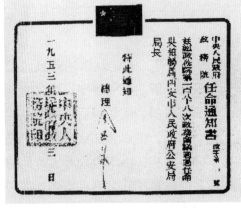

周恩来总理为吴柏畅签发的任命书

1941年，中共陕西省委成立了调查研究室和西安调查站，并任命吴柏畅为西安站站长。此后，他在西安广交朋友，联络各界，通过与西安警察局长的同乡关系，打入警察三分队当了一名会计。后又通过同乡、同学关系获得了国民党军队的护照、身份证、徽章等，为掩护战友通过敌人封锁线提供了极大方便。1943年6月，党组织调吴柏畅回马兰参加"抢救失足者"运动，他毅然接受了审查和考验。是年冬，中共中央农委（中央情报部）又派他担任了中共中央农委西安交通站站长。当时我党在西安竹笆市街的同聚军衣庄、骡马市北头的擀毡作坊设有两个地下联络站，专门负责给陕北八路军输送武器弹药、医疗器材、军用地图等，同时安排我军伤员在西安疗伤，或护送上海中央局、陕西省委派赴西安的干部等项工作。而抗战胜利后，由于蒋介石发动全面内战进攻延安，中共中央被迫转战陕北，传送情报极为困难，但吴柏畅出生入死，机智勇敢，仍多次闯过重重盘查，历尽艰难，胜利完成了各项任务，受到中央领导的高度评价。1948年，彭德怀及陕西省委赵伯平同志曾致电关中地委褒扬嘉勉吴柏畅同志。1949年初，吴柏畅又利用各种关系策动了国民党军统二站站长陈浩生弃暗投明，并提供了陕西军统编制、名册等极为重要资料，为新中国成立初期镇压反革命、肃清反革命残余势力提供了极为重要的线索。

1945年5月西安解放后，吴柏畅被任命为中共西安市委、市政府委员、市公安局党组书记、局长。1950年5月5日，中央人民政府主席毛泽东亲自签发了"任命吴柏畅同志为西安市检察署检察长"任命书。1953年9月3日，中央人民政府政务院总理周恩来又签署了"任命吴柏畅同志为西安市人民政府公安局局长"的任命书，并兼任西安市委政法委副书记、西安警校校长。1955年11月7日，吴柏畅又任陕西省公安厅常务副厅长，兼任公安学院西安分院院长、省劳改局局长等职。同时，吴柏畅曾当选为陕西省一、二届人大代表、党代表等，深得社会各界人民的爱戴，在我国西北地区享有很高的声望。

吴柏畅同志去世后，他的骨灰安放在了西安市革命烈士陵园。

李庭选

红色记忆

抗日英雄丁志轩轶事

他是地地道道的农家子弟，却有着戎马半生的军旅生涯。他曾是国民政府授予的全国百名抗日名将之一，但也曾在我党向延安根据地运送武器弹药时暗中相助。北平和平解放中，他还曾多次担任护送中共方面谈判代表的重任，立下了永载史册的功勋。他就是万荣县南张乡薛里村的丁福恩（字志轩）。

英勇抗击日本侵略者屡建奇功

1937 年 10 月，抗日战争全面爆发后不久，由冯钦哉（今万荣县解店镇南薛朝村人）率领的国民革命军第二十七路军，奉命到河北保定前线抗击日本侵略者。当时担任冯钦哉部工兵营营长的丁志轩与部队一起奔赴了抗日前线。

当年 10 月，就在娘子关战役打响之前，冯钦哉却失去了对日作战的指挥权。10 月 13 日，为了阻止日军一路西进，冯钦哉只好指挥他尚能调动的工兵营（因营长是冯钦哉的万荣老乡丁志轩，副营长为河津老乡杨江永）对企图占领旧关、新关等地的日军发起猛攻。经过与日军短兵相接，在肉搏激战三天三夜后，他们终于打乱了日军继续向西推进的计划。但副营长杨江永却在这次战斗中壮烈牺牲，丁志轩左臂也被日军机关枪击中受伤，部队暂时返回荣河县（今万荣县荣河镇）休整。1938 年 3 月，冯钦哉命部队坚守河津通往乡宁、吉县的唯一交通要道西硙口，全力阻击企图通过西硙口的日军。丁志轩把工兵营驻扎在西硙口边的一个村子里，经常率部出其不意地在万泉、河津、稷山及西硙口一线设埋伏、打伏击，抓捕或击毙日军哨兵，偷袭、拦截日军物资。同时深入稷山县城附近，通过多次秘密侦察，利用稷山县城日军司令部兵力薄弱的空档，与当地抗日武装力量联合攻打稷山县城，使驻扎在稷山县城的日军伤亡惨重，不得不溃散逃离，最终收复了稷山县城。

1938 年 6 月，冯钦哉的二十七路军奉命全部到了晋东南抗日前线，只留下工兵营坚守西硙口。其时，河津北山一带群众的抗

丁志轩晚年照

日情绪与日俱增、空前高涨，他们经常自发组织为部队传送情报、检举汉奸，为官兵们缝补衣服、赶做鞋袜。而工兵营的官兵们纪律严明，从不伤害群众利益，深得当地群众的欢迎和拥护。

1939 年秋季，日军不甘心接连失败，又纠集河津、万泉、荣河、猗氏等县城的日军组成了两个联队共一千多人，加上伪军数百人，集中兵力攻打西硙口，妄图突破我西硙口防线向乡宁、吉县推进。得到情报后，丁志轩认真分析了敌我双方的兵力部署，认为日军虽然来者不善、气势汹汹、兵力又数倍于我工兵营，但西硙口一带地形险要，日军无法出动飞机配合参战，而我们则可以充分凭借有利地形，加上又有当地群众的鼎力支持，全面对比双方优劣态势，我方胜算可占百分之七十以上。

保卫西硙口战役打响后，丁志轩临危不惧，指挥若定，与全营官兵顽强抗击，浴血奋战，连续激战四天四夜，我工兵营虽付出了阵亡官兵一百一十余名的代价，但日军死伤也有一百多人。日军见我工兵营和当地群众誓死保卫西硙口，终于不得不再次撤离。

保卫西硙口战役胜利结束后，工兵营与当地群众及抗日组织，自发地为在这次战斗中牺牲的工兵营官兵，在西硙村村西的北山路口建立了抗日烈士陵园，掩埋了一百多位抗日勇士。当时还竖立了一面大

红色记忆

石碑，石碑上面记载了阵亡官兵的姓名、职务、籍贯等信息。丁志轩还在石碑上亲自书写了"可歌可泣"四个大字。当地群众为烈士举行了隆重的追悼会，并为丁志轩赠送了两面分别书写着"能文能武"和"为国为民"的锦旗。

为延安根据地筹集物资明帮暗助

因为丁志轩在抗战中的出色表现，1940 年，在国民政府当年树立的全国百名抗战英雄中，丁志轩便是其中之一，当时的国民政府主席林森还亲自授予了他奖章和证书。

解放战争时期，丁志轩升任傅作义、冯钦哉部下的总部警卫团团长，并兼任平汉铁路保安副司令。但是，对于蒋介石企图独吞抗日战争胜利果实、妄图剿灭共产党的倒行逆施行为，丁志轩是看在眼里、气在心里。因此，在上级下达了对解放军的作战命令后，丁志轩常常是表面应承、暗中应付。

1947 年秋，中共地下党员淮月明（今解店镇北薛朝村人，冯钦哉夫人的娘家侄儿）以冯钦哉在西安的一家股份公司的购销员身份为掩护，秘密从事党的地下工作。一次，淮月明从宁夏等地购买了大量烟土到胡宗南部进行贿赂，以换取延安急需的武器弹药和医疗器械。在运送武器和医疗器械时，淮月明找到当时驻扎在韩城县的丁志轩，声称有一批"货"要运送到宁夏，为了沿途防备土匪兵痞干扰，请求丁志轩派兵护送。

听了淮月明的一番请求，丁志轩心里明白，这个淮月明其实并不只是自己的老乡，他表面上在为冯钦哉做事，却并不务实打理生意，而是经常跑来跑去忙"其他"事情。期间也曾有部下反映说，淮月明可能是那边（指共产党）的人。但丁志轩听了说："我老乡绝不可能是共产党，谁都不准对他无礼。"在对货物例行检查时，丁志轩也发现淮月明所说的货物竟主要是药品和布匹，有些布匹包里甚至还藏有武器弹药。可丁志轩却不露声色，还对派出护送货物的部下（当时有一个班）交代说："这是冯司令亲自交代过的事，要绝对保证货物的安全，绝不允许出半点疏漏。"

淮月明的货物就这样在丁志轩的安排和护送下平安抵达了宁夏，

并很快被转移到了延安根据地。不料过了一年后的 1948 年，因叛徒告密，淮月明在又一次为解放军购买武器弹药、医药器械时被国民党发觉。于是在党组织的安排下，淮月明被提前转移到了延安，而丁志轩却被国民党方面抓捕，罪名是私通共产党，走私军械医药用品，并被定为死罪。

傅作义、冯钦哉在得知消息后立即亲自出面担保丁志轩，但都无济于事。无奈之下，冯钦哉亲自赶往南京找到蒋介石说，丁志轩的事也就是个玩忽职守罪，要罚首先应该罚我，是我对部下疏于管理造成的。蒋介石碍于冯钦哉的面子，这才答应将丁志轩降三级处理。直到这时，已在陕西咸阳被监视居住的丁志轩的妻子和亲人们也才得以恢复自由。

北平和平解放中做出特殊贡献

众所周知，解放战争中的北平（今北京）之所以实现和平解放，是时任国民党华北"剿总"司令的傅作义在与中国共产党及中国人民解放军经过多次秘密谈判后才达成的。北平的和平解放，使北平乃至华北地区的民众免受战争涂炭，使千年古都北京城的所有古建筑免遭战争创伤。

傅作义将军深明大义，以民族利益为重，痛下决心率部和平起义，为全中国解放立下了不朽功勋。殊不知，当时以各种身份在傅作义身边的许多工作人员也曾为北平的和平解放做出了积极贡献。比如，阎又文（荣河镇郑村人）、杜任之（解店镇七庄村人）、吴哲之（皇甫乡皇甫村人）等，而丁志轩是又一位在北平和平解放中做出了特殊贡献的万荣人。

在北平和平解放谈判期间，丁志轩担任傅作义的警卫团团长。一般情况下，负责傅作义客人的来往警卫工作都是由丁志轩安排属下警卫人员来执行。但是，每当要与共产党和解放军代表进行谈判时，傅作义都特别交代，一定要让身为警卫团团长的丁志轩亲自出马，直接担任接送和谈判期间的警卫任务。

根据许多历史资料披露，傅作义每次安排谈判时都要提前给丁志轩当面交代，让他到北平城外指定地点接回自己的"老乡""朋友"或"亲戚"（即共产党、解放军方面的谈判代表）。在他们谈判期间，傅作义一定要让丁志轩亲自带队负责警卫工作。在谈判告一段落后，傅作义有时会留客人们共同进餐，这时又要当面交代丁志轩，让他亲自带队护送客人到城外的某个指定地点。

丁志轩后来回忆说，早在国共合作共同抗日时，他所在的冯钦哉部就与朱德、彭德怀等共产党方面的高级指挥员过往甚密，因此，他实际上早就与共产党方面的一些高级官员比较熟悉，如陶铸、郑维山等。北平和谈期间，由他负责接送的谈判代表，有许多人他不仅知道姓名，还知道他们在解放军里所担任的职务。但是，受严格的纪律约束和对傅作义将军的无比崇敬，他是根本不会吐露半个字秘密的。因此，傅作义将军对他十分信任，每次执行完任务后，都会在嘉奖之余送给他一个会心的微笑，双方好像都有一种心照不宣的感觉。

附记：

①北平和平解放后，丁志轩放弃了组织上让他到北京通县地区担任副专员的安排，再三请求回村务农。他曾被推选为万荣县第二、三、四、五、六届人大代表，万荣县政协一、二、三、四届委员。1979年2月，丁志轩逝世，终年七十四岁。

②抗战期间，当地军民在西砲口为烈士所立的纪念碑，在20世纪60年代以前，万荣、河津两县人们在去北山拉碳时，还经常有不少人慕名去拜祭烈士英灵，拜读纪念碑文。现今墓茔尚在，但纪念碑却已不知去向。

由于纪念碑上刻有烈士的姓名、籍贯、职务、年龄等相关信息，因此，后人都特别想知道碑石的去向。尤其是冯钦哉的孙子、现居住在西安市的冯寄宁，丁志轩的儿子丁秦生，当年工兵营副营长杨江永（河津小梁村人）的儿子杨志高，原工兵营二连连长杨临俊的儿子杨增荣（小梁村人）等人，近年来都在四处奔波，苦苦追寻碑石所在，我们也都期望这块记载着烈士英名的碑石能够重新昭彰，为后人所敬仰！

尉培荣　韩维元

探寻张希安烈士的足迹

张希安（1917—1942），今万荣县皇甫乡高家庄人，党的地下工作者。1932年，张希安曾就读于运城菁华中学，后就读于猗氏县黄家庄（原为万泉县，新中国成立后划归临猗县）鼎新学校高级班。受校长董加谟（共产党员）等进步教师的影响，思想进步很快。

1939年，张希安由中共地下党员黄维弟（1945年10月在猗氏县白村战斗中牺牲，时年二十五岁）介绍加入中国共产党，并与黄维弟在鼎新学校高级班建立了"时代青年共学社"，领导同学们开展抗日救亡宣传，又组织进步学生开展减租减息运动。不久，当局县政府下令查封了鼎新学校。

安民同志（长期坚持隐蔽战线工作，直至1983年，党组织才为其公开了隐干身份）在亲撰的《走过的路》一书中回忆说：吴哲之（万荣县皇甫村人，曾任第十五专署专员兼保安司令，党的地下工作者）一到汾南，就着手选拔组织"青年干部工作队"，全力扩充各县武装力量，先后轮训了三百多名进步青年作为抗日和对敌斗争骨干，其中就有张希安、屈殿奎、马文泉等人。

鼎新学校被查封后，黄维弟接受党的指派，到稷王山西麓李家窑创办民族革命高小，协助教师董警吾招收了九十多名学生，并在其中积极培养抗战人才，张希安就是其中的一员。同年，张希安奉党组织派遣打入阎军内部，任万泉县精神建设委员会特派员和战工队长，在此期间，他利用合法身份为党做了许多统战、情报和武装工作。1940年3月，黄维弟任中共万泉县县委委员兼宣传部长，并以高家庄小学教员身份做掩护，负责孤山以南党的组建工作。张希安在此期间配合黄维弟，在本村发展了张德盛、陈永福两名党员，并在一年多的时间里，与黄维弟一起先后组建了六个党支部，发展党员三十多名，成为孤山以南革命斗争的中坚力量。

1939 年 4 月 5 日，三十八军十七师一〇二师团一营营长史振清率领全营官兵，在贾家山与日军激战，打退了敌人多次冲锋，最后进行了白刃格斗。此役痛击了骄横一时的日军气焰，坚定了十里文村一带人民的抗日信心。那天，东文、西文、南文村的群众冒着连天炮火，给部队送饭送水，在阵地上帮助抬运伤员，掩埋阵亡烈士，谱写了一支军保民、民助军、军民并肩打鬼子的壮丽华章。贾家山战斗后，史振清率领全营在安邑县东洋村又打了一场漂亮的伏击战，缴获日军骡马二十余头，以及大量枪支弹药和腌制罐头食品等。这些战利品都由以张希安为首的几个党员和积极分子妥善保管和隐蔽了起来，直到该营全部撤走。

一天晚上，张希安和几个地下党员（其中有黄维弟、张力唐等）正在家里开会，突然发现有情况，大家迅速顺着地道跑了出去。当时，皇协军丧尽天良，公然为日本鬼子做事，并多次带领日本鬼子抓捕张希安，但每次都因张希安的高度警觉以及当地群众的极力掩护而脱险。直到现在，张希安家的一口水瓮上还留有当年日本鬼子打下的枪眼。烈士黄维弟的儿子黄道恕也讲道：父亲曾多次说过，东埝底村当时驻有皇协军据点，皇协军部分人员经常骚扰周围群众，老百姓苦不堪言。经请示上级后，张希安便率领武装人员出其不意地袭击了东埝底村皇协军据点，让敌人得到了应有的惩罚。此后，皇协军和日本鬼子对张希安恨得咬牙切齿，并多次扬言放话，说要烧掉张希安家的房子。从此，张希安的身份公开暴露，处境更为危险。

还有一次，万泉同志会特派员王齐家（今汉薛镇西景村人）来找安民，说西景村日伪据点警备队中队长托他引线，想弃暗投明，并拉出他的队伍参加抗日。安民经过慎重考虑，又与张希安一起详细了解了该中队的人员构成和武器装备等情况，并且冒险在王齐家的牛院与那个中队长秘密进行了会面，具体商定了起义收编的实施计划和其他详尽事宜，同时决定由张希安带两个中队人员在西景村东面的小淮坡执行接应掩护任务。

十多天后，张希安按照计划带领部队前去接应。那个日伪警备中队长也按照原定计划将人马拉出。但就在快到小淮坡时，西景村日伪军发觉追赶了上来。张希安立刻率队阻击，并掩护起义人员脱离险境投入革命队伍。这次共拉出队员四十七人，带枪四十五支，后经整顿送交了太岳分区。但不幸的是张希安却在这次战斗中壮烈牺牲。直到新中国成立后，安民才知道，张希安原来也是党组织派遣的地下党员！

后来据悉，张希安烈士牺牲的准确地点就在今汉薛镇东坡村枣树林，是烈士董警吾的胞弟董竹评带人抢回了尸骨，烈士才最终得以回归故里。

张志忠

周旅长率部攻克荣河城

　　1947 年 3 月，蒋介石调动三十四个旅在胡宗南指挥下大举侵犯延安。为保卫党中央，保卫毛主席，军委总部命令我四纵队和太岳军区部队向晋南地区的风陵渡、禹门口进击，配合陕北我军作战。4 月初，我四纵十旅由沁源兼程向晋南开进，晋南战役由此展开。

　　我十旅在周希汉旅长指挥下，首占蒙城，再克新绛，继取河津、禹门口，打得敌人狼奔鼠窜，俘敌千余人，缴获大批军用物资。三十团在 4 月 9 日 7 时占领河津后，又被令连夜南下夺取荣河城。由于时间紧迫，三十团首长只开了个简短的碰头会，即令部队于当日 19 时整队出发，途中边行军边向各营干部传达命令，并布置作战任务。团决定由一营担任主攻，从东门突破；二营在城西佯攻；三营为团预备队，在城北集结待命。部队从河津出发，南渡汾河，强行军 70 余里，于拂晓前到达荣河县以北之张村地区。

　　荣河县城位于晋西南黄河东岸的平地上，城坚墙高，四门无关，城墙上碉堡林立，环城有宽 5 至 10 米的护城河，并设有鹿砦、铁丝网。守敌为爱乡团、保警大队、县警察局、伪县政府人员等共七百余人。敌人自恃有利地形及完好设施，自吹"固若金汤，易守难攻"。

　　三十团各营在接敌行进中展开，准备一举攻下城池。担任东门突击任务的一营一连，以勇猛动作突破东门城楼。但由于组织不够周密，一班登城后，后续部队未跟上即向纵深发展，却被敌人以两连的兵力封锁了一班的突破口。当时天已大亮，一、二营暴露在敌人射程内的开阔地上，只得就地构筑工事防范敌人密集火力的杀伤，第一次攻击受挫。10 日夜，三十团组织工兵爆破，再次发起冲击，终因过于轻敌，组织准备不足，攻击再次失利。

周希汉旅长得此消息后，从战役全局考虑，认为拿不下荣河城将影响全局，影响我军的声威。为此下定决心非拿下荣河城不可，以壮我军在晋南反攻作战的声势，给进犯延安的胡军以震慑，减轻陕北我军的压力。于是他亲率二十九团四个步兵连和旅山炮大队一连、工兵连于 11 日拂晓赶到三十团前线指挥所。在听取团首长汇报后，周旅长不顾连夜奔波的劳累，立即组织两个团的团、营指挥员，抵近侦察，勘察地形，摸清敌情，而后组织火力配置，要求各部做好周密的战前准备。在周希汉旅长亲自参加的团党委会上，确定由谁来担任主攻荣河城任务时，三营营长陈家贵、教导员范新友主动请缨，他们斩钉截铁地表示："主攻荣河城任务请交给我们三营担任，我们决心亲自带领部队进攻，誓死打下荣河城。"周希汉旅长根据陈家贵、范新友同志的请战，非常高兴地向团党委建议，重新调整部署。改由三十团三营主攻，一营助攻，仍以东门为主要突击方向，二营佯攻西门，旅工兵连、炮兵用于主攻方向，二址九团四个连为预备队，分别置于东、西、南门，相机投入战斗。

12 日 22 时 30 分，部队分别到达指定的进攻出发阵地。在经过短暂的准备后，周旅长发出了开始攻击命令，只见三颗红色信号弹飞向高空，顿时炮火齐鸣。敌人发现东门为我主攻方向，便集中兵力火器实施阻击。旅、团首长即令二营乘虚猛攻西门，给敌人造成错觉，迫使敌人慌乱地向西门转移兵力。恰在此时，周旅长令工兵连在东门实施爆破，排除障碍物和摧毁敌人的地堡。三营的战士们在营长陈家贵、教导员范新友指挥下，迅速跃出战壕，在炮火和轻重机枪的掩护下，九连搭起跳板，架起云梯，排长宋天明带领战士侯方荣首先登上城头，连续投出四颗手榴弹，杀死企图反扑阻击的敌人，巩固了突破口，掩护全连登城，而后向纵深进突。各营相继突入城内，沿大街向县政府、保警大队部、警察局及爱乡团和指挥部进击，将敌人分割几块聚而歼之。少数逃向城外的敌人被二十九团截歼。此次战斗共毙伤敌 200 余人，俘敌荣河地区联防指挥官少将李绪守及城防司令兼县长少将薛子栋以下 500 余人，缴获轻重机枪 37 挺、长短枪 500 余支，各种弹药30余万发，伪钞20捆及大批军用物资，荣河遂宣告解放。

在攻克荣河的战斗中，第一次突进城内的一班战士张维发、吴耀忠、袁占礼，在敌人的心脏潜伏了两昼夜。他们都是不久前从蒋军嫡系部队中俘虏过来的，但在危境中，他们却坚信我军一定能攻克荣河，一定能战胜蒋介石的几百万大军。在失去与部队联系的情况下，他们沉着镇定地隐藏在敌人废弃的工事中，直到两天后我军第二次攻打荣河城时，他们才跃出潜伏的洞穴，配合主攻部队解放了荣河。周旅长听说后，非常感动地指示旅政治部予以表扬嘉勉。后来新华社和太岳《新华日报》都报道了他们的事迹，并由纵队文工团编成话剧《两天两夜》，演出后在部队广为传颂。

在解放荣河战役中，担负突击任务的九连表现出了勇猛顽强的无畏精神，深受周旅长的赞许，并责成旅政治部给予嘉奖。纵队还授予该连三排"攻无不克，战无不胜"锦旗一面。

荣河解放后，周旅长看到荣河的群众在国民党暴虐统治下生活十分艰难，就让部队把节余的2000余公斤粮食拿来救济群众。同时打开伪政府的粮仓，用敌人搜刮老百姓的2500余公斤粮食济贫。群众感动地说："二战区刮，八路军发，共产党真是活菩萨！"群众不顾敌机的骚扰，扶老携幼，赶着牲口，背着口袋，从数十里外赶到县城领粮。他们簇拥着周旅长，感谢部队救了他们。张庄有个姓陈的老汉，他的儿子原来是被国民党编组抓去当了兵的，这次在解放荣河时被俘虏。他的友邻都出面替他保释独生子，而老汉却正色拒绝说："我虽然老了，无人侍奉，但尽忠不能尽孝，就叫俺孩子在八路军里好好干吧！"并对周旅长说："在你

周希汉1948年留影

们八路军当兵，我放心。你们要严加管教，让他重新做人！。"

　　荣河的解放以及晋南战役取得的一个又一个的胜利，直接威胁着进攻陕北的胡宗南军队，迫使胡宗南不得不从陕北抽调兵力保卫他的重要军事要地运城。当时我们的战士曾风趣地嘲讽胡宗南是"侵犯延安啃了个干骨头，在晋南却丢了一头大黄牛"。

耿天顺

红色记忆

周希汉"走亲戚"

1947 年 4 月初，刚刚解放的荣河县县城春光明媚，春意盎然。

解放荣河县城的部队是八路军太岳区纵队第十旅第三十团。4 月 14 日傍晚，在总指挥第十旅旅长周希汉的驻地，来了一位提着水壶送水的当地老乡，他向周旅长的警卫员打听："部队长官是不是姓周？"警卫员在肯定了老乡的问话后又补充道："在我们人民军队，部队领导都叫首长，而不称长官。"

送水老乡叫柴江海，是周璇的父亲。见到周旅长后，柴江海老人目不转睛地打量着眼前的这位部队首长。只见 30 多岁的周旅长年轻英俊，眉宁间透露着威武和刚毅。周希汉见状，心里马上清楚地意识到：这位老乡可能就是自己的岳父大人。

原来，从 4 月 10 日解放军开始攻打荣河县城起，家住在城里的柴江海老人就听说，攻城的解放军部队是太岳区纵队第十旅，旅长就是周希汉，是自己女儿周璇的丈夫。女儿周璇 8 年前从家乡转战稷王山和太岳根据地，1941 年时在太岳区与周希汉结婚。家里人也听说过周希汉是湖北人，14 岁就参加了"黄麻起义"，走上了革命道路。

面对眼前的岳父大人，周希汉在操着湖北口音询问了岳父家的详细地址后说，我们现在的关系还绝对不能公开，因为县城刚刚解放，敌人的残余势力还隐藏在阴暗角落，如果让敌人知道了咱们的关系，不甘心失败的敌人必然会进行报复。之后又叮嘱老人说：家里有啥事时，您就来找我。并嘱咐警卫员，以后这位老人再来送水时，不要阻拦他。

第二天晚上夜静人稀的时候，周希汉便按照老人说过的地址，只带着一名警卫员来到周璇家里，看望了岳母孙淑贤及其他亲人们。他还说到，他们的部队是在刚刚解放了赵城（今属洪洞县）、河津等县后，渡过汾河来此解放荣河县的。临走时又告诉老人，他和周璇常年转战南北，没有机会孝敬二老。希望二老保重身体，等到全国解放了，他和周璇一定会回来看望亲人们的。

荣河解放后，周希汉见到当地群众在国民党的统治下生活特别困难，还曾命令部队打开伪官府粮仓，把库存的五千多斤粮食连同部队节约的四千多斤粮食，一并救济给了当地群众。期间，中共荣河县委成立，郭兆英任荣河县委书记。不久，接到上级命令的周希汉便率部撤离荣河县，投入到了解放河南等地的新战役中。

周希汉与周璇自 1941 年在太岳根据地结婚后就一直南征北战，戎马生涯。新中国成立后，周希汉担任了海军副司令员，终生呕心沥血致力于建设一支强大的海军，直至 1988 年逝世。在二人婚后将近50 年的时间里，1947 年那次在荣河村探望岳父母的经历，是周希汉一生唯一的一次到荣河村"走亲戚"。

红色记忆

周璇，从万荣走出的巾帼英杰

1924 年 6 月，周璇出生于万荣县荣河镇荣河村，在愚昧陋习笼罩的旧社会氛围里，她不仅是一名相夫教子的贤惠妻子和伟大母亲，还是一名封建势力的叛逆者和革命战士，是一名永载史册的巾帼英杰。

封建势力的叛逆

周璇（原名柴英、柴梨仙）出生的时代，正是封建势力盛行的年代。那个时代出生的女孩儿，不仅不能像男孩子一样上学念书，还必须经受缠足陋习的痛苦折磨。而周璇却天生一副倔强性格，她以斗争精神勇敢地向封建势力宣战。

周璇 8 岁时便秘密联络本村女伴樊旦（即樊京窈，革命烈士，参加革命后改名石坚，意欲像磐石一样坚强。1943 年赴延安党校学习途中被日军杀害，晋察冀边区政府授予其"战斗女英雄"称号）等人，坚决要求进入学校上学，这在当时的荣河县曾引起不小的轰动。起初，当父母阻止周璇上学时，她就和樊旦等一起商议，用几天不吃饭的方式予以抗争，最终迫使父母妥协，允许她们上学念书。周璇和樊旦等女同学还坚决反对女子缠足陋习，极力抵制。当母亲要让她穿上当地特制的限制幼女脚板生长的"小袜"时，她坚决不穿；要给她缠足时，更是硬死不从。一开始，母亲就趁她晚上睡觉后，偷偷地给她缠上。谁知第二天早上，周璇又将缠脚布扯下、剪烂，为此她经常遭到母亲的责骂。

一天黄昏时分，母亲把周璇堵在屋内，决定让邻居姑嫂帮忙，强制给周璇缠足。不料，周璇乘机夺门而出，一路狂奔跑向村外的黄河岸边，决心跳入黄河以死抗争。紧紧追随其后的家人们见状，只好答应不再为她缠足。也正是周璇对沿袭多年的缠足陋习的坚决抗争，才让她摆脱了当时所有妇女们的"小脚女人"命运，为参加革命后的行军打仗、军事训练等活动，保留下了一双像男子汉一样有力的大脚板。

革命征途的先锋

高小毕业后，周璇考入了运城女子师范学校。期间，她与樊旦等人一起接受了进步思想教育，积极参加抗日救亡活动。师范毕业后，周璇并没有担任教师，而是在"七七事变"前的 1937 年 3 月，毅然加入党组织，成为一名为革命事业奋斗终生的共产主义战士。之后，在当时的荣河县，周璇与女共产党员樊旦、王林清（荣河镇谢村人，烈士杨鹏鲲夫人）等人一起，开始积极宣传抗日救国思想，秘密发展共产党员。

1938 年 6 月，已担任当时荣河县"妇女救国会"秘书的周璇按照中共晋冀特委指示，与身份已经公开暴露的共产党员黄狄秋、陈皓、石坚等人一起，带领着经常受到阎（锡山）顽军队攻击的荣河县抗日自卫队奔赴稷王山革命根据地，编入了由孙定国任旅长的新军二一二旅中。从此，周璇也成为一名真正的职业军人。阎锡山策划发动"晋西事变"（十二月事变）后，汾南各县（包括当时的万泉县、荣河县）的斗争形势急剧恶化，日军与阎锡山军队互相勾结、沆瀣一气，联合起来对稷王山抗日根据地实行"封锁"和"扫荡"。尤其是对稷王山根据地的中心地带十里文村（南文、东文为核心）及沟东、沟西等村，实行惨无人性的"三光"政策，妄图彻底摧垮我抗日根据地的斗争力量。1939 年，鉴于抗日斗争形势的需要，周璇她们也像党内其他同志一样，都更改或起了化名。她把自己的名字柴英、柴梨仙改为了"周璇"，她认为，在面对穷凶极恶的日本鬼子及他们的走狗帮凶"皇协"与"汉奸"做斗争时，一定要机智多谋，既敢于斗争，又善于斗争，学会巧妙地与敌人"周旋"。

在汾南抗日根据地面临生死存亡的紧急关头，1940 年 1 月，接到太岳根据地领导人薄一波的紧急命令，二一二旅开始向太岳根据地

红色记忆

转移。当年 2 月 7 日，周璇参加了由七千多人组成的汾南抗日武装，队伍分别在南文村和稷王山丈八村举行了"抗日讨逆南路军誓师和出师大会"，并与部队一起向太岳根据地转移。

在转移过程中，部队沿汾河以东方向，从日军与国民党驻军的间隙中行军。周璇与部队里为数不多的女同志互相鼓励，艰难前行，经过闻喜、绛县、曲沃、安泽、沁源等地，行程达 600 多里。她经受住了趟过沼泽地、夜间急行军和避开敌人不知多少次的围追堵截的严峻考验。在到达太岳根据地后，又克服了生活习惯不适和水土不服的困难，顶住了发烧和伤寒疾病的侵袭，革命意志更加坚定。不久，上级任命她为太岳根据地行署秘书处秘书。

南征北战的英杰

1941 年底，经决死一旅政治部主任刘有光介绍，在纵队司令陈赓、政委薄一波和副旅长李成芳等首长的安排下，周璇与时任太岳区三八六旅参谋长的周希汉结婚。

1943 年底，根据上级党组织安排，周璇与丈夫周希汉及同乡兼战友樊旦等人一起赴延安中央党校学习。由于敌人实行重重封锁，周璇他们冒着随时都可能被杀害的生命危险，前后共走了八个多月才到达延安根据地。也就是在这次自太岳赴延安学习途中，一次，她们遭遇了日军袭击，在突破封锁线时，樊旦奋不顾身，英勇杀敌，但最终不幸壮烈牺牲。

周璇在延安党校学习期间，积极参加了"大生产"运动。她和丈夫周希汉除积极参加集体活动外，还自己开垦了一片荒地种粮种菜，两人又都准备了纺车，抽空就纺线织布，被誉为延安"大生产"运动中的"模范夫妻"。

日军投降后，周璇和丈夫周希汉学习结束，并先后参加了解放洪洞、赵城、沁水、沁源及家乡荣河等战役。1950 年，新中国成立后，周璇又继续跟随部队参加了解放云南战役。周璇一直在部队后勤部门工作，并荣立过二等功。

永载史册的功臣

新中国成立后，1952 年，为全面落实党中央、毛主席关于建立一支强大的人民海军的指示精神，经周恩来总理、徐向前元帅亲自点将，周希汉担任了中国人民解放军海军副司令员。此后，周璇则在海军某部担任一科长职务。

1958 年，周璇奉命转业到了中国建工部科学设计局工作。期间，当她看到在反"右派"斗争中，不少科技知识人才被错划成右派，严重影响到了正常科研工作的状况时，心里十分难过。此后，周璇常常找这些无辜被划为"右派"的科研人员谈心，并结合自己的一些经历，鼓励他们放下包袱，摆脱心理困境，相信组织，终于使一些几近绝望的"右派"科研人才放弃了轻生或背离祖国的念头，重新投入到了工作中去，成为以后科技战线上的中坚力量。

"文化大革命"中，已经担任领导职务的周璇与丈夫周希汉都受到了造反派的冲击，并被下放到河南省的农村接受劳动"改造"。后来，在周恩来总理和徐向前元帅的直接过问和安排下，他们夫妇才重新回到海军工作。在革命道路上经受过太多考验的周璇，还曾帮助过不少被打倒的老同志的家属，让他们到自己家里避风。有时甚至让他们去自己的娘家万荣县荣河镇，以亲戚、朋友的身份，就住在了娘家父母亲家里。

1998 年 8 月 31 日，周璇同志因病逝世，终年七十五岁，她为民族解放和祖国建设奋斗了终生。周璇，一个响亮的名字，一位从万荣走出的巾帼英杰，将永远载入人民共和国的史册！

红色记忆

薛克忠：战斗在稷王山的峥嵘岁月

薛克忠（1914—1988）洪洞县淹底乡卧地村人。家中共有弟兄三人，薛克忠排行老大。因自幼性格沉稳，少言寡语，被村民们亲切地称为"老闷"。

九一八事变后，刚刚上完初中的薛克忠便受抗日民族运动的影响毅然参加了抗日义勇军。1936 年，薛克忠在安泽县教书期间参加了党领导下的山西牺牲救国同盟会。1938 年初，薛克忠又加入了山西青年抗敌决死队，并担任虞乡牺盟特派员。

1938 年 3 月，中共乡吉特委、牺盟猗氏中心县委和牺盟乡宁中心区汾南办事处根据抗日斗争大形势的需要，决定选派党性强、文化水平较高的薛克忠到万泉县工作。主要任务就是，以稷王山下的"十里文村"为中心地带，在苏志乾等人的协助下，筹备建立稷王山边区工作委员会。稷王山边区工委当时管辖着万泉、安邑、夏县、闻喜、稷山等沿稷王山边区的村，边委领导机关就驻在南文村。薛克忠担任了稷王山边委第一任书记。以后有卢民安、郭星显、肖平（薛兆平）、杨俊峰、师宗洛等也先后担任过负责人。

薛克忠在任稷王山工委负责人期间，除了领导边区人民群众的抗日斗争，还重点抓了党组织建设工作，坚持在抗日斗争中培养和发展共产党员，壮大党在边区的力量。又积极协调安排，选派了董警吾、秦尚武、秦金铎、董贻光、王德荣等优秀党员，分期分批到中共乡吉特委驻地——乡宁县上章冠村参加了训练学习。

1938 年 9 月，山西牺牲救国同盟会总会根据汾南地区抗日斗争形势，决定把稷山、安邑两县的游击支队合并整编为晋绥教导第三总队，并由孙定国任总队长，陈捷第任政治主任，组织科长由薛克忠担任。12月，在教导第三总队的基础上，晋西南各县的游击支队、自卫总队改编为政卫一支队，支队长由孙定国担任，薛克忠再任组织科长。期间，他根据组织安排，与宣传科长聂乙、民运科长樊俊瑞等人互相配合，共同努力，把位于稷山县的一大队、安邑县的二大队、汾河以

薛克忠将军

南的三大队以及万泉、猗氏、荣河等县的自卫队共同组织起来，积极开展抗日斗争，有力打击了敌人的嚣张气焰，鼓舞了抗日军民的必胜信念，推动了整个汾南地区抗日斗争工作的开展。

1939年春，敌人对稷王山、孤山地区进行又一次大"扫荡"之际，薛克忠与支队长孙定国及当时的汾南中心县委书记贾全明（解店镇西贾村人），三人在贾全明的杂货铺商议，决定根据各县抗日部队活动特点，要求各游击支队一定要掌控好战斗时机，灵活机动地采用伏击、袭击等作战方法，抓住机遇狠狠打击敌人。正是由于及时调整了战略方针，才使整个汾南抗日斗争最终成功粉碎了敌人的"扫荡"计划。

1939年夏，政卫一支队又改编为二一二旅，孙定国任旅长，陈捷第任政治部主任，薛克忠任政治部副主任。此时，阎锡山借二一二旅改编之际，采用突然袭击的办法下令在二一二旅中取消政委制，并委派了一批反动军官到二一二旅任要职，妄图削弱我党在二一二旅中的主导地位和指挥权。在此关键时刻，上级党组织作出指示：一定要做坚决斗争，绝对保证我党对抗日部队二一二旅的指挥权。对此，薛克忠等人坚决贯彻党的指示，采用了各种办法拒绝把阎锡山委派的工作人员安排到各团营去。在激烈的斗争中，阎锡山派往二一二旅的反动军官、时任二一二旅参谋长的田雨亭恼羞成怒，甚至骂声连天。但薛克忠等针锋相对，据理力争，始终坚持原则，寸步不让，终于使敌

人企图全面篡权的阴谋未能得逞。后来，在二一二旅三个团的团长和政治部主任等六名主干中，除五十四团团长由阎锡山派来的反动军官梁吉庆担任外，其余均分别由原逸田、李明如、曹普、刘存让、杨鹏鲲等共产党员担任。各营连排的主要干部也绝大多数都是由进步革命青年担任。

1940 年 2 月，薛克忠结束了在万泉县将近两年的战斗岁月，与二一二旅部队一起转移，投入到了新的战斗和工作之中。新中国成立后，薛克忠曾担任陕西军区副参谋长、中国人民解放军工程兵副司令员等职。并曾参加了抗美援朝战争，担任十九兵团副参谋长，荣获了朝鲜二级国家勋章、二级自由独立勋章。1961 年晋升为少将军衔。

"文化大革命"期间，薛克忠受到冲击被隔离审查一年，而审查的重点正是他在万泉工作两年时间内的情况。后来经过孙定国、北沙、曹普、秦尚武等及原稷王山根据地老党员王德荣等不少人的证明，方洗清一切。历史证明，薛克忠为稷王山革命根据地的抗日斗争做出了光耀史册的贡献！

1988 年 11 月，薛克忠将军在北京逝世，终年七十四岁。

尉培荣

她 1917 年出生在省城太原，却在万荣这块热土上革命奋斗终生。她是世世代代优秀万荣儿女中的一员，她便是——

曾昭煌：稷王山下的抗日女杰

曾昭煌（1917—2009），自幼聪明好学，思维敏捷，很早就敢于冲破封建思想的牢笼束缚，接受了不少进步思想。1937 年卢沟桥事变后，抗日战争全面爆发，曾昭煌与家人一起离开太原，几经辗转，逃难到了猗氏县（今临猗县）落脚。

在抗日烽火燃遍全中国的形势下，中华儿女抵御外侮、积极抗日的热情不断高涨。曾昭煌也毅然走出刚刚立足未稳的家门，与许多热血男儿一起，参加到了抗日救亡的革命洪流中，成为当时晋南抗日队伍中为数不多的女战士之一。

1938 年 2 月，农历正月初期间，正在猗氏县妇救会开展工作的曾昭煌根据上级党组织的安排，离开猗氏县到乡宁中心区参加培训学习。培训学习结束后，曾昭煌被分配到当时的牺盟稷王山工委（驻地在今万荣县汉薛镇南文村）工作。当时，牺盟稷王山工委的主要负责人是杨俊峰（稷山县人），薛希文（万荣县南文村人）分管组织工作，苏志乾（稷山县清河镇人）负责宣传工作。

在牺盟会工作的日子里，曾昭煌和大家一起积极宣传抗日救亡思想，揭露国民党假抗战真投降的反动行径。她积极发动群众，动员青年农民投身革命参加八路军、游击队，并一度亲自走上前线，参加了抬担架、救伤员和安抚慰问伤员等工作。后又在上级党组织的鼓励支持下，组织部分青年成立了"东青剧团"（东坡村青年业余剧团的简称，下同）"南青剧团"，排练了《锄奸》《枪毙韩复榘》等革命戏剧，在当时的小池舞台和泰山庙等地经常进行演出，受到革命群众的

热烈欢迎，极大地鼓舞了广大群众的抗日斗志和革命热情。由于曾昭煌的突出表现和文艺才干，1939年，她被调入二一二旅的"黄河剧团"工作。一年后，又调入二一二旅的五十五团政治部工作。

1940年初，根据抗日斗争形势的需要，上级决定二一二旅离开南文驻地，开赴抗日前线，到浮山、沁源一带与薄一波领导的决死一纵队会师，以便集中优势兵力开展抗日斗争。部队开赴前夕，曾在南文村召开了有万余人参加的（二一二旅就有七千余名指战员）反顽抗日誓师大会。就在誓师大会召开期间，准备与部队一起出发的曾昭煌却接到一项更为艰巨的任务，党组织决定让她与丈夫王永福一同留在南文村，并以普通村民的身份长期驻在南文村，坚持隐蔽斗争。

从此，曾昭煌、王永福夫妇表面上是南文村的一户普通村民，和其他村民们一样日出而作、日落而息，但实际上却从来没有忘记自己肩负的斗争重任，经常长途奔波与部队联系开展工作，或者接受当地党组织安排的工作任务。期间，敌人曾几次怀疑曾昭煌的行为和身份，但由于她在当地群众基础好，表面上又是村里的一户普通人家，敌人便始终没有抓住真凭实据。因此，在大部队离开南文村的五年里，曾昭煌就这样一直坚持着隐蔽斗争。

1945年5月，在一次完成转送情报任务后的回村途中，曾昭煌突然被敌人发觉，并被抓捕。虽曾多次被审问，但曾昭煌却始终神情自若，一口咬定自己是出外探望亲戚。在半个多月的关押期间，乡亲们一再要求保释曾昭煌，也由于敌人苦于没有证据，因此见有村民保释，就提出要用金钱担保才能释放，说白了就是想借机捞些钱财。抗战期间的三文老区人民生活都十分困难，根本拿不出钱来保释曾昭煌。后经大家多次商议，决定把曾昭煌当时一个年仅六岁的儿子卖给外地一户人家，最后用这些"卖子"的钱才把曾昭煌营救了出来。

曾昭煌晚年

1947年万泉解放后，曾昭煌先是参加土改工作，新中国成立初期便调至县教育局及妇联等单位，1966年又担任了县饮食服务公司副经理。1972年初，因受长期革命斗争的艰苦生活影响，曾昭煌身受多种疾病的折磨和困扰，在组织的关怀安排下，她离职回到了原籍太原市治病疗养。这样，曾昭煌在阔别家乡三十五年后，才有机会与家里的亲人们团聚。

在太原治病疗养一年后，曾昭煌的身体状况开始有所好转，便又在当地组织的安排下，到当地街道办事处、居委会工作，并先后担任过党支部书记、主任等职。但离休后的曾昭煌又放弃了省城太原的优越条件，决定再次回到南文村居住。她说："万荣是我工作、生活了大半辈子的地方，那里有我熟悉的山山水水，更有我白天黑夜都在想念的乡里乡亲，遂决定永远定居在稷王山下。"就这样，曾昭煌又回到了她向往的稷王山区，而且这次回得更加彻底，她转回了自己的户口，也带回了自己的党组织关系。

回到第二故乡南文村后，曾昭煌老人心情愉悦、精神饱满，她常常与大家一起回忆当年的战斗岁月、趣闻轶事。她还多次向有关单位提出建议，要求在南文村建立革命纪念馆，建立爱国主义教育基地。村里建学校、办公益事业、为汶川大地震灾区募捐，她先后捐出数千元，表达了一个老革命者、老共产党员的爱国、爱家、爱民之心。

2009年1月，曾昭煌老人走完了她富有传奇色彩的一生，终年九十三岁。她在万荣县和稷王山区战斗、工作、生活了几十个春夏秋冬，实践了自己生前的铮铮诺言：为革命奋斗终生，长眠于稷王山下。

卜建琴　立木

红色记忆

彪炳史册的父子英雄

潘敏娃、潘士成父子，是今天的万荣县荣河镇荣河村人。在抗日战争和解放战争时期，父亲潘敏娃机智勇敢，曾在一次战斗中，用利刀连续刺死五名日本鬼子。儿子潘士成则活捉了为害一方、作恶多端的土匪头子雷文清（绰号"雷哼哼"）。他们父子的英雄事迹，至今还让人们记忆犹新、难以忘怀。

潘敏娃刺杀五名日本鬼子

1937 年 7 月，抗日战争全面爆发。到 1938 年农历三月，日本侵略者已先后侵入了万泉、荣河县城。由于日本鬼子就驻扎在荣河县的县城里，当地村民遭受日本兵的烧杀抢掠暴行更为惨重。

潘敏娃的家就在荣河县城内，他的父母家人也和大多数老百姓一样，时常处在提心吊胆的生活中。看到日本鬼子和皇协军经常在城里抓兵派差，全家人决定让年轻的潘敏娃离开家里到城外的坑东村亲戚家中躲避。

到了坑东村亲戚家后，潘敏娃却十分担心家里的父母和亲人们。二十多天后的一天早晨，潘敏娃决定告别亲戚，带上一把镰刀和一个竹筐回到荣河县城里看看家人是否安全。

急匆匆地赶了 20 多里路，潘敏娃来到了荣河城外的谢村地界。虽然他家就在城内，但他不敢贸然进城，而是先在城外的田地里四下张望。只见城外空阔的田地里并无一个人影，根本无法让他打听城内的任何情况。于是敏娃只好蹲在地上，挥起镰刀装作割草的样子。不料，敏娃的行动被城墙上的日本鬼子用望远镜发现了。

不大一会儿工夫，几个骑着大马的日本鬼子就来到了敏娃身边，不由分说就把敏娃捆起来，绑在了马后。就这样，敏娃被马拖拉着，一路来到荣河村中央的马王庙里被看管了起来。

当天晚上，几个日本鬼子在马王庙里架起了火堆，把他们从村里抢来的鸡、羊烧在火上吃。期间，有个鬼子打着手势询问敏娃是不是八路军。敏娃并不懂得日本鬼子的手势，误认为是问他有没有"银圆"或者"小脚女人"，就气呼呼地回答说"没有"。几个日本鬼子便一边大骂敏娃"浑蛋"，一边强行把敏娃往火坑中推搡，年轻力壮的敏娃则极力进行反抗。

就在激烈的推搡过程中，敏娃突然发现有个日本鬼子的身上别着一把锋利的刺刀。急中生智的敏娃瞅准机会迅速夺过刺刀，带着满腔怒火，使尽平生力气，向的身上连续刺去，一连捅了六个，当场就有五个死在了马王庙的火堆旁边，一个则被刺成了重伤。当晚敏娃就被架在马王庙里的烈火中被活活烧死。

潘敏娃孤身赤胆，奋力连续刺死五名日本鬼子的英勇壮举，在万荣人民的抗日斗争史上留下了可歌可泣的篇章。

潘士成活捉土匪头子"雷哼哼"

荣河解放前，曾经占滩为王、长期为害一方的土匪头子雷文清经常在白天以黄河滩地的蒲草做掩护，到晚上就出来抢夺百姓财物，被当地群众称为"马蒲王"、"滩大王"。

1947 年 4 月，荣河县解放后，双手沾满无辜群众鲜血、自知罪孽深重的雷文清，遂拉起剩余残部东藏西躲，企图逃避人民政府的惩罚。

1948 年 12 月，正当人民解放军解放运城之时，雷文清突然趁着夜色跑到了运城城外的北门处，参加了城里的国民党部队，继续公开与人民为敌。在激烈的战斗中，雷文清见城里的国民党部队也被人民解放军消灭，知道大势已去，便在当地买了一口大棺材，将棺材封口钉实，并在棺材外用毛笔书写上"雷文清"三个字，企图用金蝉脱壳之计逃之夭夭。

红色记忆

然而就在运城解放的当天，解放军在搜查时识破了雷文清的阴谋诡计。但这时候的"雷哼哼"，已趁乱从运城北门的城墙上溜下来，连夜逃到当时的荣河县裴庄村，找到在滩里当土匪时来往的干亲家里躲藏，计划伺机逃往黄河以西的陕西省。

但自以为做得天衣无缝的"雷哼哼"没有想到，高度警觉的干部群众还是发现了他的行踪。得到可靠消息后，村农会干部立即赶到当时荣河县驻在光华村的第一区，向副区长韩罗坪（荣河村人）及时做了汇报。韩罗坪副区长为了做到万无一失，又急忙赶到荣河村，找到了时任民兵队长的潘士成，并具体交代了抓捕雷文清的任务。

潘士成

接受任务后，潘士成立即带领几位精干民兵，迅速从荣河村出发赶到了裴庄村。一路上，潘士成简要向民兵队员作了行动安排。到达目的地后，各位队员分头行动，有的在院墙外围巡查防止逃逸，有的负责把守大门，潘士成则以找人为借口只身进入到雷文清藏身的屋里。在发现和确认目标后，潘士成首先装作若无其事地与雷文清拉扯了一会儿闲话，然后瞅准机会以迅雷不及掩耳之势用双臂将雷文清死死抱住，同时向外面的队员发出了事先约好的行动暗号。闻讯闯进的几位队员一齐动手，霎时将雷文清捆了个结结实实。之后一行人将其押到了荣河县城，交由县警察大队看管起来，等候人民政府处理。

三天后，荣河县人民政府在郑村召开了万人公判大会，会后在郑村村外鸭儿沟的一片开阔平地上，作恶多端的土匪头子雷文清被公开处决。

回忆讲述：邵志强　柴化昆　闫继斌等

采　　写：尉培荣

一次胜利的反阎请愿活动

稷王山革命根据地是晋南重要的革命老区。1939 年，牺盟稷王山工委和中共稷王山县委的驻地都在万泉县的南文村。当时，牺盟稷王山工委特派员是师宗洛，中共稷王山县委书记是秦居信。

当时，万泉县政府的临时驻地在上义村（今属万荣县解店镇），县长是朱一民。他顽固执行阎锡山反动政策，横征暴敛，贪污腐败，催粮要款，拉夫抓丁，各村老百姓怨声载道，苦不堪言。中共稷王山县委领导看在眼里，痛在心里，但鉴于国共合作大局，不便多加干涉。这年十一二月间，抗日形势更加严峻，反共逆流暗潮涌动，阎锡山亲蒋反共的面目逐渐显现。一段时间，朱一民疯狂抓丁，日夜练兵，准备为阎锡山拔兵。对此，秦居信将情况向汾南中心县委做了汇报，上级党组织决定由牺盟稷王山工委出面，由地下党员董警吾担任总指挥，发动学生和群众到万泉县政府请愿，粉碎阎锡山阴谋。

接到党的指示后，师宗洛立即组织牺盟会成员深入十里文村及汉薛三坡一带，接触联络了一大批进步群众，并在南文小学秦逢森、陈玉堂等教师房间召开了秘密会议，商定了请愿活动的具体时间、方案和行动口号等。到了请愿那天，三文和三坡各村近三千名群众及进步学生齐聚南文小学，在牺盟稷王山工委领导人的带领下，大家挥舞着标语和旗帜，高唱歌曲，步行向上义村进发。一路上，十里八乡的老百姓都赶来围观，不少人受到感染，也加入到请愿队伍中。上午 10 点多，请愿队伍来到了万泉县政府门前，大家高喊口号，要求朱一民出来回答问题。只听见喊声震天，人群密密麻麻一片，朱一民吓得半天不敢出来。请愿学生和群众情绪逐渐激动，形势开始失控，朱一民这才硬着头皮在县政府舞台上接见了请愿学生和群众。面对学生和群众的要求，朱一民进退两难。不答应，过不了当下的关；答应了，又没法向上面交差。他一时着急而又狼狈，但最后不得不当场表态：今后再不打共产党，不搞内斗，一致抗日。请愿队伍这才离去。

这次请愿活动由中共汾南中心县委直接领导，牺盟稷王山工委具体组织，最终以胜利告终，书写了我县群众革命运动史上的光辉一页。

讲述：王育金

采写：黄黎阳

大年三十除霸记

日本投降后不久的 1946 年，阎锡山就下五台山"摘桃子"，他利用名目繁多的苛捐杂税搜刮民脂民膏。为了便于控制税收，他还在区公所下面设立了编村。所谓的编村，就是把几个村子编到一起，内设主委等多人，专门负责收租逼税。这些家伙简直是活阎王、太上皇，无恶不作、为所欲为。

蒙受八年日军盘剥、压榨的老百姓已是财尽力竭了，还怎能经得住编村这样残酷的搜刮呢？所以，人民群众怨声载道，对编村恨之入骨，尤其对编村的主委斥之为"油房掌柜"。

这一年农历大年三十的中午，我们万泉县武工队的几个同志在稷麓县一个偏僻的村庄里（今闻喜县北垣）和解放区的人民群众正忙碌着准备欢度新春时，忽然，哨兵领着两个六十岁开外的老人走了进来。

一进屋，两位老人就像见了多年失散的亲人一样，拉着我们武工队同志的手，声泪俱下地诉说着阎顽万泉县三文编村主委的累累罪恶，并说他们是三文老百姓派来的代表，要求我们立即除掉这条盘在老百姓脖子上的"毒蛇"。两位老人把群众安排的行动计划、联络暗号都告诉了我们。吃过饭，两位老人就匆忙地走了。

一向作恶多端的三文编村主委自知民愤极大、罪责难逃，就把他的家搬到了顽固军炮楼附近住。这样，白天他到处张牙舞爪、横行乡里，搜刮民脂民膏，一到天黑就龟缩在自己的安乐窝里，自以为躲进了保险箱，可以万无一失。

当天，到太阳偏西的时候，我们武工队一行七人就轻装出发了。

七个人带着一支短枪和三支步枪，其余的全是手榴弹。天刚黑，我们越过封锁线，又走了很长一段崎岖的山路，到距离炮楼不远处隐蔽了起来。

虽时值隆冬时节，但我们一路走得急，人人汗流浃背。直到隐蔽野外待命时，才一个个冷得全身打战。可大家的眼睛都睁得大大的，紧盯着炮楼，只嫌时间过得太慢。

突然，炮楼里出现一点火花，在黑夜中晃了三圈，这是我们预定的暗号。这时，我们立刻按原来的分工各就各位。由两名队员在一处窑顶留下负责警戒，其余的人则越过炮楼下的一个土坡，摸到了主委家的门口。队员高金旺是河津县人，他身材高大，强壮有力，站在人梯的底层，我们则叠搭成人梯翻墙而过。进去后，我们用舌头把窗纸舔湿捅个洞，透过洞只见主委正在和他的女人在油灯下包饺子。一声令下，我们两个队员同时用脚使劲蹬门。谁知门没有上拴，由于用力过猛，门扇"咔嚓"碰到了墙上，窑洞的巨大回声立刻把主委吓得猛一跳，饺子也撒了满地。说时迟那时快，当主委还没意识到究竟发生了什么事情时，乌黑发亮的枪口已经对准了他的胸膛，他来不及摸枪就被五花大绑了起来，他的女人在惊骇中还未清醒过来亦束手就擒。我们将他俩的嘴里塞上毛巾，把女的捆在屋中间的柱子上，吹灭了灯，关上门，押着主委就消失在了茫茫的夜色里。前后仅用了十几分钟的时间，就干净利落地完成了这次任务。

当我们押着死猪般的主委撤至大约三里之外时，从炮楼方向才传来了报警的枪声。一时间，敌人的机关枪、步枪响成了一片，队员们听着这四处乱射的枪声风趣地说："行了，已经够远的了，不必欢送啦……"还有的说："还不到大年初一，就放了这么多的炸炮，提前接神过年了。"

第二天大年初一，我们遵照上级决定，把那个十恶不赦的"编村主委"枪决了。出人意料的是，我们刚处决了这个坏蛋，那两位老人又出现在我们面前。我们不禁一怔，以为又发生了什么不幸的事情，但经那两位老人说明情况才知道，原来他们这次是三文群众派来对罪犯验明正身并向武工队致谢的。我们要留两位老人吃过饭住一夜再走，但那两位老人说啥也不肯，只是高兴地说："不啦，乡亲们还等着我们的喜信哩"。

王佑义　孙长贵

孙定国旅长教我学书法

抗战初期，我村来了抗日部队二一二旅，旅司令部就驻扎在我们南文村。有一天，一个穿灰大衣军装约三十岁的军人来到我家，父亲一眼就看出他是我们喜欢的二一二旅孙定国旅长。当时，我正在炕上的小桌上临写颜体楷书字帖，他见我写得神情专注，便问道："你几岁啦？来，叫我看看你写的字。"我双手把写的字递给他并回答说："我今年十三岁啦。"他认真地看了之后便向我讲道："你现在学颜体，一定要掌握颜体的特点，在笔法上横细竖粗，笔画粗细极为明显。颜体字浑厚遒劲，笔画刚劲有力，你已经有点基础了。只要坚持练习，将来必定会有所成。"他还说："我过去在乡间教了八年书，也爱好书法，希望你好好练习。"他的话对我启发很大，更提高了我的学习积极性。从此我每天都要抽时间坚持练习，每写完一张字后都要仔细检查，看哪些字没有写好就反复练习。几个月后，他又来我家闲聊，一进门就让我把写好的字拿来让他看。他看后笑嘻嘻地说："把众多的字组成完整的篇章，这种通篇处理方法就叫章法，又称布局。以后你都要逐步学。"当时我虽然不懂他说的章法、布局的含义，但他热心教我写字，

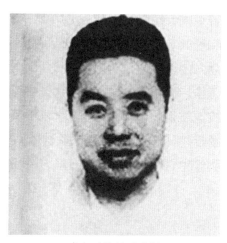

青年时期的孙定国

使我深受感动。以后我有时懒得不想写，一想到他说的话，就又有了信念和力量。

后来我参加了教育工作，一直不断练习提高自己的书写水平，为农村的婚庆嫁娶、节庆大事、盖房建校、戏剧舞台都写了不少对联和牌匾，得到了周围群众的广泛好评。如果说我的书法有点成绩，那都是与孙定国旅长当年的耐心教育是分不开的。

孙定国是我党的一位出色的军事家、哲学家、演说家。早年在家乡任教，九一八事变后他痛心于国难频发，投笔从戎，于1934年加入山西抗日武装新军，历任副官、总队长、旅长等职。他第一批加入了"山西牺牲救国同盟会"，又于1939年（一说1941年）加入了中国共产党。于1940年任太岳军区二一二旅旅长，以后相继担任了太岳军区第二分区司令员、太岳军区副司令员、鄂豫陕后方副司令员等

1946春，喻曼云（左起）、王新亭、邓士俊、孙定国

孙定国手记

职。在著名的"山西十二月政变"中，他率军脱离了阎锡山，转战至晋东南太岳区，与薄一波等领导的部队（决死一纵队）会师，为发展和壮大我党在山西的武装力量做出了贡献。1948年，孙定国被派往后方的马列学校学习，从此即从事马克思主义哲学的理论研究和教学工作。新中国成立后，孙定国先后担任了中央党校哲学教研室副主任、校党委委员、中科院学部学术委员等职务。在中央党校的行政领导中，杨献珍、侯维煜、孙定国被视为"三驾马车"，学术地位很高。后受到康生、陈伯达等人的迫害，于1964年12月投湖自尽，年仅五十四岁。

陈折桂

拜访王斌烈士故居

2010年"七一"前夕，我们慕名拜访了位于解店镇北张户村的王斌烈士故居。村里左邻右舍知悉我们的来意后，纷纷争先恐后地给我们作介绍。

王斌烈士的故居，位于北张户村村东的东沟巷，他家大门面对大巷，前院大门口有牛院、水井、打麦场等，最后面的第三进院中，门厦与东厢房相连，北面为土窑洞，窑洞前是廊房（俗称"撒子"），是名副其实的前廊后厦。不过，他家北房的前廊为瓦房（即当地人说的"厦"），后边是利用土崖面打成的窑洞，王斌烈士从事党的地下工作时，只要回到家，就住在三进院的北房里。

据村里的一些老年人讲，王斌在1937年抗日战争初期就秘密加入了党组织，开始从事党的地下工作，并经常往来于望嘱、西村和张户坡一带。当时，村里大多数人都知道王斌是党的人，是在干抗日救国的大事情，因此大家都十分崇敬他，自觉分担起了对王斌的保护工作。王斌家的北房地理位置很特别，只要登上房顶(实际上就是崖背)，就可以直通大路和庄稼地。当年王斌在家时，村里大巷的人家只要一发现敌情，就会故意打狗让狗大声狂吠，或故意撵鸡让鸡放声鸣叫，为的就是给王斌报信。尤其是在晚上午夜以后，住在东厢房的家人只要一听到巷里的鸡鸣狗吠或人声嘈杂，就会立即告知住在北房的王斌。而告诉王斌的方法也很特别，东厢房的家人每天晚上轮流休息，还经常准备一些砖头、石块或土坷瘩在身边，只要一收到巷里的信号就会立即用土坷瘩、砖石块砸向北房廊顶。而时刻保持高度警觉的王斌在

王斌烈士故居

家休息时从来都是和衣而眠，一接到报警暗号就会立即搬动家里预备的梯子，从门外西北角沿着梯子上房，然后由家人在后面抽掉梯子，王斌则从窑背上选择方向迅速离开。

　　村人还回忆说，王斌烈士当年秘密从事地下工作有十多年，曾担任过汾南游击队大队长。期间不知有多少次都是在村人的掩护和保护下化险为夷，躲开敌人的追捕的。

撰文：立　木

配图：李泓晓

寻找抗日部队的记忆

　　1937 年初春，在万泉县县立第一高级小学任教的青年教师杨世隆（即杨效椿，字子厚，今万荣县汉薛镇薛村沟人，当年二十三岁），虽说像其他老师一样，每天按部就班地在为学生们上课，但他非常关注国内外形势，经常给学生们讲日本侵略者公然侵占我国东北三省的罪恶行径，激发学生们的抗日救国热情。

　　当年农历二月底，杨世隆老师突然决定，让学生们每天到校上晚自习课。因为按照多年的习惯，学校一般只在冬季上晚自习，而在即将进入小麦收割的农忙季节上晚自习，这让许多群众都不甚理解，觉得这位杨老师多少有些反常。但是见到学校的秩序井然，上下课及作业都抓得很紧，家长们也就不再多说什么。

　　大约过了一个多月时间，一天下晚自习后，杨老师带领王同义、牛安才、薛明森、曹广顺等六名在校学生，突然与任何人不打招呼就趁着夜色离开了县城。他们翻过涧沟壕，经过黑子沟，越过柏林庙，抄小路一直向运城方向奔去。而此时，他们的心里只有一个目标，就是要到运城寻找和参加抗日部队。杨世隆老师因为是薛村沟人，并在万泉县城上过二年高小，又在此地当过两年老师，来回往返一直走的就是这条路。所以，虽然是晚上时间，夜色朦胧，但他们是绝对不会迷失方向的。

　　当时，有两位学生家长发现晚上放学时间已过多时，却还不见自己的孩子回家，就急忙出门打听。有学生告知说，他见杨老师下晚自习后带着几名学生向东边方向走了。也有学生说，杨老师就是带着学生去找抗日部队了。曹广顺同学的父亲一听，急忙拿上下午刚在集市上买的两个烧饼，又约了另一位家长，就一路小跑向东边方向追去。

曹广顺的父亲他们一边疾步快跑，一边大声呼喊着孩子们的名字。孤山柏林庙一带地域开阔，加上夜晚寂静，呼喊声在田间地头久久回荡，立刻传遍了山林沟涧。听到呼喊声后，几个学生都有些紧张和害怕，一直不敢答应，但仍继续跟着杨老师跑，但步伐越来越大，呼吸也越来越急促。

杨效椿

杨老师见学生家长一直紧追不舍，觉得不答应也不是办法，于是便定了定神，一边答应着，一边与学生们在一块麦地边站定了。双方见面后，曹广顺的父亲和另一位学生家长并没有埋怨杨老师，只是坚持要带他们的孩子回去。见两位家长的态度十分坚决，杨老师也只好劝这两位学生赶快跟他们家长回去，免得时间长了动摇其他学生的决心。

曹广顺父亲临走时，还把随身带的两个烧饼交给了杨老师，并嘱咐他们一路多加小心。也正是靠着这两个烧饼，杨老师和他的四个学生一路上才没有挨饿，总算在天亮时分赶到了运城。路过薛村沟时，杨老师还给学生们指了指自家院落的具体位置，但他并没有回家去看上一眼。

到达运城后，杨老师他们找到当时驻扎在运城，由刘伯承司令员指挥的一二九师的接待处，部队安排几个学生当了战士，牛安才还被分配当上了炮兵。杨世隆老师在怀着难舍难分的心情对他的四个学生千叮咛万嘱咐之后，又化名杨效椿动身奔向了革命圣地——延安。后来，他终于进入到延安抗日军政大学，参加到革命抗日的行列中。

1973 年 9 月，笔者曾在安徽省见到了时任安徽省革命委员会副主任的杨效椿。杨主任再三挽留笔者在他家吃了晚饭后，又兴致勃勃地谈到了家乡的许多人和事。

话题首先说到当年他带学生寻找抗日部队的事。杨主任说，当时自己年轻气盛，真有一股敢想敢干的闯劲儿。对于当年几个学生的近况，他所知道的是，王同义在部队提干曾任某部高级指挥官，后转业到新疆维吾尔自治区工作。薛明森复员后被安排到万荣县农机公司工作。牛安才在部队的时间最长，曾参加过抗日战争、解放战争和抗美援朝战争，1958年复员后，回到了家乡务农。

杨主任继续说，万泉乡涧薛村的廉世德（解放战争时期曾任国民政府官员，新中国成立后任太原市速成中学、解州中学教师）是他在古城上高小时的同学，私交甚厚。解放战争期间，为了获得准确情报，他曾两次利用和廉世德的私人关系假扮成富家商人，深入到国民党占据的南京、兰州等地，找到在那里任职的老同学廉世德，为我党搜集到了不少重要情报。新中国成立后，他还为廉世德写过几次证明材料，肯定廉世德为新中国解放所做的工作。他还说，这些年虽然很少回万荣，但家乡的这些人和事他总是常常挂在心上。

后来到1980年至1982年间，远在新疆工作的王同义所在单位的组织部门，还曾先后三次到万泉乡调查王同义他们当年跟随杨世隆老师寻找部队的具体时间，乡领导当时责成时任乡民政助理员的冯笃信与笔者共同担任了接待和调查取证工作。

由于相关人员的回忆存在着一定差距，为实事求是和慎重起见，我们还找到了当年半路上跟随父亲返回的曹广顺（他已在万泉乡桥上村定居多年）。曹广顺肯定地说，当年父亲追赶他们时，在荆淮村与北吴村交界处，他们就听到了父亲的吆喝声。当时他们还几次在麦地里躲躲停停，在麦垄里能闻到浓烈的麦香。薛明森也回忆说，那时在万泉地界小麦尚未开镰，而天亮到运城时，便已有少量麦田开始搭镰收割。这样，根据几个人的共同回忆，结合当地历年来的收麦时间，他们当年寻找抗日部队的具体时间，应该是在1937年公历5月底至6月初之间。

立木

1942年，我参加了革命工作

1942年，我虚龄十六岁，正在家乡荣河村的小学念书，学校就在村中的文庙里。

那一年，我正在念小学四年级，是学校的高年级学生。学校有位老师叫薛华甫，是荣河刘村人。薛老师上课时，常常离开课本内容，给我们讲日本侵略者在中国犯下的种种罪行，讲中国人民团结奋斗、奋勇抵抗和打击日本侵略者的英雄事迹。薛老师讲的这些内容，虽然书本上没有，但我们都特别爱听。每当薛老师讲到感人的精彩情节时，同学们就会不约而同地拍手鼓掌，很受教育和鼓舞。

忽然有一天中午上课时，薛华甫老师把我从教室里叫出来，神态严肃地对我说：今天远处来了几个朋友，我们在房里面（指他的办公室）说个事，你在我房子的不远处仔细盯着我的房门口。又叮嘱我说："你戴上学校发的学生帽子，如发现生人或可疑的人来学校，就赶快摘下帽子摇几下。记住，要做得很自然，就像若无其事、漫不经心的样子。"

就这样，根据薛老师的安排，我曾先后好几次（大约三次以上）给他们的"说个事"站岗放哨。其中有一回，他们坐下来不久，我就发现有两个陌生人慌慌张张地进了学校大门。我急忙摘下帽子，装作头皮发痒，左手挠头顶，右手轻轻地挥动手中的帽子。坐在门口的薛老师见了，当即和其他人大声说起了今天天气如何之类的闲话。

等那两个人走了之后，与薛老师在一起说话的几个人还当场夸我机灵。在接下来的一天，薛老师提出让我参加抗日工作，我听了满心欢喜，父母也很支持。记得那时正是甜瓜、西瓜成熟的农历七月。一天，薛老师让我到邻近的周王村，装作是去亲戚家送鞋。当我到达周王村的池岸时，有位青年人问我是否荣河村人，叫什么名字，认识薛老师吗？我一一回答后，就跟着那个人从临河村的大坡上下去，一路来到黄河滩里。

邵志强

我们来到滩地里用草搭起的庵子里，见到了好几位年轻人。那个人向大家介绍说："这是薛老师介绍的青年学生。"之后，他又说让我慢慢熟悉这里的工作。十多天后，我才知道这里是抗日挺进军的通讯连，主要任务是把每天从各村收集的日伪军情报，通过电报传递给驻在陕西韩城县的八路军办事处。

通讯连当时有十几个人，大家就在黄河滩里工作。他们的生活十分艰苦不说，还得随时提防敌人的骚扰破坏。我们的班长是从延安来的干部，名叫张义德。

由于滩地里到处都很潮湿，我们穿的布鞋每天都是湿漉漉的。当时有个南方来的战友，脚上常常穿着草鞋。他的草鞋是就地取材，用滩地的野草编鞋底，草秆（也有细麻绳）扭起来做鞋面，穿在脚上很轻便也不磨脚，更大的优点是不怕鞋湿。即使沾上滩里的泥浆也不打紧，在水里扑拉几下就干净了。后来的日子里，我们就都学着那个南方战友的样子编起草鞋自己穿，一双草鞋大约能穿七到十天的样子。

就这样过了好多天，一次在四下无人的时候，班长张义德悄悄告诉我说，薛华甫老师是地下共产党员，他的公开身份是小学教员，实际上是在做抗日工作。你在念书时为他们放哨，那是他们在研究抗日工作。张班长还特别叮咛说，这件事不准在任何公开场合讲，更不准对任何人说，也包括自己的父母。

在黄河滩的通讯连工作了一段时间后，组织上又调我到陕西韩城县的坡地村司令部担任警卫工作任务。荣河县和运城解放后，我参加

红色记忆

了西北行政干校，准备南下到四川工作。后因身体原因，组织上又安排我在当地工作。当时荣河县县长杨华指名让我筹建荣河县的新华书店。这样从 1949 年起，我就先后一直在荣河、万荣、运城等地的新华书店工作，直至离休。

回忆讲述：邵志强

采　　写：立　木

杨浩林在四望村纪事

杨浩林，万泉县解放后的第一任中共县委书记、独立团政委。1915 年出生于南张乡薛里村，1987 年逝世。他曾领导万泉人民进行了剿匪灭霸、镇压反革命等艰苦卓绝的斗争。尤其是在土改期间，杨浩林当时在四望村驻村包点，与四望人民群众结下了深厚的友谊，四望人民都亲切地称他为"杨政委"。时至今日，杨政委的事迹还在四望村广大群众中流传。

一

1947 年 4 月，三面环沟、一面靠山、居高临下、易守难攻的万泉县城在人民解放军的隆隆枪炮声中解放了。时年三十二岁的杨浩林挑起了万泉县委书记兼独立团政委的重担，成为万泉县新中国成立后的第一任中共县委书记。虽然此时的万泉县城上空飘扬着鲜艳的红旗，但全国大部分地区仍然掌握在国民党反动派的手里。在晋南，蒋阎匪帮的重兵还盘踞在临汾、运城两个重要城市，这些匪兵除了在两城之间相互调防来回穿梭，还不时地窜出城外，勾结当地一些土豪劣绅抢粮抢物，祸害百姓，残害农会干部。而刚刚新中国成立后的万泉县城到处是残垣断壁，满目疮痍，经济萧条，民不聊生。当时流传着这样一个民谣"万泉县，稀巴烂，三家生意两家店。一家卖饭不歇客，一家歇客不卖饭。"

在这样极其复杂的社会背景下，如何巩固刚刚建立起来的红色政权，支援前线，解放全中国？又如何发动群众打土豪分田地，当家做主人？这些问题都成了新人民政府工作的当务之急。为了迅速打开工作局面，杨浩林带领县委干部张信、王义容等工作队员乔装打扮，不声不响地进驻到了四望村。

村里来了陌生人，这一下子就引起了群众的警觉。尽管杨浩林他们说话和气，平易近人，但许多群众见了他们还是敬而远之、避之大吉，即使上前搭话也是守口如瓶。面对这些，杨浩林和他的工作队员白天走进田间地头，和老百姓一起犁耧耙糖，锄田种地，好似亲兄弟；晚上又坐到老百姓的炕头，盘腿搭手，嘘寒问暖，俨然一家人。有时还深入到牛舍里，同饲养员一起铡草喂牲口、拉家常。就这样，工作队渐渐地拉近了和群众的距离。为了彻底打消群众的顾虑，杨浩林和他的工作队最后又走进了家境极为贫寒的郭二孩家。郭二孩，祖籍河南，1945 年初沿路乞讨来到四望村。这母子二人相依为命，一直住在村里的一个破窑洞里，衣不蔽体，食难果腹，经常是吃了上顿没下顿，平时只靠给人打些短工维持生计。了解到这些情况后，杨浩林给他们送衣送被，送钱送粮，感动得母子二人见人就夸，直说杨政委好。

工作队所做的这一切，四望人民都看在眼里，记在了心里。慢慢地，一些进步群众开始向工作队靠拢，主动反映情况，一些被争取过来的群众也敢于说实话了。很快，当地的风土人情、家族势力，甚至敌我状况等一系列问题，工作队都逐步了如指掌，这为随后的发展积极分子、组建农会、打土豪分田地等工作的开展都奠定了坚实的基础。

有了群众基础，杨浩林首先趁热打铁开始组建农会。由于当时群众文化基础差，很多人都不会写字，杨浩林和工作队便采用以豆计票的方式在四望村选举了农会干部，组建起了农会。那时的场面极为壮观，候选人都横坐在板凳上一字排开，相互拉开一定的距离，每人背后放一个大碗，然后给选民每人发一粒豆子，愿意选谁就将手中的豆子投到谁背后的碗里，最后以豆子多的当选。群众首次当家做主人行使自己的权力，个个都很兴奋。选举的那天，村公所里彩旗飘扬，五颜六色的标语贴满了墙壁，人们扶老携幼，你推我挤，非常热闹。由于充分发扬了民主，农会干部都是群众心目中根子正、作风硬、群众基础好的能人，因而深受群众信赖。实践证明，这些干部不负众望，工作能力强，敢作敢当，在随后的土改工作中都做出了突出成绩，后来被上级誉为"土改工作的火车头"。在后来的闻喜后宫整党、土改纠偏工作会议上，四望村的土改工作还受到了上级的肯定和表扬。

二

四望村的土改工作取得了阶段性胜利，但杨浩林和他的工作队却丝毫不敢松懈，他们深知，巩固胜利成果比打江山会更难。于是，他很快又在四望村成立了青年会、妇救会、民兵队等各种进步组织，和农会相互配合开展工作，为巩固胜利果实作进一步的努力。

青年会当时的工作主要是负责组织宣传党的各项方针政策纲领，民兵队则主要肩负保卫家园的重担。他们平时身背大刀，手握长矛，站岗放哨，昼夜巡逻，训练杀敌本领，同时还要肩扛锄头，下地劳动干农活。战时则配合部队作战，组织群众为部队送粮草、送门板、抬担架、送伤员。尤其是在解放运城的战役中，四望人民积极响应号召，拆下自家门板，搬走自家案板，有的老年人甚至抬出了自己的寿板送给部队做掩体。在支援战斗中，四望群众更是不怕牺牲，冒着枪林弹雨抬担架、救伤员，东巷的雷生财就是在抢救伤员时被敌机炸中英勇牺牲的，他的英名被镌刻在万荣县革命烈士纪念碑上千古流传。战斗结束后，四望民兵队被中国人民解放军某部誉为"钢铁运输队"。

民兵队战绩显赫，妇救会也不甘示弱。妇女们组织做军鞋、唱红歌，倡导男女平等，争取妇女彻底解放。为了给解放军做好军鞋，妇救会还派了一些心灵手巧的妇女专程赶到晋东南革命老区学习做麻线、千层底、牛鼻子军鞋等，回来后再手把手地教给全村的妇女。那时候，在全村妇女中掀起了做军鞋的热潮，大家你追我赶，比式样，比进度，比数量，有的人甚至昼夜不歇，手上打出的血泡又磨成了老茧。一双双、一筐筐的军鞋纳出了四望群众对人民解放军的情，缒进了四望群众对人民子弟兵的爱。四望妇女用勤劳的双手和辛勤的汗水换来了前线司令部"支前模范"的光荣称号。而在同时，儿童团的成员们也在老师的带领下边读书边参加社会活动，大家五人一组在村口要道设卡站岗放哨查路条，他们手里拿着红缨枪，嘴里唱着革命歌曲，一个个生龙活虎，朝气蓬勃，像初升的太阳，像绽放的花朵，迎接着新中国的到来！

1947年7月13日深夜，盘踞在运城的阎顽残匪和土匪勾结组成了"暗杀团"，敌人乘夜深人静之际上树翻墙，偷偷摸进了村里，将熟睡的农会积极分子薛安庆、薛履端从炕上拉起来，残杀在了村中央。

第二天清晨，民兵们在获悉情况后，立即把曾当过一年多日伪村长的雷建梁五花大绑送到了万泉县看守所审查，大家怀疑他和敌人"暗杀团"有联系。尽管县公安局连续月余走访调查，但一直没有找到任何证据。就在准备放人之时，正在四望村蹲点搞土改的杨政委那里却不断收到有人送来的揭发信。杨政委凭着自己在村里工作的印象并考虑到雷建梁在村里的表现，认为此人不应该和这些土匪有联系。但望着案头连续收到的几封来信，细心的杨政委忽然发现一个问题。虽然信中列举了不少罪名，但却没有列出一件事实。更蹊跷的是这几封信内容相同，笔迹也一样，而且使用的是同样的信封和信纸，很明显这是一人所为！于是杨政委不动声色，开始明察暗访，终于详细了解了雷建梁其人。此人虽然因种种原因当过一年半的伪村长，但一般都是应付支差，从来没有干过任何坏事，并没有罪恶，没有民愤，相反却曾因不肯卖力被鬼子抓到西景村的日军司令部遭到过残酷拷打，还被放出的狼狗咬伤了胳膊。且在任伪村长期间，雷建梁还利用工作之便偷偷给当时住在文村的稷王山抗日民主政府做了不少有益的工作。绝大多数贫下中农都反映此人品行端正，作风正派，不抽烟，不赌博，平时也不与不三不四的人接触，说其和土匪"暗杀团"勾结几乎不可能。再经过深入了解后，才得知告状信确实出自一人之手，原来是因宅基纠纷，告状人想借刀杀人施以报复。查清事实以后，杨政委果断决定立即放人。

此事在村里传开以后，群众都佩服杨政委办事谨慎，工作细致，都说险些错杀了人。后来事实也证明，残杀农会积极分子之事系从运城窜出来的顽匪郭刚所为，此案先后镇压了十一名罪犯，审讯结果没有一人和雷建梁有联系。

杨浩林政委在四望村的驻村事迹如今虽已过去六十多年了，但至今，凡村里上了岁数的老人一提起杨政委仍无不竖起大拇指，夸杨政委是一个为人正直、作风正派、工作细心、吃苦耐劳、为人民办实事的"真八路军"。

　　杨浩林同志于 2000 年 2 月在福建省福州市逝世，享年八十六岁。

雷学礼

红色记忆

参加闻喜后宫整党记

1947 年，万泉、荣河两县相继解放，很快分别成立了由人民当家做主的万泉县委、县政府和荣河县委、县政府。根据上级指示安排，万泉县随之便也掀起了轰轰烈烈的土地改革运动，当时我即在万泉县的第一区（区政府所在地为今皇甫乡乌苏村）工作。由于土改工作的实际需要，区政府抽调了我和吉庆云、秦晋和等人下乡到东文、南文、柳林庄等村一带开展工作，组长是吉庆云。

当时，由于"左倾"思想的影响，很多地方在土改运动中出现了一些错误倾向，有些地方还十分严重，甚至出现了随意打人、捆人等行为，并造成了个别命案。对此，我们都十分困惑，认为这样进行土地改革，绝不是正确执行党的政策行为。

果然，1948 年春节刚过，我们就接到上级通知，让我和区里其他几位同志动身到闻喜县的后宫村参加由地委组织的整党工作。由于时间非常紧迫，我们几个在接到通知后，只是简单安排了一下手头的工作，甚至没有顾得上回家看一眼就背着铺盖卷动身了。我们从万泉县（今万泉村）出发，在厚厚的积雪上一步一滑地来到区政府所在地乌苏村。大家休息了一会，在吃过饭后就开始上路，经过一天一夜的雪地行走终于来到了闻喜县城。当时，沿路还有许多和我们一样背着铺盖卷参加整党的同志，大家也不管是哪个县的，只是简单打个招呼后就一路同行，直奔目的地。

在闻喜县城休息一夜后，第二天一早，大家又一起动身向后宫村赶去，再继续步行了差不多一天的时间后才到达后宫村。整党工作由当时的晋南地委书记柴泽民亲自主持，地委副书记张之敏等领导都参加了会议。会议的主要内容正是纠正土改运动中的极端"左倾"思想行为，要求绝不能以发动群众为名，在运动中出现贫下中农想说什么就是什么、想怎么干就怎么干的现象。由于当时的闻喜县在土改运动中受"左倾"思想的影响特别严重，误批、误斗了不少人，甚至打死了一些人，便成为这次土改运动中执行"左倾"思想的重灾区。

整党工作开始时，先由当时的闻喜县委书记张启功在大会上作了好几次深刻检查，县里其它干部也先后发了言，主要内容都是深刻检查和剖析闻喜县在土改运动中的极左思想行为。参加整党的万泉、荣河、稷山等县的领导同志后来也结合闻喜县的实际情况，对照检查了各自在土改工作中的"左倾"思想和具体表现，前后共进行了三个月之久。会议期间，闻喜县委书记张启功被免职，副书记李永太被降职任用，调任到万泉县一区担任了区委书记。

闻喜后宫整党结束后，我们参加会议的同志又背着铺盖卷仍然步行回到了各自工作岗位，我也继续回到万泉县一区工作（后来一区政府所在地由乌苏村迁到了县城，即今万泉村）。回来后从同年 6 月 7 日开始，万泉县委也用一个星期的时间召开了县委扩大会议，全面宣传贯彻中央关于土改工作精神与闻喜后宫整党工作精神，大力纠正土改工作中出现的严重左倾错误，使全县的土改运动又逐步走上了正确的轨道。

讲述：王育金

采写：贾向南　立　木

我给日本鬼子当劳工

　　七十年前的 8 月 15 日，烧杀抢掠、无恶不作的日本侵略者在中华儿女的浴血奋战抗击之下，终于无条件投降了。然而，七十年前日本鬼子蹂躏我中华民族的滔天罪行，在老年人的记忆中却至今仍历历在目。万泉乡林山村八十五岁的尉万盛老人，就是活生生的见证人之一。

　　尉万盛老人曾在日军投降前夕的 1944 年，两次被日本鬼子逼迫当劳工。

　　日军侵占万泉县后，在县城驻扎了一个司令部。当时，抗日的烽火遍地燎燃，在稷山县桃李村汾河附近的山坡上，鬼子为了军事防御，阻挡抗日部队和地方抗日武装的袭击，他们想将汾河水通过挖沟壕的办法引到山坡下的炮楼附近，于是，驻扎在河津的鬼子便向万泉县鬼子司令部摊派了一批劳工。当时，年近二十岁的尉万盛在荆淮村正给一个地主家扛长工，便也被摊上了这鬼差事。鬼子摊派劳工的办法是"摊丁入亩"，就是谁家的土地多，摊的工就多，标准是十亩地摊派一个工。于是，这年初冬，尉万盛替地主干劳工来到了桃李村给鬼子挖战壕。据尉万盛老人回忆，每天天不亮，鬼子就开始叽里呱啦地大喊大叫，让他们快去上工。工友们常常从天不亮直干到日头落西才能回到寒风入骨、冰冷透凉的破烂工棚里。吃的是黍面馍馍，喝的是又脏又臭的小井水。黍子面馍又粗又酸，而且没有一点筋丝，只能用旧手布包起来对在嘴上吃，劳工们吃得经常是肠胃发烧，大便干燥不通。就这样忍饥挨冻干活，还要挨打受骂，鬼子稍不乐意就会朝劳工身上

112

发泄，不是用牛皮鞋狠踢，就是用牛皮带猛打。尉万盛和工友们实在受不了，便在一次收工时与一个名叫四牛的劳工悄悄地逃了出来。逃跑时要经过一道河水，当时节气已是小寒与大寒交接之间，河里从上游带下来的冰块时有砸伤人的危险。他们多亏遇到了一个老船户用小船将他俩送过了河，尉万盛才终于死里逃生，偷偷地回到家中藏了起来。

尉万盛另一次给鬼子当劳工是在这年的秋季，他一生都忘不了与他同时去给鬼子干活的荆淮村孙立端的悲惨遭遇，孙立端被活活冻死在去河津途经的薛里村村口。那次，尉万盛与十几个劳工包括孙立端同去河津给鬼子挖战壕，走到里望时天气忽然下起了暴雨，只好又往回返。当时，尉万盛披着一块旧油布，由于油布遮住身体才保住了他的性命。这块油布他视为自己的生命，一直珍藏了七十多年。在返回途中经过薛里村时，由于天色已晚，他们又饥又冷，只好先到村边屋檐下避一避雨，顺便再找点吃的。当时孙立端冻得浑身发抖，没有一点力气，便对他们说，你们先去村里吧，我就在这儿等等。当尉万盛等人向村民们要来了几个馍馍再返回村口时，由于连冻带饿，孙立端已惨死在了一棵大树下。几位工友见状，禁不住失声痛哭……

牢记血泪仇，不忘民族恨。如今七十多年过去了，每当尉万盛老人再给儿孙们讲起他给鬼子当劳工的经历时，总是老泪纵横，激愤不已。他告诉人们说，国家只有强大兴盛了才能抵御外侮，使自己的人民安居乐业。希望子孙后代都能珍惜今天的幸福生活，为国家的富强做出贡献！

林智宏

红色记忆

113

日本鬼子在万荣县的又一暴行

　　1944 年春末夏初的一天，日军（据说是从稷王山过来的日本兵）与雷文清（绰号雷哼哼）部队在集义村岭上的阎家坟地一带展开激战，当时很多群众都听到了枪炮声，但大家都躲在家里不敢出门。战斗一直从早晨打到下午黄昏时分，双方都有所伤亡。由于一直有日本兵从稷王山东边增援，这时候有人便在村里传说，雷哼哼的部队在战斗中吃了亏，日本兵占了上风。

　　在人们的心目中，雷哼哼是土匪出身，他长期占据着荣河县的河滩一带，全靠打家劫舍来武装自己，为害一方，因此人们都叫他"滩大王"。但他怎么会突然和日本鬼子打起来，人们一时纷纷议论。到了下午天快黑的时候，雷哼哼派人来到了集义村，并强迫几个村民带着锹镢等工具，来到村北面一块地的堰根，让这几个村民就地挖了一个大坑，埋藏了雷部队的两挺机枪、两门小炮、数十支步枪和一大捆被褥服装。为了掩人耳目，雷哼哼的人还强迫村民们当即在这块地上种上了玉米，然后又套上牲口，用耙耱耱了一遍，伪装成了刚刚种上的样子。

　　当这一切都做好以后，雷哼哼当时还亲自到地里检查了一遍，又当面威胁那几个参与埋藏东西的群众说：我们马上就要再回来，你们谁也不准把这件事说出去。万一走漏了风声，拿你们几个的脑袋说话。等雷哼哼他们走后，只有几百口人的集义村里，人人都觉得非常后怕。那几个参与埋藏东西的村民，更是怕得一夜都没有睡成觉。

　　人们在惊慌害怕中度过了一夜，第二天早上天刚亮，也不知道日本鬼子从哪儿听到的消息，便有七八个日本兵来到村子，身后还跟着一大群皇协军，在村里挨家逐户地翻箱倒柜搜查，整整折腾了一大晌也没有搜出个什么结果。气急败坏的日本鬼子就抓住村民赵子林，又是捆又是打，在牛院里把饮牛水撒上辣椒面灌到赵子林的嘴里，逼迫他说出雷哼哼部队的去向。但赵子林虽然被打得死去活来，可他并没有参与埋藏雷哼哼的东西，也就实在说不出个所以然来。日本鬼子便又找到当时的村长赵立言进行严刑拷问，但还是没有结果。于是，在日本鬼子的授意下，几个皇协军把赵立言家的麦草垛点着，村里顿时浓烟滚滚、火光冲天。

快到中午时分，日本鬼子又抓了一些老百姓，其中还有两个仅仅几岁的小孩，小孩子见日本鬼子和皇协军又打又骂，就害怕地说出了埋藏东西的地点。于是，日本鬼子和皇协军立即来到当时埋藏东西的地方，很快挖走东西离开了村子。

后来人们才知道，雷哼哼部队在埋藏东西时，尽管一再封锁消息，但还是被那两个小孩无意中给碰见了。据说那两个小孩长大后，由于觉得对当年那件事十分不安，就跑出村子当了兵，也有人说他们在外边经了商，但始终再也没有回过村里。

再说为什么雷哼哼的部队会与日本鬼子打起来呢？原来在1944年初春，当时的荣河县县长王海清（地下党员）为了团结更多的地方武装开展抗日斗争，经上级批准曾只身冒险深入黄河滩，招抚雷部队参加了抗日武装，并给了雷哼哼部队一个"条西挺进支队"的番号，这就是雷哼哼部队会与日本鬼子作战的原因。但不料仅仅到1945年春，雷哼哼却又反叛为匪。因此荣河解放后，雷哼哼终于被人民政府抓获并判处死刑，在郑村被执行枪决。

再以后的农业集体化时期，村民们在岭上平田整地时陆续挖出了不少尸骨，经当年了解那场战役的村民回忆，最后确认这些尸骨就是当年雷哼哼部队与日本鬼子作战时，就地掩埋的那批牺牲人员。这些尸骨就是日本鬼子在万荣的又一暴行罪证。

赵庭义

红色记忆

铭记心间的历史见证

　　1945 年 8 月 15 日，抗日战争全面胜利，日本宣布无条件投降。但当时通讯不畅，消息闭塞，在中国广大地区，尤其是一些偏远的县城和乡村，人们难以及时得到消息，还在时刻提防日本鬼子的侵袭骚扰。当时驻在万泉、荣河县城的日军就是在逐步得到命令后才慌忙撤退的。

　　抗战期间，日本鬼子侵入万泉县后，不仅在万泉县城（今万泉村）设立了司令部，而且在孤山半腰的土地庙、今解店镇的火神庙和汉薛镇的西景村等地，也都安排了少数驻军。就在日本宣布投降后没几天，在日军司令部"听差"的程六娃忽然于一天早上发现，司令部的日本鬼子突然一个也不见了，住过的房间里到处一片狼藉，有些东西也没有完全带走，那天准备好的早饭也不见有日本兵回来吃。

　　孤山龙凤庵的僧人阮先生说，他无意间发现驻在山上土地庙的日本兵（大约一个班）两天来都不见一个踪影。有村人在赶解店、薛村（即汉薛）集会时也听有人悄悄议论说，火神庙和西景村炮楼上的日本人都走啦。虽然大家当时并不知道日本鬼子的"走"就是彻底的投降了，但其中"逃走"、"逃跑"的意思还是很明显的。

　　在荣河县城附近的村子里，有几个在西瓜地看瓜的村民也都在同一天晚上发现有日本兵从大路上通过，看样子还十分着急。起初他们以为，日本鬼子是趁着夜晚要出城"扫荡"，又不知道哪个村子要遭殃了。可是第二天却发现并没有任何动静。因为以往日本鬼子在袭击了哪个村子后，第二天就会有消息传来。这以后的接连几天里，住在荣河县城里的老百姓发现，日本兵几天来竟都没有出过早操，城门跟前也再没有日本兵盘查了。

种种迹象表明，日本宣布无条件投降后，万泉、荣河两个县的日军当时都是趁着夜晚偷偷撤走的。就连万泉、荣河（日本投降时，荣河县政府驻在今谢村）两个县的国民党政府官员们知道消息时也是8月15日两天以后了，但当时的国民党政府官员并没有及时向群众公开宣传。

离休干部李丰华（临猗县引村人）回忆说，日本投降那年他虚龄十三岁，因生活所迫，家人把他送到了赵仪（今永济市区附近）火车站旁边的一个村里，给一个富户人家当"小工"，主要就是打杂，做一些零活。他清楚地记得，那天他在赵仪火车站看到许多日本鬼子一个个都耷拉着脑袋，在中国军人（国民党部队）的监视下上了火车。火车站的广播里当时反复播报说：凡是日本士兵，赶快到车站上车，火车马上就要开动！

当时围观的人们个个义愤填膺。有的说，这些龟孙子也有今天。有的骂日本鬼子是"天生的一伙坏蛋"，有的则摩拳擦掌想冲上去狠狠地揍这些日本鬼子，但维持车站秩序的中国军人根本不让老百姓靠近火车站的站台。后来听大人说，这些日本兵是从赵仪火车站出发统一送往省城太原的。

就在火车从赵仪车站出发以后，村民们却在一块玉米地里发现了一个藏着的日本兵（当时玉米已经一人多高）。愤怒的人们闻讯后立刻纷纷赶来，用锄头、锨把等劈头盖脸地就砸向这个日本兵。等到中国军人赶来制止时，那个日本兵早已被打得奄奄一息了。

整理：立木

播撒火种的"民四高"

1941 年，我在原稷山县人民第四高小（简称"民四高"）读书，学校就位于今万荣县西村乡刘和村文庙内（当时属稷山县，1971 年划归万荣县），共产党员董警吾曾在这里担任校长，因此是一所比较进步的学校，有许多播撒革命火种的人。我和许多同学都是在这里接受革命洗礼，逐渐靠近党组织的。

当时，学校共有两个班 100 余人，校长名叫曹声瑄，今汉薛镇三坡人。课程设置主要有语文、数学、历史、地理、自然等，上课地点就在文庙里。学生们来自四面八方，平时不回家，都住在附近的老百姓家中。每月自带粮食，由学校统一安排食宿。

岁月流逝，如今许多人和事都已渐渐淡去，但唯有两位老师对我的印象很深刻。一个是历史老师秦文玉，是今天的汉薛镇东文村人。一个是语文老师张雨之，是临汾市乡宁县人。他们两人都满腹经纶，善于表达，富有激情。每次上课，除了讲课本知识外，他们还谈论时局，讲做人立身之道，并告诫我们要保家卫国、建功立业。我们都非常喜欢听他们两人的课，经常在课下回味课堂内容，讨论怎样抗日救国。我们幼小的心灵里，已悄然播下了爱国救民的种子。

一年后，日本鬼子"大扫荡"开始，稷王山革命根据地遭受重创，"民四高"正常教学秩序被严重干扰，不得不停办，我们只好又各自回到了家里。

"民四高"停办了，但革命的火种却并未熄灭。几年后，我和许多同学都先后走上了革命道路，这才知道，原来曹声瑄校长以及张雨之和秦文玉老师都是共产党员。他们受原校长董警吾的提议，被组织安排潜伏在"民四高"里，传播革命理论，播撒革命火种，组织开展各种抗日活动。张雨之老师真名叫张铁民，是当时的中共万泉县委书记。秦文玉老师是中共万泉县委一区（驻地在今万荣县皇甫乡乌苏村）分委会书记，后来成为我的入党监誓人，同班同学秦夺刚则是我的入党介绍人。

新中国成立后，张铁民同志先后担任过陕西省铜川市市长、陕西省经委主任、西安市市长等重要职务。他为官亲民、朴实、清廉、刚正，深受百姓爱戴，被誉为"铁市长"。1985年，张铁民同志病故，西安市2000余名群众自发为其送葬。2008年，陕西省委宣传部以他为原型，拍摄了电视剧《铁市长》，以宣传其全心全意为人民服务的精神。

讲述：王育金

采写：黄黎阳

抗战时期的南文学校

1938 年 3 月 10 日，日军入侵万泉县城。根据抗日斗争形势需要，中共河东特委与牺盟运城中心区利用稷王山特殊的地理条件和战略位置，在稷王山腰的南文村建立了抗日根据地，成立了牺盟稷王山边区工作委员会，领导万泉县及汾南人民的抗日游击斗争。负责筹备稷王山工委的是虞乡牺盟特派员薛克忠及苏志乾等人，薛克忠担任了牺盟会稷王山工委第一任负责人。

在严峻的抗日斗争大形势下，党组织和广大人民群众都清醒地认识到，抗日斗争是当时一项长期的中心任务，必须恢复被日本侵略者破坏殆尽的农村小学，让根据地的学校教育发挥应有的作用，培养一大批有文化、有理想的抗日斗争力量。在党组织的领导下，在当地群众的鼎力支持下，时任中共稷王山工委书记的地下党员秦居信（东文村人）和地下党员杨植三、秦金铎等人，担任了南文学校的教师。

秦居信他们一到学校，就废除了过去在农村小学里只教语文课的老一套作法，增设了算术课。并要求学生在每天早会时都要上台轮流演讲，揭露日寇的侵华暴行。当李闷娃的儿子兴娃上台演讲时，他讲到了自己的奶奶曾被鬼子兵戳瞎右眼、砍断左臂，又扔下了万丈深沟的事情，顿时泣不成声，同学们情不自禁地高呼"打倒日本鬼子"！

当时学校校址在村里的上关普照寺，内有土窑洞五孔。为了保障学校上课的教室，教师们亲自带领学生搬掉了窑内的泥塑神像作为课堂，这对学生相信科学、破除迷信的启发教育很大。

学校当时还经常开展形式多样的抗日救亡活动。他们成立了"儿

"窑洞"教室

童救亡会"（后称儿童团），组织学生利用课余时间和节假日在村口路边站岗放哨，盘查奸特。一遇到过往生人或形迹可疑者，马上报告或将其带给村治安干部审查。平时还组织学生大唱革命歌曲，如《流亡三部曲》《黄河大合唱》《大刀向鬼子头上砍去》等。排演革命戏剧，如《锄奸》《在死亡线上》《枪毙汉奸王录娃》等。有时还在小池舞台上或东文村当时的泰山庙群众集会时进行宣传演出，鼓舞群众抗日斗志，点燃抗日烽火。

1938年8月，工委会组织了一次全区（三文、三坡等地）各校文艺宣传评比大会。南文"曙光小学"在歌咏、戏剧、体操等比赛项目中给观众留下了深刻印象，名列全县第一。工委会领导郭星显当场亲手发给南文学校奖旗一面，号召各校向南文学校学习。

"十二月事变"后，阎锡山进一步控制牺盟会，排斥共产党。不久，驻在南文村的212旅在村里召开了"反顽抗日誓师大会"，并于1940年2月23日奉命战略转移，北上抗日。我根据地人民在阎匪、日寇的黑暗统治下，学校教育受到了严重干扰破坏。

据南文村村民赴朝志愿军战士王希端回忆，他当时正在村里学校读书，由于时局动荡的影响，学习环境十分恶劣，每个学生都必须准备三种不同内容的课本来应付复杂局面。

当时学习的内容有："来来来，来上学！"、"公鸡叫，天亮了，赶快起来上学校！"等。秦居信老师还亲自用毛笔在学生的油漆木板上（长八、九寸，宽六、七寸，留有手柄，可代替课本）写着"火！火！东洋鬼子放的火！！""血！血！中国人民流的血！！"大一点的学生便写着："辽吉黑、热察绥、甘陕晋、冀鲁豫……鄂皖川湘，再加蒙藏，保全国土，国人勿忘！"。还有"国家兴亡，匹夫有责！"、"誓死不做亡国奴！"等。更有嘲笑讥讽小日本鬼子的歌词："小人国里样样小，请你听了不要笑。房子只有鸟笼大，火柴盒里能睡觉！"。

不少时候，阎顽的伪区长薛子晋也不时挤进校园，向师生们兜售他们国民党的"兵农合一"一类的东西。

每当日军皇协军来学校"检查"时，教师们就立即组织学生，赶忙把平时学习的抗日书本藏进预先挖好的地窖里，然后拿出日本鬼子发的"大东亚共荣"之类的奴化教育教材予以应付。当年许多小学生对这种经常调换课本的做法不甚理解，直到长大后才明白，这原来也是对付日本鬼子的一种斗争策略和方式。

王定中

旧学堂里的红色记忆

在巍峨的稷王山南麓腹地坐落着一个叫南文的小村庄，在村中心有棵浓荫如盖的龙槐。从龙槐下沿着穿村的公路往西行，经过保健站、村委会楼，再折北而上，顺着一面大坡越走越陡越向上，就会看见迎面半壁挂着个院落和窑洞，这便是南文村当年的旧学堂——党的地下稷王山县委所在地。

卢沟桥事变后，抗日战争全面爆发。为了开展抗日斗争，党在稷王山区建立了中共稷王山县委，并驻在南文村。在党组织领导下，1938年农历正月，地下党员秦居信、秦金铎来到南文学校任教。他们一到学校，就废除了过去的老一套，不仅增设了算术课，还经常组织读书报告会宣传抗日救国思想。就在这排窑洞里，曾担任中共稷王山县委书记的秦居信以教师身份做掩护从事党的地下工作，舍生忘死在学校播撒抗日火种，留下了许多难以磨灭的记忆。

1. 搬掉泥菩萨，破除迷信

现存的旧校址仍在当年的陡坡顶上，内有五孔窑洞。由于年久失修，如今门窗都已被卸掉了，只有西边的两孔还保存着旧的模样。窑洞内，当年被学生的油灯熏得乌黑的墙壁也还依然保存完好，其他三孔则已几乎被崖上落下的土掩埋了，只剩下一个小窑洞口。其中两孔窑内最早还塑有神像（称为大神庙、小神庙），当年教师曾亲自带领学生搬掉神像，清扫了泥塑，把窑洞改作课堂用，这件事对学生有很大启发教育意义。

2. 加强思想政治教育

当时，学生每天早会时都要做好准备，轮流上台演讲。演讲内容都是以揭露日军暴行为主，号召人民团结起来坚持斗争，激发学生对日军及汉奸的民族义愤。

3. 开展多种有意义的抗日救国活动

在教师秦居信等带领下，学校成立了"儿童救亡会"（后改为儿童团），大唱革命歌曲。如《流亡三部曲》《黄河大合唱》《大刀进行曲》等。当时南文学校被命名为"曙光小学"。学生开会时要佩戴臂章，每逢五一劳动节、五四运动、五卅运动、九一八事变等重要纪念日，师生们还被要求手执小旗整队入场，并高呼爱国口号，斗志昂扬，抗日烽火燃遍稷王山下。

4. 站岗放哨，盘查奸特

学生们经常利用课余时间在村口站岗，遇到生人或形迹可疑者，马上报告或将其带到村里交给治安干部审查，严防奸特分子的破坏活动。

5. 排练革命戏剧，鼓舞群众抗日斗志

每逢召开群众大会，学校便结合当时形势组织演出活动，揭露日军残酷暴行。先后编演了《张家店》《锄奸》《在死亡线上》等十多个精彩节目。

6. 丰富课程设置，紧密结合战时政治形势

在课程设置上，除国语、政治、常识、算术外，四年级学生还增设了战时新教材，如国际关系、抗日战争等。工委的同志郭星显、苏子谦、范履端等还经常到学校作政治形势报告。这一时期，学校办得生机勃勃、有声有色，为党和人民事业培养了一大批革命骨干。他们中后来有人参加了革命部队，扛起枪炮奔赴抗日前线对敌战斗；有的人则继续深造；有的人服从组织安排被派到了地方工作。

当年与秦居信一起同战斗、共患难的王德荣老人，如今虽然已到

耄耋之年，但他思维清晰、言语感人。每当回忆起当年的战斗情形时，老人都会声泪俱下、哽咽难言。他说："当时的教师都是革命者，为学生起到了榜样作用。他们从不计较名利得失，把生死置之度外，他们为革命事业做出的突出贡献永远值得我们怀念。"

中共稷王山县委旧址

撰文、配图：卜建琴

红色记忆

记忆里的志复两级学校

　　1944 年，抗日战争进入战略反攻阶段，在万泉县稷王山下的南文村，由十五专署专员（兼保安大队司令员）吴哲之亲手部署安排，办起了一所"志复两级学校"，吴哲之兼任校长，吴展飞（今万荣县皇甫乡南吴村人）任教务主任。由于吴哲之校长政务很忙，学校一切具体事务一般都由吴展飞全权负责。

　　志复两级学校既有初级部(1～4年级)，又有高级部(5～6年级)，是一所完全小学。当时，抗战期间的特殊治安形势使全县教育工作频受干扰，各村小学经常是办办停停，许多村的学生在上完小学四年级后，就再无高小可上。由于小学毕业学生年龄太小（大多是十二三岁左右），所以有的学生在毕业后就又一直在村小学四年级复读。当听说稷王山下的南文村办起了高小，四面八方的学生们便纷纷报名，要求进入高级读书。因此，当年志复两级学校的高小部，两个班共一百多人中，除了万泉本县学生外，还有临晋、猗氏（今临猗县）、稷山、荣河、闻喜等县的部分学生。

　　由于办学条件限制，当时外地来的学生一律自带米面，学校统一蒸馍做饭，但不收取任何学费。外地学生大部分都散住在南文村的农户家里，上课时再分班到指定的大窑洞内集合。教室里也没有桌椅板凳，每个学生都自带一个小板凳，再用一块四方小木板放在膝盖上当作课桌（小木板可以直接用粉笔、料角写字）。所学课程除语文、美术外，还有常识、自然、体育等。因日本鬼子经常袭扰学生上课，所以上课时的教室也经常临时更换，成为一所名副其实的流动学校。

志复两级学校的初级部学生大多是南文村附近人，年龄较小，而高级部的学生年龄相对较大，已经有了一定的接受能力。所以，学校领导经常给高级部学生讲抗战形势，揭露日本侵略者的种种罪行，鼓舞学生们好好学习，锻炼身体，长大后参加到抗日队伍中去。通过一段时间的学习，学生们才真正理解了学校校名的深刻含义，那就是要让学生们从小立壮志、树雄心、团结一致，收复被日本侵略者占领的祖国大好河山；也理解了创办者吴哲之在南文村根据地创办志复学校的真正意图；理解了当地村民为什么私下里称志复学校为"进步学校"。

志复两级学校在南文村办了几个月后，因为日本鬼子更加疯狂的骚扰，加上有人向阎锡山告密，说学校的教学课程有大量的抗日内容和进步思想，因此被迫转移到了今天解店镇附近的七庄村，名义上也成了万泉县政府办的第四高级小学。但学校仍然像在南文村一样，继续原来的学习课程，但讲抗战形势却成了明明暗暗的事情。

1945 年 8 月抗战胜利后，上级命令学校由七庄村转至运城鼓楼巷，搬到原运城第二师范学校院内，校名也改为"山西省第 15 专区两级学校"。此后不久，学校又迁至运城西花园附近。

讲述：董高宝　杨灶典

整理：立　木

红色记忆

127

童年记忆二三事

很多人都会有难忘的童年，童年记忆是人生经历中最为珍贵的。虽然我们都无法留得住岁月，但在经过了六十多年后，今天，我的内心深处那些童年往事仍然是那样清晰，那样耐人回味。

从社南村到绥远

抗日战争期间的 1942 年，我和孪生姐姐范效梅只有八岁。由于父亲范政通担任傅作义将军第三十五军的新兵团团长，常年在外，因此家里平时就是母亲和我们姐妹、爷爷奶奶等。当时正是抗战形势最为严峻的时期，日本鬼子与当地皇协军沆瀣一气，更加疯狂地实施"三光"（即烧光、杀光、抢光）政策。对待那些有家人参加抗战部队的家庭，一经鬼子发觉，那这个家庭的遭遇肯定是非常悲惨的。

记得那年九月的一天，我们家突然来了一位不速之客。来人是一位二十多岁的小伙子，长得高高大大、白白净净的，虽说看起来略显瘦弱，但他的眉宇间和浑身上下都显露着一种精明和干练。谈话中间他自称姓王，是父亲特地派他来专程接我们全家的。小伙子还说，他是经过乔装打扮后以投亲访友的名义从陕西榆林渡过黄河，在几经打探询问后才来到我们社南村的。

听了小伙子的介绍，我们全家人这才明白了父亲的一片苦心。父亲虽然远在外地，但他却时刻担心着我们一家大小的安危。但家人们又有些犹豫不定，除了家乡热土难离的传统观念以外，让一家人更为担心的是，兵荒马乱的年代，拖家带口的一家人是否能够一路顺利到达父亲所在的绥远呢？

见我们一家人思想不一致，小伙子就暂时住了下来，等待着我们全家人的商量结果。为了安全起见，家人专门安排小伙子白天晚上都住在家里的牛院里，一旦听到院里有生人说话，就会让小伙子立即躲藏到牛院里专门用来放牲口饲草的草厦中。

傅作义将军

大约过了一个星期的时间，家里最后决定让母亲只带我们姊妹俩随小伙子去绥远。那是一个风清月朗的夜晚，到了后半夜更深人静的时候，我们母女三人便和小伙子一起悄无声息地出了家门，小心翼翼地一路快步来到了离村子不远的黄河岸边。这时，社南村邻居潘铁牛的父亲早就驾着牛皮筏子等在了岸边。见我们到来，铁牛的父亲便让我们上了牛皮筏子，然后用力摇动着皮筏子送我们到了对岸。深秋九月的夜晚，秋风阵阵，寒风扑面，我们只觉得天气出奇的冷。更让人担惊受怕的是，就在我们快要到达对岸的时候，守在岸边的皇协军好像发现了什么，只听得岸边上下左右的枪声一阵紧似一阵。寂静的深夜里，远近不断响起的枪声让人心里有一种毛骨悚然的感觉。牛皮筏在快速前进中不时溅起的冰冷的水花，打在人的身上脸上，更让我们感到刺骨的冰冷。

好不容易我们终于有惊无险地到达黄河对岸。之后，驻扎在河对岸的国民党兵对我们所带的行李进行了十分仔细的搜查。就在他们正要进行人身搜查的时候，小伙子急忙上前打掩护，我们也听不清他们究竟都嘀咕了些什么，但总算给我们放了行。

当天亮的时候，小伙子租用了一辆马车，和我们一起坐着马车到达了陕西省的蒲城县，见到了早就等在那里的父亲。在我的心目中，父亲的形象一直是那样的模糊不清，直到这时我才终于见到了真切而又慈祥的父亲的面容。

红色记忆

129

在奋斗小学念书

在绥远居住了两年后，十岁那年，父亲安排我们姊妹俩到位于绥西陕坝的奋斗小学上学了。奋斗小学是傅作义将军于1940年在宁夏黄渠桥创办的，1941年时还曾随军迁往到宁夏的石咀山。直到1942年秋天，也就是我们从家乡来到绥远的那一年，学校才随傅作义将军的部队转到绥远。当时，学校仍然由傅作义将军任董事长，但实际负责学校教学工作的则是学校的校务主任郭揽青（曲沃人），但师生们都一律称他为郭校长。

奋斗小学实行全日制教学，学校为学生们统一配发有学生服，分春秋装和冬装。学校的教育宗旨是："以人才之培育，为救国之首要而创办。"学校开设有语文、算术、常识、图画、音乐、体育等学科。在我的印象里，全校师生团结友爱，互相帮助，校风纯正，学风更浓。

学生们每天早上到校后，首先要进行自我批评式的评价。具体有四问：即"我病了吗（指身体健康）？我会了吗（指书本知识的学习）？我坏了吗（指德行操守）？我用了吗（指学以致用）？"然后才开始上课学习。在一天紧张而活泼的学习生活结束后，下午放学时，学生们又会排好队，高声齐唱着"一天又一过，铃声报放学，欢天喜地回到家，同学们，再会吧！老师们，再会吧"的歌声，排着整齐的队列，

奋斗小学师生合影

穿着统一的校服，分年级和班次走出校门放学回家。这经常会引得过往行人驻足观看，成为街头巷尾一道独特而靓丽的风景线。

为傅作义校长祝寿

1945年农历五月初五是端午节，也是傅作义校长的五十岁寿诞。这一天，在学校领导的具体安排和精心组织下，奋斗小学四个年级的一千多名师生决定为傅作义校长祝寿，大家要为傅将军过一个隆重热烈、别开生面的生日。

那一天，位于绥远市姑子板村的奋斗中学体育场内，坐北向南专门搭建了一个临时主席台。早饭后，聚集在主席台下的师生们便唱着响彻云霄的歌声，翘首等待着师生们仰慕已久的爱国将军、学校创办人傅作义先生夫妇。

当傅作义夫妇出现在学校体育场时，全场掌声雷动，口号声、欢呼声连成一片。只见一米八几身高的傅将军体格魁梧、气宇轩昂，但衣着打扮却十分朴素，举手投足之间更显得和蔼可亲。傅作义夫人身着黑色旗袍，也是一副落落大方的神态。他们夫妇频频向师生们点头招手，就像是我们的父母亲那样慈祥可亲。

祝寿活动开始后，校务主任郭揽青首先代表全体师生向傅作义将军致祝寿辞。之后，学生代表也致了祝寿辞。随后，全体师生齐唱由学校音乐老师寇家伦（新中国成立后在总政歌舞团工作）作词谱曲并亲自指挥的《祝寿歌》。记得歌词大致是这样的：

傅公创校已六年，

教育英才三育健全，

教学相辅以学为先，

坚定三信念。

祝傅校长五十寿诞，

心情愉快。

手舞足蹈，

全体师生共同腾欢，

庆祝我校光明无限，

傅公永远康健。

愿我同学奋斗努力，

站在时代前！

傅作义将军最后在讲话中，感谢全校师生为他所举行的这场别具一格的祝寿会。同时他勉励同学们要努力学习，练好身体，做一个对祖国、对人民的有用之才。接着，全校师生又进行了整齐有力的大型体操表演，还接连表演了不少文艺节目。最受欢迎的有类似现代小品剧的《吸食鸦片十不好》，其剧中人物历数吸食鸦片的十大坏处，对在场观众教育很深。

1950 年，我又考入了傅作义将军创办的奋斗中学。这时，随着全国解放，奋斗中学和奋斗小学逐步迁至了北京公主坟附近。我当时因故没有随学校再去北京上学，而是于 1951 年从绥远回到了当时的家乡荣河县参加了工作，直至退休。

附录：

傅作义将军系原荣河县赵村乡安昌村人。1954 年万泉、荣河两县合并为万荣县。1971 年行政区划调整时，万荣县的孙吉、赵村两个公社划归临猗县至今。安昌村傅作义将军故居经过几年努力，如今已修葺一新，作为了爱国主义教育基地。

奋斗小学和奋斗中学都是爱国将军傅作义于抗战期间 1940 年创办的。傅作义将军曾说："原来唯一目的即在抚育抗战阵亡将士之遗族，教育在职干部子女避免其失学。"创办之初，校址在宁夏平罗县黄渠桥。傅作义部队调绥远后，学校又迁至绥西陕坝，并易名为私立陕坝奋斗小学。

1949 年 1 月 22 日，北平和平解放后，当年 2 月，学校就又迁址北京。傅作义将军仍担任奋斗小学和奋斗中学的董事长，董其武（河津人）及长期担任傅作义将军办公室秘书的阎又文（万荣县荣河镇郑村人）等，都曾担任过奋斗小学和奋斗中学的董事。

讲述：范效玉

装在心里七十多年的一件事

1939—1940 年，当时的中共稷王山县委根据抗日斗争形势的需要，把不宜长期留在当地从事隐蔽活动的地方干部集中起来成立了一个民族解放运动先锋大队，简称民运大队。其中包括猗氏、万泉、荣河、安邑、新绛、河津、稷山等县的干部共计一百多人。民运大队的队员们就分散居住在我们东坡村的杨庄、药王庙、五王庙、李家窑等自然村庄，队部则设在东坡村的一个自然山村娘娘庙的张云峰家里。

民运大队在我们村驻扎时我虚龄只有十四岁，耳闻目睹了操着不同口音的民运队员们走村串户、积极发动群众开展抗日工作的革命行动。受此影响，村里和我一样的许多青少年学生也纷纷摩拳擦掌，积极协助民运大队的队员们开展工作。民运大队的领导还把我们编成了儿童团，我还当上了儿童团的团长。

当时我们儿童团的主要任务就是，分散到村里几个自然村的路口开展站岗放哨，并对过往行人进行询问盘查。儿童团团员有村里的廉会杰、董效信、董文选等。当时住在我们药王庙董仰贤家的，除了民运大队的队员外，还有山西牺牲救国同盟会的两名队员。其中一位是负责人柴佩瑄，人们都习惯叫他老柴。

1940 年，民运大队随稷王山根据地干部及二一二旅向太岳根据地转移时，我唯恐落后赶忙来到了稷王山根据地的南文村，并准备与大家一起转移。但后因领导认为我年龄太小，又把我留了下来。

这之后没几天，我就到董仰贤家的草窑（村里群众放置牲口饲草、麦草、谷草、麦衣的窑洞）去担草。就在纳草期间，我意外地发现了牺盟会队员在转移时留下来、当时还藏在饲草中的几样东西。一本孙中山著的《建国方略》，还有一张华北地图、一张华中地图、一张华东地图。其中华北地图是用四张大的有光纸拼接印制而成的，十分精致，图上的山川、河流、道路、村庄等都特别清晰。相对华北地图而言，华中和华东地图就显得比较粗糙了，纸质也远远比不上华北地图。

《建国方略》封面

见到这几样东西，我觉得既惊喜又意外，猜不透是他们忘了带走，还是有意留下来的，更不知道它们的主人是谁。而在当时的抗战形势下，我又不敢向任何人透露。于是，我把这几样东西就悄悄藏在了担草的草筐里带回了家，不露声色地藏了起来，而这一藏就是十多年。

万泉县新中国成立后，我成了一名人民教师。我一直认为，当年在董仰贤家里发现的那几样东西是十分珍贵的革命文物，同时也是我们东坡村作为抗日根据地的历史见证。1953—1954 年间，经过反复考虑后，我就把这些东西小心翼翼地包起来带在身上，专门找到了县文化馆的薛子云（汉薛镇四望村人），在说明情况后把这些东西上交给了县文化馆保存。

岁月交替，物是人非。从当年发现这些珍贵的革命文物的日子算起到今天已经过去了七十多年。七十多年来，我一直牵挂着这几件不可复得的珍贵文物，这是装在我心里七十多年的一件事啊！

口述：董迪生

整理：尉培荣

土改时期的万泉宣传队

　　1947 年土改整党时期，万泉宣传队于这年冬天成立了。这支文艺宣传队伍，旨在通过文艺宣传的形式发动群众搞土改。宣传队由国家统一发放粮食（米票），成员没有工资，百姓看戏也不用掏钱。主要编排一些革命戏曲节目，在全县各村巡回演出。当时由张礼堂任团长，吴成德任指导员，王敏任副团长。

　　1947 年，刚刚解放的万泉县委为了配合全国的解放形势，发动群众搞土改，决定成立一支文艺宣传队伍。当时，还在汾南中学上高中的董应南因为经常在学校搞各类文艺演出，被张礼堂等人选入宣传队。一同被选中的还有与董应南同在一个学校又同样热爱文艺演出的王三岗、王昌、王俊德等人。在此基础上，宣传队还吸收了当时人称齄鼻子的王昌星等一批民间老艺人，这些人初步组成了万泉宣传队的骨干力量。

　　为了配合全国的土改形势，宣传队一开始以自编自演的"新戏"为主。但是由于老百姓对《薛刚反唐》《打渔杀家》等一些"老戏"情有独钟，于是为适应群众需求，队员们在白天演"老戏"，再利用空档排练"新戏"，晚上再演。通过演出，《白毛女》《血泪仇》《虎孩翻身记》及宣传队自编自演的一些"新戏"都成为当时脍炙人口的好剧目。

　　一开始，宣传队只在万泉县境内各村演出，随着解放形势的发展，1948 年冬在打响解放运城战役后，万泉宣传队即被调到运城为部队进行慰问演出。董应南至今还记得，在解放运城前夕，他们为即将投入战斗的战士们进行慰问演出《白毛女》时的情形：舞台下人山人海，舞台上幕布徐徐拉开，喜儿踏着欢快的步子上场，边跳边唱："北风那个吹，雪花那个飘，雪花那个飘飘，年来到……"清脆悠扬的歌声拨动着战士们的心弦，台下一片掌声。当战士们正在被杨白劳给喜儿系红头绳的欢快气氛感染时，突然，地主狗腿子穆仁智破门而入，逼死杨白劳，抢走了喜儿，一时间战士们的愤怒情绪如海潮般汹涌。"打倒地主黄世仁，贫苦农民要翻身"的口号声如炮轰雷吼。伴随着剧情的发展，战士们胸中怒火愈烧愈旺。当演到地主婆用钢钎扎破喜儿的脸蛋、黄世仁奸污了喜儿时，台下哭声喊声大作，口号声越来越高，喊打声越来越响。随着口号声和喊打声的不断高涨，一块块砖头扔上了舞台，砸向了黄世仁，砸向了穆仁智。一时间台下秩序大乱，台上一片混乱，解放军首长经过几次维持秩序，才使得演出继续下去。

随着土改运动的结束，万泉宣传队于 1949 年前后也被解散，历时仅一年多时间。主要骨干先后到了运城文工团工作，一部分人南下参军，为解放全中国做准备。另一部分人则仍然留在了万泉县，董应南便是此时回到万泉县文化馆工作的。

讲述：董应南

整理：韩维元

王徐有：受到贺龙嘉奖的机枪手

王徐有原籍河南孟县，1930 年生，在他不到两岁时便因家乡遭受自然灾害，随全家逃荒到了山西。在历经多日讨饭生活后，最终辗转来到了万荣县西村乡（当时属稷山县），被刘和村的王金生夫妇收养，之后就与河南亲人失去了联系。

1943 年 10 月，当时的国民政府"拔兵"时，只有十几岁的王徐有被迫从军，却十分幸运地分配到了抗日名将孙定国部下，并在晋中等地多次参加了抗日作战。期间六年时间他与家人没有联系，直到 1949 年 3 月，王徐有才回到了家乡刘和村。

新中国成立后，为了支援解放大西北，王徐有再次响应国家号召，毅然报名参加了人民解放军。当时乡村干部问他有什么要求时，王徐有回答说："我走后，请村里千万不要让我母亲受饿就行。百年之后，只要能有一副棺材安葬母亲我就十分满足啦！"（当时王徐有的养父已去世）

王徐有再次参军后，被分配到贺龙部下的警卫团担任了一名机枪手，与他一起参军的老乡王俊杰（西村乡庄利村人）回忆说：王徐有作战勇敢沉着，是一名出色的机枪手，他参加过无数次战役，屡立战功。尤其是在多次保卫部队指挥部的战斗中英勇机智、奋勇杀敌，因而受到了贺龙元帅的亲自嘉奖。

1953 年 10 月，王徐有退役，转业到了临猗县公安局工作。1954 年，他因家庭困难而辞去公职回村务农，之后成亲落户到了临猗县王见村。1958 年"大跃进"时，王徐有参加了吕梁山大炼钢铁运动。

每当和战友亲人们回忆起自己的一生，王徐有总是平静地说："我一个讨饭娃，能够在刘和村遇到王金生夫妇收养，新中国成立后又能够分到土地和房屋，参加了抗日战争和解放战争，还受到过贺龙元帅的当面嘉奖。特别是能够从枪林弹雨中活着回来，又为自己的养母养老送终，这已经实现了自己多半生一直念念不忘的心愿，他这一生过得算是十分满足了。"

改革开放以后，王徐有一家人的生活越来越好。许多当年的战友和村民，特别是他在刘和村的亲戚朋友们，都鼓动他到河南寻找老家的父母和兄弟姐妹，以免给自己留下终生遗憾。每当这时候，王徐有总是坦然地说："想想那些和我一起当兵、牺牲在战场上的战友们，我应该很满足啦！"他始终没有写信或到老家河南寻根问祖，这一点多少让王徐有在刘和村的亲友感到遗憾。

2010 年，王徐有在临猗县王见村去世，终年八十岁。

廷锁　赵关义　赵庭义

抗战时期我加入了党组织

1927 年，我出生于稷王山下的南文村。在本村上小学时，村里驻有中共稷王山县委、山西牺牲救国同盟会稷王山工委和孙定国任旅长的山西新军二一二旅。

那时，稷王山县委书记秦居信以及地下党员秦金铎、二一二旅孙定国旅长、牺盟会负责人薛平、杨俊峰等人，经常不定期地到学校进行抗日宣传教育，党还组织了周围几个学校师生向当时驻在上义村的万泉县县长朱一民请愿，反对阎锡山的征粮、征款、征兵活动。后来我在稷山县民四高（地址在稷山县的刘和村，现属万荣县西村乡）上学时，由于学校多数教师都是地下党员，我自己也就接受了不少抗日思想。当时党组织活动和党员身份都是秘密的，但我心里明白，共产党员是为人民大众谋求幸福的。于是心想，自己也一定要成为一名共产党员，坚决做对国家、对民族、对人民有益的事。

在民四高读书时，我有一位同学叫秦铎更（东文村人），他经常在上下学的路上和学习的空隙时间偷偷地给我讲共产党的奋斗目标，讲党的秘

王育金（汉薛镇南文村人，曾担任万荣县荣河镇第一任镇长，万荣县委组织部长等职，离休前任临汾地区电业局党委书记、顾问）

密联络方式，使我对党有了更进一步的认识。我隐约觉得，秦铎更就是共产党员。果然有一天，秦铎更悄悄地对我说，经过组织上的考验和慎重考虑，决定发展我为共产党员。我听了不禁喜出望外，心里咚咚直跳。当时秦铎更郑重地嘱咐我说："目前形势极不稳定，白色恐怖十分严重，抗日形势非常严峻。所以，我们的行动一定要绝对保密，不能告诉任何人，也包括与自己最亲的父母和兄弟姐妹。"

后来按照秦铎更的安排，我在家偷偷填好志愿书后（志愿书是用麻纸油印的，填写时使用毛笔），又悄悄地把志愿书藏到家里牛院拴牲口的石子堆里。几天后，组织上通知让我交志愿书，我就把志愿书藏在自己的棉袄袖套子里，到了指定地点东文村秦铎更家里。我进屋后，见秦铎更和秦文玉都坐在土炕上。我先前只知道秦文玉的公开身份是稷山民四高的历史教师，但并不知道他也是共产党员，而且是区委书记。那天，他担任我入党宣誓的监誓人。随后，我们由秦铎更组织进行了入党宣誓。秦文玉还给我讲了党的工作任务，并特别强调了党的组织纪律，告诉我说，从今天起，我就成为一名光荣的共产党员。这一天是 1942 年农历二月初的一天。

入党后没多久，组织上就把我的组织关系转到了南文村党支部，支部书记是王德荣。我与王银太、王建章为一个党小组，党小组长是王银太。当时上级党组织传达给我们说，党中央关于敌占区的斗争方针是：隐蔽精干，长期埋伏，积蓄力量，以待时机。

国民党炮楼前，我火线入党

我叫周佐卿，是皇甫乡高家庄村人，1945年10月参加了中国人民解放军。我曾在闻喜、官雀等战役中屡立战功，后因负伤复员回到了地方。

我所在的部队是陈谢纵队十一旅三十二团二营四连。1946年3月，部队遵照首长命令，安排部署攻打闻喜。我们二班班长姓李，沁源人，是连队支委，依照连队指示准备在班里发展党员。在从东和到闻喜的行军途中，李班长对我说："小周，你愿不愿意入党？"我当时回答说："只要有仗打就行，还要入党呀？"班长趁机启发我说："我们共产党的部队是为了解救劳苦大众的，入了党，你就更能明白自己肩负的使命了。"后来在攻打闻喜战斗间隙，连支部便组织为我和一批战士进行思想教育培训，集中学习党章等。连指导员张义全（沁源人）还多次找我谈心，使我对党有了更深刻的认识，思想上有了更彻底的转变。闻喜战斗结束后，经连队党支部批准，我终于成为一名预备党员。

1948年4月16日，中央军委指示中原野战军发起夺取宛西四县战役，以解除机动作战的后顾之忧，巩固大后方。大军云集四县，战云密布。我们十一旅担任攻打镇平的任务，我被确定为攻城第一梯队队员。连里决定让我们几名战士火线入党。我的入党介绍人是排长张万义（闻喜人）和连指导员张义全。在距离城楼二百多米的空旷地带上，连指导员领着我们对着党旗庄严宣誓："我志愿加入中国共产党，遵守党的章程……永不叛党。"声音雄壮有力、响彻大地。从这天起，我就成为一名正式共产党员。随着战斗的打响，我和几名战士抬着梯子冲向了城楼。由于我军火力迅猛，敌人仓皇逃窜。就这样，在以后的许多战役中，我和战友们一次又一次地完成了许多艰巨的战斗任务。

我在朝鲜战场入了党

　　我叫王理群，村人。1948 年 8 月，我响应国家号召报名参加了中国人民解放军。在当时的万泉县县城（今万泉村）集中训练一段时间后，我便随部队渡过黄河，在彭绍辉将军的所属部队当了一名战士。当时我们的任务主要是在陕西和甘肃参加开展"剿匪"斗争，期间还曾在地方参加了挖土方、打涵洞、修铁路等工作。在修铁路挖运土方时因没有运输工具，我们就用山上的荆条（当地人称为"黄金条"）编成筐子，再砍伐树枝做成扁担，然后用扁担担运土方。

　　朝鲜战争爆发后，我所在的部队奉命在辽宁锦西（今葫芦岛市）整训了一段时间，然后跨过鸭绿江到朝鲜参加抗美援朝战争。我当时在志愿军炮兵四〇一团二连担任电话员，后来又担任了团部干部处的助理员。我们干部处的副处长叫康云河，他对我的工作要求非常严格，对我的生活和进步也非常关心。当时我的工作主要是从朝鲜前线到师部所在地的辽宁锦西来回送达有关档案、文件，交通工具就是缴获敌人的一辆旧吉普车。虽然身在朝鲜前线，战事也十分紧张，但我多次向党组织提出入党申请，后来康云河副处长和部队政治处保卫股股长陈子斌当了我的入党介绍人。

　　那次执行任务回到前线，一位领导告诉我说，经组织考察我已经成为一名光荣的中国共产党党员。我听后既感到高兴，又觉得有点意外。因为多天来我一直在执行任务的路上，期间根本没有机会参加相关会议。见我有些疑惑，那位领导郑重其事地对我解释说："党支部讨论你的入党情况时，由于你正在外面执行任务，支部决定由团妇女干事姜秀芬代替你宣读了入党申请书，然后交全体党员讨论，最后通过举手表决同意了你加入党的组织。"

1958 年 4 月，我结束了自己将近十年的军旅生涯，从部队转业回到了地方工作。多年来，在抗美援朝的最前线，在朝鲜的土地上，加入党组织的经历让我一直铭记在心。

1956 年，我光荣加入党组织

我叫李天林，解店镇北解村人。1951 年，我在县供销社参加工作，1956 年调到汉薛供销社任统计组组长，还担任镇直机关团总支书记。通过平时的工作学习，逐渐对中国共产党有了深刻的认识，所以我连续写了几次申请书要求加入党组织。

1956 年秋季，县委组织全县一百多名入党积极分子在北解村进行培训，主要是学习党的章程，进一步加深对党组织的认识，解决每个入党积极分子的思想问题。期间，党支部和上级党组织曾多次派人考察我们在工作中的具体表现，并和我们多次谈话，利用各种形式征求党员和群众对我们的意见。直到当年的 12 月 26 日，我的入党申请终于得到了党支部和上级党组织的批准，成为一名中国共产党的预备党员。我的入党介绍人是当时汉薛供销社的党支部书记金更新（军转干部），还有社里的另外一位老党员薛跃。与我同时入党的还有供销社的财务组长贺成杰（光华乡王胡村人，后调入县财税局工作），当时上级党委还为我们的入党仪式安排了监誓人。

我和贺成杰经过一年的预备期，到 1957 年 12 月，根据自己的申请和党组织对我们的考察，我俩都按期被转为中国共产党正式党员。到 1961 年，由于自己家庭的实际情况，我申请辞去公职回村务农。回村后不久我就担任了生产队干部，后来又担任了大队干部，1970年后历任村党支部书记、副书记等职。直到 1996 年，为了给年轻干部创造更多的锻炼机会，我下决心辞去了村干部一职，让贤给了年轻人。

永难忘怀的革命老区——东坡村

在我县稷王山西麓素有"小淮十八坡"之称的中心地带，有一个为我县党的发展壮大和为抗战胜利做出突出贡献的村庄，这个村就是——汉薛镇东坡村。

曾为中共万泉县县委所在地

1937年7月7日，卢沟桥事变爆发，中华民族处于生死存亡的危急关头，全国各地民众的抗日热情空前高涨。

为了巩固和坚持党对抗日工作的领导，1938年5月1日，在汾南中心县委负责人贾全明、田园（河南濮阳人）等的领导下，中共万泉县支部在东坡村的自然村娘娘庙的董虎臣（即张云峰，原名董甲寅，字虎臣）家建立，当时称为临时县委。由1937年在外地入党、受上级党组织派遣又回到家乡的万荣人杜思忠担任支部书记，由1937年入党的南文村人薛希文担任组织委员。

1938年10月，根据汾南中心县委的指示精神，在中共万泉县支部（临时县委）的基础上，又正式建立了中共万泉县委。樊文秀为县委书记，杜思忠为组织部长，薛希文为宣传部长。同时还根据斗争形势的需要，万泉县委成立了青年救国会（简称"青救会"）、妇女救国会（简称"妇救会"）和儿童团。当时的儿童团团长是东坡村十四岁的董迪生。

从1938年5月1日到当年10月，驻在东坡村的中共万泉县支部领导全县人民，与1938年侵入万泉县的日本侵略者进行了艰苦卓绝的斗争。在当时抗日斗争十分严峻的形势下，万泉县党支部依然坚持发展党员十多名，其中董嘉谋、董警吾、曹声瑄等曾为党的事业做出了突出贡献的优秀共产党员，他们都是东坡村人。同时，中共万泉县支部还在十里文村发展了秦金铎、秦居信，在小淮村发展了董谋章、董贻光等入党。

曾为中共稷王山县委的民运大队所在地

1938 年春，中共乡吉特委经过慎重考虑后，认为距离东坡村几里之遥的十里文村一带沟壑纵横，地理条件比较优越，更有利于长期隐蔽，坚持斗争，遂以南文村为中心，创建了稷王山革命根据地，建立了中共稷王山县委。

当时的稷王山县委负责领导着万泉、稷山、闻喜、安邑、猗氏等县区的抗日斗争。1939 年底至 1940 年初，稷王山县委决定把猗氏、万泉、荣河、安邑等地不宜长期留在当地搞隐蔽活动的地方干部集中起来，成立一个民族解放运动先锋大队，简称民运大队（后来又包括了河津、稷山、新绛等县的干部）。民运大队由王炯担任大队长，梁希忠、黄克宽为副大队。民运大队的队部就在东坡娘娘庙村的董虎臣家，一百多名民运队员则分散居住在东坡村的药王庙、五王庙、李家窑和杨庄等自然村里。其主要任务是宣传发动群众与反共顽固势力做

东坡村娘娘庙（今白窝巷）

斗争，摧毁阎锡山成立的反共、反人民、破坏抗日斗争的反动组织"精神建设"委员会（时称"精建会"）。

民运大队的领导人北沙当时就住在东坡药王庙自然村董从孟家的北房。住在东坡村董映文家的除了牺盟会的两名队员外，还有民运大队的女队员吴梅芳（皇甫村人）、贾果仙（南牛池村人），她俩在工作中胆大心细，善于宣传，很快便与当地妇女群众打成一片，交了不少知心朋友。1940年秋冬，民运大队在向沁源根据地转移时，吴梅芳、贾果仙和东坡村女青年董蜜菊、董秀兰二人商定后，一起也随民运大队转移，参加了抗日部队。

在中共稷王山县委的安排组织下，东坡村青年和地下党员创办了东青剧团，并排练演出了不少积极宣传抗日的优秀剧目。如《扫汪》一剧，由地下党员张云峰（董虎臣）扮演汉奸汪精卫，地下党员张铁民（新中国成立后担任西安市市长）扮演抗日战士，在群众中引起了强烈反响。1939年7月25日，《道西汾南》报用《东青剧团在稷王山活跃着》为题，报道了东青剧团的抗日宣传活动。文中称该剧团"往来奔驰在万泉二区（即东坡村一带），颇为忙碌。该剧团演技娴熟，幕幕生动，颇得一般民众之欢迎。"

张铁民在东坡村

1940年7月，原汾南中心县委书记贾全明受中共乡吉特委书记彭德的派遣，赴延安根据地接通党的关系。上级决定由地下党员张铁民（吉县城关镇背崖村人）接任汾南中心县委书记，同时兼任中共万泉县委书记。当时由于万泉县城被日军占领，张铁民上任后就仍然住在东坡村的娘娘庙自然村，以卖豆腐作掩护秘密开展党的工作。

早在1939年底，张铁民受上级党组织安排来万泉县工作时，就住在娘娘庙村的董虎臣家，并与东坡村的董双彦、董双考等人一起，在董虎臣的邻居董振华家开了一个豆腐坊，主要经营豆腐粉条，或走村串巷担葱卖蒜。1940年初，张铁民还曾在稷山县刘和村（今隶属万荣县西村乡）的民族革命第四高小任教师兼会计。该校由时任稷山县县长的吴哲之批准，共产党员董警吾担任该校校长，为抗日斗争培养了一批革命力量。

当时豆腐坊经常留有从事加工的人员，而张铁民几乎每天都会挑着豆腐担，走村串巷地吆喝卖豆腐。离娘娘庙村不足二里地的东坡自然村李家窑学校，地下党员董警吾当时在该校当校长。每次只要一听到张铁民的卖豆腐吆喝声，董警吾就知道有情报了，便立刻会趁人不注意时与张铁民接头。由于李家窑学校就在村里的大路旁边，董警吾会很自然地见到张铁民。

那几年与张铁民保持单线联系的，还有在四望学校当校长的地下党员王鼎三（西景村人），在前小淮学校当教师的董谋章、董怡光等。经常来豆腐坊的人主要有稷王山县委书记、以教书为掩护的秦居信，战工队队长王斌以及北沙等。

当时，在东坡药王庙村一个枣树园里还设有一个党的秘密交通站，站长叫董正清，也是东坡村人，是以做面酱身份做掩护的。

东坡村根据地的革命保障工作

张铁民粉坊原大门

1938年至1940年，东坡村实际上就是中共万泉县委所在地。党领导下的群众抗日斗争之所以能够顺利进行，主要原因就是东坡村的群众基础好，党员积极分子多，村里地形条件优越。全村六个自然村的党员干部居住都比较分散，一遇到突然事变，可以迅速从四面八方离开村子。同时还有一个重要因素，那就是当时的万泉县委党组织通过积极努力，成功策反了驻在黑峰山日军邻近警备队的相关人员，使警备队成了根据地的安全保护伞。而时任万泉县日军司令部便衣队长的董恩端，也是党组织派往敌营阵地中的地工人员。

当年在四望村"民高"上学的离休教师董迪生回忆说，那几年，侵华日军万泉县司令部在距东坡村不远的黑峰山（现属兴盛村界）设有炮楼，驻有八名日军和万泉县警备队的百十号人，其主要任务就是切断稷王山根据地与外界的所有联系，监视稷王山根据地有关抗日活动的一举一动。当时警备队里有个叫杨景玉的分队长是万泉县北涧村人，他的三胞弟杨景康在运城农业职业学校高中部上学时是董迪生的同班同学。"民高"四望学校校长、地下党员王鼎三通过多层关系，经过多方努力，最终说服了杨景康，让其找胞兄杨景玉想办法对稷王山和东坡根据地网开一面，多行方便。那时驻守在黑峰山的日军由于人数太少，哨卡上基本都是警备队的人。在王鼎三、杨景康等人的多次游说斡旋下，杨景玉又做通了时任警备队队长黄安贵（解店镇万和村人）的工作，达成了为我党开展工作的便利条件。这以后，黄安贵要求警备队员在做岗哨盘查时，遇到八路军嫌疑者不得声张，不得扣押，一律按老百姓放行；但八路军部队在过往时，也要尽量避开白天，遮过鬼子的眼目。对于夜间在稷王山和"小淮十八坡"境内过往的八路军部队，则一律不予盘查和阻挡。

当时万泉县基层党组织之间都是单线联系，除张铁民以开豆腐坊、贾全明以开杂货部为名做隐蔽外，其余董警吾、董嘉谋、董贻光、黄维弟等地下党员都有在学校当校长或当教师的公开身份。而当时的四

粉坊用的石臼

粉坊用的石臼

所民族革命高小中，校长都是地下党员，都和东坡村有着密切联系。李家窑学校校长董警吾和陈阎学校校长董嘉谋也都是东坡村人。而四望学校校长王鼎三以及小淮学校教师董谋章、董贻度等人，则都与东坡村有着亲戚关系。

尉培荣

追寻红色足迹重温光辉历程

——纪念中国共产党 90 华诞，探访万荣革命纪念地专辑

南文村中共稷王山县委旧址、杨鹏鲲烈士纪念馆、红军东渡黄河渡口、朱德总司令住过的小屋、李家窑董警吾教学旧址，朱德、刘伯承等中共领导人在荣河时的动员讲话，还有那一位位我们熟悉的英雄，一场场惊心动魄的战役……这些旧址、史料和故事，有些是我们耳熟能详的，有些是不太熟悉的，有些甚至是鲜为人知的。纸上得来终觉浅，书上读来的历史，终究比不得亲眼所见、亲耳所闻的那样鲜活、饱满、感人。

在中国共产党建党 90 周年之际，我们以虔诚的心走进党史事件旧址，一路追寻，一路感动，一路被中国共产党苦难辉煌的历史所震撼，一路为中国共产党的建党伟业而骄傲。正如一位学者所言，"有一种生活，没有经历过，就不知道其中的艰辛；有一种艰辛，没有体会过，就不知道其中的快乐；有一种快乐，没有拥有过，就不知道其中的纯粹。""追寻红色足迹"（以下简称"红色追寻"）既是一次红色之旅，也是一次学习之旅，更是一次深受革命传统教育之旅。

黄河岸边的伟大壮举

我们首先来到了荣河镇庙前村，试图跟随波涛汹涌的黄河水去开启那段波澜壮阔的八路军东渡壮举。

1937 年七七事变后，为了北上抗日，八路军第一一五师、一二〇师，分别从陕西省芝川镇渡过黄河到达荣河县庙前村，经过了金鼎、周王、社南、荣河等地。随大部队渡河的主要领导有：八路军总指挥

朱德、副总指挥彭德怀、参谋长叶剑英、副参谋长左权、政治部主任任弼时、政治部副主任邓小平以及第一二〇师师长贺龙等。

部队渡河时，由中共荣河直属支部书记关复东和支部委员丁皖生负责接待。万泉、荣河两县牺盟会组织安排当地船工千余人，集中木船 400 多艘，昼夜运载部队过河。战士们被分别安排在周王、社南等村居住，抗日部队受到了万泉、荣河两县各界群众和学校师生的热烈欢迎。9 月 15 日，总部领导朱德、彭德怀等也渡过黄河抵达荣河县，朱德总指挥曾被安排住在宝鼎村的潘家玺家中。期间，朱德总指挥还对丁皖生等共产党员讲了当时国内外形势以及共产党领导人民群众北上抗日的决心和信心。朱德、刘伯承、贺龙等八路军领导，都分别对干部群进行了团结一致、共同抗日的演讲教育，在广大干部群众中播下了抗日的火种，激发了大家的抗日热情。期间有不少青年农民纷纷参军参战，加入了民族解放的洪流中。经过通化镇西畅村时，朱德总指挥又住在了村民畅印庆家，告别时，还特意与房东畅印庆合影留念，但不幸照片至今已遗失。

八路军东渡黄河北上抗日，极大地鼓舞和激发了当年万泉、荣河两县人民群众的抗日热情。如今时光已经流逝过去了七十多年，当年

八路军东渡黄河到达庙前的河口遗址

朱德同志曾住过的村民潘家玺家，因后来数次遭遇特大洪水灾害已经不复存在；西畅村畅印庆家的北房，虽然始建于清光绪年间，但历经一百多年的风雨侵蚀，至今依旧屹立，期间并未进行过大的翻盖和整修，就连砖瓦、门窗都还保留着清代的原模原样。只是当年朱德同志住过的北房最东的一间，现在已经由木板床替代了当年的土炕，现代木床与四面墙壁上张贴的画报彰显着新的时代气息，这与画报间隔的、经多年烟熏火燎的黑色墙壁，形成了鲜明的时代差异。

值得永远铭记的历史

我们随后又驱车来到了位于荣河镇荣张村的杨鹏鲲烈士纪念馆，在简单的陈列中，在当地村民的引领介绍中，我们似乎又看到了在那条熙熙攘攘的街道上，杨鹏鲲一家人献身革命的画面。

1940 年在沁源县的一次抗日战斗中，中共荣河地下县委书记、山西新军二一二旅五十六团政委杨鹏鲲不幸负伤，并因遭遇到了隐藏敌特分子暗害而牺牲，年仅二十七岁。之后，杨鹏鲲的妻子王林清（中共地下党员）及家人又毫不畏惧接过革命斗争的旗帜，毅然担负起了党交给她们的革命重任。为了掩护地下党组织，王林清及全家老少不仅负责给过往的地下党同志站岗、放哨、送信、做饭，还把全部家产都贡献给了党组织。为了配合对敌斗争，荣河地下县委组织部长杨占明在王林清家附近还开设了一个药铺作为掩护，利用当地逢集人多的日子开会联络。直到 1944 年，根据斗争形势的需要，王林清一家老小才又举家搬迁到晋东南沁源县，投入到新的对敌斗争中。

忘记过去就意味着背叛，这个道理很多年轻人都明白。只是，如果他们都不曾"知道"，又谈何"铭记"。中国革命斗争的硝烟如今已经散去，昔日腥风血雨、刀枪相见的地方早已恢复安宁，当富足和安康使我们把前辈的努力只是看作历史书中的一页时，我们该以怎样的态度去面对这段历史，去善待并铭记呢？

真正值得我们铭记的是共产党人对革命理想的执着追求和忠诚，是那种把国家和民族的根本利益看得高于一切的价值取向。正是因为如此，才有了贾全明、董警吾的杀身取义；正是因为如此，才有了杨鹏鲲烈士的英勇壮举；正是因为如此，才有了无数革命先贤英勇无畏的牺牲精神……他们靠的是什么？靠的是"革命理想高于天"的坚定信念，靠的是自强不息的进取精神，这是一个民族发展强盛的重要精神支柱和动力来源！并以其穿越时空的魅力，鼓舞着我们为了民族繁荣和国家强盛而继续奋斗。

穿越时空的心灵洗礼

我们一路来到位于汉薛镇南文村的中共稷王山县委旧址，走在一块块石头铺就的小路上，在几孔破败的旧窑洞间，在村民们的诉说中，我们探寻着与故事或人物有关的蛛丝马迹，感触着革命先贤英勇无畏的斗争精神。

被誉为万荣"小延安"的汉薛镇南文村，抗日战争和解放战争时期曾是党培养干部和领导人民群众抵御外辱、开展民族解放斗争的红色摇篮和根据地。当年，汾南中心县委书记贾全明（贾学义）以难民的身份在汉薛镇南文村的王福林家里开了一家杂货部掩护革命工作，稷王山县委书记秦居信、李承儒曾以小学教师的公开身份，在此从事党的地下工作，并先后建立了中共稷王山县委和山西牺牲救国同盟会稷王山工委，领导万泉、稷山、安邑、闻喜、夏县等稷王山周围的群众开展抗日斗争。1939 年 1 月，董警吾、董嘉谟、王鼎三等共产党员，也先后在四望、李家窑、黄家庄、陈阎创办了 4 所民族革命高小，为抗日斗争培养了一批骨干。在他们的努力下，党组织还向新军二一二旅派遣了大批的共产党员和进步青年，把阎锡山派驻的二一二旅改造成为了一支战功卓著的抗日劲旅。

在那个风雨飘摇的年月，他们仅仅靠着一种坚定的信仰就把整个身心投入到党的民族解放大业中。二十多岁的秦居信发挥卓越的领导才能，在稷王山秘密组建起

李家窑小学旧址

门后是李家窑小学。右排第一间为董警吾教学时住过的窑洞

中共稷王山县委，在风起云涌的动荡中运筹帷幄。仅仅是在几孔普通的窑洞中，就书写出了中共万荣党史上辉煌灿烂的壮丽篇章。

在为这些革命前辈的英雄事迹所骄傲和感慨的同时，我们也为这些旧址没有能得到很好的保护而惋惜和焦虑。因为只有通过这些旧址，我们才能真切地感触到那一段段波澜壮阔、起伏跌宕的革命历史；只有通过这些旧址，我们才能穿越时空的烟云，去走近那段真实的光辉岁月。

值得庆幸的是，有了"红色追寻"这次难得的机会，那些历史、那些历史中的人物，这次都被我们用相机和文字记录了下来，并在建党 90 周年这个特别的日子里呈现给大家，让我们共同去经历一次心灵的洗礼。

永驻心田的漫山红花

我们又驱车来到了汉薛镇李家窑村已废弃的小学旧址，这里曾是中共地下党员董警吾以教师身份从事党的地下工作、创办民族革命高小、培养革命干部的地方。当时的董警吾曾以小学教师的公开身份，与在娘娘庙村（距李家窑二里地）以卖豆腐为掩护的汾南中心县委负责人、万泉县委书记张铁民相互联系，秘密开展党的地下工作。

望着一孔孔饱经风霜的窑洞，不经意间，崖背上一棵无名的小草，让我们想起了台湾作家林清玄写过的一个故事：一株生长在山谷悬崖边上的红花，从出生就认定自己不同于杂草，因此努力地"吸收水分和阳光，深深地扎根，直直地挺着胸膛"，努力地、全心全意地开花，直到"成为断崖上最美丽的颜色"。年复一年，竟开得漫山遍野，赢得了人们的尊敬和喜爱。

这个美丽的故事，让我们联想到了我们的"红色追寻"，联想到了那一段段光辉的历史和一个个优秀共产党员与革命者。1938 年 3 月，在今王显乡王正村的一次战斗中，抗日武装共消灭日军 30 多人；1939 年，由新军二一二旅组织的阎景公路和巩村两次伏击战共击毙日军 50 余人；孤峰山脚下的鞍轿坡至柏林庙一带，抗日武装力量也曾利用地理优势，多次伏击日军……贾全明、杨鹏鲲、董警吾等一批风华正茂的革命青年，他们从不计较个人的名利，从不考虑自己的安危，为了党赋予他们的神圣使命，在战火硝烟中来往奔波，对敌开展艰苦斗争。

战火之下、硝烟之中，同样还有那无数不知姓名但同样英勇奋战、不辱使命的革命英烈。这些共产党员和革命者心中只有一个念头，就是建设一个美好的新中国，让人民幸福地生活。他们犹如林清玄笔下的那株红花，带着坚定的革命信念以及崇高的历史责任感、使命感，永驻我们后辈的心田，并在我们的心间开得烂漫鲜红。

难忘红色足迹的一草一木

南文村抗日群众用以放哨、传递消息的崖背小路

从县西到县东，从黄河岸边到南文村的窑洞前，我们每前进一步，带着故事启程的心便会沉重一分，对革命前辈的敬仰就会更强烈一分。当停下脚步，回到办公室，采访带给笔者的感受犹如大山般屹立在心间，沉重而伟岸。特别是依旧矗立在这些旧址上的一草一木。中共稷王山县委旧址前那几棵梧桐树，二一二旅所在地旧址上那些老房子，董警吾住过的窑洞崖壁上那棵苗壮的酸枣树，土窑里那把曾经使用过的提盒，还有黄河岸边那些细软的沙子，山村小路上那一块

国民党十五专署驻地。曾是十五专署专员、进步人士吴哲之驻地

块平滑的青石，所有的一草一木、一砖一瓦都在向我们诉说着红色记忆的点点滴滴。

行走在烈士们用热血浸透的红色热土上，追寻着二十世纪上半叶这片土地上狂飙突进的革命历史背影，中国共产党人九十年奋斗史弹指一挥间，其间的千辛万苦和壮怀激烈不断迭现眼前，从中随便捡拾一个片段，都会让我们每个人禁不住潸然泪下，都会让我们产生无尽的敬佩和自豪。

在那特殊的革命年代里，多少共产党人一遍又一遍地上演着这种悲壮，没有一个人不承受惊涛骇浪，没有一个人不历尽历史浮沉，山河为之动容，天地为之颤抖！中国共产党人正是经历了如此的地狱之火，才带领中华民族跋涉到前所未有的高度，完成了最富史诗意义的壮举。

当历史的主角逐一走向了人生的暮年，告别了历史舞台，在他们纷纷消失的背后，却完整无损地给我们留下了一笔巨大的精神遗产，并为我们照耀至今。抚摸着历史烟云留下的点点痕迹，追寻着红色足迹和记忆，我们在不断丈量历史的宽度和深度，不断校正时代的维度和人生的坐标，传承着中华民族不朽的精魂。

韩维元

当年吴哲之住过的院子

岁月回眸
SUIYUE HUIMOU

万泉县城搬迁记

新中国成立后，万泉县县治所在地仍设在今天的万泉乡万泉村。

1950 年，我在万泉县委组织部工作。当时的万泉县人民政府县长王沁声（沁源县人）多次在不同场合提出，县治所在地古城村东西两面环沟，南面紧靠孤山，街面高低不平，交通又不发达，很不适合县域经济的长远发展，提议将县城迁移到距离古城村北面 15 里左右的解店镇一带。

王沁声县长是个办事民主、干练，又十分慎重的人，迁移县城的提议虽然是他率先提出来的，但他并没有武断做决定，而是进行了多方征求意见。他曾多次指出：万泉县城所在地古城村，虽说是大唐之初就设置的，但当时考虑更多的是其（当时称薛通城）易守难攻的战略意义。新中国成立后，今后的工作重点应该是经济建设，像这样的地理形势必然会影响和制约全县的经济建设和发展。

这样经过多次先期讨论，最终许多干部群众都认识到了，新中国成立后的万泉县城的确并没有像其他县城一样，真正成为全县的政治、经济、文化中心，这样是不利于今后全县发展的。譬如当时县里的外贸公司、税务局、银行、烟草专卖局等单位都还设在贾村。而当初这些单位设立在县城以外都是因为贾村庙集会和解店集会的热闹繁华，是根据全县的经济分布状况而决定的。

这样，王沁声县长的提议得到了大多数干部群众的支持。时任万泉县县委书记的张玉堂还亲自主持召开全县党员大会（当时全县党员约 100 人），中心议题就是讨论县城的搬迁动议，大会的会址就在万泉文庙大殿内。会上，张玉堂书记对县城搬迁的具体情况首先进行了说明，然后分组予以讨论。后来，各组汇报时都同意了县城搬迁意见。再后来，又经过县委扩大会议形成了决议，并报运城行政公署批准、省人民政府备案，最终才决定将万泉县城由现址迁往解店镇。搬迁后，原县治所在地改为古城村，并确定为县第四区区政府所在地。

1950 年下半年，搬迁工作由县委办主任张云峰、县政府秘书贾国章负责，开始统一组织实施。县里当时还制定了搬迁纪律，要求不能因搬迁而影响正常工作开展。在搬迁的同时，要加强组织纪律性，以防止一些别有用心的人借机制造谣言和混乱。

由于当时没有汽车、拖拉机，农村还处于合作化前的单干时期，也没有畜力胶轮车，全县只有县外贸公司（驻贾村，县供销社的前身）有一辆可套三匹骡、马的大马车，配备有一名赶车把式兼饲养员。新中国成立初期的县委、县政府机关办公用品也十分简陋，只有桌椅板凳、床板、公文柜等物件，这些便由外贸公司的马车拉运，而个人用品及一些罩子灯、脸盆等小物件，就由使用者本人自行转运。

当时全国正在开展镇压反革命运动，中心工作十分紧张忙碌。且当时县委机关迁往解店镇的旧庵堂内房屋较少，只能是边建筑修缮边搬迁，因此搬迁工作只能断断续续进行。直到 1951 年上半年，万泉县委、县政府及其他机关（县高级小学仍留在古城村）才都陆续搬迁

马车是当时的主要搬迁工具

到了新县城解店镇办公。当时，县委机关 30 多人就驻在飞云楼西边的旧庵堂内，政府机关 20 多人驻在东岳庙院内，县公安局则驻在东岳庙东边的几间旧房子里。原先驻在贾村庙的外贸公司、银行、税务局、烟草专卖局等单位，后来也陆续搬迁到了新县城解店镇办公。

讲述：屈玉印
整理：立　木

创建县大礼堂的片断记忆

1959 年 7 月，万荣县从稷山县划出（1958 年 11 月，万荣县与河津县曾并入稷山县）。再次恢复万荣县后，县城仍然设在解店镇。8 月 28 日，一场罕见的特大暴雨使稷王山及周边的洪水直接冲入万荣县城。由于当时县城还没有建成排水系统，因此，除了东岳庙与县招待所等少数地方因地势较高以外，其他地方大都被洪水冲淹。县城附近的七庄村部分群众家里也进了水。洪水最深处达 1.5 米，百货公司等单位的 400 多间房屋皆被冲毁。

洪水过后，县人民委员会立即成立了县城修建委员会（当时群众称为城市规划委员会），并由王国英县长亲自负责，抽调了具有城市建设及建筑经验的吴勉之、杨纯忠等人组成。又从各公社抽调工匠 500 余人、民工 1000 余人，还有 50 多辆作为运输用的马拉畜力车，共组成 7 个工程队，分片分段在县城重新施工建设，共建成土木结构房屋 500 多间、仓库 200 多间。

在县城街道恢复建设的同时，创建县大礼堂工程也开始上马。起初，县上的计划是建一个可以开会和演戏、演电影，能同时容纳 1000 多人的礼堂，所以当初定名为"万荣县人民礼堂"。因为人民礼堂是当时整个县城中最大的（设计面积 1125 平方米）工程，所以后来干部群众都习惯叫它"大礼堂"。

其实，大礼堂的筹建工作早在当年 7 月底就开始了，县上当时请了河津人胡堂娃先行设计，后经过吴勉之、杨纯忠等人参与并提出改进意见，在报县领导审批同意后才开始破土动工。同时施工的还有县

万荣县人民大礼堂外景

城街道的测量规划、拓宽改造等工程，重点是排水系统工程。大礼堂工程负责人为吴勉之，街道规划工程负责人为杨纯忠。

大礼堂开始施工前，吴勉之告诉大家说，工程每一步都要严格按照图纸设计要求进行，这让工匠们一开始感到十分新鲜和好奇。因为20世纪60年代初的农村工匠，绝大多数人都没有多接触过图纸，更不要说按图纸要求施工了。针对这种情况，吴勉之给大家介绍了认识图纸的简要知识，并一再叮嘱大家说，施工中不懂就要问，千万不可盲目蛮干。为慎重起见，吴勉之、杨子顺等人还为每个参与施工的工程队绘制了简易的局部图纸，并利用晚上时间给工匠们讲解，鼓励工匠们在实际操作中锻炼提高。

当时，大礼堂工程队的领工负责人姓李，是裴庄乡南卫村人，所有大小工匠则都是从全县各个工程队抽调上来的。整个工程为砖木结构，所用木料基本上都是全县的木材指标（计划经济年代，物资供应实行指标供应），部分槐木、榆木和杨木用料则因国家无供应指标就在一些农村采购。所用青砖由县砖瓦社供给，彩色玻璃瓦从外地采购。

在设计上，礼堂大门朝东，正面设有三个大门，大门上方的花格斗方全部用湿杨木刻制成花卉图案。刻制者是一位 60 多岁不知姓名的民间工匠，并有一位来自河津的王师傅配合。室内正西设有主席台，台前设有演戏时可容数十人使用的乐池。自主席台起向大门口方向的座位设计有一定的坡度，便于后排观众投向舞台的视线不受遮挡和影响。室内座椅共有 1000 余个，最初使用槐木和秋木制作，每四个座椅连成一体，既便于稳固座位，又不易被人随意搬走。两年后又从山东青岛采购回了油漆光亮的机制刨木板座椅，座底全部用螺丝固定，虽然比先前的白茬座椅漂亮了许多，但仍与以前一样都是硬板椅。特别是礼堂内还设计有二层看台，看台上还可容纳数百名参会人员。

当时所有民工都是分到各公社和大队就近安排的，少数住在县银行后院的几孔窑洞里，大部分住在新城大队的社员群众家里。每位民工不分大工、小工，一律自带铺盖被褥，打通铺，睡地铺。当时县上规定每位大工一天工资为 1 元 5 角，小工每天 1 元。

1960 年 3 月，在大礼堂主体工程基本告竣工后，县上又从各工程队抽调了 20 多名木工参与制作门窗，前后历时二十多天。县上也采购各方意见，最终把礼堂名称正式确定为"万荣人民大礼堂"。至 1960 年 6 月，经过县城建设与大礼堂创建后，县上便在各公社民工和工匠中抽调部分人员成立了县建筑公司。同时几个公社还留下一部分人员成立了铁木业社或机械厂、车辆社，其他大部分民工则都回到了原来的生产队，继续参加集体生产劳动。

讲述：廉同江等

采写：立　木

三县合并为稷山县始末

　　1958 年，在全国高举总路线、"大跃进"、人民公社"三面红旗"的大形势下，经国务院和省人民委员会批准，当年 11 月 1 日，万荣、河津、稷山三个县曾经合并为一个大县，县名为"稷山县"，县城所在地为原稷山县县城。

　　1958 年 10 月，在接到三县合并的通知后，万荣县委曾几次召开各级干部会议，传达上级精神。时任县委第一书记史健（洪洞县人）、第二书记张波平（解店镇西解村人）也多次在讲话中提到，三县合并有利于国民经济发展，有利于更好地发挥人民公社"一大二公"的优越性，有利于精减县一级政权机构，可以让更多的优秀干部充实到基层工作。同时动员广大干部群众，一定要统一思想，认清形势，坚决服从上级的决定。县委副书记、县长王国英也在各级干部会议上作过多次讲话，除了多次阐述三县合并的优越性以外，王国英县长还讲到了当时关于三县合并的一个顺口溜：

　　　　合县好，合县好，
　　　　合县的好处真不少。
　　　　孤山的金梨稷山枣，
　　　　河津的白菜吃不了。

　　这样，各级干部群众逐步一致认识到，三县合并已成为当时的大形势，势在必行。有人还如此说，这次合并是继 1954 年万泉、荣河

岁月回眸

167

两县合并为万荣县后的又一次行政区域大合并，对顺口溜中提到的三个县的名优特产，即万荣的孤山金梨、稷山的板枣、河津的白菜等津津乐道，赞不绝口。

经过一段时间的宣传发动和准备工作，至11月1日，万荣、河津、稷山三县合并后的稷山县正式挂牌成立。原万荣县区域内共设了5个公社，分别是孙吉、荣河、城关、贾村、汉薛，到1959年4月，新成立的稷山县政府在调整区划时又增设了裴庄、王显2个公社，达到了7个。在干部分流安排上，当时，原万荣县委、人委（即县人民委员会，行使县政府职能）的一部分干部因正在吕梁山参加大炼钢铁工作，暂时无法离开，在家的干部则一部分充实到公社机关挂职或任职，一部分被安排到了新的稷山县委、人委工作。原万荣县委第一书记史健被调到当时的晋南地区行政公署任职，所有的原县委、人委相关机关同时被撤销。合并后的稷山县委书记为仪耀文，县长为皇甫里平。

三县合并前的原万荣县委组织部第一副部长王育金（万荣县南文村人，离休干部，后任临汾发电厂党委书记等职。合并后为新稷山县委组织部副部长）后来回忆说，三县合并后，新成立的县域范围大大增加，各公社所在地离县城相当远，给各项工作都带来了很多困难。例如原万荣县的孙吉公社（1971年被划入临猗县），当公社和大队干部到稷山县城开会办事时，骑自行车往往需要两天时间。群众如果到县城有事，即使坐汽车、骑自行车也都极不方便，何况当时的孙吉到稷山县城还不通公共汽车。

当时的通讯联络条件也十分落后，县城与各公社之间虽然有电话联系，但由于电话线路太长，必须经过总机多次接转才能接通。同时因距离太远，通信设施落后，双方讲话时也常常听不清楚。另外县上干部在下乡时，既没有汽车可用，骑自行车路途又太过遥远，十分不便。这样至1959年3月，县上为了加强通讯联络，便在公社与农业社（村）之间一度还设立了管理区，管理区又下设中心队，但公社区划并未改变。

由于三县合并后所暴露出的种种弊端，到1959年6月底，上级又决定将三县分开，重新恢复以前的万荣县、河津县和稷山县建制。当时除原先的县委机构全部恢复外，还增设了县委调查研究室。这样，三县实际合并 8 个月之后的 1959 年 7 月 1 日，万荣县又重新恢复办公，县城所在地仍未解店镇。县委第一书记为李明，书记为王国英、卫一屏、张首远、王太顺，县长仍由王国英担任。

说明：万荣、河津、稷山三县合并时间，国务院批准日期为 1959 年 3 月 22 日，省人委批准时期为 1959 年 1 月 23 日，实际并入日期为 1958 年 11 月 1 日。

万荣县从稷山县划出时间，国务院批准日期为 1960 年 1 月 7 日，省人委批准日期为 1960 年 2 月 24 日，实际分出日期为 1959 年 7 月 1 日。

讲述：董应南　王育金等
整理：尉培荣

万荣"一贯道"的兴起与覆灭

"一贯道"是中国民间宗教之一，后成为反动会道门。其正式创立于清光绪年间。源于罗教江西支派的大乘数，后辗转传布至贵州、四川、湖广等地，改称青莲教。尔后向全国各地传播，其中北传一支发展为一贯道。道名取自《论语·里仁》中的"吾道一以贯之"一语。创教人王觉一（1821—1884），道号北海老人，山东青州人，二十七岁时拜传道师姚鹤天为师，后在山东青州开创东震堂，声言蒙无生老母降临敕命为十五代祖。

一贯道信仰的主神是无生老母和弥勒佛，其经典主要有《一贯道要言》、《一贯探原》、《子曰解》、《理数合解》及《阐道文》等。其教义思想主三教合一。1930年，道士出身的张光璧（十八祖）掌道后，投靠日寇得到支持，使其组织有了很大发展。张光璧自称济公活佛转世，首先在济南设立中枢坛，接着建立了金刚、敦仁、礼化、天一四大坛。中枢坛为总佛堂，四大坛则各负责一方，向全国各地发展。并在各省设总坛，下辖若干分坛，负责各地区道务。在山西境内，则由古光生（山西灵石人）在晋南负责布道，薛洪（河北人）在太原一带负责布道。后张光碧之妾孙素贞欲图位同权尊，借赴各地拓展一贯道之机，提拔、拉拢各地道首。经过数年明争暗斗，到1945年5月，一贯道明线、暗线正式形成。明线的领导人为张光璧，故称"师尊派"；暗线的领导人为孙素贞，故称"师母派"。同时，张光璧还在一贯道内建立起一套等级森严的道阶，自上而下为师尊（指张光璧）、师母（指张光碧之妻刘淑珍、妾孙素贞）、道长（俗称老前人，系道内次之领导人物)、前人(各地县的负责人职务)、点传师(点道,开办道坛道务之道首,专事渡人)、护佐(又称护驾或护驾举士,协理师尊、师母、前人、道长办道,负责其人身安全。)、坛主(俗称堂主,负责设坛布道)、文牍(一坛或若干坛的案牍管理人)、引保师(为引进师、保师之合称,是新道徒的介绍者、担保者,

镇压一贯道分子

属一般道徒)、三才(为天才、地才、人才之合称,天才又称乩手、机手)、道亲(普通道徒)等。在抗日战争期间和日寇投降后的几年里,一贯道教势曾急剧扩张,一些汉奸、特务亦混迹其间,从事反动活动,遂成为反动会道门。新中国成立后被取缔。

万泉、荣河两县"一贯道"的兴起

1943年9月初,下义村人冯铁堂将反动邪教组织"一贯道"引入到万泉县。次年,冯铁堂与新绛县一贯道点传师吴子文就开始分别在万泉县布道。同年,稷山县一贯道道首任鸿钧、杨引安在卫植生(罗池村人)的协助下,又在荣河县办道。随后,同属于暗线师母派孙素贞领导的冯铁堂、解振家、董信儿、卫植生、王鹏等前人,分别秉承古广生及薛洪的旨意,采用在交通沿线及集镇上,以开办磨坊、挂面铺、蒸馍铺、弹花铺、木匠铺、医疗所、染房等商铺的名义,设立据点、联络点计29个。通过亲友拉拢引诱等手段,四处活动,发展壮大自己的组织力量。到1949年末,万泉县已有67个行政村、100余个自然村,荣河县共有59个行政村、100余个自然村有了一贯道的道徒活动。据1951年取缔一贯道的报表统计,两县共有一贯道道首9人、点传师84名、坛主330名。其他道首235名,道徒约达4万余人。两县的一贯道组织分属冯铁堂、卫植生等6人管辖。具体来说,共有

属于古广生、薛洪系的 6 个分支。

古广生系：

冯铁堂支。冯铁堂，又名玉儒，化名冯觉民，万泉县下义村人。1943 年 3 月加入一贯道，当年 9 月就以道为本，随之从外地返回万泉县度人。当年冬，即担任坛主之职。1945 年 3 月任点传师后，仅 3 个月时间就在上义、下义、南牛池、北牛池、七庄、乌苏、胡村、东坡、张户、太贾等 10 个村庄发展道徒 230 多人。1945 年 6 月，冯铁堂经过精心挑选，命杨宝珠、张金安、解炳申仨人承受衣钵，又令坛主解振家等 7 人点道，自己则到荣河县布道。1946 年，冯支传承已甚广，被教化为坛主且点道的就有 13 人。次年，冯铁堂隐居陕西潼关 260 号，改事商业，但仍遥控其支系活动。1948 年农历八月初三，冯铁堂命点传师 8 人共筹资 110 万元（旧币，以下同），又自筹资 70 万元，到韩城贸易公司购买黄金 9 钱，亲赴这时已在西安布道的古广生，接受反动训谕。随后，其将明设佛堂转入地下，开始策划对付人民政府前期开展的制止会道门活动办法。到 1950 年 11 月，冯铁堂支共有前人 2 人、点传师 64 人、坛主 211 人、乩手 4 人、舍身 105 人、半凡半圣 59 人、清口 144 人，道徒共计 24555 人。在全县 5 个乡镇 26 个村庄设分坛 4 个、家庭坛 24 个。

董玉璧支。曾属冯铁堂支。董玉璧，又名董信儿，乳名信娃，道名镜亭、政中，万泉县杨庄村人。1943 年，董玉璧在曲沃经商时入道。1945 年 3 月任点传师后受命返万泉县度人，公开活动于张户、涧薛、东坡、北坡、北解等村庄。不久封任董兆会、杨竹绒、吴敬泽、朱伯莲等为点传师。当其组织机构设立后，董玉璧便避居于曲沃，

控诉批斗一贯道大会

但仍负责翼城、沁水、万泉 3 县的道务，并遥控其代理人吴薛泽在万泉县发展道徒，办理道务。1950 年 11 月，董玉璧支有前人 1 人、点传师 14 人、坛主 17 人，道徒共计 5275 人。共设分坛 4 个、家庭坛 2 个。

电影纪录片《一贯害人道》

卫植生支。卫植生，荣河县罗池村人。1944 年 7 月，稷山县道首任鸿钧、杨引安等在荣河县办道期间，卫植生就是其重要引线，遂参加了一贯道，并在其家里开始设坛训导弟子。随后，其在光华村王鹏家设立总佛堂，号曰"忠信坛"。王鹏任点传师后，即成为卫的得力助手，后升为前人，为卫植生支的二号人物。1945 年，卫植生和王印龙（光华村人）奔赴太原，拜见了古广生，从此领导荣河县道务。王印龙又赴北平，拜见了教首张光壁，并领命为点传师。1946 年 9 月，卫植生命王鹏和王印龙西渡韩城，以开设挂面铺作掩护，诱骗乡民入道。1950 年，卫植生等道首无视人民政府的明令公告，仍在贵兰村设坛，并多次潜往西安，同道首秘密勾连，进行暗中活动。同年 11 月，卫植生支布道区域遍及了荣河县 50 多个村镇，共设总坛 1 个、公共坛 8 个、家庭坛 115 个。有负责全县道务的前人 2 人、组长级前人 4 人、前人 5 人、点传师 32 人、总坛主和舍身坛主各 1 人、坛主 180 多人、道徒计 8000 多人。

薛洪系：

令狐鸿旺支。令狐鸿旺，又名令狐升升，一贯道点传师，立舍身愿，猗氏县黄家庄村人。1936 年参加一贯道，次年任点传师，遂在三管庄一带传道。1946 年还将一贯道易名为"天仙道"，由猗氏县传入万泉县埝底一带，点封道首 25 人，分别管理忠、义、礼、智、信等字柜，诱骗乡民入道。到 1950 年 11 月，在埝底一带 23 个村庄共发展道首 60 余人，道徒 7000 多人，其中舍身 69 人。

李德庆支。李德庆，一贯道前人，太原人。其将在汾城经商的万泉人李富俊、畅向荣分别发展为一贯道点传师、坛主后，即由此 2 人引入了万泉县，对外称为"圣仙道"。由于点传师李富俊和坛主畅向荣、谢家英等仅以亲戚、朋友为发展对象，且只有二年时间，故该组织规模较小。至 1950 年 11 月，该支主要分布在解店、北里、南和等村，有前人 1 人、点传师 2 人、坛主 3 人、乩手 2 人，道徒计 100 余人。

荣河支。是薛洪支系以仁、礼、信字柜的组织形式分别引入及发展的，因地域在荣河一带，故冠以"荣河支"。1950 年 11 月，该支"仁字柜"由点传师潘百录和武成贤负责，有点传师 6 人、坛主 2 人、舍身 27 人、半凡半圣 25 人、清口 8 人，道徒计 1353 人；"礼字柜"由点传师贾子宽和乔振江负责，有点传师 2 人、坛主 8 人、道徒 312 人；"信字柜"由点传师薛子敬、史翠枝和舍身坛主柴青贤负责，有点传师 2 人、舍身坛主 1 人、舍身 11 人、半凡半圣 22 人、清口 30 人，道徒计 2296 人。

宣传教育 取缔打击

1949 年 1 月 4 日，华北人民政府发布了取缔封建会道门的布告，勒令一贯道等会道门解散组织，停止活动。同年 10 月 27 日，中共中央华北局社会部又做出了取缔封建会道门的具体指示，要求各区党委社会部开展宣传教育，揭露会道门骗局，使群众脱离会道门组织；同时责令会道门各道首自觉向政府登记，逾期不登记者将给予惩处。当年 10 月 30 日，按照山西省公安厅的有关指

押送一贯道分子

示精神，万泉、荣河两县公安部门率先拉开了重点取缔一贯道等反动会道门组织的帷幕。

1950年10月5日，山西省人民政府发布了《关于取缔反动会道门的指示》，其中指出，危害最大的是一贯道，必须坚决取缔。同年11月18日，万泉、荣河两县人民政府即根据《中华人民共和国惩治反革命条例》和省、专署的有关通知精神，开始着手组织发动群众。由于一贯道的反动本质和迷信活动形式紧密相连，只有少数一贯道骨干是反党反人民的，而绝大多数道徒都是被迷信手段所蒙骗的，所以在群众斗争开始之初，两县人民政府皆以宣传教育为主，以弄清一贯道的人员分布、组织体系、活动方式及活动情况为重点，采取了逐步分化瓦解其组织骨干、孤立反动道首的办法，大规模规劝普通道徒退道。1950年12月8日，中共山西省委再次发出了关于对反动会道门组织的登记和组织退道工作的指示。随后，万泉县进一步以七庄、西解村为重点，运用广播、漫画、快板、街头剧等宣传媒介，大力宣传人民政府取缔一贯道的方针政策，深刻揭露一贯道的反动本质和罪恶事实，展开了更为声势浩大的规劝退道工作。至12月19日，仅七庄村便有54人退道。在荣河县的3个重点村，到12月末便计有400多名道徒退道。

为了进一步打好这场战役，万泉、荣河两县公安部门还于1951年初分别举办了"一贯道罪行展览"。在展览中，由悔过的一贯道坛主及道徒们进行现身解说，他们是如何进行"扶乩（即扶鸾请仙）"、"借窍装神"、"赐灵丹"等骗人坑人的鬼把戏的。如一"天才"现场说道："沙盘写字的用具有三样，沙盘、毛笔和盆。毛笔是由一根弦吊着悬在沙盘的上方，而吊着毛笔的弦是从上方盆底穿出的。扶乩的香烛点燃后，香烛上方悬着的毛笔就动。此时，盘里就"沙沙"地响，毛笔抖索成的字亦显于沙盘上，人们便认为这是神仙显灵了。其实，是他们事先在盆里放了一只屎壳郎，盆下一燃香，屎壳郎就被呛得乱爬，便触碰了盆里的弦，弦吊着的笔也就动了。"许多道徒听了讲解后，有的痛骂一贯道的卑劣行径，有的幡然悔过，当场表示退道。中埝底村舍身道徒秦某深有感触地说："我全家四口人，就有三口人生病。为了求神灵保佑才入道，把一副棺材卖了三大石小麦交了'献心费'，立忏悔愿和买捻云鞋又花了我十元银洋，结果儿媳还是病死了。是一贯道害得我人财两空啊。"秦某的控诉在社会上引起了极大的反响。展览期间，万泉县登记退道的有点传师12人、坛主139人、舍身105人、半凡半圣59人、清口144人，道徒共计13000余人。据统计，截止1951年8月底，两县登记退道的计20780人，其中坛主以上的中小道首286人。

可是，"树欲静而风不止"。到1951年的6、7月间，荣河县的一贯道组织又开始秘密聚集于荣河、孙吉（1971年划属临猗县）及猗氏县的马家营等地，开设"仙佛研究班"，继续对抗人民政府的反取缔活动。为此，万泉、荣河两县公安部门在坚决取缔一贯道设在交通沿线或集镇的磨坊、木匠铺、挂面铺等29个联络据点的同时，认真分清道徒和道首、职业道首和非职业道首、一般道首和特务道首等，进行了继续有力地打击取缔。截止1952年年底，万泉县共查获了一贯道组织的小麦90多石、银货18.5公斤、各种布匹162.5米、金戒指2枚、自行车3辆等道内贵重财产，查获的反动书刊有《立身处世警戒》一套，《论道法》、《母谕》、《母圣讳》、《师圣讳》、《求道日期》、《灵感题解》、《中道四十二题解答》等反动书籍1000余册；荣河县查获的反动书刊有《训体大成》、《指迷篇》、《救苦经》、《忏悔愿》、《封口愿》、《同心同德愿》、《反白书》、《请修愿》等，也共计1000多册。两县依法打击处理了顽固反动道首135人，其中万泉县79人，荣河县56人；对顽固不化、死不改悔的万泉县反动道首冯铁堂、薛凝瑞、孙锦胜、吴玉印，及荣河县反动道首卫植生、王鹏、王印龙、聂万科、陈采堂等9人处以死刑，同时判处死缓1人、有期徒刑75人，实行管制的21人，移送3人，教育释放和集训的26人。

彻底覆灭

一代伟人毛泽东指出："新中国成立以后，我们肃清了一批反革命分子，一些有严重罪行的反革命分子被处以死刑。"但是，"还有反革命。……必须懂得，没有肃清的暗藏的反革命分子是不会死心的，他们必定要乘机捣乱。"反动会道门一贯道也不例外，尽管他们当时已感到气数将绝，但残余的个别道首仍然不甘心灭亡，继续秘密组织骨干分子，四处网络漏网潜逃人员，以"中道"重整旗鼓进行垂死挣扎。

荣河县一贯道道首李子安在取缔一贯道斗争中被判刑4年，后得到宽大处理，于1952年7月被释放回村后实行管制。但他贼心不死，又潜入地下继续从事反动活动。1953年5月在加入中道组织后，李子安携带反动文件149件，借用赶集、看戏、探亲、访友之际进行串联，组织和领导荣河县的中道活动。1954年其指使道首

惩处一贯道分子

曹正春以诈死埋名，外逃并隐藏于万泉县中秘密进行道务活动。万泉县一贯道道首张宝珠、冯向文、杨存正等，则于1953年秘密前往西安市老前人古广生、薛洪处，接受反动训文指示，并交纳道费人民币850元（旧币），加入中道，试图取得精神支柱，作为欺骗人民群众的资本。他们在返回万泉县后，当即聚集在前小淮村的董立森家中，同道首解喜庆、杜进奎等研究反动文件，策划复道计划。并商定了"以中道法为指导思想，以兄弟姊妹为口号，运用单线联系、暗中接线的策略，建立地下联络据点，扩大中道组织"的活动方针。同时还规定凡参加中道者，必须立封口愿或忏悔愿、反白愿、同心同德愿、清修愿等。当年12月，解喜庆被公安机关依法逮捕，之后，万泉县的中道道务由张宝珠全面负责。随后两县道首继续秘密活动，"传题接线"，直到1954年8月，仍在准备反动文件"六十一题"。张宝珠、杜进奎、杨存正等还隐藏于地道，一面指使道首雷根科拟定暴动计划，一面指使其他道首和道徒散发反动文件，针对人民政府进行造谣污蔑。如散布"大祸在眼前，将来九女管一男，人死一大半，只有加入中道才能避灾避难"等谣言，迷惑群众。道首赵长锁散发中道反动文件221件、一贯道旧文件314件，还散布"第三次世界大战即将爆发"等谣言。道首董雪莲受命套购国家粮食9斗（折合135公斤），还大放厥词说："政府要将粮食运往苏联去。"道首卫双成在1955年2月征兵期间，将其女婿藏于家中，破坏征兵工作。在开始创办农业生产合作社及广

大农村掀起生产高潮之际，他们又散布谣言说："八路军的农业社，不能长久，一阵风过了就散啦！"，鼓动亲友退社，扰乱社会秩序，破坏农业生产。

1954年8月，万泉县与荣河县合并为万荣县。此后，据万荣县公安机关侦察，至1954年末，中道组织涉及了当时全县的19个乡中34个行政村，参加道徒有130多人，组织形式基本沿用了一贯道旧制。活动范围包括原荣河县内的孙吉、大谢、罗池、大兴、巩村、西效和等村，设立佛堂10个，信和坛1个；在原万泉县内则设立有联络据点及暗藏地洞等12处。同时，潜伏的中道道首还制定了暴动计划，准备待机而动。

1955年，万荣县公安机关按照毛泽东主席关于"不管什么地方出现反革命分子捣乱，都应当坚决消灭他"的指示精神，对一贯道残渣余孽组织中道进行了更为严厉的打击。先后共依法打击处理道首108名，其中判处张宝珠、杜进奎、冯向文、畅谢管、董雪莲、赵长锁、卫双成、李子安、吕福魁、范四旺等29人死刑，判处杨存正、吴敬先、董玉璧等8人死缓，判处丁林同、吴雨林、黄娇枝、刘焕焕等9人无期徒刑，判处10年（含10年）以上有期徒刑的30人，判处5年（含5年）以上有期徒刑的18人，判处5年（不含5年）以下有期徒刑的14人。这些一贯道残渣余孽，虽然自诩"顶劫济世"，且进行了垂死挣扎的猖狂活动，但蚍蜉撼大树，终究逃脱不了彻底覆灭的下场。

取缔"一贯道"斗争结束后，受"一贯道"反动组织根深蒂固的诱惑，全县个别村当时仍有一贯道的残渣余孽死灰复燃，暗地活动。1958年农历腊月，甚至有数十名一贯道道徒在个别人的组织煽动和唆使下，利用除夕大雪纷飞的冬夜，一度聚集到县城解店镇闹事，但依旧被人民政府予以了及时坚决的镇压和打击。几名道徒在分别被判刑后，一贯道终于在全县范围内彻底走向覆灭。

注：本文参考《民国帮会秘史》（中国文史出版社）之昝道徒"披着'仁义道德'外衣的魔鬼——一贯道"、白季恺"我在一贯道之经历"和万荣县公安局编的《万荣县一贯道资料汇编》等编写。

记忆中的万荣人民大学

1960 年 10 月，由当时的中共中央委员、中央文字改革委员会主任吴玉章极力促成，以原万荣县城关中学为基础，用"戴帽"的办法，办起了万荣人民大学，这是我县教育史上唯一的一所大学。

创办大学的历史背景

20 世纪 50 年代起，万荣县的注音识字和推广普通话工作取得了显著成绩，很多文盲或识字不多的半文盲群众，利用注音识字的办法都具备了一定的读书看报、写信甚至写文章的能力。这一成绩不久引起了各级领导的关注。1959 年 12 月，山西省在万荣县召开了注音识字扫盲和推广普通话工作现场会。但会议除了山西省各地的代表参加以外，同时还吸引了来自上海、福建、吉林、黑龙江、山东、辽宁等 14 个省（市、自治区）的有关人员以及《光明日报》等多家新闻媒体前来采访。就连吴玉章也专门从北京向大会发来了贺电。会议召开不久，便先后有吴玉章及共青团中央第一书记胡耀邦、国家卫生部副部长贺彪、外交部副部长伍修权等中央领导来万荣视察工作。正是在这样的大背景下，经过时任万荣县领导的积极努力和争取，在吴玉章的亲自关心和支持下，1960 年 10 月 11 日，"万荣人民大学"在原万荣城关中学的基础上，利用"戴帽"的方式挂牌成立。学校的校徽也由"万荣城关中学"换成了"万荣人民大学"。

大学的规模设置

万荣县城关中学位于今天的万荣中学内，原来是一所完全中学，有初中班 15 个，高中班 6 个。"万荣人民大学"挂牌后，便加上了大学设置的工专、农专、师专三个大专班，全校共计达到了 24 个教学班。其中工专、农专班学生各 30 名，师专班学生 40 名，大专班学生共计有 100 名。学生分别来自于阎景、荣河、城关三个学校的初中毕业班。工专班的课程以数学、理化为主，农专班以生物、化学为主，师专班以语文、数学为主。三个班均以政治课为统帅，修业年限定为 3 年：即一年预科，二年专科，三年毕业时达到大学一年级或二年级的学历水平。

万荣人民大学成立后，首先建立了校党委会和校务委员会。校党委会由 9 人组成，党委书记由县委第一书记（当时设县委第一书记、书记）李明兼任，校长由县委书记、县长王国英兼任（王国英调走后改为王太顺），阎广洪及原城关中学党支部书记兼校长赵秀夫为副书记。赵秀夫、樊时习为副校长，教务处副处长为冯敬义（处长空缺），教导员为董耀民、丁佐华，后勤处处长为薛志远，会计牛迁杰，校医王受益，保管员贾印河、李增盛，政治处主任杨岗，校团委副书记为张启明和赵新源（书记空缺）。他们中一部分还兼职任课。当时张启明担任工专班班主任，师专班班主任是王子钦，农专班班主任是陈文禄。

大专班的教师来源当时主要由吴玉章亲自安排协调，吴老从北京调来了三位讲师：屈锡培、任文

当年万荣人民大学颁发的"结业证书"

治、王培林。教师有谢伟峰、陈文禄、李树平、胡作群、叶惠珍、戴启伦。同时还抽调了原城关中学高中部语文教师王子钦，数学教师段雨旺、范慎勤，物理教师陈新民、化学教师庞大东等来充实大专班师资力量。后来屈锡培的夫人齐国辉，戴启伦的夫人王亚贤，以及王培

当时的万荣人民大学文艺、体育活动十分活跃，图为校刊编委会成员合影

林、李树平的夫人等都先后来到了学校任教。

1960 年 11 月 12 日，万荣县向吴玉章写信，报告万荣人民大学成立。同时，县委还派出了教育局副局长杨岗、县委文教部秘书王建恒专程赴京向吴玉章做了汇报。

办学经费来源

当时，万荣人民大学所需的一切经费由当时晋南专署文教局与县上共同拨付。当时正值三年困难时期，学生基本自费。对于家庭确实困难的学生，则每人每月由学生公开评议后，分别享受三元、六元、九元的助学金。在 20 世纪的定量供应年代，每位教师每月的吃粮标准是百分之六十的细粮和百分之四十的粗粮，为了照顾大学教师，学校规定大学教师可以拿粗粮换成大米。除此以外，政府还给每位教师每月增发六斤大米、二两食油、一斤糖等生活用品。而给教师配备白糖，主要是为了防止由于营养缺乏而导致的浮肿病发生。

大学停办时间及原因

到 1962 年暑假前，中共山西省委下达了"建院校与部分中专一律停办"的指示，万荣人民大学属整顿在册之列，学校被迫停办。这样，正在学习的一百余名大专班学生根据个人自愿，绝大多数回乡参加了劳动，一部分则插到高中各班继续就读，只有少数学生参加了当年的高三复习班准备参加高考。但学生们最后都领到了万荣人民大学的结业证书。

岁月回眸

　　万荣人民大学停办后，大学教师的去向当时主要分成了四路：一路如任文治、谢伟峰等调到了临汾师专，一路如王培林、屈锡培等仍调回到了北京，一路则如叶惠珍结婚后调回了老家浙江，还有一种像胡作群等，则留在了万荣中学继续任教。学校又恢复为万荣城关中学，仍然是一所既有初中部又有高中部的完全中学。

　　万荣人民大学从诞生到停办虽然只有短短的一年多的时间，但是在万荣县的教育史上，在全县人民的心目中，都留下了永远难以忘怀的一页。

讲述：张启明　丁佐华等

采写：张兆林　尉培荣

五十二年前的历史见证——
"为教育改革而奋斗"

1960 年，我在原万荣县城关中学工作，并担任学校团委副书记。当时校团委书记薛建华刚刚调走，校团委书记一职还暂时空缺，我和赵新源都是校团委的副书记。

万荣人民大学成立前夕，吴玉章曾在县长王国英的陪同下，在原万荣城关中学校门口北边的会议室召开了有县领导、学校党委会、校务会等参加的联席会议，主要内容就是研究大学成立的有关事宜。会议进行期间，在王国英县长的提议下，吴老当场挥毫泼墨，在一块缎料布面上题写了"为教育改革而奋斗"八个大字。

万荣人民大学第八届团委干部合影

由于我当时还担任着学校的党委组织委员，有幸参加了这次具有历史意义的会议，见证了吴玉章的题词过程。1962 年，我在调离教育战线后，又曾先后担任过城关公社（今解店镇）的书记、县联社主任等职。但半个世纪以来，吴老当时在学校题词的一幕，我一直铭记心怀。

张启明

我在万荣上大学

"大跃进"的 1958 年，我高小毕业后考入了荣河中学。1960 年春季，随着大跃进的迅猛发展，荣河中学也从 9 个初中二年级班中抽出了 100 名学习成绩优秀的尖子生编成两个班，命名为了"跃进班"。并决定在离暑期毕业只剩下 3 个月的时间内，就要学习完成初中 3 年级的全部课程以及二年级未上完的课程。当时，我也被选入到了跃进班学习。

当年暑假初中毕业时，学校其他班的毕业生都由国家统一安排了工作，而我们跃进班却不在分配范围内。当年 10 月份，万荣人民大学挂牌成立。但由于当时初中各毕业班的分配、考试工作都已经结束，人民大学的招生便没有了生源。就这样，我们跃进班的同学有幸成了万荣人民大学的学生。

当时的万荣人民大学是在原县城关中学的基础上"戴帽"成立的，设有工专、农专和师专三个专业班，学制为三年，我被分在了师专班，全班共 40 人（工专、农专班各 30 人）。主要学习的课程有语文（包括现代文学、古典文学、汉语言文学等）、历史、地理和体育课。我们的班主任老师是王子钦，王老师教我们语文课，段雨旺老师教几何课，北京来的王培林和翟克英老师分别教理化和代数课，张忍堂老师教体育课。我们班的班长是王光宗，团支部书记是解振铎、学习委员程振兰。

我们三个班的女生当时有 20 多个，都在一个宿舍住。而当时连炕台都没有，就在地上铺些麦草，铺盖就放在了草上面，冬天无炉火也不觉得怎么冷。吃饭时不管春夏秋冬都在室外，排队领饭，秩序很好。每顿饭每人一个粗粮馍馍、一碗玉米面汤、一勺菜。大家围在一起吃，说说笑笑，非常热闹。

那时的校风、班风、学风都很好，上课时都专心听讲，自习时都认真作题。由于我们课程紧，学校文艺等项活动一般都不抽大专班学生参加，让我们一心一意搞专业。

到了第二学年，即1962年暑假前，正当我们正在专心学习之际，根据上级有关精神，万荣人民大学停办了。得知到准确消息的那一刻，我们每个人的心里都感到痛心和惋惜。但大家只能无可奈何、恋恋不舍地离开这个哺育我们成长、曾经让我们为之骄傲和自豪的大学校园，告别了朝夕相处、辛辛苦苦教给我们知识的各位老师，不得不与那些亲如兄弟姐妹的同学们分手告别。

如今50多年过去了，万荣人民大学虽然只有一年多的时间，但它在万荣县的教育史上却留下了浓墨重彩的一页。50多年来，每当有人提起当年的万荣人民大学，一种莫名的自豪感仍然会在我的心底里油然而生。

孙爱绪

岁月回眸

万荣电报业务史略

电报收发曾经是邮电部门的一项主要业务，是人民群众曾经常使用的通信手段之一。

1953 年，万泉县人民政府的电话站（电话站当时仅有 7 部电话，且只有 2 部电话可以正常使用）与万泉县邮政局合并，成立了万泉县邮电局。1954 年，万泉、荣河两县合并后，又成立了万荣县邮电局。但直到 1957 年，县邮电局的电报业务还不能直接发送，必须采用话传的方式，直通侯马市邮电局后才能发送。"大跃进"时期的 1958 年，县邮电局的电报业务开始使用莫尔斯机发送，这种方法可以用纸条来核对电报内容的正确与否。当时报务员是临汾人王风兰，但她在万荣只停了一年多就又调回了临汾工作。之后，电报业务就交给了从省邮电培训班结业的贾林祥，当时从事电报业务工作的还有范正喜、赵苓梅等。

从 1965 年到 1972 年间，电报业务便采用了音响收发报机。1973年到 1983 年间，再改用了比较先进的电传收发报机。收发报工作室被邮电局内部称为"报房"，由贾林祥担任班长。这期间先后从事报务工作的报务员有谢惠珍、贾元杰、夏菊英、宋兵役、张晓红、董苏敏等。

1984 年后，电报业务开始使用更为方便、快捷的电传快讯。随着电话尤其是程控电话的逐步普遍应用，人们的通讯联络方式更加迅速直接。再以后特别是移动电话的普及，使近年来电报业务几乎到了无人问津的地步。2009 年，万荣县全年只有一位用户使用电报与外

发报工作人员正在发报　　　　　　　发报房

地联系。当问及原因时，该用户说，我家有固定话机，家里也每人一部手机，给外地亲人发份电报，只是想找一找前些年发电报和收电报的感觉。

我县邮电系统 20 世纪 60 年代至 80 年代的电报业务，除了满足广大群众的日常生活需要以外，还负责县域驻地政府部门及其他单位的机要电报和机要邮件，负责气象部门的特殊天气预报发送任务（规定 8 分钟以内必须准确无误地发出）。邮政、电讯虽说曾经有过分设和合并的经历，但单位一直设有机要室，机要工作人员配备的都是政治可靠、思想进步的共产党员。机要室使用的日戳为专用日戳，不得与其他业务日戳混用。

1960 年前后，由于万荣县邮电局的电报差错率低、电话接通率高、邮政报刊信函投递准确及时，各项工作一直处于同行业的前列。山西省邮电局局长丁克曾带领邮政处的孟处长等几人专门来万荣邮电局蹲点。期间，还曾组织了包括河津、稷山、新绛在内的万荣赛区，开展了比政治学习、赛业务水平活动。省邮电局还为万荣县邮电局报务室配发了一辆济南产的轻骑式摩托车，以便及时投送电报邮件，当时的邮电局局长是李广信。

从 20 世纪 70 年代开始，全县电报业务量开始呈逐年上升趋势，每天都超过了 100 份大关。到 20 世纪 80 年代，由于改革开放后全县人民的商业活动迅速增加，电报业务也迅速增多，每年电报业务都达到了十几万份以上。虽然当时每个公社所在地都设有邮电所，都可以接收电报业务，但需要发出的每一份电报却仍都要报回县局报务室后才能发出。由于万荣县城处于全县偏东的解店镇，县西的孙吉（1971年划归临猗县）、荣河、宝鼎、光华几个公社的电报业务都集中在荣河支局，加之当时的有线电话需要通过县局总机接转，而电话线路又常常太忙，经常造成延误电报业务的状况，因此，经上级邮电部门批准，又专门拨给了有关材料，从荣河至万荣县城架设了一条专用电话线路，才最终保障了全县电报的及时发出。

1960年上半年，全国沼气化工作现场会曾在洪洞县召开。为了适应会议期间电报业务骤增的需要，省邮电局当时还抽调了全省的电报业务骨干，万荣县的报务员贾林祥曾因此到洪洞县临时工作了3个月。

值得一提的是1960年下半年，由于万荣县的注音识字和扫盲工作在全国树起了一面旗帜，全国注音识字、推广普通话工作现场会也在万荣县得以胜利召开。在会议召开前夕，全国各大媒体的记者云集万荣。其中有《人民日报》、《红旗》（现改为《求是》杂志）、《文汇报》、《光明日报》、《华北人民画报》、《山西日报》、山西省委主办的《前进》等报纸杂志社的记者。当时的稿件发送主要使用邮件、专人投送和电报发送三种办法。专人投送来回需乘汽车、火车，成本过高，用邮件的方式，即使用特快邮件也比不上电报的快捷。所以会议期间记者们发送的稿件一律都采用了电报发送。这样，各路记者需要发送的稿件，就都得由县邮电局的报务班承担。

会议期间，由于各报刊记者们的稿件非常多，邮电局报务班的人员根本忙不过来。为了适应这一特殊形势，时任县邮电局局长乔忠仁、副局长宋保德，他们在动员安排全局干部职工人人上阵参与译稿的同时，也甚至亲自参与了其中。那些天，全局上下每个人都是译报员，报房工作人员轮流换班，全天候24小时为记者们发送稿件。

由于需要及时发往外地的稿件实在太多，时间又十分集中，前几天记者们还自觉排队，按先来后到的顺序发稿。但当会议正式开始后，《山西日报》记者就提议，发稿顺序要按先外后内的原则进行。要在保证《人民日报》、《红旗》杂志记者稿件优先发送的前提下，其他报纸杂志记者的稿件按前后顺序进行，这样《山西日报》记者的稿件便只能最后发送了。

时值1960年，正是国家三年困难时期，全国各地都实行粮食定量。为保证报务人员不分上下班、不分白天黑夜加班工作的需要，当时经县上领导特批，每天晚上还由县招待所为报务员提供加班晚餐补助，每人每晚一个馒头或一个油饼（都是2两）。大会结束后，县邮电局顺利完

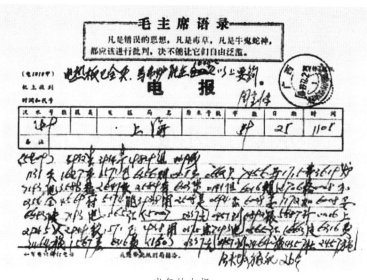

当年的电报

成了大会发稿任务，全局员工高度负责的工作态度和一流的业务能力得到了县委领导的表扬，也赢得了全国各大媒体记者的一致赞扬。

讲述：贾林祥

整理：立　木

从《万荣小报》到《万荣人》报

　　《万荣小报》可以说是《万荣人》报的前身，它是1954年万泉、荣河两县合并后，于当年9月1日办起的一份县级小报，是在原《万泉小报》和《荣河小报》的基础上合并而成的一份报纸。

　　《万泉小报》在正式创刊以前还曾由中共党员秦居信同志编排过多期简报式的"万泉小报"，四开两版，有光纸油印，不定期出刊。（1961年6月，时任万荣县文教局副局长的秦局信，曾将自己在1951年10月1日至同年12月11日亲自编排的9期简报赠送给了当时的《万荣小报》社，为日后研究和了解《万泉小报》提供了非常珍贵的资料。但由于年代久远，其他具体情况不详）。1952年4月1日，《万泉小报》正式创刊，为中共万泉县委机关报。初始时为油印，八开两版，不定期出刊。1952年11月26日改为石印，为八开两版周刊，每月逢三、十、十七、二十四出版。到1953年4月1日，又把每月的出刊日期改为一、八、十五、二十二，保证每月出刊四期。直到1954年8月19日终刊，共出刊100期。期间从采访、写作、编排、校对，直到出版，始终是由时任《万泉小报》编辑兼记者的董应南来完成的。《荣河小报》创刊于1952年11月21日，是中共荣河县委机关报，为石印，八开两版，旬刊，每月逢一、十一、二十一出版。到1953年6月，随着编辑人员由1人增至2人，报纸也由旬刊改为周刊，每月逢一、八、十六、二十三出版，直到1954年8月16日终刊，共出刊78期。这一时期，《荣河小报》的主要采编人员为赵维平等。

　　《万泉小报》和《荣河小报》没有创刊以前，万泉、荣河也都出过一些不定期的油印小报。如在 1947 年新中国成立后的土改运动中，荣河县就出刊过《荣河人民》。1949 年土改结束后，随着大生产运动的开展，万泉、荣河两县在 1950 年和 1951 年分别创办过《生产快报》和《生产通报》，虽然这些油印小报以后没有坚持下来，但它们给《万泉小报》和《荣河小报》的创办提供了一定的条件，奠定了早期工作基础。

《万荣小报》的发展可以分为两个阶段。第一个阶段是从 1954 年 8 月，万泉县与荣河县两县合并为万荣县，到 1958 年万荣、稷山、河津三县合并为止。1954 年 9 月 1 日，《万泉小报》与《荣河小报》合并后的《万荣小报》正式与读者见面。此时仍然是石印，八开两版，周刊。到 1956 年 7 月 15 日改为铅印，篇幅和出刊日期均没有变动。到 1957 年 10 月 1 日，报纸又改为五日刊，每月逢一、五出版。1958 年"大跃进"开始后，从 5 月 1 日起报纸又改为隔日刊，逢单日出版。这样直到 1958 年 11 月万荣、稷山、河津三县合并为止，共出刊 261 期。

这一阶段是报纸"大发展、大提高、大改进"时期，尤其是 1954 年，随着党中央和各级政府对报纸工作的不断重视，报纸发展进入了一个新时期。1955 年 12 月，编辑人员也从两人增至三人。1958 年"大跃进"开始后，编辑人员又增加至 8 人。随着小报的发展，《山西日报》、《新闻干部学习资料》、《县报研究》等报纸杂志都分别刊载了《万荣小报》在时事宣传、政策法令宣传、文学交流以及标题创作等方面的经验，《山西日报》还在 1956 年 3 月 6 日的"小报评介"专栏里，以"县小报通俗化的一个范例"为题，评介了《万荣小报》。福建、河南等省的新闻工作参观团也先后来到万荣参观学习。中国人民大学新闻系由一名教授带队，也到万荣小报社进行了调查研究，并将《万荣小报》的经验编入了他们的新闻学讲义。据 1958 年 10 月统计，《万荣小报》的发行范围当时已经扩展到了辽宁、黑龙江、湖北、四川、河北、河南、江西、云南、吉林、陕西、山东、福建、贵州、江苏和浙江等十六个省市。

《万荣小报》的印刷厂前身是《荣河小报》的印刷社，是 1952 年 12 月建立起来的，当时只有 6 个工人，一架石印机和两把手工裁纸刀。1953 年后，在原有基础上又增加了一部石印机，工人也随之增加为 12 人。直到万泉、荣河两县合并前，报社社址还曾几经搬迁。在解店西街三间简陋的房子内办公时，编辑室、印刷室及人员住宿等都还互相挤在一起，以至于大家不能执行统一的作息时间，只能换班轮流休息。由于办公条件的限制，一些编辑人员甚至经常盘腿坐在床边，然后在腿上放一块小木板就开始编辑报纸。当时报社交通工具也十分缺乏，下乡采访时，大家只能互相借用自行车代步。报社的食堂被安置在大门口的角落里，每次炊事员做饭时，只得把笼圈篦子就放在马路边。

随着报纸发行数量的增加，到 1956 年，石印机再也适应不了形势的需要，便在县委的支持下，报社先后购置了铅印机、裁纸机和铸字机等设备，工人也由原来的 12 人增加到了 18 人。1958 年 8 月，县上又把手工业印刷生产合作工厂合并归《万荣小报》社，工人比过去增加了两倍，印刷厂也由手工操作改为机械化操作。再后来，随着县委"以报为纲，以厂养报"方针的提出，报社印刷厂在抓好报纸印刷的前提下，还积极承印其他机关的文件、表册、账簿、单据、表格等业务，增加了经济来源。因为当时人们经常到报社印刷厂印制表格、文件、账册等，在生产生活中影响极大，所以到今天，一部分人还习惯上一直把《万荣人》报社称为"小报社"。

1958 年 11 月，由于国家行政区划的变动，万荣、稷山、河津三县合并为稷山县，《万荣小报》社的采编人员董应南、陈振民等也合并至稷山县办公，编辑《稷山小报》，《万荣小报》随即停刊。期间，《稷山小报》曾连续刊发了由董应南编写的部分"万荣笑话"段子，这是万荣笑话第一次由民间口头传说变为报刊铅印文字。1959 年 7 月 1 日，万荣、稷山、河津三县重新分开后，7 月 7 日，《万荣小报》又复刊和读者见面，直至 1962 年 6 月 6 日《万荣小报》停刊，这为《万荣小报》发展的第二个阶段。这期间，《万荣小报》仍为四开四版三日刊，虽然采编人员和工人及印刷设备都没有增加，但在党中央"反右倾、鼓干劲"的精神号召下，报纸又进入了一个持续发展的新阶段。除坚持原《万荣小报》"小报小办"和"通俗化"的优良传统外，经过两年的发展，报社的对外宣传工作也取得了显著成绩，对外影响也越来越大，先后在全国新闻协会和山西省新闻协会主办的"新闻战线"和"新闻战士"杂志上刊登发表了《万荣小报》"咱报办起文艺副刊"等方面的消息和经验6篇。报社副主编赵维平（报社主编由时任县委宣传部部长孙天民兼任）光荣出席了全省文教群英会议，《万荣小报》社并被大会评为先进集体。山西人民出版社还将《万荣小报》的办报经验编集成册，出版了一本《怎样办好县报》的小册子，在全国范围被推广学习。报社副刊编辑陈振民还参加了有万荣、夏县、临猗、芮城、平陆等县参加的在风陵渡召开的河东六报经验交流会。随着《万荣小报》在全国各地影响力的不断拓展和扩大，各地读者纷纷订阅《万荣小报》。当时，除台湾和广西两省外，全国各地都有了《万荣小报》的读者，一直由县邮电局发行投递的《万荣小报》发行量陡然增加。

1958年下半年，在全国"总路线"、"大跃进"、"人民公社"三面红旗的号召鼓舞下，万荣县掀起了注音扫盲和推广普通话的高潮。但由于当时的注音读物少，根本满足不了群众大量阅读的需要，为适应扫盲运动的深入开展，1959年7月8日，万荣、稷山、河津三县分开后，《万荣小报》在复刊的第二天，《万荣拼音报》也正式创刊。这份带有汉语拼音的小报一出版，就立刻受到了广大群众的大力欢迎，仅仅几天时间发行量就由4000份猛增至9000多份，至1960年，发行量曾一度超过了10000份，成为最受群众欢迎和喜爱的报纸。但由于三年困难时期，物资极度匮乏，1961年11月1日，《万荣拼音报》被重新合并入《万荣小报》，仅在《万荣小报》开辟了"万荣拼音"专栏，每月二至三期。

1962年，我国进入极端困难时期，印报纸张奇缺，《万荣小报》最终也被迫停刊。当年，曾在《万荣小报》担任过编辑、记者的董应南、赵维平、李鹏飞、陈振民、王电农、孙治世、林伯轩、王英、张玉峰等人也陆续被分配到了其他单位工作。报社印刷厂随之改为县国营印刷厂。

1965年6月28日，时值"文革"前夕，《政治小报》又再次创刊，并被确定为中共万荣县委机关报。该小报八开四版，不定期出刊，每月不少于5期，主要发往县委、社会团体、人民公社和生产大队，每期发行500份，编辑为王英、张怀礼等。"文革"中的1966年12月，《政治小报》被造反派查封。直到1968年1月和同年4月25日，又相继创刊了《万荣风暴》（四开四版，共出刊 48 期）和《新万荣》（四开四版），仍为当时的县革命委员会机关报，《新万荣》到 1969 年7 月停刊，共出刊 180 期。

1995 年 7 月，由时任县委宣传部部长畅启仁、县委宣传部副部长李克荣及县委通讯组组长李廷玉等人的倡导，在当时县委书记吉炳南等领导的大力支持下，《万荣小报》再次得以复刊，并更名为《万荣人》，仍为中共万荣县委机关报。总编先后由畅启仁、李廷玉担任，报纸的编排也采用了先进的激光照排方法。起初，报纸为对开四版，旬刊，一年后改为周刊。2007 年 6 月，总编李廷玉另行调任，畅大成开始担任总编。这以后在县委县政府的大力支持下，报社工作进一步发展，至 2009 年初发行量重新突破 10000 份，并免费向全县发放，报纸的编排、生产工艺也得到了更大改进。2009 年 8 月，又创刊了双周一期的《万荣人·新视界》，吸收了一批年轻新闻采编力量进入报社，一直至今。

陈振民　韩维元

万荣幻灯的辉煌岁月

　　幻灯作为一种既有声响、又有影像的宣传形式，在 20 世纪六七十年代曾被广大群众特别是农民群众喜闻乐见。这主要缘于经历了一次大的改革后，幻灯由单镜头变成了多镜头，从而可以演示出动画图像，加上其声情并茂的解说，使幻灯一时成了当时一门集文学创作、绘画摄影、曲艺演唱、放映操作为一体的综合宣传艺术。

　　1963 年，我县农村第三电影队的王丕玉和第四电影队的丁广居先后分别自制出了三镜头和四镜头幻灯机各一部。当时他们既当木工，又当钣金工，除聚光镜片和放大镜片是购置的以外，其余全靠手工制作，从此拉开了我县幻灯改革的序幕。当时放映队的同志们，脑子里几乎整天想的都是幻灯改革。截至 1966 年，我县五个农村放映队和一个城镇放映队，队队都有各自制作的多镜头幻灯机，而且形式不同，各有特色。与此同时，各队又掀起了一个说快板的热潮，不管走到哪里，人人竹板不离手，快板不离口。"文化大革命"刚开始时，丁广居、王克勤、杜勤学还应邀到平陆县电影管理站交流了幻灯节目宣传经验。

　　1962 年，城镇电影队由王丕玉编写解说词、解永玉绘制的幻灯片赴临汾进行了演出。由于解永玉绘画底功较好，绘制出的幻灯片当时在全省电影系统都是不多见的。

　　1964 年，山西省的"四清"运动首先在洪洞县等地开始，晋南地区电影公司根据地委指示，抽调万荣县一个放映队赴洪洞支援"四清"工作。万荣县立即组织精兵强将，由王丕玉、丁广居、郭弘度三

岁月回眸

195

人组成了放映队，利用刚刚制作出的三镜头幻灯机，在洪洞县把映前幻灯宣传搞得生动活泼，有声有色。他们不时加进动画的银幕影像和干脆利落的快板表演，常常引起全场观众经久不息的掌声。

1966 年初，根据万荣县委的安排，电影管理站从教师队伍中抽调出能写会画的杜勤学、潘克俭、梅一堂三人组成了幻灯组，又从农村选拔了能说会唱的王克勤、陈瑛等四人，增强了农村放映队的宣传力量。

1969 年，晋南地区在临汾（当时运城、临汾同属晋南地区，1970 年 3 月，晋南地区划分为了临汾地区与运城地区）召开全区《学习毛主席著作积极分子代表大会》。为了给大会助兴，丁广居、杜勤学、王克勤等同志，将万荣县机械厂土专家王希亮等同志发明研制气流清选脱粒机的模范事迹绘制成幻灯片赴临汾演出。演出时，观众从银幕上可以看到：烈火熊熊燃烧、红旗迎风招展、机轮飞速旋转、金黄的麦子飞泻直下……这些活动画面的真实和艺术表现融合在一起，既活跃了演出气氛，又增强了艺术感染力。演出以后，大家一致认为，这是当时晋南各县选送的幻灯节目中最优秀的一部。

1970 年，运城、临汾分治以后，以景承继为首新组建的运城地区电影公司十分重视映前幻灯宣传工作。由于当时电影节目极少，内容单调，地区电影公司便把映前幻灯宣传列为电影行业服务政治、配合中心的首要工作。那年冬天，适逢省革委会召开扩大会议，地区电影公司便通过幻灯片汇映，精选了三个县的四个节目给大会助兴。其中万荣县第四电影队参加汇映的《农业学大寨》和《要准备打仗》两个节目均在其中。这两部幻灯片在内容上紧密配合了会议的两个中心：一是进一步深入贯彻毛主席关于"农业学大寨"的号召；二是贯彻毛主席关于"深挖洞、广积粮、不称霸"的指示。在艺术表现上，丁广居同志熟练的操作，王克勤同志声情并茂的解说，都深深打动了与会领导。演出结束后，万荣县参会的革委会主任宋国志同志还深感自豪地走到幻灯机跟前，对演出同志表示了感谢和慰问。

《农业学大寨》这部幻灯片后来由城镇电影队接转了过来，并根据当时全县农业生产形势的发展，不断进行了充实完善。随着全县农业发展的重点放在了水利建设上，后来又将幻灯片的题目改作《旱塬新歌》，成了宣传万荣人民战胜旱魔的一部专题片。县上每次召开涉农大型会议，或出席省、地涉农会议，都将此片列为最重要的汇报内容之一。

1973 年，省革委在神池县召开了全省解决人畜吃水工作现场会，万荣县参会领导是县革委常委张守镛和水办主任杨登耀，幻灯汇报演出人员是王克勤、杜勤学、原廷英。临行前县革委主任宋国志同志曾交代：神池会议，万荣县要以幻灯片汇报为主，大会发言为副。可见幻灯片宣传当时在县领导心目中的地位。同年 4 月，国家水利电力部在万荣县召开了北方八省（市）抗旱打井经验交流会，万荣县照例为大会放映了《旱塬新歌》。时任水电部部长钱正英同志看了以后十分高兴，第二天开饭时还特意关照万荣县幻灯放映员说"要吃好"。散会前又给县上领导交代说，要让万荣的幻灯片到北京全国农业展览馆为中外观众长期展映。于是，精缩后的《旱塬新歌》从 1974 年到 1976 年粉碎"四人帮"以前在北京演出长达两年之久，受到了第一次全国农业学大寨会议代表、首都各界群众和国内外观众的一致好评。

从 1970 年起，万荣县幻灯队经常被邀到全省、全国各地演出。

——1970 年到 1973 年，根据省电影公司的安排和各地市的邀请，我县幻灯队曾先后三次到全省各地巡回表演，并组织了幻灯片制作演出的专题讲座，促进了全省幻灯片宣传的普及和提高。

——1972 年在巡回演出中，我县的丁广居、王克勤与河津的闫铭丁、临猗县的杨治国，根据省电影公司宣传科领导的策划，编写了一本多镜头幻灯制作及演出的辅导书，由省公司印刷，发行到全省各个放映单位和部分兄弟省、市的放映单位。此后，丁广居、王克勤、闫铭丁、杨治国四位同志便被电影战线上的许多人戏称为河东幻灯界的"四大名旦"。

——1973 年，由丁广居、董大乃编绘、摄制、演出的以万荣县裴庄女子体育锻炼队为题材的幻灯片《海鸥高飞》在山西电视台直播。

——1974 年，幻灯片《海鸥高飞》又应邀到成都、重庆、四川、河北、湖北等省市进行了交流演出。

——1973 年至 1976 年，丁广居、董大乃、王克勤先后两次赴青海、四川交流演出了《谁来开车》等幻灯片节目。

——1980年春节期间，根据文化部安排，由万荣县裴庄电影队卫志义制作、王克勤解说的幻灯片《连畔地》赴京给全国文化厅局长会议汇报演出。时任文化部部长贺敬之和副部长司徒慧敏等同志观看了演出，并与演出同志合影留念。后来，该片又在钓鱼台国宾馆、《红旗》杂志社、北京市委和八一、北京两个电影制片厂进行了演出。同年，由王克勤、杜勤学编绘的宣传万荣县计划生育先进典型的幻灯片《步步高》在山西电视台直播，接着又参加了在秦皇岛举办的三北（东北、华北、西北）鲁、豫计划生育工作幻灯片汇映，并获优秀奖。

——1981年，由王克勤、董大乃、杜勤学编绘的科教幻灯片《赤眼蜂》，赴北京参加了全国科技幻灯片观摩演出。

——1983年，由杜勤学、董大乃、王克勤、解梦虎（当时为借调人员）、郭澄编绘拍摄并演出的反映万荣县个体工商户党建工作幻灯片《党旗飘飘》赴京给全国个体工商者代表大会进行了演出。

在万荣县幻灯片频频外出演出的同时，从1969年到1985年，更有许多省、市、县的八十四个放映单位同志来万荣县交流幻灯宣传工作经验，有的甚至长时间住在万荣进行学习。万荣县也举办了多期幻灯宣传培训班，经常有外县、外省的放映单位派人参加。

在国家放映队积极配合中心工作大搞映前幻灯宣传的同时，自1975年以后，随着公社电影队和生产大队电影队的普遍成立，他们也把幻灯宣传当作了自己的一项重要任务。裴庄电影队制作的《连畔地》就曾经作为山西省的优秀节目赴京演出，光华、王显、汉薛、皇甫、万泉等公社电影队的幻灯片都曾多次被地区和省上评为优秀节目，代表万荣县外出演出。在专业电影队普及幻灯片宣传的同时，各放映队自1971年以后，又培养和带动了一批业余幻灯队。像城镇电影队培养的城关公社万和大队北京插队知识青年业余幻灯队和第四电影队培养的西解大队业余幻灯队，也都曾代表万荣县外出演出。业余队涌现出的杰出人才，如董大乃、原廷英等都先后被召为国家队的放映员，成为万荣县幻灯宣传的骨干。

有声有色、生动活泼、群众喜闻乐见的幻灯片宣传，在那个年代紧密配合了各级党委的中心工作，活跃了群众文化生活，使万荣县成为全省以至全国电影放映战线上的一面旗帜。

当年工作人员正在制作幻灯

——1977年，时任万荣电影管理站党支部书记的董俊业同志出席了在北京召开的全国电影宣传工作会议，并作了题为《紧密结合形势，搞好影片宣传》的发言。

——1978年，山西省电影宣传工作现场会在万荣县召开。

——1979年，丁广居同志出席了运城地区群英会。1978年和1979年，古城电影队的彭惠珍和丁广居同志分别被评为全省电影系统先进工作者。

——1982年，王克勤、杜勤学分别被评为山西省电影系统八大宣传能手之一。

——1983年，光华电影队王维功同志出席了在北京召开的全国电影宣传工作会议，并作了题为《适应农村新的形势，搞好宣传队伍建设》的发言。

——1985年，全省电影宣传工作会议来万荣县观摩，时任影院经理的张力同志在会上作了题为《搞好影片宣传，积极争取观众》的发言。

——1986年，万荣县电影公司的张力同志在山西省城市影院宣传工作经验交流会上作了题为《办好"银幕快报"，提高两个效益》的发言。

——1988年，杜勤学同志出席了在高平县召开的山西省电影宣传工作会议，并作了典型发言。

——1989年，在广西召开的全国电影工作会议上，地区电影公司南景平同志就万荣县开发农村电影市场的做法作了专题发言，受到与会领导和同志们的重视。同年，时任万荣电影公司经理的张力同志被评为全国电影发行放映系统先进工作者，受到广播电影电视部的表彰，享受省、部级劳模待遇。

——1990年，万荣电影公司经理张力同志出席了在陕西省召开的北方五省农村电影工作会议，介绍了万荣县在农村建设家庭影院的做法。

——1991年，城关镇太贾村个体放映户李小高荣获全国十佳农村放映员殊荣。

——从20世纪60年代末至90年代初，全国电影发行放映战线上的权威刊物《电影放映》（后更名为《中国电影市场》）先后近20次刊登了万荣县电影宣传放映的报道，杜勤学同志还被特聘为该刊的通讯员。

丁广居　王克勤　杜勤学

文革期间的万荣中学宣传队

　　"文化大革命"开始前，我所在的万荣中学就成立了文艺宣传队，当时全校20多个班，高中部六个班，其余全是初中班。学校宣传队二十多个人中多一半是高中生，初中生只占一小部分。他们虽然比我们年龄还小些，但是他们大都多才多艺，能跳会唱，还会打快板、说相声、拉胡琴、敲小鼓……个个一专多能，一个人能顶好几个人用。初中班的孙建学、古建民、郑武魁等同学就是其中的代表人物。宣传队员每周五下午集中排练，总指挥兼导演是音乐老师曲永清，经常在当时万荣县最新最好的大礼堂里给各种会议和县上的领导演节目，内容也就是"夸女婿""李双双""社员都是向阳花"等表演唱的节目。因为那时文化生活比较贫乏，县直机关对我们学生演出评价还不错。

　　"文化大革命"开始后，学校停课闹革命，整天就是写大字报、印传单、批斗走资派，但宣传队仍然坚持排练。当我们从北京串联回来后，再在大礼堂里汇报演出时就上档次了，有"敬爱的毛主席"、"大海航行靠舵手"、"草原红卫兵见到毛主席"、"北京的金山上"、"毛主席语录歌"等一大批好看好听的独唱、忠字舞、对口词、诗歌朗诵等，演出

宣传队当年的剧照

节目时间可近两个小时。当时反响之强烈就像看北京奥运会开幕式，那种轰动效应曾在万荣县掀起不小的波澜。然而好景不长，随着"文革"的不断深入，宣传队也分成了两派，我们大部分留在"三司"，到"红联"的那少部分队友也毫无原因的和我们反目成仇。不仅排节目互相保密，有时还互相猜测，最后发展到互相谩骂甚至败坏对方的名声。我们当时也分不清好赖，有时也参与其中，人云亦云，现在想起来真是既幼稚又可笑。后来我们宣传队跑遍了万荣县的山山峁峁、大大小小的村镇，期间也有不少逸闻趣事。

当时的农村还是"点灯靠油、交通靠走、通讯靠吼、取暖靠抖、治安靠狗"的境况。那时候冬季太冷，若在露天演，我们多抖几次倒没有什么，关键是怕观看的群众受不了。所以严冬时节在大同学的指导下，我们仍旧在学校刻苦排练，一开春就配合"抓革命促生产"再下乡演出。白天结伴走路，晚上赶到事先联系好的村子里演出，吃住在老乡家里，每顿饭二两粮票一角钱自掏腰包，住宿完全免费。卫生条件则可想而知，记忆里没有洗过澡，演出十来天后回到学校洗个头就很奢侈了！有的村镇较大，还有汽灯照明。我们认真的化好妆，正经八百的跳舞唱歌，有时汽灯出了故障短时间又修不好，我们就在月光下演。当时农村文化生活特贫乏，我们看到台下远道而来的群众都不愿意走，只能黑灯瞎火的演，就这样的"群魔乱舞"还博得阵阵掌声！记得有一次在三文公社的一个小山村里演出，我们化妆用的定妆粉没有了，山里根本就找不着卖香粉的地方，我们的脸上全涂上了油彩，在灰暗的油灯下明晃晃的跟鬼似的。我们走出窑洞，看到崖边上的面面土挺细的，抓起一把抹到脸上用刷子刷静，效果还不错。以后但凡没有香粉时我们就用它来代替，

宣传队当年剧照

好在黄土高原不缺这种东西，加上灯光特差也看不出什么名堂。有一次我跑到台下看，除了个子不一般高以外，两个黑窟窿眼睛，两个"红二团"脸蛋，几乎一个模样，说心里话还不如不化妆，原本漂亮的同学们经过化妆反而面目全非了。

那时候的路哪有现在万荣的路这样平整光滑、四通八达，而是到处都是坑坑洼洼、高低不平的土路，当时叫机耕路。宣传队有两名男生有辆破自行车，当时算作奢侈品，他们一般是驮着鼓、服装等道具，我们当时转场能坐上一次他们的自行车不亚于现在坐一次奔驰。有次从三文转场到乌苏演出，路全是下坡，一个人就能把所有的道具都带上，另一个就可以在后座上驮一个人。刚好我们女同学里有一个肚子疼，她有幸坐上了自行车，我们当时只有羡慕，别无他法，只好提着自己的包袱慢慢走。刚拐过槐树院往前走了一段，就见那位女同学捂着肚子坐在路边，好像比原来还痛苦。我们百思不得其解！一问，原来是路遇一大坑，他们和自行车一起跳了起来，结果是男同学和自行车飞走了，她却重重地摔在地上，也没有力气喊，只好又捂着肚子等我们。那位男同学还是下到了坡底才发现人给颠没了，又推着车上坡来接。虽然我们一个个灰头土脸、累得够呛，可看着他们的尴尬狼狈劲，又情不自禁地哈哈大笑起来。

宣传队里有我班的一个同学叫李金虎，他是专门敲大鼓的，我们每到一村，他常吩咐我们去找废纸。开始我们还不知道他要废纸做什么，原来是要烤鼓。因为鼓易受潮，敲起来声音扑扑的，只有开场前烤一烤，声音才洪亮有力。有一次实在没有找到废纸，我们就去墙上揭废旧的大字报，让村支书批评了一通，以后就再也不帮他找废纸了。但他也有办法，每到一个演出点就赶紧拣一些树枝树叶以备烤鼓用，碰到柴火有点潮不仅鼓没有烤响，眼睛还被烟熏得直流泪，时间长了我们不约而同地叫他"考鼓（古）学家"。

当年排节目时既没有录放机，更没有伴奏带，我们不仅要跳舞，还要自己伴唱。每次和乐队配合，不是我们慢半拍，就是乐队快半拍，经常是表情满面、连唱带跳地刚出场，因没有踩上点，乐队就示意重来一遍。已经记不得重来了多少次，浪费了我们多少丰富的表情。次数多了不免和乐队的同学互相埋怨一通，有时候也吵得脸红脖子粗。

那个时候不可能假唱，全靠我们自己"吼"，尤其是我这个当了多半年的小"导演"，那时只有我说话多、吵架多，有时甚至于发不出声音来，有同学也给我起了一个外号叫"底胡"。拉胡琴的黄好勤、陈应德，只要是我唱，就故意把音调定到降b（最低音）用来气我，后来多少年嗓子也没有完全恢复过来。到了20世纪80年代，我们单位举办联欢会时，我沙哑的嗓音还真时髦了一阵。当年宣传队有几个队员可以说是吹拉弹唱样样精通，吹笛子的王有庭、陈洪福，拉大提琴的李克仁……当时的乐理知识都很有水准，到现在我也没弄明白他们视唱练耳的功夫是从哪儿学来的？因为当时学校里并没有乐理课程的设置。

再后来，县城里到处是东风吹、战鼓擂！我们虽然仍吃 H_2O（水）煮南瓜，再加两把 $Nacl$（盐），但是排起节目来却有使不完的劲，从没有人喊过苦、叫过累。那时的宣传队成员也起了一定的变化，有几个从北京、陕西等地来的知青参与，领导也换成了文化馆的马天文老师，宣传队也隶属于万荣县革委会。不论导演、节目、服装、乐器全部"鸟枪换炮"，尤其是文化馆给宣传队员每人定做了一套山寨的军

本文作者董端芳当年照

装，我们女同学戴上无檐帽，腰间加上褐色皮腰带，站在舞台上，走在马路上，那个神气劲就甭提了，用现在的话说，真是赚足了回头率！因为当时我们认为军装是最革命、最纯洁、最可信任的象征，所以大部分节目全穿军装。但是新排好的"老两口学毛选""逛新城"服装道具又成了问题，能借的就发动大家去借，借不来就动手做。借来白毛巾、烟袋，还有旧粗布"唐装"，一条黑黑的粗布腰带装扮了老头子……老太太头顶带蓝边的白毛巾，腰间系一条毛蓝颜色的小围裙，老两口打扮在当时十分生活化，演出效果出其意料的好！"逛新城"的服装光靠借显然不行，于是我们就动手做，把道道条纹图案的洋布床单围在腰间当裙子，红红绿绿的布

条条辫起来系在头上，再用一条花道图案的小围裙往腰间一系，女儿的服装就能凑合了。记不清谁从附近的老财主家里找来一顶黑礼帽、一件长布衫，还有一双黑色高筒雨鞋，爸爸的行头也解决了！"逛新城"的演出可谓盛况空前！演员李元培、王月梅一时间就成了县城里的著名演员。月梅曾被县城机关的干部群众冠以"拉萨女"的爱称，当年在县城的名气可大了去了！"逛新城"盛演不衰，是我们宣传队的保留节目。那时跳的最整齐的要数"洗衣歌""心中的歌献给解放军""大寨红旗迎风摆"等等。再后来我们的节目越演越熟练、越演越精彩，不仅在本县的各个公社大队演出，有时还代表万荣县去临猗、稷山、河津等地交流演出。特别是在临汾和运城地区汇报演出时，我们万荣宣传队的节目最受欢迎！当时宣传的内容大致为"备战备荒"、"拥军爱民"、"抓革命促生产"、"节约闹革命"等等。演出时断时续持续了三年之久。歌，唱出了我们的青春；舞，跳出了我们的激情！当时的宣传队就是万荣县的一张名片，就是万荣县的一道靓丽的风景！

再再后来，我们宣传队的队员们陆续去了"三线"，去了工厂，去了学校，走进军营，知青也招工返了城，满怀豪情地奔赴全国各地建功立业！听说李克仁已经是山西省的名作家，孙建学在北京，郑武魁在保定，黄印生、黄仁义、孙文洁、董月珍等也在运城、侯马、万荣各地或教书，或从政……光阴似箭，岁月如梭，现在我们大都已退休，儿孙绕膝，到了颐养天年的岁数。但每每想起年轻时的种种经历，却依然刻骨铭心，难以忘怀。如果有机会我们再相会，不知大家还能否跳起来，唱起来！

董端芳（作者原皇甫乡前小淮村人，万荣中学宣传队队员，后工作于西安铁路医院，现定居西安市）

万荣大黄牛的辉煌

　　20世纪60年代和80年代，万荣大黄牛养殖上的"三最"促使万荣大黄牛闻名遐迩，开创了万荣县养牛史上的最辉煌时期。

　　万荣大黄牛最早驰名是在20世纪60年代。1958年成立人民公社后仅两年多时间，全县生产队养殖大黄牛呈现出了槽头兴旺的好势头，一头头黄牛个大体壮，饲养数量猛长。万荣大黄牛以其"狮子头、老虎嘴、兔子眼、顺风角、木碗蹄、耐饲养、易管理、力大耐劳、性情温顺、肉用性能好、繁殖率高"等特点，曾三次赴省、赴京参加了全国农业展览。1961年10月11日，《人民日报》曾以《万荣县槽头兴旺粮棉增产》的醒目标题，在头版头条刊登了专题报道，并配发了社论和调查报告。肯定了我县"大牲畜四万多头，大部膘肥体壮，

人民日报报道大黄牛

赛牛会

基本满足需要，并出售一批大黄牛支援外地，建立起一套保护繁殖大牲畜责任制和奖励办法，培养起一支富有经验的饲养队伍。"一时间，我县成了著名的晋南大黄牛产地，全国各地参观学习的人员络绎不绝。

万荣大黄牛发展最好时期是在 1980 年以后的 10 多年。1978 年党的十一届三中全会召开后，农村实行全面改革，随着土地包干到户，黄牛两、三年时间也相继分到了农户饲养，县委、县政府把发展大黄牛作为商品生产的重点，从政策、资金、技术和销售等方面大力扶持，狠抓黄牛的科学饲养和提纯复壮，在县城连年举办全国性的黄牛交易会和赛牛大会，促使农民的养牛积极性空前高涨，黄牛的质量、数量迅猛提高，全县黄牛总数一度达 81730 多头，农民户均 1.1 头。1983 年 6 月 22 日。以中田庆雄为团长的日本肉牛贸易实务访华团一行 13 人，到我县荣河公社考察了何庄、郑村等 6 个大队的 120 多头大黄牛，对实行大包干后农民饲养的一头头肥牛啧啧称赞，称之为全国五大黄牛之最。1983 年 10 月，全国黄牛委员会又在我县举办了全国赛牛会，时任主任的李凤鸣、副主任邱怀等专家要求在全国推广万荣黄牛育种育肥经验。1987 年 1 月 17 日，加拿大专家又专程到我县的通化公社考察了优种大黄牛。

万荣大黄牛评比史上最有影响的活动是 1984 年的黄牛上街游行。当年 11 月 10 日，县委、县政府组织全县 17 个公社的 287 个大队，在县城东岳古庙会上举行了声势浩大的赛牛会，县领导亲自为评出的 500 头获奖黄牛披红戴花后，并由受奖的主人牵着在大街上游行。当时还流行着这样一则笑话，说是《山西日报》的一位记者就此活动采写的消息中这样写道：10 月 24 日，在万荣县的大街上出现了一支奇特的黄牛游行队伍，走在队伍最前头的是县委书记 ×××、县长 ×××。这个笑话有没有出入，根本没人考究，但当日省市县评奖大会领导出席、全国 20 多家客商参与的规模，和大街上挤得水泄不通的场景确实前所未有。县上这种大张旗鼓鼓励农民多养牛、养好牛的举措，在全省上下引起了强烈反响，全县兴起了新的"养牛热"，广大农民科学饲养繁殖，大力发展肉役兼用黄牛，"牵着黄牛奔小康"的万元户成批涌现。

如今，万荣大黄牛的养殖已根据市场需求，转型为大户规模饲养，但昔日万荣大黄牛发展上的"三最"已在万荣史册上写下了辉煌的一页。

撰文、配图：李克荣

万荣县大牲畜繁养的空前繁荣

自20世纪60年代起，万荣县以大黄牛为主的大牲畜繁养，因曾经取得辉煌的成绩而撂响了全国。80年代初，随着农村生产责任制的实行，全县的大牲畜繁养再次呈现出了空前的大发展、大繁荣局面，又一次在全国撂红。

对大牲畜交易的查漏补税

农村实行生产责任制以后，原来由集体统一饲养的大牲畜全部分给了社员喂养，全县农村便出现了"户户都有大牲畜，人人都是饲养员"的牲畜繁养模式。这个变由集体群养为农户自养的方式，完全不同于60年代大牲畜的集体繁养模式，它的最大优势是充分调动了农村社员饲养大牲畜的积极性和创造性，使全县以牛驴为主的大牲畜存栏数迅猛增长。

当时农村群众繁养大牲畜的目的，一是用于责任田的耕种使役，二是通过养壮育肥和繁殖幼畜来增加经济收入。由于责任制以后各家各户的责任田数量都不是太多，一般每户只要饲养一头大牲畜就可满足农田使役，因此群众大多数都希望饲养一头母畜（牛、驴、马）来达到农田使役和繁殖幼畜、增加收入的双重目的。

大牲畜的迅猛发展必然带来牲畜交易市场的大繁荣。当时的大牲畜交易主要是集会交易和平时私下交易两种。按照国家税收法规规定，只要有大牲畜买卖交易就必须照章纳税。该税收是按交易成交额的百分比缴税，纳税对象是买方。

岁月回眸

当时群众纳税意识还很淡薄，大牲畜交易市场管理也不规范，因此在交易过程中存在着严重的偷税漏税行为。1983年下半年，万荣县人民政府专门发布通告，要求查补在大牲畜交易过程中的偷税漏税行为。

自通告发出一个月时间内，全县的县乡村组干部群众积极配合税务机关，先后共追查偷税漏税的大牲畜五千余头，追收税款二十多万元（当时的大牲畜交易成交额一般在数百元，超过千元者为数不多）。据不完全统计，当时万荣县的大黄牛存栏数已超过5万余头，加上驴、骡、马，全县大牲畜存栏数超过了10万头。

在总结查补大牲畜交易偷漏税的总结会议上，当时分管财贸的副县长杨泽川在讲话中说，查补大牲畜交易偷漏税工作涉及了各个公社的家家户户，这不仅仅是收一些税款的问题，更重要的是对全县广大群众进行了一次行之有效的自觉纳税教育。

遍布全县的牲畜交易市场

为适应大牲畜频繁交易的实际需要，当时全县十七个乡镇的所在地都在集会上设有牲畜交易市场（高村乡的集会在阎景村），这些市场除了满足本县的大牲畜交易需要外，甚至还有周边稷山、河津、临猗、闻喜等县市的大牲畜也都进入交易市场。全县最为繁荣的牲畜交易市场主要有解店、荣河、通化、三文、王显等。

当时牲畜交易市场是由工商部门和税务部门共同管理的。由工商和税务部门组成专门力量，并在全县范围内挑选和确定市场的交易人员，即

膘肥体壮的户养大黄牛

群众平时说的"牲口贩子"，工商和税务部门则简称他们为"牲交员"。

集市上的牲畜交易员分为"明"、"黑"两类。"明"交易员都持有工商或税务部门的有关票据

1992 年的全县大黄牛评膘挂彩大会现场

（包括税务部门的完税证），他们由工商或税务部门统一管理使用，按照有关规定，付给其一定比例的劳务收入。"黑"交易员则不持有相关票证，从事较为隐蔽的牲畜交易中介，挣取中介费。但无论哪类交易员都一起活跃在牲畜交易市场。他们一般都是"懂行"的人，不仅能摸清每头大牲畜的口齿、毛色、使役状况等，而且能根据市场行情准确估摸出每头牲畜的即时交易价格。因此，这些交易员在牲畜交易市场上实际扮演着买卖双方的"说话人"、"中间人"角色，是交易过程中的经纪人。他们往往会在成交过程中得到买卖双方数量不等的好处，称为"明侃"。更有甚者，一些交易员会在买卖双方不碰面、难以知晓实际成交额的情况下"拐钱"、"收黑钱"。有时还会相互合谋来偷逃工商管理费和税收，造成交易过程中的偷逃税费现象。

县城解店镇的牲畜交易市场起先在如今的万荣中学门前，后转到了今解店镇政府门前大路西边的空地上。当时的该市场上还有一片杨柳等杂树，地势比大路还低一米左右，牲口进入市场时很不方便。

1985 年，工商部门经过协商考察后，在原县城北街通往稷山县的大路右侧，建起了数十亩大的牲畜交易市场。市场内设有交易办公室，在场院内安置了石头桩，各桩之间又用铁链条进行了链接，以方便进入市场的交易人拴牲口使用。那些年，活跃在牲畜交易市场的牲交员有陈庆林、杜润泗、董文魁等。

生意兴隆的县城骡马大店

全县的大牲畜"养殖热"促进了农业生产，为农田耕作提供了足够的畜力和有机农家肥料。当时全县所有农户几乎都购置有犁、耧、耙等与畜力相配套的各种农具，不少家庭还配备了畜力单套胶轮车。这种畜力车设置有上下坡所使用的刹车装置（刹车轮系铁质圆锅状，故当时被统称为"带锅车"），是当时农家拉运庄稼和交通载运的主要工具。

牲畜的大量繁养（县城的黄牛及驴马配种站也生意红火）为市场也提供了丰富的肉牛资源。全县的大牲畜肉牛（含驴、马、骡）不仅占据了国内的部分市场，同时还打入了国际市场。1983年秋，日本国际肉牛贸易考察团来万荣考察，对万荣大黄牛给予了很高的评价。除山西省外，广东、广西、河北、甘肃等省市也经常有客商来万荣购买大黄牛及其他牲畜。在这种情况下，全县的骡马大店便应运而生了。

当时的县城骡马大店位于今县城西汽车站对面的大路南边，是北薛朝村木匠出身的农民贾顺禄（小名喜喜）创办的。该骡马大店主要为外地客商提供牲畜的饲养、办理检疫、托运（联系上火车站的短途运输汽车）等项服务。大店内安排了十多名工作人员，经常忙得团团转。同时，全县的餐饮、住宿、运输、电信（当时还没有移动电话，主要使用长途电话业务）和劳动力市场都格外繁荣。

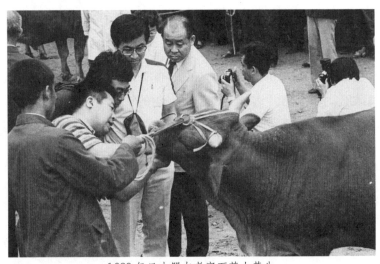

1983年日本朋友考察万荣大黄牛

自 90 年代起，农村的农业机械化程度逐步提高，全县的户养大牲畜模式也随之逐步退热。如今，农村已很少看到大牲畜和畜力车的影子了，取而代之的是各种农业机械化工具。

立木

岁月回眸

三十多年的"饲养员"经历

"饲养员"这个称呼对现在的青年人来说已经很陌生了，但是从20世纪60年代起，我先后当了30多年的饲养员。

1967年的农村还是集体生产劳动时期，社员们每天三晌下地劳动，按出工多少计工分，碰上天阴下雨不能出工就没有工分。但是给生产队当饲养员喂牲口相对来说就比较好了，时间可以自行安排，天阴下雨也不怕耽误工分。因此那年秋天，我很愉快的就接受了生产队让我当饲养员的安排。当时对饲养员的要求很严格，除了县乡都有专职畜牧干部外，生产大队和小队里也都有畜牧干部，专门负责对饲养员的教育管理和对大牲畜的评比等工作。

那时候对饲养员的要求和口号是："精心饲养"、"爱畜如子"。我喂养的几头牲口，牛驴骡马样样都有。其中有的是生产队的重点使役牲口，有的则除了使役外还要承担繁殖幼畜的任务。在为集体当饲养员的十多年里，我喂养的一头母马先后为集体繁殖了骡子四头。当时牲口可以说是生产队的半分家当，哪个生产队的牲畜繁殖快、饲养质量高，不仅能够很好地承担队里的生产劳动，还能够为集体多积粪，增加收入。1978年的秋季，我饲养的一头母马在产下骡驹后，由于母马缺奶，我便及时向生产队建议买回了一头奶羊，每天用羊奶喂骡驹，这一时被传为佳话。当时上级对每个生产队的牲口还都实施了防疫、防病等措施。同时为我们树立了临猗县的模范饲养员王传河做榜样（戏剧、电影《一颗红心》中的模范饲养员许老三的原型），教育我们要为集体的事业全心全意当好饲养员。

80 年代初，农村实行生产责任制以后，我还先后在家里喂过好几头牲口，牛驴骡马换了个遍。直到 1997 年冬天，农业生产劳动中的大部分农活基本上都由机械化代替了畜力，我才卖掉了自家槽上的牲口。

给集体和个人喂牲口三十多年，这几乎占了我 60 多年人生经历的一半，给我的人生留下了许多挥之不去的美好回忆。

王国栋

岁月回眸

当年家养黄牛的回忆

　　20 世纪 80 年代实行生产责任制时，我家共有六口人，丈夫在外工作，我和四个孩子分得了二十多亩责任田，同时也分得了队里的一头弱小黄牛及简单的农具。按过去的说法："三十亩地一头牛，老婆孩子热炕头"，这在当时是的确不错了。

　　农业集体化时，我虽然也经常下地参加劳动，但那是一窝蜂式的"人家干啥我干啥"。现在地分到了自家手里却突然觉得有点儿手忙脚乱了，无奈只得与他人合伙耕种。虽然丈夫也抽空回来帮我耕种收管，但他毕竟有自己的事干，几个孩子还上学也帮不上忙。于是，为了不拖累合伙者，我觉得必须有自己独犁独耙的牲口，这才是种好责任田必不可少的最好帮手。因此，我卖掉了队里原来分得的小黄牛，先后买回了较大的两头母黄牛，它们既能独犁也能合耙，还能驾车拉运庄稼，耕作运输也都很方便。当时户养牲畜能做到既耕作得力，又能繁殖幼畜，增加家庭收入，应该是最理想不过的事情了。

　　由于我对牲口的精心喂养，十来年间这两头母牛共为我家繁育出售了小牛犊 10 余头，其中卖出的一头小犍牛还被留作了种牛，给家庭增加了一笔可观的经济收入。20 世纪 80 年代，我家养的一头大母黄牛还被乡里选拔参加了县上的组织的黄牛大赛，并获得了优秀奖，牛披红，人戴花，在县城大街上予以了展示，引得了围观群众的啧啧称赞，这是我有生以来从未经历过的一件大喜事。

　　回想我饲养黄牛的十多年经历，其中有苦、有甜、有乐，让我终生难忘。

王俊清

县城曾经的寄卖所

1971 年上半年，当时农村实行集体化，社员群众常年参加集体生产劳动（以出工多少计工分，年终依生产队的全年总收入计社员报酬，称为"分红"），很少有机会出门赶集。有的家庭有尚能使用的旧货需要出手，有的家庭则因经济条件等原因，需要购置一些二手旧货。根据这一情况，县上有关领导经过考察后决定，由县商业局具体筹划，在县城原北街食堂（国营饭店，当时县城只有南街、北街两处国营饭店）对面楼下腾出三间门面办起了寄卖所（当时正式称"信托所"，群众普遍叫寄卖所，久而久之就都叫成了寄卖所）。当时寄卖所只有两名从业人员，杨子明为技术顾问，贾元杰为寄卖所负责人，两人又同时都是业务员，做具体业务工作。

寄卖所开业之初，主管单位商业局为寄卖工作定下的经营宗旨是：搞活市场流通，方便人民群众，促进互通有无，变"死宝"为"活宝"。寄卖所以薄利促销为原则，以成交额为基数抽取一定手续费，但须把群众利益放在第一位，全心全意为人民服务。

当时寄卖所经营的主要项目有：衣服穿戴、鞋帽面料、手工纺织棉布、绸缎、皮毛、日用家具等；自行车、缝纫机、小平车、滚珠轴承、卡尺等生产生活用具；各式各样进口和国产钟表，平光、近视、深浅茶镜等，其中主要以手表交易最居多。

由于寄卖业务开展活跃，在市场上很快引起了广泛关注。有许多地方都与县寄卖所建立了业务关系，其中北京首饰公司还曾经委托我县寄卖所收购民间工艺品，主要有古玩、银器、瓷器、铜器、漆器、竹木雕刻、字画、绣花、象牙、钟表等。为了更好地把握收购对象的质量和真伪，在开始收购前，北京方面还安排贾元杰赴京参加了培训，学习相关业务。

旧挂钟、手表、收音机等都是寄卖所的主营品

1977 年年底，随着国内农贸市场的逐步开放，县寄卖所营销业务也开始走下坡路，后来几乎到了入不敷出的地步，主管单位遂决定停办寄卖所。所址重归原单位，杨子明办了退休手续，贾元杰调到了县外贸公司工作。这样，在县城存在了七年之久、为人民群众旧货买卖提供了诸多方便的万荣县寄卖所，便逐渐淡出了人们的视线和记忆。

贾元杰

全县最早的国营企业——荣河棉加厂

　　1947 年，荣河县新中国成立后，广大农村呈现出了一派生机勃勃的景象，群众的生产积极性空前高涨。当时，全县的棉花播种面积一年比一年大幅度增加，到新中国成立的 1949 年秋，连黄河岸边的河滩地也都绝大部分播种上了棉花。

　　但由于受劳动生产条件限制，当时把采收回的籽棉经晒干、拣净杂质，再进行加工脱绒时，仍然使用传统的脚踩、手摇式旧轧花机，这样每个人辛苦劳动一天只能加工 20 多斤皮棉。而且每个村也只仅有几台旧式轧花机，即使一冬天不停不歇，也加工不完全村的籽棉。而当时全国大部分地区虽然刚刚获得解放，但仍有不少地区解放战争还在继续，无论从哪方面考虑，棉花都是当时最重要的战略物资之一。为了支援全国发展形势，荣河县当时生产的皮棉都是用牛力车送往临汾火车站后再发往全国各地。每辆牛车跑一趟临汾需要大约半个月的时间，因此来回往返时都必须带足干粮和畜力的草料。有时一路上没有旅店可以休息，大家就只好在野地里露宿，给人力、畜力都带来了沉重的负担。建设一座高效率的棉花加工厂已是迫在眉睫。

　　1949 年冬季的全国经济工作会议上，山西的参会代表从会议上得到一条信息：河南安阳地区有一座于日本侵占时建造的旧轧花厂。不幸的是由于战争原因，当时的机器设备大部分已被炸毁、炸坏。近几年由于河南地区连年棉花减产，该轧花厂的机器已经长期无人修复。河南有关方面表示，愿意无偿提供旧机器，但附加条件是要同时安排他们原来的工人（包括家属）就业。

当时，新成立的山西工业厅根据形势需要，决定在晋南地区同时建立 5 个棉花加工厂，其中一个就定在荣河县。同时明确指出，新建的荣河棉花加工厂，加工范围包括荣河、万泉、临晋等县。为了方便群众就近卖花，上级还决定在万泉县的薛店村、荣河县的孙吉镇，同时设立棉花籽棉收购站。

1950 年 1 月，经过与河南方面协商，荣河棉花加工厂破土动工。厂址就设在原荣河县的西北角，占地面积 50 多亩。上级同时分配给荣河加工厂的主要设备有：25 马力煤气机 2 台，10kw 发电机一台，车床一台，工人 50 多名，其中包括技术员和车间工人。他们中大多数为河南方面原来的工人，另外还有新绛火柴厂、平遥火柴厂的少量工人。每到棉花加工的旺季，厂里同时还要使用当地的季节性临时工 300 多人。当时的第一任厂长刘力（临晋人，原在兵工厂工作）还决定在当地招收部分青年人作为学徒工，以培养厂里的技术后备力量。

1951 年荣河棉加厂建成投产后，每年可加工籽棉 1000 多万斤。这不仅很快缓解了当地棉花加工难的问题，而且有力支援了国民经济和国防建设。从 1953 年至 1958 年，厂里的机器设备不断得到更新改造，尤其是在榆次晋华纺织厂技术工人的帮助下，生产效益不断提高。1960 年初，再经过榆次经纬纺织厂的帮助，荣河棉加厂又建起了脱绒车间，并把原来的旧式轧花机改成了锯齿轧花机，生产效益再次得到大幅度提高，并在全省范围内率先实现了轧花、脱绒、打包和轧油一条龙式的自动化生产线。当时厂里规定：不脱绒不准轧油，因为棉绒是宝贵的出口产品，荣河棉加厂每年都要出口数十吨棉绒，是我县有史以来最早的工业出口产品。

防火、防灾是当时全厂工作的第一要务。建厂之初，厂里就严格规定，厂区内不仅严禁烟火，而且进入厂区的所有人员一律不准携带火种。当时在设计上就让办公生活区和生产区分隔在了马路两边。

1960 年冬季，原山西省省长卫恒在晋南地委书记赵雨亭的陪同下，视察了荣河棉花加工厂的一条龙生产线。之后，为了进一步适应当地棉花生产加工的需要，自 1960 年起，上级还相继在汉薛、城关、裴庄、贾村、孙吉（厂址在程村）等地建立了多个棉花加工厂，至此，全县已有了包括荣河在内的 7 个棉花加工厂。

荣河棉加厂在 30 年的风雨历程中，主管单位和厂名先后经过了多次变动。1949 年至 1952 年归属省工业厅领导，厂名为晋南专区荣河棉花加工厂；1953 年归属运城企业公司管理；1954 年又归为晋南工业区管理，厂名未变；到 1957 年，随着全省各地棉花加工厂下放到县级政府管理的原则，荣河棉加厂归属到了万荣县工业科管理，直接领导为县工业科科长王振芳，厂名为荣河棉花加工厂，群众仍习惯称之为"棉加厂"。

20 世纪 80 年代起，随着棉花种植面积的逐年减少，全县的多个棉花加工厂开始出现了"吃不饱"的现象，迫使一些棉花加工厂陆续停产，直到后来的先后关闭停产。原来的从业人员也分别流动到了其他厂矿机关，全县最早的国营企业—荣河棉花加工厂，便逐步失去了往日的荣耀和辉煌，原厂址也逐步被移做了它用。

尉培荣

卫恒省长在荣河棉花加工厂

新中国成立之初建起的荣河棉花加工厂，经过十多年的发展和技术改造，到1960年初，在全省率先实现了从轧花、脱绒、打包至轧油(棉籽油)"一条龙"式的自动化生产，生产效益比原来提高了十倍还多，引起了同行业和各级领导的关注和重视。

1960年10月的一天早晨，时任山西省委副书记、省长的卫恒，在事先没有给基层打招呼的情况下，就由当时的晋南地委书记赵雨亭陪同，轻车简从、风尘仆仆地直接来到了万荣县的荣河棉花加工厂。一进厂区，卫省长一行就从轧花车间到脱绒车间，再到打包车间，最后至轧油车间，一边仔细察看每个环节的生产流程，一边详细听取了厂负责人和技术员的介绍，并不时插话询问了各个车间的具体生产情况。当时的荣河公社负责人闻讯后，急忙第一时间打电话向县领导做了报告。

县领导一听到卫省长来到了万荣县，一时感到十分惊喜和着急。当时县委、县政府都还没有专用机动车辆，只好决定让县领导中较年轻的县委书记处书记阎广洪和县工业部部长王兆云一起，骑着自行车火速赶往荣河公社。阎广洪、王兆云二人一路飞快地骑着自行车，在到达荣河后，卫恒省长还在车间里正兴致勃勃地与工人们亲切交谈，仔细询问着来自河南安阳和榆次晋华纺织厂等地工人们的工作和生活情况。

时间当时已到了中午11时许，县上和公社领导便提出，让卫省长在荣河吃午饭。卫省长欣然答应，但却又明确指出，午饭就安排在棉花加工厂的职工食堂里。当听说当地干部已安排人到街上去买羊肉了，准备做羊肉泡馍和羊肉饺子时，卫省长当即严肃地说：现在正是困难时期，毛主席还每天带头不吃肉哩，咱们中午就吃一顿"和子饭"吧！

卫省长明确安排的"和子饭"使在场的人们都不清楚是什么饭，更不知如何做。当时的荣河公社书记李胜昌提醒大家说，赶快去问问炊事员吧！炊事员薛升臣（万泉村人）听说卫省长安排的是"和子饭"，就当即安排大家赶快洗净南瓜、土豆、红薯、萝卜，自己则用凉水泡上了一些杂豆，然后开始和面做饭。直到"和子饭"做好后，大家这才明白，原来"和子饭"就是在先炒熟了各种瓜菜后，再下入少量的面条煮熟即可，人们又称其为"连锅饭"。

中午吃饭时，卫省长坚持要等工人们下班洗了手脸，再一个个盛上"和子饭"后，才与大家一起吃饭。饭后他还连声称赞说：今天这顿饭吃好啦。当听说炊事员薛升臣原先在太原附近和克难坡工作过，所以才会做"和子饭"时，卫省长叮咛在场的干部群众说：现在正值困难时期，粮食短缺。但困难是暂时的，大家都要多向群众宣传，多用瓜菜替代粮食，我们一定会渡过难关的。

卫恒省长轻车简从视察荣河棉加工厂，给全县广大干部群众留下了深刻的印象。特别是在接下来的 1961 年和 1962 年困难时期，全县广大群众即用上了"（粮食）低标准，瓜菜代"方法，帮助大家渡过了粮食严重短缺的困难时期。

尉培荣

岁月回眸

223

在荣河花厂当季节工的回忆

20 世纪 70 年代，农村还是集体生产劳动时期，社员们除了下雨天常年都在地里忙活。对于那些机关干部和工厂的工人，大家都很是羡慕，说他们都有上下班和星期天时间，农民和他们的差距太大了。

粉碎"四人帮"后的 1977 年，全国工农业生产呈现出了一派欣欣向荣的景象。也就是在那一年秋季，我也有了一次当工人的机会，就是到荣河轧花厂去做工。不过，那可是季节性用工。所谓季节性用工，是指花厂从每年秋季到来年春季的生产旺季（也是农村的农闲季节），要从农村里招用一些工人到花厂去做工。这些工人虽说是季节性的，但也是经县上有关部门批准的，严格控制着用工数量，坚决不准超标准招收。

记得那年荣河花厂共招收了季节性用工 100 多人，我被分配在花厂的清查车间。我们车间共有 10 来个人，实行白天晚上两班倒，人歇机不停。清查车间的主要任务就是把其他各个车间生产时抛洒的杂质（内含棉花）再进行一次"清查"。具体来说就是把集中起来的杂质（物），用木锨一锨一锨的搭到机器的漏斗里，让它们在机器的高速运转过程中，把土质和其他杂物清除出去，然后清理出少许的短绒棉花。

清理出的短绒花需要再送到打包车间打包。听厂里的老工人介绍说，建厂初期还没有清查的机器设备，各个车间的抛洒杂物只好作为废物倒掉，浪费现象比较严重。自从有了清查机器，厂里从以前的垃圾中又找回了数量可观的棉花，这给国家挽回了不少损失。

当时到花厂做季节工的都是一些邻村的妇女姐妹，年龄小的只有十几岁，大的也就二三十岁。大家在工作中密切配合，生活上互相照应，相互之间关系都很融洽。时间长了大家才知道，厂里的老工人多数都是河南安阳一带人，本地人并不多。每年来厂里做季节工的，除了当地的荣河、王显、光华、宝鼎各公社的妇女们，还有榆次晋华纺织厂的100多名工人，说明荣河花厂当时的生产任务是相当大的。

　　从1977年起，我在荣河花厂连续做了五年季节性工人，每天有一元二角钱的工资（厂里执行计时工资，每上一天班一元二角钱）。名义上，我们则一直被厂里和社会上称为"合同工"、"临时工"、"协议工"（季节工也签协议书）。

1989年，万荣建成国药厂

山西华康药业如今已成为万荣县的龙头企业，企业采用现代化科学技术生产的6个剂型9大系列160多种中成药，畅销全国25个省市与地区。然而今日的辉煌却源于25年前兴建的万荣国药厂。

1978年，改革开放给国家和人民的命运带来了巨大转折。我县里望乡北阳村卫生所医生董子清等人，为了解决农村合作医疗缺医少药看病难的问题，靠党的好政策和仅有的200多元资金，采取采、种、制相结合的办法，办起了小型中药加工厂。后来，村上为企业规划了场地，新建了闻名全省的村办企业——山西万荣中药厂。全厂干部职工顽强拼搏、艰苦创业，严格质量管理。到1988年，其生产的大山楂丸、人参健脾丸等17种中成药销售全国14个省市，企业的产销形势十分喜人。

"中药生产是工业强县的好项目！老董在县上应再办一个厂"。1989年初，时任县委书记的李文渊果断决策，县委

李文渊（右一）与厂长董子清（左一）
陪同省领导在万荣国药厂调研

县政府会议很快拍板定案。然而，北阳村的干部群众有意见，他们怕在县上办厂后影响了村办药厂的发展和销路，董子清当时也有为难情绪。

"这是一件大好事，县上办厂在资金、交通和电力等方面的优势要比村里大得多。万荣中药生产规模大了、形成气候，北阳村老厂的产品销路和效益会更好"，李文渊上门做通了董子清和村里干部群众的思想工作。尔后他又亲自出面，要求各有关部门一路绿灯，确保项目一个月上马。厂长董子清审时度势、开拓进取，带领一班人昼夜苦干、抢抓机遇，促使新厂大楼当年拔地而起。工程竣工后，原在村中药厂的一批精兵强将开往县城，按照 GMP 标准创建了设备一流的万荣国药厂。1999 年，企业领导进一步解放思想，科学发展，将原万荣国药厂改制为山西华康药业股份有限公司。改革开放 30 多年来，"华康"由最初的十几个人发展到现在的 800 多名职工，年产值也由原来的几万元增加到如今的 2 亿多元，年利税达 2000 多万元，驶入了转型跨越发展的快车道。

李克荣

蒲剧《彩楼记》摞红的前前后后

　　万泉、荣河两县于 1954 年合并为万荣县后，到 1960 年，原万泉县青年蒲剧团与荣河县人民剧团也合并为万荣县蒲剧团，从此，两团的艺术精英集中到了一个剧团，创作表演阵容更加雄厚壮大。在这样的情况下，县领导和广大观众对剧团提出了"更上一层楼"的要求，蒲剧《彩楼记》就是在这种形势下创编、演出和摞红的。

　　《彩楼记》是根据传统折子戏《坐窑》和《破窑记》为版本进行创作和改编的。参与具体改编工作的有孙天民、孙思义（义夫）、孙斌安。在剧本创作改编过程中，当时还借鉴了川剧《评雪辨踪》等其它剧种的精华部分。时任万荣县委书记处书记的阎广洪同志也曾几次亲自审阅。剧本定稿后，排练时由王万华担任导演，畅明生担任音乐和唱腔设计。剧中主要人物吕蒙正由解珍田饰演，刘翠萍由丁桂兰饰演，宰相由程永奎饰演，鼓师由解水田担任，琴师（板胡）为周天玉。解水田的鼓板声音清脆、明快，刚柔并济，节奏感和引领感极强，为全团的成功演出起到了举足轻重的作用。

　　在当时县委领导的关心过问下，由时任县委宣传部部长兼编剧孙天民、文化局局长杨文池、蒲剧团团长王天一等亲自坐镇指挥，经过前后四十多天的认真紧张排练，在全团演职人员的共同努力下，《彩楼记》一剧的排练终于大获成功，让剧团的演出水平跃上了一个更高的台阶，达到了一个全新的层次。当时每演一场，观众都是场场爆满，掌声喝彩声接连不断。1961 年 5 月，《彩楼记》赴临汾市参加了当时的晋南地区戏剧汇报演出，并获得了各方面的一致好评。同时，专署还决定由万荣县蒲剧团代表全区县级剧团用《彩楼记》一剧到省城太原进行汇报演出。

1961 年 9 月，在《彩楼记》一剧赴并汇演前，剧团又请孙天民、王化京、马天文等人和晋南地区剧协副主任韩刚，从情节到台词、从音乐到舞美进行了再次修饰和推敲。赴省时，由时任县委书记处书记阎广洪亲自担任汇演团团长，县委宣传部部长孙天民和文化局局长杨文池为汇演团副团长。《彩楼记》在省城一经演出，立即引起了轰动，征服了观众。当年汇演结束后，应省城广大观

《彩楼记》剧照
丁桂兰饰刘翠萍，解珍田饰吕蒙正

众的强烈要求，万荣县蒲剧团每天晚上演出的都是《彩楼记》，在太原转换了十多个剧场，前后共演出了 50 多场次，每场都是观众如潮，一度出现了一票难求的局面。省城甚至有不少铁杆戏迷像剧团演职员工一样，跟着万荣县蒲剧团来回赶场，先后看了十多场还不过瘾。有时还为了满足广大戏迷的要求，剧场不得不临时安排一部分站票。

一个县级剧团，演出的又是小剧种蒲剧，但为何能够在省城太原一炮走红？其主要原因是剧本好，广大观众都说它既是喜剧，又是诗剧。说喜剧，是因为剧情发展到后来，剧中人物吕蒙正高中了状元，吕蒙正之妻刘翠萍也当然苦尽甘来；说诗剧，是因为剧中有许多吟诗诵联的对句，而这些诗联对句又是那样的恰到好处，给观众一种文学艺术的享受，让观众在欣赏戏剧表演的过程中，很自然的同时享受到了艺术的魅力。演职员工阵容整齐，表演到位，也具备了征服观众的许多舞台艺术技巧。如饰演吕蒙正的演员解珍田的帽子功，深得蒲剧

老前辈贾悦发的真传，让一些资深观众从解珍田的表演中又看到了当年贾悦发的身影。

《彩楼记》又可以说是一本秀才戏，剧中主人公吕蒙正满腹经纶，相府小姐刘翠萍酷爱诗赋，刘宰相让爱女在彩楼用出句对诗的形式选择乘龙快婿。但刘翠萍在选中了博学多才又清贫如洗的吕蒙正后，却遭到了宰相父亲的绝情反对，从而展开了贫而有志与富而不仁之间的戏剧冲突。全剧脉络清晰，风趣丛生，特别是台词对句中的雅俗共赏，一场场、一幕幕的把观众引入了如诗如画、如痴如梦的地步和意境。特别值得指出的是，在《彩楼记》这出戏里，剧中的几个主要人物都能在不同的场合和不同的环境中出口成章，出联对句。他们时而咏物抒情，时而以古喻今，但剧中的诗联对句都不会让观众感到深奥费解，而给人以雅俗共赏、明晓畅通的感觉。如吕蒙正夫妇化解了一场误会，夫妻二人联句念道："莫道长和短"、"当辨是与非"；"满天云雾散"、"一对'恼'夫妻"，吕蒙正听了赶紧纠正道，是"好夫妻"，不是"恼夫妻"。这些诗化了的舞台语言，充满了诙谐幽默、风趣逗乐的气氛，让观众在欢快的场景中得到了美好艺术的高层次享受。

当年在太原演出时，省城各家报纸都对万荣蒲剧团《彩楼记》的成功演出进行了接二连三的宣传和报道。尤其是当年十月份的《山西日报》，连续以《雅俗共赏之妙》、《借花献佛》、《浅谈蒲剧"彩楼记"的台词艺术》等题目，对《彩楼记》的演出进行了系列报道，在省内外观众中引起了强烈的共鸣和轰动效应。

从省城太原载誉归来后，万荣蒲剧团又带着《彩楼记》在秦晋两

《彩楼记》剧照
薛水泉饰唐七（右），王正斌饰唐八（左）

省之间巡回演出，在甘肃、宁夏、内蒙古、河南等省大部分地区也进行了演出，并得到了广大观众的认可和赞扬，成为万荣蒲剧团多年来的看家剧目。再后来，随着时间的不断推移，万荣县蒲剧团的演职员工换了一茬又一茬，但《彩楼记》一剧仍然是剧团的压箱本戏，以至于在广大观众中很长一段时间都流传着这样一句口头禅：

万荣剧团没啥戏，

过来过去《彩楼记》。

尉培荣

岁月回眸

《彩楼记》当年赴省汇演的点点滴滴

如果不是经熟人介绍，我们还真不敢相信，与大家一起坐在沙发上的这位古稀老人，就是当年万荣蒲剧团代表晋南地区赴省城太原汇报演出时，《彩楼记》剧中那位扮演吕蒙正的当红小生演员解珍田。

话题很快引入了当年的赴省城汇报演出中，时光虽然流逝了将近半个世纪，但对当年在太原演出时的场景，解珍田至今仍然记忆犹新。他说，1961 年太原汇演结束后，省城各大剧院几乎都与万荣剧团签订了演出合同，结果在太原演出的两个月时间内，仅《彩楼记》就演了 51 场。最让他难忘的是，我县剧团还为《山西日报》社、省老干部疗养院进行了没有舞台的专场演出。当时说是山西日报社的专场，可前来看戏的观众包括了省城各大媒体的记者和文化界人士。面对这些文化界的精英们，演职员工难免有些紧张。当时汇演团团长阎广洪（时任万荣县委书记处书记）在开演前便操着浓重的平遥口音给大家说："千万不要紧张，以前怎么演，现在就怎么演。人家都是来看戏的，绝不是来给咱挑刺的"。

解珍田老人继续回忆说，在省城晋祠老干部疗养院进行专场演出时，别说是正规舞台，就连临时舞台都没有，演员们就在室内就地演出。那些不知多高级别的老干部由省里的领导陪同观看演出，别看他们平时在公共场合都是那么严肃，可他们看戏时却是那么的投入和痴迷。有的一边看一边嘴里还跟着演员们说和唱，有的双手在沙发扶手上跟着鼓板的节奏有滋有味地敲打着节拍。

至于《彩楼记》剧本的创作，解珍田继续如数家珍地说，剧本是在不知经过多少了次修改后才定稿和排练的。可就在赴省汇演前的最后一次排练中，编剧之一的孙思义（笔名义夫）根据剧情需要，又在第四场《祭灶》一折中，临时为吕蒙正增加了"花落枝不败，人穷排场在"的道白，经过他现场演示后，所有在场的人都为之击节叫好。也就是这句台词，对于刻画吕蒙正的舞台艺术形象增色不少。"可见，任何一个剧本从搬上舞台到成功演出，都是要经过千锤百炼的"。解珍田老人感慨地这样说。

《彩楼记》的成功演出如今已是半个世纪前的事了，这位当年20多岁的英俊小生、蒲剧界名伶贾悦发的得意门生，如今虽说已跨过了70岁的门槛，但老人的举手投足、一颦一笑，仍然留下了不少当年舞台上吕蒙正雄姿英发的岁月印痕。

立木

岁月回眸

毛主席批示万荣注音扫盲经验

作为开国领袖的毛泽东主席，一向不仅注重自己的学习，而且还非常重视对广大群众文化知识的普及。

毛泽东早年于湖南长沙第一师范学校就读期间就曾办过工人夜校。1925 年初，在回家乡韶山时，他又通过杨开慧、李耿侯等人再次创办了夜校，对农民进行思想启蒙教育，使夜校的成员大多成了农民协会的骨干。

在中央红军到达陕北后，当时陕甘宁边区政府也开展了"扫除文盲三万"活动，毛泽东对这项活动非常重视，并于 1939 年 4 月曾应邀为该活动题词：为消灭文盲而斗争！

新中国成立后，毛泽东和党中央除了重视经济建设外，仍然非常关注群众的扫除文盲工作，并把它作为一件大事来抓。1957 年 10 月，中共中央公布的《一九五六年到一九六七年全国农业发展纲要》中，再次把扫除文盲工作写了进去。从此，一个以实现《农业发展纲要》为目标的群众性扫盲活动得到了更加迅猛和广泛的开展。在这方面，山西省万荣县取得了卓越成绩，并引起了毛泽东同志的高度关注。

自 1950 年以后的十年间，万荣县就一贯重视扫盲工作，全县上下拧成一股劲，大力推广了"祁建华速成识字法"。1958 年在中央文字改革委员会的支持下，根据国务院颁布的《汉语拼音方案》，中共万荣县委决定通过重点实验，在全县推行《汉语拼音方案》，采取注音识字的办法高速度、高效率地开展扫除文盲和业余教育活动，并随即在全县范围内掀起了"万民教，全民学"的注音识字扫盲高潮。

面对当时师资短缺的问题，县委采用大搞群众运动、大走群众路线的方针，采取了滚雪球的工作办法。县社分工负责，层层培训骨干，社社成立传授站，区区设立教研组，小学教师包教群众，学生包教扫盲学员，积极分子当小先生，专职教师和业余教师相结合，边教边学，边学边教，形成了人人是先生、人人是学生的生动活泼学习局面。"亲教亲，邻教邻，子女包教父母亲，爷爷不懂问孙孙"的事例比比皆是。经过 10 个月努力，全县共扫除青壮年文盲 2. 3 万人。1959 年 12 月底，万荣县提前实现了青壮年无盲县。所谓"注音识字好办法，一树开下两朵花，一朵摘掉文盲帽，一朵学会普通话。"正是对万荣县创造的注音识字扫盲经验的生动描述。群众高兴地说："拼音字母是钥匙，它给汉字当老师，钥匙好比开心镜，所有文盲都扫尽。"

自 1960 年 3 月起，文化部副部长钱俊瑞、共青团中央第一书记胡耀邦、中央文字改革委员会主任吴玉章，中宣部副部长、国务院第二办公室主任张际春，卫生部副部长贺彪、外交部副部长伍修权、国务院副秘书长赵守等领导，都先后来到万荣县，实地指导了汉语拼音识字扫盲工作。

1960 年 6 月，参加全国文教群英会的万荣县 55 岁的脱盲女学员程淑欠，根据时任政协全国委员会文化教育参观团团长胡愈之的命题，当场作诗一首："芒种麦黄一片金，到处都是收金人。镰刀飞舞金光闪，好似江南砍竹林。"，得到了全场代表的喝彩。这件事也是对万荣拼音识字经验的极好证明。

万荣县的经验很快引起了中共山西省委的高度重视。省委抓住这个典型，认为万荣的经验是扫除文盲及巩固与扩大扫盲成果的好办法，是加快工农群众知识化的捷径，并在全省逐步推广开来。

1960 年 4 月 5 日，山西省委曾向中共中央和毛泽东主席呈递了《关于推广万荣县注音扫盲经验的报告》，中共中央在审阅了山西省委的这一《报告》后，立即批示向全党转发这一《报告》，并指出："山西省万荣县注音识字的经验，是我国文化革命中的一项很重要的创造，应当在全国迅速推广。"为配合中共中央的这一批示，《人民日报》还特地发表了题为《大力推广注音识字，争取提前扫除文盲》的社论。当中共中央将转发中共山西省委《报告》的指示稿送交毛泽东主席审定时，毛泽东主席于当年 4 月 20 日又为山西省委的《报告》重新拟写了标题《山西省委关于在全省推广万荣县注音扫盲经验，争取在 1960 年使山西成为无盲省向中央的报告》，同时在中共中央的批示稿上做了批示："少奇、小平、彭真同志阅后，尚昆用电报发去。"另外，他还在指示稿上加写了三句话：一、"另印发中央一级各部委、各党组。"二、"经过 1961 年一年的努力，争取比山西迟一年完成扫盲任务，是有可能的。"三、"本件及附件可登党刊。"

　　毛泽东主席对山西省万荣县注音扫盲经验的批示和肯定，给当时全国群众性扫盲运动指明了方向，有力地推动了这项工作的开展，极大地提高了群众学习文化的积极性，对群众科学文化素质的提高起到了积极促进作用。

张晓辉

毛主席接见过裴庄"海鸥"

　　1959 年，万荣县裴庄村海鸥女子锻炼队时任队长刘青莲和副队长刘淑玲，代表锻炼队分别出席了全国文教群英会和全国农业先进单位代表大会，受到了毛泽东、刘少奇、周恩来、朱德等党和国家领导人的亲切接见。当时，这则新闻成了万荣县乃至山西省及全国体育界具有轰动效应的一件大事。

　　乡村的一群姑娘们能有如此级别的政治待遇，源于她们是一支三年不间断坚持体育活动的农村女子锻炼队。1954 年，裴庄村高小毕业的刘青莲、刘淑玲和裴喜桂等 7 名女青年，在看到村里成立了男子篮球队后也走上了球场，带头进行体育锻炼。后来，在村党支部的支

当年出版的《海鸥女子锻炼队》（连环画）

持下，于 1956 年"三八"妇女节成立了"海鸥女子锻炼队"。当时队员仅有 18 名，第二年就发展到 35 人，并带动了更多的中青年妇女参加了体育锻炼。活动项目既有篮球、乒乓球、羽毛球，又有跳绳、拔河、踢毽子和骑自行车等。姑娘们在长期的生产和锻炼中，还摸索总结出了一套农村开展体育活动的规律和做法，即"农闲时多锻炼，农忙时少锻炼，劳动空闲抓时间，一年四季不间断"。据当时的统计，到 1958 年，全村共有 240 名妇女参加了体育锻炼队，占村里妇女总人数的 38%，队员中还涌现出了国家二级运动员 1 人，国家三级运动员 24 人。20 世纪 50 年代，"海鸥队"的代表还参加了第三届、第四届全国农民运动会，并在其他活动中获得 50 多项国家和省级奖励。

裴庄村的"海鸥"飞起来之后，1957 年 11 月，队长刘青莲还代表全队出席了山西省首届体育积极分子代表大会，受到时任省委书记陶鲁笳和国家体委副主任荣高棠的接见。1959 年 11 月至 1960 年 5 月，全国人大常委、政协全国委员会文化教育参观团团长胡愈之，副团长吕叔湘，中宣部副部长、国务院第二办公室主任张际春，共青团中央第一书记胡耀邦，卫生部部长李德全、国家体委沈积长等领导，都先后到裴庄村进行了视察。

到了 20 世纪 60 年代，裴庄"海鸥"就飞出山西，飞向了全国。1960 年，"海鸥"女子业余篮球队获得山西省农民运动会女子篮球赛冠军。1960 年 2 月 19 日，《中国青年报》以一个版的篇幅，发表了题为《农村体育锻炼的一面旗帜——海鸥队坚持五年锻炼全

海鸥篮球队在锻炼

社开花》的通讯，并配发了卫生部部长李德全撰写的《向海鸥队学习》的文章。同年，山西省农村体育工作现场会在万荣县召开，推广万荣县的群众体育工作经验。此后，农村群众体育运动迅速在全省兴起。

裴庄"海鸥"在全国传播最广泛的时间是 1974 年以后的几年。1974 年春，中央电影新闻制片厂专门派出了两位记者到来到万荣县，拍摄了一部《海鸥在飞翔》的纪录片。影片在庭院、在球场、在田间、在河滩，拍摄了"海鸥队"许多生动的活动场面。这部新闻纪录片拍得很成功，曾在全国多次上映。那时还没有电视，人民群众看新闻唯一的窗口就是每次放映故事片前演出的新闻纪录片，因此裴庄"海鸥"一下子飞向了全国各地。

裴庄"海鸥"影响了几代人。50 多年来，第一任队长刘青莲受到国家领导人的亲切接见，第 11 任队长李英成为 2008 年北京奥运圣火在运城市传递时的火炬手。几十年来，该锻炼队的队员换了一茬又一茬，但全村妇女一直保持着锻炼的爱好和习惯，甚至一些八九十岁的老太太也坚持活动，坚持体育锻炼的队员由组建时的二三十人发展到现在的 600 多人。最近几年，裴庄村还投资 50 多万元建起了 5 个文体活动，投资 10 万元建起了两个灯光篮球场，购置了健身器材，逢年过节经常组织体育比赛，促使全民健身活动开展得有声有色。

撰文、配图：李克荣

岁月回眸

60 年代末的县人武部对调

　　1965 年，我奉命从野战部队调到了山西省军区，次年 5 月又调入万荣县人武部。"文化大革命"中的 1969 年 5 月，上级一个紧急命令（当时只接到电话命令，并无红头文件）突然把万荣县人武部的全体干部调往到河北省保定市的容城县，此后，我便在那里一干就是十多年，直至 1984 年转业回到万荣。如今四十多年过去了，但当年对调的情况我仍然记忆犹新，永生难忘。

　　1966 年下半年"文化大革命"开始后，不久，一些群众组织先后成立，随之展开夺权、辩论、分裂，直到 1969 年上半年，各派群众之间的观点仍然严重对立，武斗不断升级，人民群众的生命财产遭受到了巨大损失。其原因虽然错综复杂，但不可否认，一些县、市武装部门与驻地野战部队之间认识上不够一致，在"支左"过程中不能正确对待两派群众组织，因此伤害了其中一部分的群众感情，这也是一个重要原因。各县市人武部对调就是在这一形势下所做出的决定。

　　万荣人武部那时除非军内编制的炊事员、打字员、武器仓库保管员外，共有现役干部 27 人。政委是刘广胜，部长是关全发，副政委是李俊平，副部长是杨金林。这些军人中除本县籍的 5 个人外，其余都是从武警和野战部队调来的，他们年富力强，人武工作业务熟练。

　　人武部调防时，当时上级要求八天以内连同随军家属必须一同起程，并由副政委、秘书、事务长等四人做好向容城县来的先头人员交接手续，然后迅速离开万荣。我当时担任秘书，记得在 5 月 26 日这天，容城县来了部长谷鹤、秘书刘三卫等四个人，我们双方仅用了一天多的时间，就认真细致地交接完了所有手续。

因为临汾、侯马群众当时正组织武斗，影响到了铁路交通，列车受阻，因此6月2日，我们四人在最后开离万荣时，是由专人护送乘坐了一辆大卡车，绕道运城至三门峡再转乘火车，于6月3日晚到达的石家庄，并与先期到达的干部、家属在河北省军区招待所会合。

抵达石家庄后我们才得知，那次对调主要是晋南军分区和保定军分区三分之二的市、县人武部对调。而这个对调是由北京军区领导直接做出决定，命令则分别是由山西和河北两个省军分区下达的，其目的正是为了解决军队在"支左"中的矛盾，扭转两地的混乱局面，使群众组织尽快实现大联合。

为了统一思想，提高认识，熟悉环境，尽快到达岗位投入工作，河北省军分区还举办了为期七天的学习班。之后开始宣布调令，其原则是容城人武部留一大半人员，其余的则分到保定地区其他县市人武部。万荣分到容城的是政委刘广胜、副部长杨金林、副政委李俊平、政工科长于本厚及几位参谋、干事共十三人，其他万荣的干部则分散到了河北省其他九个市、县的人武部。保定各县人武部另一半的空缺则由总参谋部、北京军区的工程、装甲、炮兵等部队抽调补齐。学习班结束前又详细介绍了保定地区形势、群众组织情况，特别是武斗屡禁不止的混乱局面，要求大家做好思想和精神准备。

分别的时刻到了，我们与昔日的战友依依告别，坐上了由三十八军护送的去容城的汽车。当时一进入保定地界就感到了一种紧张的气氛。六月正是农忙季节，但地里干活的人却很少，公路上人和车辆也不多，我们到容城的四十多里路沿途设有几道关卡，关卡的人也荷枪实弹对我们进行严格盘查，这段路我们整整走了一个多小时才到达目的地。

容城是一个只有十二万人口的小县，紧靠安新县的白洋淀。抗日战争时期，小兵张嘎的故事就发生在这里。同时离清苑县的冉庄也不太远，电影"地道战"的故事就发生在冉庄。受老一辈抗日英雄的影响，"文化大革命"中一些群众组织也把过去使用的地道战、游击战等战术都用到了群众之间的武斗上来。当时这里是各占地盘，各有据点，武斗不断升级，每天都有群众伤亡事件的报告。

形势紧迫，刻不容缓。就这样，在到达当地后，我们与友军很快便取得联系，制定了稳定大局的方案，夜以继日穿梭于各派组织之间开展协调工作。不久，中央发布了关于制止武斗实现群众组织联合的"7·23"公告。这样，停止武斗成了大势所趋，也是人心所向。两个多月后，在我们的努力下，各派终于实现了大联合，各级革命委员会成立，抓革命，促生产，一切渐渐步入正轨，我们与友军才正式撤出"三支"、"两军"，真正开始了人武部工作的本行。

在容城人武部工作期间，万荣去的同志与从各部队抽调的其他同志实现了工作上相互支持、生活上相互照应，合作比较愉快。容城调到万荣的同志回乡探亲时大都去看望我们，而我们也经常去拜访他们，来回走动，像是走亲戚一样，至今还有互相问候、通话的。到1981年，万荣调到容城的十多名同志中，开始有的调走、有的转业、有的提升、有的病退，还有个别经过私下商量，又与调到运城的保定籍同志经组织批准进行了二次对换的。

二十世纪六十年代，曾经的山西晋南、河北保定两地之间市、县人武部对调范围之大、人数之多、时间之紧迫，据我所知在全国新中国成立后是史无前例绝无仅有的一次。而北京军区领导是在当时非常特殊情况下才做出的这一果断决定，它立竿见影、收效明显、意义深远，所以，这段历史在两地人民武装工作史上应该书上重重的一笔。

闫掌权（作者系当时万荣县人武部秘书，后到容城县人武部仍任秘书）

在人类数千年的文明发展史上，每个世纪都有其历史赋予的重要年份。在 20 世纪的百年历史中，1971 年就是这样的年份。

——题记

四十余年前的 1971

1971 年的县情回放

1971 年还是计划经济年代，人们的日常生活用品，如煤油（那时农村还不通电，靠煤油灯照明）、火柴、食盐、布匹、用粮等等，都还是定量供应，这就衍生了布票、粮票等专用票证。

1971 年，农村还是以生产队（现村民小组）为单位的集体生产劳动、统一核算经营模式。在"农业学大寨"的大形势下，全国农村都实行了大寨记工法。每年下半年，社员们都会准时领回"返销粮"。那是生产队在夏收时交给了国家一定比例的"爱国粮"后，年终又返回的粗粮（玉米、高粱等，是国家统一安排的粗细粮比例调剂），以保证社员们的全年口粮。因此，每年返回粗粮后，村里的干部群众都会说，那不是"供应粮"而是"返还粮"。但有一点值得肯定，那就是无论从什么地方返回来的玉米，即使路途再远，每市斤价格永远都是 0.094 元。

由各省（市、自治区）印制的布票

岁月回眸

当年使用的粮票，有全国和各省（市、自治区）的区分，各省粮票只能在本省范围内使用，全国粮票可在全国范围内通用

1971年，在经历了几年"文革"动乱后，国家开始整顿工业生产。一个十分显著的表现是：县上不少单位都在经过了当时的县革委会生产组批准后，以签订合同的方式，大量招收工人充实到了生产第一线。

1971年，在"学制要缩短"的大政策下，万荣县城乡农村小学都由原来的小学学制6年缩减为5年，即"五制校"。原来的初中教育和高中教育也都由3年缩减为了2年。由于当时各村的小学几乎都"戴了帽"，即加上了初中部分，因此连同小学的5年便统称为了"七制校"。每个公社还有少数村办起了高中，成为从小学到初中、再到高中的"九制校"。由于办学规模的迅速扩大，各村学校都存在着师资力量不足的问题（当时全县的公办教师都回到了本村学校任教），就形成了全县民办教师队伍不断壮大的局面。

1971年的万荣县城，东到县土产日杂公司，西到东岳庙飞云楼，南到大礼堂，北至汽车站。在当时没有电视可看的年代，县城除了大礼堂演戏或演电影外，在南街有一处灯光篮球场，那时县上的邮政局、电业局、粮食局、运输公司等十几个单位都有篮球队。在县体委的安排下，几乎每天晚上都有篮球比赛，吸引了县城和周边村不少群众前来观看。

1971年9月，万荣县脱粒机厂研制的"东方红一号"气流清选脱粒机在广州贸易交易会上展出。1972年，发行全球的《人民中国报道》用世界语作了专题报道。

1971年7月，县上采用C5—22型冲抓机，在我县东街打成了全县的第一眼机井。县上为解决居民用水问题，思路开始由从孤山引水向"挖"地下水转变。

1971年的1至2月份，在县革命委员会党的核心小组领导下，全县各公社、各大队都开展了整党建党工作。在各大队都恢复建立了党支部的基础上，全县16个公社相继召开了党员代表大会，恢复了人民公社党委。

当年的售货员

自1966年5月"文化大革命"开始到1967年4月，中共万荣县委及其所属的公社、大队都相继被造反派夺权，致使县委和基层党组织处于了无序和瘫痪状态，全县正常工作秩序受到了极其严重的破坏。根据当时工作需要，1967年4月，经晋南地区（当时万荣县尚属晋南地区领导）党的核心领导小组批准，万荣县也成立了中共万荣县核心领导小组，成员以支左部队领导干部为主要负责人，与地方领导干部共同组成，实际行使原中共万荣县委的领导职权。期间，全县各公社大队及基层单位仍只有革命委员会，并没有恢复党组织。

1971年3月23日至26日，中共万荣县第四次代表大会在县城大礼堂召开，大会选举产生了中共万荣县第四届委员会领导成员。随后，四届一次全委会选举了新的县委领导班子。原万荣县党的核心领导小组组长、万荣县人民武装部政委宋国志当选为县委书记，王芝荣、王天水当选为县委副书记。

由于在1970年3月，原晋南地区分设为了临汾、运城两个地区，所以恢复建立后的万荣县委便直属中共运城地委领导。

县域行政区划调整

1971 年 7 月，经当时的山西省革命委员会批准，万荣县的行政区划进行了较大调整。调整的主要范围是将原万荣县的孙吉、赵村两个人民公社划归临猗县，将原河津县的通化、里望两个人民公社及原稷山县的西村人民公社划归万荣县。调整后，万荣县原来的 16 个人民公社就增加成了 17 个人民公社，共 30.4 万人。

根据上级有关规定，在公社行政区划调整变动后，整个公社的干部职工和公社所辖的供销社、信用社、邮电所、税务所、粮站、学校等单位的人员（也包括公社管辖大队）、财产原则上实行整体划出、划入（即从原属县划出、全部划入到新调整属县）。这样，原万荣县孙吉公社的党委书记邓国珍，就随着行政区划的调整到了临猗县工作；原河津县通化公社的党委书记吉治国、原稷山县西村公社的党委书记杨清恩，就到了万荣县工作；原河津县里望公社党委书记李国虎，当时则调往原运城地区税务局任职。

关于区划调整的具体时间，当年山西省革命委员会的批准时间是7 月份，而这几个公社的具体划出、划入时间，即交接时间则是 1971年 11 月份。交接范围包括人员、财产、土地等项内容。公社机关由万荣、河津、稷山三个县的革委会交接（包含各公社所辖大队），各公社所在地的邮电所、税务所、粮站等单位，由这些单位的上一级主管部门予以交接。交接期间，个别干部、职工和教师要求变动县份去留意见的，一律采取个人自愿，组织上尽量予以考虑。

新划入万荣县的通化、西村、里望三个公社所属的各大队区划基本没有任何变动，但西村公社聚善大队的自然村西大有庄却非常特殊。西大有庄原来虽然属于西村公社的聚善大队，但该自然村却距离聚善大队有好几里路程，而紧紧挨着原城关公社（今解店镇）张户坡大队，且两村村民历史以来就相互交叉、互相居住在一起。因此为了便于管理和方便村民的生产生活，经上级批准，最后将西大有庄并入到了张户坡大队。

行政区划刚刚调整后不久，短时期内给人们的生产、生活也带来了一些不便。主要表现在通讯联络方面。由于许多在外人员还不清楚家乡行政区划已经发生变动，因此他们在邮寄信函、包裹等邮件时，还仍旧书写着变动前的县名。但各县邮政局的工作人员都做了培训和安排（当年行政区划的变动还涉及了其他不少县），他们在分拣信函、包裹等邮件时，都能准确地实现分发和投递。一段时间后，人们便逐渐得到了适应。

岁月回眸

回忆当年的全民义务修路

1990 年至 1995 年开展的全民义务修路活动，不仅使万荣县实现了乡镇通二级油路、村村通油路，彻底改变了全县公路交通不畅制约经济发展的状况，而且万荣县被树为"全省义务修路标兵县"，成了全省乃至全国学习的榜样。

一

20 世纪 80 年代末，当时尽管"改革、开放、搞活"已进行了数年，但全县客货运输赖以的公路交通却呈制约经济发展的"瓶颈"状：干线公路标准低，通行能力差。县级公路仅有低等级的油路 7.8 公里，多数为四级砂砾路。乡镇之间是将原有的大车道加宽建成的简易公路，村与村之间则全是坑坑洼洼的土路。

三面环沟、一面临坡的通化镇西陈村是远近有名的葡萄生产专业村，但因道路不畅，当时每斤葡萄仅能卖一两角钱。遇上了阴雨天，许多群众只好忍痛将颗圆穗大的一筐筐葡萄倒进沟里，每年损失数万元。由于道路不畅，村里经济发展困难，本村姑娘一个个都嫁到了外村，而外村的姑娘却死活不愿意嫁到西陈村，一个千余人的小村竟有 30 多个大龄青年娶不上媳妇。

宝鼎乡黄河滩涂开阔，当年日本江本粮行客商看到了当地这一资源，意欲投资联合开发，建设千亩莲菜基地。可是，当该客商坐上汽车实地考察以后，硬是被坎坷崎岖和"一日雨、十日泥"的道路状况给吓了回去。

令人痛心的现实震动了万荣的上上下下。时任县委书记吉炳南和新上任的县长安德天在沉痛反思中悟出了这样一个道理：哪里有路，哪里就有市场！交通畅，则市场兴、百业旺！一场全民修路大会战由此开始暗潮涌动。

1990年2月15日，万荣县政府以万政发〔1990〕7号文件下发了《万荣县人民政府关于动员全县人民坚持常年整修乡村道路的通知》，为了贯彻这一精神，县交通局在全县轰轰烈烈组织开展了乡村道路建设"飞云杯"竞赛活动。当年，全县即整修乡村道路345条，总长805公里，其中硬化道路631公里。同时修复桥涵16座，基本完成了"村村整修一条路，乡乡修通一条环乡路"的道路建设规划任务。次年，县财政收入首次突破1000万元，全县干部群众从中看到了希望，尝到了修路的甜头。

1991年4月，运城地区决定把每年11月份定为全民义务修路月。万荣县政府很快便于4月17日以万政发〔1991〕20号文件下发了《关于继续坚持整修乡村道路开展"道路杯"竞赛活动的通知》。1992年3月8日，县政府办公室又以万政办发〔1992〕25号文件下发了《关于开展全民义务修路活动的实施意见》，在全省首开全民义务修路之先河。

二

1992年11月，山西省人民政府在全省正式发出"全民义务修路"号召。在万荣县召开的动员大会上，县委书记吉炳南这样说："经济要发展，必须搞活流通。只有办好交通，才能保证畅通。万荣县在制定'八五'规划时，就把道路建设列为经济发展的重点。这是经过县人大审议用法律程序确定下来的。我们要搞'五大开发'和'二龙腾飞'。'五大开发'是指交通、市场、科技、服务体系、旅游，其中道路为首；'二龙腾飞'是指农业上要实现黄牛、苹果两大支柱产业，也要以道路为基础。"

县长安德天的讲话更是言简意赅："路就是生产力，修路就是解放和发展生产力。"

认识是行动的先导。县委、县政府一班人在统一思想的基础上，坚定了"道路经济"的发展战略，即"大办交通，促进流通；以路富县，以路富民"。

"道路经济"的发展战略在确立之后，迫在眉睫亟须解决的就是"是官办交通，还是依靠群众；是量力而行，还是尽力而为"等问题。县委、县政府经过分析论证后认为，修路的首要问题是资金问题。依靠上级拨款不可能，县财政赤字千万元也拿不出，借款、引资等也只能是杯水车薪。怎么办？主要方法还得靠坚决响应省政府号召，动员群众，群策群力，大搞全民义务修路。

随之，县政府再次先后下发了《万荣县人民政府关于全县交通建设再上新台阶的实施方案》、《万荣县人民政府关于加快公路建设的若干决定》等一系列文件，具体提出了全县道路建设的目标、任务和措施等。

目标：分为三步走。1993年，实现乡乡镇镇通油路，281个行政村通机动车；1994年，实现乡镇通油路，村村通公路；1995年，实现乡镇通二级油路，村村通油路，实现全县公路纵横交错网络化。

措施：实行全党动员，全民参战，领导包片，乡村包段。每年开展一个夺"杯"活动，每年评选一次先进单位和个人，狠抓落实，以求实效。

方略之一：政策调动。人叫人干人不干，政策调动千千万。"人民道路人民建，修好道路为人民。"从经济贫困的实际出发，全县采取了"群众集一点、乡镇筹一点、县上补一点、银行贷一点、富裕户拿一点"的筹资办法，规定修路新用土地和路基工程由乡村自己设法解决，铺油工程由县上从公路建勤费中予以补贴。补贴的原则是：多干多补，少干少补，不干不补，先干后补。这种政策极大调动了群众修路的积极性，克服了修路工作中向上伸手、坐等补贴的消极现象，使全县出现了争项目、上工程、讲规模的良好局面。1994年4月，万荣至临晋线县辖段二级水泥路开工，为了确保工程所需资金到位，县上制定政策，鼓励民间个人投资修路，将道路建设引入了"商品路"机制。通化镇东畅村村民畅运生自筹资金500万元承包了8公里水泥路工程；通化镇六毋村村民孙武兴自筹资金400万元承包了7公里的修路任务。这种修路模式成为当时整个运城地区道路建设工作中的一种首创模式。

方略之二：改革体制。即变"公办交通"为"全民办交通"。当时规定，全县道路规划由县交通局统一制定，路基工程由乡镇及所辖村自行负担，铺油工程则由县上和乡镇共同负担。这种办法基本上改变了修路一直由交通部门包揽的传统状况，形成了全民齐上阵多渠道投入的社会行为。店头川是一个仅有200口人的自然村，沟壑纵横，原来村民到乡政府需要绕道6公里才行。在1993年的全民义务修路活动中，该村男女老少齐上阵，先后削平了3个山头，填平了4道沟，终于使昔日的羊肠小道变成了三级公路。后来村干部感慨地这样说："这多亏了全民义务修路啊！"

方略之三：组织群众。县交通局始终坚持"依靠政府、依靠群众、发挥交通主管部门职能作用"这一思路，积极组织发动群众投身于全民义务修路热潮。继"飞云杯"、"道路杯"活动之后，又先后举办了"大路杯"、"兴路杯"、"筑路杯"、"铺路杯"竞赛活动，一年一个"杯"，一年评选一次先进。这种全民竞赛活动激发了全县群众自力更生义务修路的热情。

在全民义务修路中，县交通局处在"指挥员"的位置，哪里有大工程，哪里就有交通局的管理人员和工程技术人员。2200多米长的北涧桥工程，他们组织了全民大会战。地、县筹资97万元，动土33

新修的柏油路

万立方米，共建起桥涵 6 座。该项工程完工后，沟通了万泉、高村同皇甫、汉薛、三文之间的往来。同时，交通局还下发了《关于在义务修路中严格掌握技术标准的通知》，组织了 4 个测量队分别到全县 17 个乡镇监督工程质量。又由 10 人组成了工程质量验收组，向工程颁发验收质量合格证书。由于把义务修路纳入到了科学化管理范畴，从而使全县道路建设做到了修一条，成一条，用一条。

三

　　"为官一任，畅通一方，造福一方"；"修路识干部，工程见政绩"；"我是干部跟我干，我是党员跟我学"等等，这些振奋人心的言语便是各级领导干部在义务修路活动中的座右铭。自全民义务修路工作开展以来，全县各级领导干部一届接着一届干，你编筐子我收沿。一级干给一级看，干部带领群众干。一批批"路书记"、"路乡长"、"路党员"、"路干部"，如雨后春笋般地涌现了出来。

　　县委书记吉炳南把公路建设当作"一把手工程"抓住不丢，扭住不放。他说："如果只强调量力而行，就不可能搞成建设。我们感到，如果丢掉尽力而为，就会丢掉奋力拼搏的精神，也会丢失超常规发展的机遇。"

　　被称为"路县长"的安德天经过调查了解，对省道运城至万荣县万荣段发出了截弯取直的号召。地处老路弓背上的汉薛等七个村的村民成立了"七村争路联合会"，提出了"誓与老路共存亡"口号，散发了《保路宣言》，又组织人员到省、地进行上访，后来甚至发展成组织 200 多名群众到县政府"请愿"，1000 多人到县委门前静坐，一时掀起的争路风波使改线施工严重受阻。面对这一紧张形势，县长安德天没有回避，他只身一人走进到群情激愤的汉薛村与群众开展面对面对话，晓之以理，动之以情，终于平息了这场风波，建成了曾被称为"河东第一路"的新路段。为了实现村村通油路，他自始至终奋战在修路第一线。岳母去世，他抽不出时间回家送葬；儿子结婚，他直到中午 12 点才赶回家给儿子举行婚礼，下午两点便又返到了皇甫至三文公路的建设工地上。县委副书记吴长生为解决汉薛镇五坡路群众拆迁问题，他通宵达旦连续工作了 35 个小时，为工程顺利进展扫清了大大小小的各种障碍，确保了工程顺利进行。

分管交通的副县长卫志高原任县交通局局长，在全民义务修路工作中，他整天奔波于各乡镇之间，哪里工作有问题，他就在哪里现场办公。

时任埝底乡副乡长杨孟来、汉解镇副镇长梁天海等，他们白天奔忙在公路建设第一线，晚上又冒雪步行到偏僻自然村，动员群众整修村间道路。

宝鼎乡龙鼎村老党员郭绪茹，第一个在全乡拉运土方，拓宽道路，被人们誉为修路工作中的"老黄牛"。

埝底乡周家村共产党员周梦祥，带领全家义务投工18个，超额完成了任务，被人们称为"实干家"。

在6年的全民义务修路鏖战中，万荣县上上下下形成了"不抓修路的干部就是不称职的干部，修不好路的干部就不是好干部"的氛围和共识。

四

群众是真正的英雄。素有筑桥铺路、导河设渡传统美德的万荣人民，在"路书记"、"路县长"等的带领下，积极义务投工投劳，捐款捐物，拆房献地，他们弘扬"太旧精神"，并铸就成了"争上游、创一流、敢为人先、不甘落后"的"万荣精神"。

西村乡望嘱村残疾人贺长锁，靠多年积蓄辛苦盖起了5间大瓦房。但修路中，新规划的通村路却要从他的新房中间通过，这可把贺长锁的老母亲打懵了。对此，贺长锁这位普通的农民却这样对自己的老母亲说："政府为咱们百姓办好事，咱不能给政府添麻烦！"，他未等村里商定赔偿事宜就主动找人拆了自己的新房，一家三代5口人默默挤住在了一间小柴房。

岳国栋自1990年上任县交通局副局长第一天起，就一直拼搏在公路建设第一线。1993年3月份，全县规划了4条33公里通乡油路，他率先带领工程技术人员进驻到高村至三路里线的11公里修路工地上，规划放线，拆除违章建筑，吃在工地，住在透风漏雨的路边窑洞，一干就是半个月。期间，他没有回机关，更没有时间回家探望八旬的

山区柏油路

祖父母、六旬的父母及妻子儿女。3月22日，奔忙在工地的他突然感到腹部疼痛，自认为是临时性神经痛，就坚持强忍着，一连疼晕了好几次仍然坚持在第一线。直到28日到运城人民医院检查时，才发现是骨癌。在领导的关怀下，他很快被入到西安医院治疗。可他却对陪侍的同志说："县上把乡镇通油路的任务交给我，我咋能坐得住呢？让我回去边工作边治病吧。"县上派人去看望他时，他还这样说："你们快回去，这里有医生，家里修路正忙……"4月10日，噩耗传来，病魔最终还是无情地夺去了他年轻的生命。

三文乡柳林村有位76岁的老人身患癌症，在1992年义务修路中，他执意要上工地完成自己的一份任务，整整干了7天，终因体力不支晕倒在工地上，就在送往医院的途中不幸与世长辞。

万泉乡桥头村村民陈秀珍新建成了5间大瓦房正准备给儿子办喜事用，但不料通村路涉及到他家房屋拆迁，深明大义的他毫没考虑就拆掉了。他对笔者说："路修通了，群众就都方便了。对我家来说，虽然眼下损失了3万多元，但路通了就会来钱财，房拆了明年还能盖。"

通化镇六毋村有150多眼砖瓦窑，年产砖瓦1亿块，被誉为"天下第一砖瓦村"。在修路中要修建一条长7.5公里、宽10米的通乡公路，需要毁掉3个砖瓦窑，损失4万多元。当工作人员上门做工作时，这些村民都丝毫没有为难，他们说："烧瓦是为了卖瓦，只要路通了，用不了多久就能赚回来。"确保了工程顺利进行。

汉薛镇南坡村为了建成一条 6.6 公里的三级村道，小孩子捐出了"压岁钱"，老年人拿出了"棺材钱"，媳妇们献出了"陪嫁钱"，全民总动员，苦战了两个月，实现了多年的夙愿。

……

1990 年和 1991 年，万荣县 17 个乡镇 281 个行政村，乡乡、村村干工程，县道、乡道一齐上，共集资 250 万元，出工 49.6 万人次，动用土石 81 万立方米，整修、硬化了道路 399 条 1436 公里，修复桥涵 16 座，初步形成了纵横交错的公路网络。

1992 年至 1995 年，全县再次实现四年四大步，四年翻四番。全县修路共占地 3000 亩，拆掉房屋 5000 间，移栽果树 1000 余亩，自筹资金 1.98 亿元，义务投工 1750 余万个工日，投入机械 21 万台次，动土石 2400 余万立方米，新建和拓宽了各级公路计 1450 公里，其中铺装油路、水泥路 596.4 公里。1994 年胜利实现了乡镇通油路、村村通公路目标。1995 年又在全省率先实现乡镇通二级油路、村村油路化，形成了以"井"字形骨架路为主、县域内大循环、乡镇小循环的公路网络。

1995 年 10 月 19 日，山西省义务修路现场会在万荣县召开。时任省委书记胡富国、省长孙文胜、副省长杜五安等领导亲临大会现场。县委书记吉炳南在大会上介绍了万荣县全民义务修路的经验。万荣县在该次大会上荣获"全民义务修路先进标兵县"的光荣称号。

撰文：陆峰波

配图：丁彩苹

岁月回眸

难以忘怀的县水利凿井队

落户万荣的水利凿井队

地处黄土高原、十年九旱的万荣县，历史上一直摆脱不了"靠天吃饭"的桎梏。20 世纪 50 年代，为解决县城生活饮水困难，县上调集各路技术力量和民工，从距县城二十多里正南方向的孤山脚下引水到了县城。但引到县城的孤山泉水根本满足不了县城居民的用水需求，有关部门只好实行按单位、按人数、按灶房供给的凭票用水办法。到了夏季用水高峰期，甚至不得已把万荣中学的师生都迁往了万泉村临时上课。

同样，长期遭受缺水困扰的全县广大农村，大多数村庄的人畜吃水问题也根本无法保障。1971 年，饱受干旱缺水之苦的万荣人民，终于迎来了解决用水问题千载难遇的机遇。

1971 年春，山西省革命委员会根据外地"挖出地下泉"解决人畜吃水问题的经验，决定将原先隶属于省水利厅的凿井大队下放到全省各个地区开展工作。当时的运城地区革命委员会经过研究后，决定让省里下放到运城地区的水利凿井队，直接落户到在全省缺水出了名的万荣县。

得知这个消息后，时任万荣县革命委员会副主任的姚全山立即召集县武装部的刘反元科长（当时称为"军代表"）、引黄留守处的苏永发以及李惠民等三人，成立了接收地区凿井队任务的工作组。当年春季，运城地区革委会在运城三八旅行社举办了学习班，主要目的就是安排凿井队下放到万荣的具体事宜。刘反元、苏永发到运城参加了会议。

学习班举办期间，凿井队的干部职工认为，省里要求他们下放到地区，而运城地区则要他们直接到万荣县，而如果照这样下去，今后是否还会再下放到生产队？负责举办学习班的运城地区革委会副主任李鹏飞、地区革委会生产组负责人宁烈等领导，于是多次强调了凿井队下放到万荣县的必要性和迫切性，并要求万荣县要务必做好凿井队的安置工作。李鹏飞还曾不止一次的郑重表示：让凿井队直接到万荣县是地区革委会集体研究决定的，是全区"农业学大寨"的需要。

当时即便这样，在长达一个多月的学习讨论会上，凿井队里仍有不少人思想工作不通，坚持不愿意到万荣去。在这种情况下，李鹏飞在会上代表地区革委会宣布说：省里下放给运城地区的凿井队，地区连一台机器一个人都不会留，必须全部到万荣去。否则，不下去的人员一律停发工资。等到万荣县的人畜吃水问题完全解决后，你们再回到地区和省里都可以。

就这样，省里的水利凿井队终于艰难的落户到了万荣县。

"农业学大寨"时期，群众平田整地，利用深井扩大水浇地

1973 年夏，井队欢送军代表刘反元（前排左二）调动留念

几度搬迁的凿井队

当时凿井队共有 50 多人，其中大多数为山东人，还有一部分是河北及晋中、晋北人，是实实在在的来自五湖四海。凿井设备主要包括一部 420 型柴油机汽车及 4 部 20 型打井冲机。

万荣县有了凿井队的消息在全县及周边地区得到了迅速传播。县革委会要求全县各个部门要大力支持，一定要在工作、生活等方面给予安排好。县上首先在凿井队成立了革命委员会，由军代表刘反元任主任，杨文池和井队队长张建章为副主任，苏永发、苏俊才为委员。同时，由苏永发负责后勤工作，张建章负责生产业务。

凿井队来到万荣，首要问题是为他们安排住址。最初有人提议把井队安排到县棉麻公司院内。但井队队长和几个工人在实地看过后认为，院内面积过于狭小，建筑房屋太少，工人们住不下，车辆及设备在院内也无处存放，更无法安排职工食堂等。没有太多的议论，棉麻公司的地址就这样被放弃了。

后来又有人提议说，万荣中学的地方宽敞，可以选用。于是，县革委会副主任姚全山与县武装部副政委王平及相关人员一起又立即来到了万荣中学。大家在学校转了一大圈后，都认为万荣中学东北角的地方最好，好就好在学校北边的原学生宿舍的一排房子呈东西方向一字儿排开，完全可以利用。

"文化大革命"前，万荣中学是一所既有初中部又有高中部的完全中学。加之当年办过万荣人民大学，学校规模可容纳三千多名师生在校学习和生活，直到"文革"开始后停止招生。至1971年时，学校只仅有少数几个高中班，师生不足一千人，因此，空闲地方较大。选定地址后，县领导便给学校负责人打了个招呼，既没有说占多大的地方，也没有说占多长时间，更没有提什么租金费用，就由姚全山副主任和王平副政委商量后，以学校北边东西走向四十多间的学生宿舍为准，从东西两边向前（南方）延伸了几十米。当时既没有用尺量，也没有用其他仪器，只是王平副政委用脚步来回走了一圈，就作为了界墙墙基的基线。

　　地址选定后，姚全山副主任立即安排就近从城关镇抽调来农村社员，以王平用脚步划定的界限为准，打起了东、西、南三方的院墙。北边则以房屋为界，圈起了一个足有好几亩大的院落，院内还圈进了学校原来的一个篮球场。同时让工匠从西边另开了一个大门，就这样把凿井队在此安置了下来。

　　井队在万荣中学驻扎了有一年时间后，万荣中学和全国各大中小学一样又逐步恢复了教学秩序，学校的招生规模也逐步扩大。于是，

20世纪90年代初，县水利凿井队在农村的打井作业现场

学校方面多次向县上提出，要解决凿井队占用校舍的问题。

1973 年春，由县领导出面，经与当时的城关公社及北解大队多次协商后，县上又在北解村位于县人民医院对面的土地中征用了 10 亩土地作为了凿井队新住址。征地后当即由县建筑公司安排工程建造了房舍及其他设施，至 1974 年初搬迁投入使用。这样，凿井队便腾出了占用万荣中学的地方，总算有了自己的固定队址。

成绩斐然的凿井作业

县凿井队在万荣县打的第一眼井选在北解村的第一生产队，当时称为"试验井"。之所以在北解村选定第一眼井，一是由于当时国家地质队的水文二队已在万荣住了很长时间，他们从多次测绘中认定，在万荣县城周围的深井水位应在 150 米以下；二是时任北解大队党支部书记的李天林多次向各级领导提出，要求在他们村打出全县第一眼深井。所以县上就把第一眼深井选在了北解村。

经过一个多月的日夜奋战，"试验井"打到 150 多米时果然出了水，但是水势比较小。经过地质队水文二队的反复测量，认定井位到 200 米以下时水势会更旺、更理想。于是井队就继续向下深凿，当凿到 200 米深处时果然便打到了理想的水位。起先，井队安装的是 4 英寸管道，后根据地下水势旺盛的情况又改为了 8 英寸管道。

"试验井"的顺利出水给全县广大干部群众以及井队全体上下以极大的鼓舞。县领导立即安排井队组成了各分队分赴到全县各地开展打井作业。为了扩大充实凿井队的技术力量，尽快解决全县的人畜吃水

建设中的万荣县城第一眼深井

太贾村刘胡兰打井队员

问题，并很快服务于农业生产，经县革委会批准，又以签订合同的方式，在全县招收了数十名农村青年到井队当工人。

随着国家和省地对农业水利的高度重视，国家对农业水利的配套设施也在逐年加大。此后，县凿井队的打井设备一年比一年增多，机器设备也在不断更新，逐步发展到了拥有4部拉送打井设备的专用汽车，冲机13部，还有可以打到300米深以下的30型冲机一部。全县打出深井最深水位的是贾村乡的杜村，当时是用省里的大型机动冲机在打到308米深处时才出水的。

万荣县打出深井的成功经验在运城及周边地区产生了很大影响，当时周边地区纷纷托关系、找熟人，找到县凿井队为他们打井。凿井队最多时可以同时出动8个分队外出作业。自成立以来，县凿井队除在全县打出机井1100多眼外，还为临猗、河津、闻喜、襄汾等地打出机井100多眼，为兄弟县市的水利建设也做出了突出贡献。

至2000年以后，全县各村组基本上都用上了机井，人畜吃水问题得到了极大改善。这以后的几年时间里，县内外逐步出现了不少私营机井队，县凿井队的打井任务变得越来越少，直到2002年彻底破产。井队人员有的分流，有的退休，曾经被人们十分关注的"井队"便一步步淡出了大家的视野和记忆。

尉培荣

岁月回眸

我在"井队"的三十年

从 1971 年到 2002 年，我在万荣县水利凿井队（当时干部群众都称为"井队"）工作了 30 个年头，后并担任井队的党支部书记。30 年里，我见证了从井队落户万荣，一年年由小到大，直到 2002 年被迫破产的整个过程。

1971 年春，我正在位于荣河镇的县引黄留守处工作。一天，突然接到通知，县领导要调我到县上工作，着手参与接收省里下放给运城地区的水利凿井队。虽然我是荣河镇人，在引黄工作离自家近，工作相对来说也比较清闲和有规律，但"党叫干啥就干啥"，组织需要调动时每个干部都必须无条件服从。所以在接到调令后，我便立即赴县到了新岗位。

记得到 1975 年的时候，由于工作量大，县井队已经分成了 8 个分队同时作业。他们在分赴各公社和各生产大队打井时，由于运输车辆短缺常常会耽误时间，工作效率很低。但那时还是计划经济年代，要买运输车辆就得按计划指标分配。而指标又很少，一个县一时半会根本拿不到指标。这样，为了解决井队的运输车辆问题，领导就安排我和井队干部王满林外出采购一辆汽车，并要求我们只能成功，不准失败。

接受任务后，我和王满林立即搭车赶到了省城太原，找到省农委主任范履端请求帮忙解决。由于范主任是万荣县汉薛人，对家乡的水利建设一直十分关心，对井队的困难也十分理解，表示只要全省有一台指标就立即优先拨给万荣县。见我和老王还有些不放心，范主任还当即找出一个废旧香烟盒，用双手捋平后在烟盒纸上给供货单位写了几句批示，这样才使我俩很顺利的采买到了一辆汽车，解决了井队的燃眉之急。

让我们永远难以忘记的是，范履端主任对我们极端热情诚恳。在每次找他办事时，他总是先为我们安排好吃饭和休息的地方，但我们却从来没有给他送过任何东西，就连家乡的土特产都没有给他带过一点。有一次，我们又去太原找范主任，在火车站碰到范主任的一个侄儿，他也是来太原找人办事的。当他听说我们要去找范主任时，就托我们把他随身携带的一袋花生先带到范主任处，说他要先到其他地方找人后才能到叔叔家里去。不料，当我们提着花生找到范主任时，他当即毫不客气地批评了我们。在一再说明情况后，范主任的脸色才慢慢露出了笑容。

井队经常使用的冲机钻杆是打井作业的必需品。由于我县井队的多个分队同时作业，使用冲机台数较多，经国家按计划指标拨给的钻杆根本不够用。为了保障井队的正常作业，井队需要经常派人外出采购钻杆。

一次，在我为井队到北京采买钻杆时，经过多次询问打听，终于了解到在国家染料化学工业部担任设备处处长的，是我县裴庄乡西效和村的一位叫单石的人。当我几经辗转找到单石说明情况后，单石当即用电话四处联系，又和我一起找到有关部门，才给我们批下了1000米冲机使用的钻杆指标。但当我和单石兴冲冲地赶到物资供应处时，却又被告知"仓库现在并无现货"。在问及什么时候才会有货时，对方说很不好说，也许得个把月吧。正当我感到非常失望的时候，单石又接连打了好几个电话，终于联系到了吉林省的某个油田，让他们先供给万荣县1000米钻杆现货，以后再用指标给他们补上。于是，怀揣着单石让有关部门开具的证明和介绍信，我又立即赶往东北吉林，迅速办妥手续后立即发货，解决了井队停工待料的急需。

我县井队原先只有四台冲机，在以后的几年里，由于井队的业务迅速扩大，冲机的需要已经迫在眉睫。于是，当我们找到分配冲机指标的省水利厅时，却被告知省水利厅只对各个地区，与各县并没有业务联系。当时我只好多方打听，终于了解到省水利厅办公室主任闫喜森是我县城关公社南张户村人。后在闫喜森的引领下，我们把省里下放到运城地区的井队直接转到万荣的实际情况向有关领导做了说明后，省水利厅才同意把冲机指标破例直接拨给了万荣县。后来，省水利厅又陆续拨给了万荣井队9台冲机。这些免费无偿供给井队的冲机，都是省水利厅用调拨单的方式直接拨给的。

我在井队的30年里，不知外出跑过多少次设备业务，但不论到哪里，找什么人，办什么事，从来没有用过请客送礼的办法。那些年社会风气风清气正，办事找人送礼送物被视为搞不正之风，更不要说送什么贵重物品了。

1988年，我们在北京参加了由农业部召开的水利凿井工作会议，参加会议的地质部有关领导在了解到我们万荣县的凿井情况后，连声夸到："万荣人真是了不起"。并当场决定无偿拨付给我们一些钻井经常使用的零部件，又让我们得到了意想不到的收获。

口述：苏永发

整理：立　木　赵庭义

1933 年，万泉县东杜村的马锡山调任山西保德县县长。在任几年间，马锡山不畏权势，公正廉明，极力倡导文明生活。保德人民在怀念马锡山县长的同时，更怀念马县长的夫人王如玉（娘家是万泉县荆村），说她是一位——

传承文明生活的爱心使者

　　王如玉是出身名门的大家闺秀，娘家是今万泉乡荆村，成年后她婚嫁到今天的皇甫乡东杜村马家。丈夫马锡山早年毕业于山西省立法政学院，曾担任绥远省政府财政科科长，是蒋介石亲手训导的全国百名县长之一。因毕业考试成绩优等（百人中列第 12 位），故而被阎锡山指名任命为榆次县县长。王如玉作为一县之长的夫人，本可以四季衣食无忧，过上养尊处优的日子，但她却在当时就极力倡导以人为本，努力推行文明生活，先后跟随丈夫在其任职的洪洞、曲沃、平遥等地生活数十年，每一处都留下了极好的口碑。

　　1933 年春，马锡山又调任保德县（今属忻州市）县长。刚一到任，马锡山就大刀阔斧地铲除了一股为害一方的土匪恶霸势力，尔后又与夫人王如玉一起，深入到当地群众中间，了解当地群众的生产、生活和民俗风情，并经常当场解决群众生活中的实际困难。不长时间，保德人民就称赞说：县里来了个青天马县长。

　　经过一段时间了解后，马锡山夫妇心头十分沉重。因为保德历史上虽为州府（民国初年废州设县），西隔黄河与陕西为邻，但全县境内沟坡山梁较多，当地百姓从没有种过棉花，更别说纺线、织布、做衣服了。无论大人还是小孩，人们一年四季的衣服主要是用山上的核桃、红枣等特产到山外去换的旧衣服。一到冬天，人们就习惯于停止外出活动，蛰居在家，直等来年春暖花开，过着较为懒散的日子。

对此，马锡山夫妇觉得，当地群众的生产、生活状况的确与老家万泉县相比有着很大差距。夫妇俩经常议论的话题就是，要让保德县的群众和自己家乡的群众一样，过上男耕女织的近代文明生活。但是，就保德当时的状况确实还存在着许多实际困难，尤其是人们思想观念上的转变。

见丈夫整天为改变保德人民的生活而焦急，王如玉便主动提出，让自己回一趟娘家，请娘家人到保德来，帮助保德群众种棉花，纺线织布做棉衣。她还说，荆村娘家多年来就开着木匠铺，可以请木工师傅到保德县制作纺线织布的工具，然后再教会大家纺线织布技术，只要用一年左右的时间，一定能让保德人民穿上自己种的棉花做成的衣服，从根本上改变当地群众的生活习惯。在得到丈夫马锡山的支持后，王如玉就一路心急火燎地回到了万泉县荆村娘家，然后把当地情况和他们的计划及想法说了一遍，结果娘家人也十分支持。于是他们便挑选了几名木工巧匠和庄稼能手，又在当地收购了数百斤皮棉，经过几天的紧张筹备后，王如玉和大家一起再次马不停蹄地赶回了保德。

见到马县长夫人带回的这些东西，当地许多人立刻都来看稀奇。马锡山就安排木工们利用当地的核桃木、秋木、槐木等上好木材，赶制了织土布用的纺棉车、拐线车以及织布机等。随后便安排当地群众在王如玉等人的指导下学习纺花织布技术。当时，许多群众对县长夫妇的举动一开始还不甚理解，不少人都抱着应付的态度，妇女们更是叫不出门。

出现这种情况，让马锡山夫妇俩都有些始料不及。王如玉给丈夫建议说，实在推行不开，是否可以让在狱中服刑的犯人们先学一步。听了夫人的建议，马县长觉得可行，于是下令强制所有犯人集中精力，学习纺线织布，表现好的甚至还可以减少刑期。

及至到了来年开春，从万泉荆村来的师傅们已帮助当地群众播种了几十亩棉花，他们悉心进行田间指导，教当地人学习种棉技术。王如玉则放下县长夫人的身份，和娘家请来的技术人员一起，教授大家

马锡山、王如玉夫妇晚年照

从搓棉花条做起，再到纺线、缠线、拐线、浆线、引机子、折棉籽、关舌，直到搭上机子织棉布，一步一步地耐心示范指导。王如玉的亲民爱民行为得到了当地群众的一片赞扬。

当第一匹棉布在保德人手上织出来的时候，当第一件棉布衣穿在保德人身上的时候，当第一年籽棉在保德的土地上采摘回来的时候，前所未有的喜悦挂在了保德人的脸上，劳动换来的收获滋润着保德人的心田。全县人民群众这才真正理解了马县长夫妇的良苦用心，许多人在感激之余，开始了自觉学习种棉技术，妇女们也渐渐行动起来，互相学习纺棉织布。

人们在欢天喜地的笑声中，从内心深处感激马县长夫妇。几年下来，保德县大多数人都穿上了棉布衣服，许多人家常年回响起了织布机欢快的声乐。当人们一次次要为马县长送匾时，却都被马县长给挡了回去，这让保德人民更加敬重了爱民如子、清正廉明的马县长夫妇。

多年后，马县长告老还乡了，保德县人民群众派代表还专程来到万泉县东杜村，为马锡山县长送来了一块"青天佑民"的大匾，挂到了他家北房正厅的墙上。但保德县和万泉县的群众心里都清楚，在这块颂扬马锡山县长功绩的牌匾上，也饱含着其夫人王如玉的几多功德。

马天文　尉培荣

全县最早的公办学校

如若查阅万荣县办学历史，你会发现早期历史上全县大多皆为私塾，而万荣县最早的公办学校就是位于今天解店镇北牛池村的"北牛池公立正则初级小学"。

"北牛池公立正则初级小学"创办于清光绪三十一年（1905），创办人为北牛池村人解荣辂。解荣辂，字子仁，北牛池解氏第19世孙，于光绪29年中进士，并被钦点为翰林院检讨，曾与孙中山、阎锡山等人一起留学日本，较早地接受了西方国家先进的全民教育思想，民国时曾担任过山西教育总长等职。

赴日留学归来后，解荣辂曾多次向清政府提出，要在全国各地创办公立学校，却没有得到允准。1905年，解荣辂回北牛池省亲时与乡友提起创办公立小学的事，得到了全村及外村乡邻亲友的一致赞同。解荣辂当即在村里选择校址，通过笔试、面试选拔了两名公办教师。当年招收学生50多人（学生除本村外，亦有外村学生），学校开设有国语、美术、体操等五门课程，学制五年。学校由解荣辂定名为"北牛池正则初级小学"，制定了《正则初级小学章程》，规定了招生条件、学制、礼仪等内容，并为学校聘请了"监督"（即以后的"学董"），管理学校的具体事宜。

北牛池公立学校的创立，为全村及邻村学龄儿童提供了前所未有的学习条件。尤其是学生入学时不分贵贱，一些贫困人家的孩子也可以入学念书，得到了社会各界的好评和欢迎，受到了当时国家教育总长的撰文首肯和嘉奖。

现北牛池很多老人提起当年的村公立小学，都会不无自豪地说，他们的先辈都曾在村公办小学就读，这是北牛池村群众传统文化基础好、底子厚的主要原因。当年正则小学的章程原件，现仍然保存在解荣辂后辈的族人手中，是一件弥足珍贵的历史文物。

韩维元　立木

汾南中学纪事

1947 年夏季，万泉、荣河两县刚解放时，我在当时的荣河县上中学。当年十月底，太岳军区三分区决定，将万泉中学、荣河中学和猗氏师范合并为汾南中学，学校地址设在万泉县城（即今天的万泉乡万泉村）原侵华日军司令部驻扎过的地方。

我们汾南中学的第一批学生共有五个班 200 多名学生，全部是男生。校长是邵培民，副校长张铁民，总务处负责人吴勉之（后任总务处主任），教师有梁燕青、李泽生等，黄纾卿（后任万荣县人民政府副县长）担任第二班班主任。学校当时的办学宗旨与延安抗大一样，极力倡导踏实朴素、生动活泼的学习风气，开设的课程主要有语文、数学、历史、地理等。教师还经常为我们讲国际国内形势，实际上就是后来学校的政治课程。

汾南中学办有教师和学生食堂，学生和教师一样也上面灶，不过大都是由学生各自从家里带面（距离太远的学生，也有在当地买面的），然后由学校统一加工蒸馍配备汤菜。我家是王显乡（原属荣河县），距离学校有四十多里路，一般每星期回家取一次面，来回往返九十多里路程都是靠步行。记得我常和同乡的程敬全、王胜喜三人结伴回家，每次从家里背几十斤面返校时，一出村就一溜小跑，经常跑得汗流浃背、衣衫湿透。返程时过了高村、杨家垛，再到桥头村边时，虽说离县城还有四、五里路，但当时感觉就好像已经到了学校，心里会觉得轻松许多。

1948 年初解放运城时，学校师生群情振奋，纷纷要求以实际行动支援前线。根据上级指示，全校抽出 50 多名师生到运城支援前线，我有幸成为这 50 多名师生中的一员。经过简短的准备工作后，我们在老师的带领下，于黄昏时分吃过晚饭后就统一列队，连夜步行翻过孤山，抄小路赶到运城，投入到了解放运城的一线战斗工作中。

我们当时住在城外的一个村子里，这里聚集了许多伤员和俘虏。上级分配给我们的主要任务是甄别俘虏、护理伤员，并做一些挑水、劈柴、打扫卫生等后勤方面的具体工作，期间解放军指战员的大无畏精神给了我们青年学生以极大的鼓舞。我们除了做好领导交给的具体任务外，还给伤员唱歌，扶他们上厕所，帮他们写家信等。在同学们的积极努力下，前后经过十天至半个月的时间，终于出色地完成了任务，受到了上级领导的表扬和鼓励。返回学校时，更受到了学校师生和当地干部群众的热烈欢迎。

此后不久，我考取了晋绥边区设在新绛县的财经干校，离开了汾南中学。三个月后，新绛财经干校与临汾财经干校（学生主要来自河北石家庄一带）合并为一所财经干校，编入由西南军区后勤部管理的晋绥行署军事科，我也因此成为中国人民解放军的一员。再后来我们奉命到西安市执行接收国民党的被服厂工作。七月份，部队又接到命令，要到四川、云南、贵州一带执行任务（即南下），此时我却因病留了下来。

离开汾南中学后，我从一些老乡、同学口中得知，1948 年夏季，学校便由万泉县城迁往了办学条件较好的闫景村，校长也换成了席荆山，张波平和吴勉之分别担任了教导主任和总务主任。学校又开设了物理、化学、音乐、体育、美术、外语等课程，新增加了不少曾经留学国外或曾是大学讲师的优秀教师，每年分别招收高中班和初中班的学生，成为晋南地区乃至更大范围内更规范、更出色的一所完全中学。

我在汾南中学学习、生活虽然还不到一年时间，但这却是我人生中难以忘怀的一段重要经历。我永远怀念在汾南中学时的美好时光！

讲述：谢绍祖

整理：立　木

轶事钩沉

万泉 "四高" 的记忆

1947 年万泉县解放后，万泉县委、县政府及时认真贯彻中央关于民主革命时期的教育方针，立即召开教师会议，宣布各学校开课。

当年麦收过后不久，听说位于北解村的万泉县第四高级小学正在招生，我和村里几个小学毕业的同学便互相结伴报名去考试。由于学校贯彻为工农兵子弟敞开大门办学的精神，我们几个农村出身的同学都被录取，进入到北解第四高级小学学习。

学校校长当时是共产党员、县委干部贾国璋（今解店镇西贾村人），他主要在县委工作，学校日常工作由贾国璋的爱人罗侠负责。从万荣县新中国成立以来的办学历史看，罗侠应该是第一位高级小学女校长。学校当时开设语文、算术和自然等课程，每个班级有 40 名学生。由于万泉县新中国成立后，在我们报考以前就曾招收过 4 个班，所以，我当时在学校被编入了第 5 班。班主任是王星五（也是西贾村人），语文课老师是张陶明（今解店镇七庄村人）。

为了鼓励工农兵子弟学习文化，当时校领导还组织在同学中评选贫困学生开展学习资助，分为国家全资助和半资助两种。当时全校共评出四名贫困学生，其中同班级的贾秋桂（贾全明烈士的女儿）为国家全资助学生，每两个月凭相关手续到粮局领取一袋面粉。我和另外两名同学被评为半资助，每两个月可领取半袋面粉。学习期间，我十分感激党和政府对我们贫困农民子弟的关心和爱护，因此除了努力学好各门功课外，还积极参加学校组织的排练节目、打扫卫生等公益活动。一年多后的 1948 年底，我由贾海元同学介绍，加入了中国共产主义青年团。

在我们上学的两年期间，由于新的人民政权刚刚建立，各单位、各部门都需要干部和工作人员，因此，经常会有同学被招入县委、县政府以及其他部门工作。由于班级人数逐渐减少，学校后来就及时把我们四个班合并为了三个班。

1949 年年初，上级在学校开始招收人民解放军，我当时也报了名，并且经过了考试和体检。正当我准备参军入伍时，我祖母知道了消息，再三阻挡，坚决不让我参军。我心里非常着急，心想，国家这样看得起我们穷人，当国家需要的时候，自己决不能提任何理由。就这样，我一边做祖母的思想工作，说我保证在学校好好学习，绝不会离开她老人家。过了一个多月后，祖母见我每星期都会回到家里，慢慢地也就放下心来。到 1949 年 7 月，我又悄悄地背着家人，从万泉四高报名考入了第四军医大学。

被四军大录取后，我们先在新绛县集中学习了一个多月，然后到西安正式进入第四军医大学学习。第二年朝鲜战争爆发，我又报名成为一名志愿军战士参加了抗美援朝。回国后我再次考入上海第二军医大学药学系，毕业后就一直在解放军某部当军医 20 多年。"文化大革命"后期转业到地方医院工作，直到离休。

现在想来，万泉四高给我一生留下了难以磨灭的记忆。

杜仰贤

轶事钩沉

担任荆淮学区中心校长纪事

　　1954年春，我由南吴学区中心学校调到了荆淮学区担任中心校长，荆淮学区当时下属学校有荆村、下涧、涧薛（沟楞）、黄家峪、黑子沟五个村的小学。教员有王献理、葛新章、廉会吉、师青龙、董平轩、王兆洪、王宗泽、王遂安等人。

　　那个时候的工作条件非常艰苦，教员们上学和放假回家，除少数经济条件好的有自行车外，大多数同志都是背负铺盖，徒步行走。每个星期日教师都不休假，学生照常上课。学校也非常简陋，多数是由庙宇或祠堂改建的，黑板是墙上涂一层石灰刷黑就行了。教员睡的是

荆淮学区中心学校全体教师合影，前排右三为李俊慧

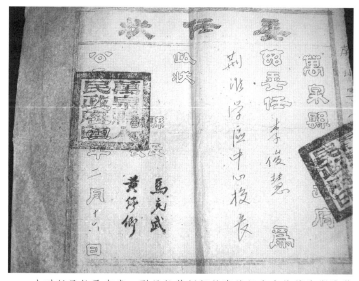

由时任县长马克武、副县长黄纾卿签发的任命李俊慧为荆淮学区中心校长的委任状

土炕，点的是煤油灯，吃的是提盒饭，由学生轮流管饭，根据学生家境状况分别管三天、两天或一天，困难学生家则不管饭。学校设学董1至2人，由村里聘任派遣，负责协调处理学校需要村里帮忙的一切事宜。

新中国成立初期的办学方针是发展、巩固、改革、提高。各村大部分是初级小学，设高级小学的完全小学为数很少，所以要提高教育质量，加强基层领导，主要还得依靠中心学区。当时的联合校长王定一就常住在我们荆淮中心学校，他不带课，不带班，专职督办和协同中心校长制订与完成教学计划。从熟悉各科教材、编写制定教案、备课、讲课、辅导、课业批阅、评比、表彰等教学程序和环节上一抓到底，总结经验，以便在全联区巡回示范推广，做到全面提高。当时和我一起工作的有荆淮的曹智（任高村学区校长），荆村的王学彭（任乌苏中心校长）、西解村的董清祺（任东丁学区校长），他们都是负有盛名的教学能手。

李俊慧

参加全省农业先进代表会记

　　1962 年，正值国家三年困难时期，那年正月，全省在省城太原召开了农业先进代表会议（当时人们称为工农联欢大会）。根据上级通知，每个县组成一个代表团参会，我们万荣县由时任县委书记处书记的卫一屏担任团长。

　　当年的 1 月 20 日，县委曾召开劳动模范表彰大会，表彰全县各条战线上的先进集体和模范个人，当时共有 900 多人参加。会议的主题和宗旨是：动员全县人民共同努力，为实现当年的农业丰收而奋斗。1962 年刚过完春节，全省就召开了农业先进代表大会，我县当时参加会议的共有 16 人（其中两名为工作人员）。我记得有古城（今万泉乡）公社党委书记杨泽川、荣河公社党委书记聂成保，荣河公社郑村大队的赵正明（他代表的是万荣县的大黄牛养殖），贾村公社杨郭大队的王再盛，皇甫公社新庄大队的王德茂，孙吉（1971 年划归临猗县）公社西里大队的茹作敬等。我当时担任林山大队大队长，代表的是林业生产模范单位，另外还有一些其他方面的代表。时值国家困难时期，我们当时从县上出发到达运城中转站后，是再乘火车才到达的太原。在安排好住的地方以后，大家发现每人每天的早餐只是一个窝窝头和一碗玉米面汤。有领导还透露说，我们每人每天为 3 元钱的伙食费，中午、下午与早餐一样，但多数时间吃的都是窝窝头，偶尔

万荣县出席全省农业先进单位代表会代表合影

才有一小碗大米饭。晚上休息时，则就住在一个机关的会议室里。没有床铺，大家就分别睡在长条椅子上，一般都是把两条椅子对接起来，组成一张临时"床铺"。每个代表也只有一床被子。农历的正月，省城太原的天气还很冷，尤其是到了晚上，许多人都觉得冷冻难熬。好在我当时只有20多岁，正值青春年华，每天都能一觉睡到大天亮，并没有觉得过于寒冷。

我们到太原后的第二天就参加了大会，当时的省委书记陶鲁笳、省长卫恒等省领导都出席了会议。大会以后由各专区和县领导带队，并由省里安排的干部引导我们参观了一些工厂企业。我记得有太原重型机器厂、太原纺织厂和钢铁厂等单位。一路上所参观的单位从大门口到厂区都是红旗招展，锣鼓喧天，工人师傅们排成两行，夹道欢迎农民代表团进厂参观。会议期间，有关领导还组织我们到附近的村里参加了生产劳动。参观和劳动之后，又安排代表们中午在工厂企业就餐，饭菜也是大同小异。不过代表们都说，国家正值困难时期，能给我们这样的生活标准已经很满意了。

在参加会议的半个多月（16天）时间里，组织者为我们每人都发了"代表证"，是一个长方形的红绸布条。由于困难时期的物资供应比较紧张，尤其是香烟、火柴、肥皂、毛巾等日常生活用品非常紧张。当时国家都实行凭票供应，而在省城会议期间，我们凭代表证就可以到指定的商店购买生活用品，但每次都有所限制。比如香烟最多能买两包、毛巾一条、火柴一盒、肥皂一块。尽管这样，大家都觉得十分满足。因为不像在家乡那样，买什么都必须凭票证。我们也除了自己所需要的香烟、火柴等这些会议期间常用的物品外，并没有任何人趁机多买一些其他商品带回到家里。

黄登贵

林山公路"三号桥"

半个多世纪以来，大凡到过孤峰山的摄影爱好者，都会从不同的角度和方位，为林山公路的标志性建筑"三号桥"拍摄不少照片。

林山公路西起万泉村南门外，途经林山村的黄家峪、曹家凹、尉家岭、黑子沟等自然村庄，到万泉乡的荆村西巷，全长 8.3 公里。公路的修筑时间为 1959 年，设计者是万泉乡涧薛村的屈子明。因为公路的设计路线要从经过的三条深沟架桥通过，黄家峪至曹家凹之间的两条沟是用土方垫起的土桥，按当时施工顺序，人们习惯性地称为"一号桥"、"二号桥"。而尉家岭至黑子沟之间的沟比较深，沟内又常年有泉水流淌（即引水下山时的泉水），再考虑到雨季期间孤山上的大量洪水也要从此沟经过，设计时便决定在此建一座砖石桥，桥墩为石质，在石墩上铺装木板做桥面。由于这座桥是林山公路的第三座桥，所以一直被人们称为"三号桥"。

1959 年施工建"三号桥"时，节气已到深秋之后的立冬季节。起初，工地从河津等地请来几十名石匠，把孤山麻石凿成方块砌桥墩，后来为加快建设，又从附近村庄拉来了一些墓碑、门墩石使用。为防止夜里建筑中的桥墩受冻，晚上施工现场一律用棉被封盖。"三号桥"的桥墩为南北走向，两边一律撇成"八"字形，中间为长方形桥墩，两侧为过水道。桥墩地下筑有 3 米多深的基石。距桥面 2 米高处嵌有方块青石，上书"群力果""公社花"等字，反映了林山公路的顺利修建，是 1958 年公社化后广大人民群众集体力量的成果。

林山公路建成投入使用七年之后的 1966 年，"三号桥"桥面上的木板几经风雨侵袭和车辆碾压，加之当时桥面上用的木板全部是湿木板，尤其是杨木板材缩水率很高，腐烂现象严重，木板之间缝隙不断加大，使整个桥变成了危桥。当时的林山村党支部书记黄联贵和大队长黄登贵便找到了县建筑公司，请他们帮助加固桥面以保证安全。

县建筑公司的技术员在经过现场察看后，起初提出的修桥方案是用钢筋水泥铺装桥面。后具体施工的县建公司技术员廉同江（建筑工程师）认为，桥墩之间距离太宽（宽达4.5米），用钢筋水泥铺装桥面，即使用"现浇"的方法也难以保证质量，保险系数太低，并且成本过高。他从我国传统桥梁建造方法"石拱桥"中得到启示，建议从桥墩上卷窑洞，用窑背做桥面。

经过反复商议讨论，大家认为卷窑洞的方案最经济和科学。一是节约成本（只使用沙灰与砖块），二是保险系数高，坚固耐用。最让大家兴奋不已的是，卷起的窑洞高2.8米，也就是说，可以将桥身由原来的13米提高到18.8米，这样还减小了桥两边的公路坡度。

廉同江回忆说，1966年春季，"三号桥"卷窑的方案定下来后，为节约成本，村里立即就地取材，在桥西边的空地上建起了砖瓦窑。两个多月后的盛夏时节，廉同江带领县建筑公司的黄金义等四名人员

林山公路"三号桥"

到林山村具体施工（卷窑）。当时由村里还抽调了十多名劳力当小工，前后共计 18 天时间，在原来的桥身上卷起了两孔窑洞，并在桥面南北两端筑起了砖质花墙作为护栏。

林山公路虽然只是一条普通的社村（乡村）公路，但它曾经作为高三（高村至三路里）线的主要路段，为县域经济建设发挥了极其重要的作用。1960 年，林山公路工程曾荣获晋南专署一等金匾奖，在全国工业交通群英大会上还被树立为社办公路的一面旗帜。

昆香

回忆当年的"招飞"体检

　　1964 年春季，我们正在万荣中学上初中一年级（当时的万荣中学是既有初中部、又有高中部的完全中学）。一天上早操时，我们只是围着操场转了一圈（以往还要做广播体操），就全体被集合到了学校操场东边的主席台前。说是主席台，实际上就是一个十分简易的舞台。时任学校校长王晓勇站在主席台上，用十分标准的普通话说：上级开始在中学里招收飞行员和滑翔员，高初中应届毕业班的同学都可以报名当飞行员，初中一二年级的同学可以报名当滑翔员。并且宣布说，现在就开始报名，经政审合格后，就要开始身体检查。

　　听到招收飞行员和滑翔员的消息，我们心里都十分高兴。听学校介绍说，只要能够当上滑翔员，就会离开现在的学校，到国家专门设立的滑翔学校去学习，而滑翔员就是国家为飞行员培养的后备梯队。当时报名时间很短，但实际上进行得也很快，只用一天时间，几乎所有的男同学都报了名。后来学校宣布说：报名同学的家庭成分都必须是贫下中农出身，而且还要经过体检前的目测。

　　此后没几天，我们学校 100 多名目测合格的同学在学校教导处老师的带领下，都集中到县人民医院进行体检。县医院的体检共分五个科室，其中有五官科、内科、外科等。经过不到一天时间的体检，我们 100 多人中只有 30 多名被宣布为合格，并且得到带队老师的明确通知，说让我们做好准备，等上级通知时，就要到运城去复检。

　　接下来的日子里我们总是安不下心来，心里天天都在想着到运城体检的事，就连晚上睡觉、课间休息时都还要相互议论着。过了约有一个星期的时间，那天下午两点多钟我们正在上课时，忽然就看见学校教导处的董成林老师轻轻地推开教室的门（往常上课时间是不允许任何人打搅的）对任课老师说：很快要带初步体检合格的同学到运城去复检，所需时间暂时还不能确定，但同学们要做好准备。

终于到了去运城体检的时间了，那天在走出教室门的那一刻，我们每个同学的脸上都洋溢着笑容，留在教室里学习的同学们对我们都投来了羡慕的目光。在学校大门口有一辆解放牌大卡车停在路边，我们30多个人依次上了大卡车的车厢。带队老师嘱咐我们说：大家到路上要注意安全，任何人不准随便站立。并当场宣布，这次去运城体检的同学除了带队老师以外，由高17班的宋马锁同学负责大家的联络工作。

汽车通过县城一路向西，上了薛朝坡，过了东丁桥，一直开进了阁景中学校门（位于现在的李家大院内）。带队老师说让我们等一下，阁景中学还有十来位同学要和我们一起乘车到运城体检。就这样，两个学校的40多名同学挤在了一个大卡车里。我们一路上说说笑笑，不一会儿工夫就到了运城医院。没有休息时间，也没有洗漱时间，我们刚一下车就被安排进行体检。

运城的体检十分严格，不少同学在还没弄清共有多少个科室时就被告知已经淘汰。我们万荣的同学大多数是因为眼睛和鼻子的原因被淘汰（并不是他们的身体有什么毛病，而是不符合飞行员严格的身体条件要求）。到了下午5点多时，已经有一大半同学被淘汰。他们仍然乘坐送我们来时的那辆大卡车返回了万荣。

留下来的十多名同学继续进行体检，并且被安排了食宿。我们大多数同学都是第一次到运城，所以当天晚上，几个同学还相约跑到运城火车站附近玩。听着火车的轰鸣声，看着来来往往的人群，让我们觉得外面的世界很大、很精彩。在接下来十多天的体检过程中，不断有同学被淘汰出局。在运城体检进行半个多月后，最后只剩下了宋马锁、薛志善、贾泽坤等几名同学。体检过程中，检查人员还特意与每个同学对话，看大家的语言交流是否流畅、有无口吃现象等。尤其是每次开饭时，穿空军军服的解放军会准时出现在饭厅，细心观察每个同学的就餐情况。起初我们还有些纳闷：他们为什么不吃，而总是看着我们吃。后来听医生告诉大家说，那是在看你们吃饭时有没有挑食、偏食现象，不吃肉者、吃相不雅者都会被淘汰。被选上的同学在运城通过体检后，又先后到临汾、太原等地，经过多次复查最后才确定了宋马锁、薛志善两名高、初中毕业班同学飞行员体检合格，初一年级39班贾泽坤同学的滑翔员体检合格。

宋马锁在太原复查期间，检查人员曾多次叮咛说：除了每天吃集体食堂的饭，喝驻地房间的水以外，不允许随便吃其他任何零食。期间，学校有领导到太原看望他们（宋马锁和带队老师）时，让宋马锁吃了一个糖块，不料在接下来的复查化验中，便被告知说有几项化验结果突然超标。当时带队老师非常着急，急忙向检查人员说明了情况。就这样，因为一个小糖块让宋马锁在一周多的时间里（9天）前后经过了三次复查、化验，直到最后相关指标才达到正常值标准。

后来因为招收名额的限制，只有高17班的宋马锁同学顺利被应征入伍，当上了一名光荣的飞行员。在全体同学早操时间，王晓勇校长十分自豪地说：上级分配的招飞名额几个县才有一名，我们学校输送宋马锁同学当上了飞行员，这已经超额完成了任务，得到了上级的表彰。这是我们万荣中学和全县人民的骄傲。

后来据我们了解，宋马锁是万泉乡属里村人，他入伍后曾先后担任过飞行员、教练员，后转业到了外交部工作。

贾向南　古俊奎　尉培荣

回忆当年的"除四害"

　　提起当年的"除四害"讲卫生运动，大多数人都认为那是 1958 年"大跃进"的产物，其实，最早提出"除四害"讲卫生应该是在 1952 年，至今已整整六十年了。

　　1952 年的朝鲜战争中，丧心病狂的美国侵略者使用了细菌武器，那些带毒昆虫当时也洒到了我国的东北地区。于是我国政府不但发表了抗议，同时还成立了爱国卫生运动委员会，并由周恩来总理亲任主任，主要领导反细菌战，在全国开展爱国卫生运动。同年 12 月，卫生部召开了第二届全国卫生工作会议，毛泽东主席为大会题词"动员起来、讲究卫生、减少疾病、提高健康水平，粉碎敌人的细菌战争。"

　　为了打好"除四害"讲卫生这一仗，当时我们万荣县由县长王国英挂帅，副县长黄舒卿负责，组织了由青、妇、武、民政、工会、文教、卫生等单位领导参加的爱国卫生委员会具体抓这一工作。各公社、大队、生产队、机关、学校随即都相应建立了"除四害"组织，生产队由保管员统计战果，收缴战利品，确实做到了层层有人抓，村村有人管，家家户户有指标，人人头上有任务。

　　当时消灭蚊子的方法：一是铲除杂草。干部群众将自己房前屋后的杂草清除得干干净净，使蚊蝇无处藏身。二是消除污水坑。污水是蚊虫繁殖孑孓的地方，群众把大小污水坑一律填埋，把家庭院落的瓮底、盆底等所有的凡能存留污水的容器都清理地干干净净，从根本上消除了蚊虫滋生的温床。三是拍打、烟熏，消灭成虫。

　　消灭苍蝇的方法：一是用蝇拍打，消灭成虫。二是挖蛹。就是在

厕所内和厕所四周墙角土缝里寻蛹挖蛹，把蛹消灭在孵化成蝇之前。三是灭蛆。即在厕所的粪便里撒上"666粉"等农药，消毒灭蛆。四是改良厕所。不少大队组织专业工匠挨家挨户将便槽式厕所改成漏斗式厕所，使粪便直接溜入茅坑，保持茅槽经常干净。同时用"三合土"（石灰、黄垆土、炉渣）把厕所的地面上用夯打得严严实实、光光亮亮，使无孔不入的蝇蛆也无处藏身。

当时，消灭蝇蚊的另一种方法是大打"人民战争"。生产队按所分配的任务大小，给每户分发足够的"666粉"，在确定的时间（通常是傍晚）、确定的地点——家庭、巷道、村口、饲养室、打麦场等场所，同时点燃柴草（湿干柴草搭配达到火不旺、烟不少），撒上"666粉"，烟熏药呛，围歼蚊蝇。两三个小时呛人的味道过后，点上灯一看，墙周围、屋檐下，到处是密密麻麻、星星点点的蚊蝇尸体。

老鼠除了传播疾病外，还大量损耗粮食，破坏衣物、家具及田埂堤坝。消灭老鼠的方法是：弹簧夹子夹，铁笼木笼圈，木板或篦子压（将铁篦子或木板用小棍撑起，棍子连着诱饵，老鼠一吃，棍子一动，木板就会立即掉下来，压住老鼠）。汉薛公社四望大队薛忠秦的母亲就是一名捉鼠能手。她搬把椅子坐在厨房案板旁边，将自己的头部用衣物裹住，只剩一双眼睛，手上拿一块与案板颜色差不多的浅色布块，布和案板上均放一些老鼠爱吃的同一食物，老鼠吃了案板上的诱饵后再到手上吃时，便难逃"如来佛"的手心，立刻被抓住摔死。她用这种方法一个月抓了五十多只，最多一天捉了六只，被誉为"捉鼠模范"。后来老鼠少了，变得更奸猾了，整天躲在窝里不出来。为了赶鼠出洞，消灭残余，群众又整出了新办法。就是把活捉的老鼠尾巴剪掉上交，而在老鼠的肛门里塞一粒黄豆，然后用线缝住，因老鼠不能拉屎，便变得暴躁疯狂，见鼠乱咬。有些病弱老小就被咬死在窝里，有些跑出窝外的则被灭鼠队员打死。

消灭麻雀的方法也很多。麻雀当时被认为是危害农作物、偷吃粮食、与民争粮的害虫，也被戴上了"四害"的帽子，予以清除（后"平反"，被列为保护鸟类，其"四害"位置被蟑螂代替）。消灭麻雀的方法有：土枪打、筛子扣、动手掏、弹弓打、全民捉。

土枪打。就是在土枪里装上铁渣散弹，碰见成群麻雀一枪打出去就能打死好几只。筛子扣。就是将竹筛或铁筛放在地上，一边用小棍撑起，棍子上拴个细绳拉到远处，筛子下面撒一些麻雀喜欢吃的谷物，人躲在远处。看到麻雀进入筛子底下吃食时即拉动绳子，麻雀也就被扣在了筛子里面。动手掏。就是在晚上搬上梯子，带上手电，用手电在房檐椽缝里照，发现麻雀就搭上梯子"一窝端"。白天仔细观察各个墙缝、墙洞，碰到有柴草、鸡毛等迹象疑是麻雀窝的地方，就上去掏窝掏蛋掏幼雀。用弹弓打。弹弓打是青年人和小学生灭雀的主要方法。他们人人身带弹弓，随时随地的打麻雀。当时的顺口溜是："小弹弓，随身带，消灭麻雀除四害"；"小弹弓，威力大，打得麻雀害了怕，见人不敢叫喳喳，整天躲在椽旮旯"。当时还涌现出一大批"除四害"的学生模范，如阎景中学的丰年，汉薛公社漫峪口村三年级学生张铁成，都是用弹弓打麻雀的"神枪手"。他们白天偷空钻到树林里悄悄打，晚上带着手电到村外的饲养室和无人居住的闲置房的屋檐下找着打。张铁成不到半年时间消灭麻雀近千只，最多的一天战果是162只，被评为"除四害"模范，受到各级领导的表彰，还奖给一个手电筒以资鼓励。

城里消灭麻雀是打"人民战争"，方法是"三统一"。统一时间（清早），统一"武器"，主要武器是鞭炮、锣、钹、鼓和能敲响的脸盆等物，以及彩旗和绑着褥单或衣服的杆子等。统一命令下达后，到处是锣钹鼓和脸盆的敲击声以及群众的呼喊声。惊慌失措的麻雀从窝里飞出后，真是"插翅难飞有腿难停。"飞累了想歇一歇，但看到机关、学校、厂矿、商店的房上楼顶到处是挥舞着彩旗和竹竿的人群，吓得却不敢落脚，只能飞奔逃命。飞呀飞，飞呀飞，直到飞得精疲力竭，栽倒在地，束手就擒。

雷学礼

自 1964 年起，古城公社（今万泉乡）林山村与全国劳动模范李顺达、申纪兰领导的平顺县西沟村建立了——

兄弟般的深厚情谊

20 世纪 60 年代的古城公社林山大队，由于有经济林木（金梨、苹果、核桃、柿子、杏）的强有力支撑，全村农业丰收，林木茂盛，成为远近闻名的农业生产先进村。

当时担任林山村党支部书记的黄联贵虽然是地地道道的农民出身，但他却是个爱学习、肯钻研、善于动脑筋的优秀村干部。当时，他从上级开会和报纸、电台的宣传中已经知道了昔阳县大寨大队的陈永贵，平顺县西沟大队的李顺达、申纪兰以及武候梨等全国劳动模范的先进事迹。因此，他多次在村里的干部、社员大会上讲：我们林山大队决不能盲目骄傲乐观，要看到我们的不足，要虚心学习外地的先进经验，把我们的工作搞得好上加好。

黄联贵是个说到做到的有心人。他于是就安排村里有关人员分别给陈永贵、李顺达、申纪兰、武候梨等全国劳动模范去信联系，表示要诚恳虚心地向他们学习，并一定要抽时机前去学习参观。

1964 年初春的农历二三月份，黄联贵与大队党支部副书记尉全叼及另外一名干部一起，带着干粮从村里出发，终于远赴昔阳县参观了大寨大队，然后又绕道去了平顺县的西沟大队。当见到李顺达、申纪兰时，黄联贵十分激动，一再表示说，他们是专程来取经学习的。

当时，黄联贵一行见到李顺达时，李顺达正领着部分社员在地里播种玉茭。当介绍到申纪兰时，只见申纪兰身穿对襟土布袄，脚踏一双半新不旧的解放牌胶鞋，正驾着由两匹骡子拉套的铁犁（俗称"双套"）在高低不平的坡地上为点种的社员们犁壕开沟，齐耳的头发在风地里飘来飘去，前额的刘海恰好盖住双眉，显得十分干练精神。黄联贵见状急忙上前接过申纪兰手里的犁把（拐），也试着吆喝牲口，瞅准着行距开起了沟，这个举动引得李顺达和在场的社员们一阵叫好。当时，李顺达还伸出大拇指做了个手势，夸老黄不愧是庄稼行里的"大把式"。

黄联贵他们先后在西沟村住了十多天，从西沟村的党支部和团支部建设、干部配制，到村里的经济收入和学生上学，一一都问得很仔细，李顺达、申纪兰也都不厌其烦地详细回答了他。在参观学习的过程中，老黄他们一再表示要虚心向西沟村学习，李顺达却诚恳谦虚地说：我们都是农村干部，应该互相学习才对。

最让黄联贵他们难忘的一件事是，当时的西沟村是以玉茭粗粮为主食，在人们的平时生活中几乎没有细粮。想起黄联贵他们是从晋南地区的万荣县来的时，李顺达一再表示歉意，说你们来了十多天，也无法让你们吃上一顿面条，心里很是过意不去。就在老黄他们将要离开西沟村回程时的那天中午，大家却意外地发现，李顺达陪他们吃的那顿午饭，正是万荣人日常生活中的白面面条。

黄联贵保存的李顺达照片　　　黄联贵保存的申纪兰照片

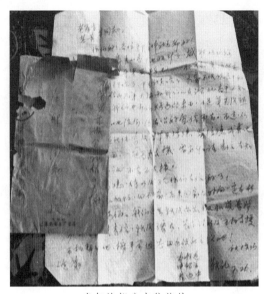

当年的部分来往信件

这顿面条让老黄他们十分感激和难忘，像李顺达这样闻名全国的劳动模范，在待人接物方面竟然这样周到细心，而当时李顺达还同时在县里和公社都担任着领导职务呀。后来，他们从做饭的大师傅口中才得知，西沟村里的人平常吃饭从来没有白面，更没有面条，为他们做面条的白面是用李顺达秘书（当时上级为李顺达配有专职秘书）翟建忠（永济人）口粮供应中仅有的几斤白面做的。

依依惜别的时候到了。李顺达、申纪兰握着黄联贵他们的双手久久不放，并赠送给他们一份临别礼物：一把优质苹果接穗，一包玉米种子。李顺达还特别叮嘱说，这些都是西沟村自己培育的优良品种，你们那地方比我们这儿无霜期要长得多，等你们回到家里时，正是嫁接苹果和播种玉米的最佳季节，正好可以赶上嫁接和播种。

黄联贵种了大辈子庄稼，但还是第一次从李顺达嘴里听到"无霜期"这个词语，心里便想，人家全国劳模的水平就是不一样。回到村里后，老黄很快就专门找到县上的技术员，请教学习农业技术方面的无霜期问题，还请省果树研究所驻村的技术员马骝专门为村干部解释了许多农业技术方面的专用术语。

后来，李顺达、申纪兰与林山村干部的书信来往也一直没有断。20 世纪 60 年代中期，林山村在有关科研及外贸部门的支持帮助下，把鲜杏深加工成杏干，并达到了出口标准，黄联贵还给西沟村邮送了一部分，同时邮去了杏仁和核桃种子。李顺达、申纪兰以后也先后给林山村邮过松树子和一些农林业栽培技术资料，并在信中详细介绍了山沟坡地的油松挖坑栽培技术要领。

如今四十多年过去了，黄联贵和李顺达都已先后故去，但作为当时当事人之一的尉全卯仍然健在。当尉全卯在电视上看到全国唯一的一至十一届全国人大代表申纪兰时，心里激动不已。他拿出自己多年来一直珍藏的李顺达、申纪兰的照片和他们之间的部分往来信件，又向人们诉说起了当年的历历情景。

撰文：立木　配图：尉魁鹏

轶事钩沉

当年"三线"民兵团的春节

20 世纪的 1971 年，在"加强战备，准备打仗"的战略思想指导下，为了战备工作需要，根据上级安排，万荣县组成了共计三千至四千余名男女基干民兵的"三线"建设民兵团。当时的民兵团共有 5 个营，团长由郭强华担任，团政委夏孟锁（县人武部副部长），参谋长王青山，政治处主任王理群，后勤处长史启迪。

全团民兵前后共分成了三批集结，1971 年首批民兵先到翼城县执行任务，后转至绛县的么里镇安营扎寨。民兵团实行军事化及半军事化管理，主要任务就是以实际工程作业为主挖土方，但平时的军事训练和政治学习也十分标准化和规范化。经有关部门批准，当时还从县医院抽调了骨干医生康俊生、冯汉坤、黄发贵等及部分护士，组成了民兵团医务所，负责全团官兵的医护卫生工作。

当时正处于"文化大革命"时期，人民群众的生活还很艰苦，衣食住行条件都比较差。根据上级有关规定，参加民兵团的民兵生活安排是"双 45"和"三个 15"，"双 45"是每人每月 45 元钱和 45 斤粮（成粮，全都是白面），其中每人每月的 45 元钱又分为伙食费 15 元，自用零花钱 15 元，剩余 15 元交给当地生产队计工分。

民兵们当时的生活水平虽与现在根本不能相提并论，但在那时已经是很不错了。因为当时的农村群众绝大部分还以粗粮（玉茭、高粱、红薯）为主，民兵们能在"三线"吃上细粮，手里又有零花钱已经是相当好了。因此，大家个个都精神饱满，干劲十足，确实是一支"招之即来，来之能战，战之必胜"的生力军。

当年的"小脚民兵"

由于民兵团实行的是军事化、半军事化管理，因此民兵们与部队里的现役军人一样，没有特殊情况是不能回家的，就连传统的春节也必须在民兵团集体过。民兵团在"三线"过的第一个春节是1972年春节，当时民兵团与地方上的机关一样，按国家规定从正月初一至初三共计放三天假。伙食方面除初一中午大家都吃了一顿肉馅饺子外，而后的饭菜仍与平时一样，只是菜里的油和肉比平时多一些，大部分食堂（每个连办一个灶）春节期间都包了一顿包子、煮了一次油饼。大年初一，团领导也分别下到各连队与民兵们一起过年。那时，人们把吃饺子、吃包子、炸油饼称为"改善"生活。这样，从大年初一到初三，民兵们每天都改善了一次生活。

虽然说大家的物质生活并不算太好，但文化体育活动却十分丰富。春节期间，各连队都换写了黑板报（宣传栏），文艺宣传队表演了自编、自导、自演的文艺节目，各连队、营部之间组织了篮球友谊比赛，每个连队还进行了猜谜语、击鼓传花、赛诗会、写革命家信等活动，空余时间打扑克、下象棋的比比皆是，不少女民兵还抽闲补空织起了手套和袜子。

到了正月初四假日结束后，民兵们就又投入了紧张有序的训练和劳动之中。那时候的广大农村正在开展声势浩大的"农业学大寨"运动，积极响应上级"干到腊月二十九，吃了饺子再动手"的号召，不少农村都是除夕和正月初一放两天假，正月初二就投入到了农田水利基本建设劳动（平田整地）中。有的村（生产大队）甚至正月初一就组织社员开始劳动。两下比较起来，"三线"民兵团的春节过得还算宽松和愉悦。

1972 年和 1973 年，"三线"民兵团先后在绛县么里镇度过了两个春节。如今将尽四十年过去了，当年身处其中的民兵们提起来仍然津津乐道，喜形于色，都说他们那时候在"三线"过大年，虽说没有现在吃得好、穿得好，但过得轻松愉快，有滋有味，乐在其中，让他们终生难忘！

王理群　尉培荣

20世纪60年代的古城公社桥上大队团支部——

学雷锋活动的榜样

1963年初，雷锋同志的模范事迹和《雷锋日记》发表以后，当时的古城公社团委书记范广泽在公社党委的安排下，到桥上大队（今万泉乡桥上村）组织安排全村广大团员青年认真学习雷锋同志的先进事迹，并且结合本村实际，解决了许多实际问题，取得了明显效果。

当年3月份，毛泽东同志发表了"向雷锋同志学习"的题词后，周恩来、刘少奇、朱德等也都先后为雷锋同志题了词。此后，万荣县也和全国各地一样，从工厂、学校、街道、机关，直到广大农村，很快都积极响应毛泽东同志的伟大号召，广泛深入地开展起了向雷锋同志学习的活动。

由于有了先行一步的扎实基础，古城公社桥上大队的学雷锋活动更加有声有色，在全县乃至更大的范围内树立了榜样。当时的《中国青年报》报社社长纪云龙、主编魏方艾及记者黎阳、刘家谦等在团省委领导肖辉（时任团省委宣传部长）、郑国盛（时任团地委副书记）等的陪同下，曾专程到古城公社桥上大队，对该村的学雷锋活动进行了实地考察调研。由于受当时的交通限制，考察团一行人乘火车、换汽车，先后辗转好几天才来到万荣县城。但是，当时从县城到古城公社桥上大队并不通班车，交通工具也十分有限，时任万荣县委书记的李明、县委书记处书记阎广洪，还专门从县交通局调来一辆大卡车，让大家乘坐卡车才来到了桥上村。虽然只有二十余里的路程，却把每个人都打扮成了真正的风尘仆仆。当时参加考察的还有团县委书记张世庚、古城公社党委书记杨泽川等。

考察组一进村就和群众一起参加了生产劳动，并利用各种形式，实地考察了桥上大队的学雷锋活动。考察活动前后共历时十天左右，最终肯定了桥上大队的学雷锋活动成果，并总结出了四条基本经验和启示。考察期间，考察组还对古城、北涧、林山等大队进行了考察，并为这些大队的学雷锋活动也提出了一些指导性意见。

而后，考察组在古城公社总机室，由考察组纪云龙同志接通北京的电话，通过电话向当时主持团中央工作的副书记胡启立（团中央第一书记胡耀邦当时在外地考察工作）汇报了对桥上大队学雷锋活动的考察结果。后由《中国青年报》主编魏方艾执笔，在《中国青年报》发表了题为《中国青年一次伟大的革命运动》、副标题为《论山西万荣桥上大队团支部的学雷锋经验》的文章。接着，《中国青年》、《山西日报》、《山西青年报》等媒体都发表了有关桥上大队学雷锋活动的消息、通讯等专题文章，当时的山西省委第一书记陶鲁笳还作了专门批示。此后，当时的省委秘书史纪言、团省委书记仝云等领导也都到万荣县进行了实地考察。

在当年召开的团省委第五次会议上，地、县团委负责同志对桥上大队的学雷锋活动又进行了典型发言，桥上大队团支部书记李喜元还获得了"山西省社会主义建设青年积极分子"的光荣称号。

范广泽　畅泱舟

张尚平：牢记周总理的嘱托

曾先后任万荣县农业局局长、县人民政府副县长、县人大常委会主任的张尚平是临猗县人，但他却长期工作生活在万荣县，如果加上他在万荣间断工作的时间，张尚平在万荣这块热土上的工作生活时间已累计超过了40年。且退休后，他仍然和家人定居在万荣县城。

20世纪50年代初，张尚平从河北农业大学（农学院）农学专业毕业后，被分配到山西省农业厅工作，后任工业原料科科长。新中国成立初期，中央对农业工作十分重视，国务院连年都主持召开全国棉花工作会议。国家还安排陈云同志主抓"两白一黑"工作，两白中的一白就是白纱布，而要发展棉纱生产，就必须抓好棉花工作。当时，毛泽东主席高度关注棉花生产，并提出由周恩来总理亲自抓。中央还在上海成立了"全国棉花协会"，张尚平被吸收为会员，并且担任山西省棉花协会常务理事。

1958年12月，在第二次全国棉花工作会议上，有关领导决定编辑一本系统的棉花栽培技术书籍，书名暂定为《中国棉花栽培学》。后经过有关领导点将，很快在全国范围内抽调了一批农业，尤其是棉花栽培方面的专家和学者，组成了专门的编写班子，集中到中国棉花研究所（地址在河南省安阳市）开展工作。当时仍在省农业厅工作的张尚平也被抽调参加了对本书的审定，前后共经历了两个多月的时间。后来，编辑审定成书的《中国棉花栽培学》由上海科学技术出版社出版，并通过全国各地新华书店发行，全书共计52万多字。

1959年在召开全国棉花工作会议时，时任省农业厅工业原料科科长的张尚平，便与当时的山西省副省长刘开基、省农业厅厅长康培烈、全省植棉模范曲耀离等一起参加了这次会议。会议期间，周恩来总理亲自到会，看望参会代表并向大会做了重要报告。张尚平至今仍然清楚记得，周总理在那次报告中简明扼要地阐述了棉花在国防建设、经济建设以及国计民生中的重要地位，同时明确提出，全国的棉花生产要在保证种植面积的基础上，下大力气，提高单产。

1962 年，全国棉花工作会议再次在北京怀仁堂召开。张尚平后来回忆说，这次参会人员除了省直有关部门外，还有部分棉花丰产县的代表。当时的运城县（今盐湖区）县委书记刘清泉、农业局长李碧天，以及全国劳模、植棉模范曲耀离等也参加了大会。当年 12 月 12 日下午 3 时，周恩来总理再次来到了怀仁堂会场，全场立刻响起了经久不息的掌声。周总理首先问道："曲耀离来了没有？"曲耀离急忙站起来回答："来啦！"总理说："来，向前坐！"接着又把全国劳模张秋香叫到前排，总理在和他们一一亲切握手后，才开始向大会做报告。在长达 3 个半小时的报告中，总理 3 次提到曲耀离，还当场把曲耀离召到主席台上坐在自己身边。大家见到这种动人的场面，会场立刻沸

张尚平当年在小麦地里调研

腾起来，与会代表都受到了很
大的鼓舞。周总理的报告结束
的时候，还十分风趣幽默地说：
我们这个会场不仅能满足开会
的需要，而且能容纳一千多名
媒体记者，能够做到开会采访
两不误，互不影响。末了，总
理又笑着对大家说：中午管大
家一顿饭，用餐地点就在北京
饭店。大家不仅要开好会，还
要吃好饭。总理又特别补充说：
我们今天的会议，并没有邀请
外国记者。

张尚平

在此后的几年中，张尚平连续几次和省政府及省农业厅的领导共
参加了六次全国棉花工作会议。他记的与他一起参加会议的，除了省
领导刘开基，还有省农业厅的领导范履端、王丕绪等。在连续参加全
国棉花工作会议的几年里，刘开基副省长还安排张尚平以农业技术专
家的身份，多次到万荣县指导棉花栽培工作。在万荣工作的日子里，
张尚平积极配合县上领导多次到裴庄乡岔门口村与植棉模范沈辰法一
起，共同分析研究讨论，制定出了一整套旱地棉花的栽培技术要领，
然后指导全县的棉花栽培工作。

"文化大革命"中，受派性和武斗的严重干扰，全县的农业生产
也受到了很大的影响。为了及时消除派性，制止武斗，当时的省革命
委员会曾组成工作组分赴各县开展工作。在安排分组时，省有关领导
对张尚平说：你在万荣有好几次的工作经历，两派群众中间你都有熟
人和朋友，这十分有利于开展工作。因此，张尚平被分配到了万荣工
作组。

至20世纪70年代，张尚平便与省里各部门的不少干部一起下放
来到万荣县埝底公社东埝底大队，直接工作生活在了农村。眼前就是
一片又一片的棉田，这对酷爱棉花栽培技术的张尚平来说是一件十分
欣慰的事。这以后，他牢记周恩来总理在全国棉花工作会议报告中的

嘱托，一头扎在棉花地里，从优种选育、旱地墒情，到打药施肥、合理打掐，一直到后来的塑料薄膜覆盖技术，为旱地棉花的生产发展，实践和总结出了整套的成功经验。时间过了几年后，根据有关规定和安排，省里的下放干部又陆续回到了省城，但张尚平却一再向有关领导请求说，自己是个农业技术干部，个人的用武之地在基层、在农村，更具体地说，就在万荣这个产棉大县的棉花地里，他最终坚持留在了万荣工作。

从20世纪80年代开始，张尚平就一直扎根在了万荣这片热土上，与农业生产，尤其是棉花栽培结下了不解之缘。在他的精心指导下，老植棉模范沈辰法的棉花栽培技术有了更新更高的发展，万泉乡杨家垛村夏建华的植棉栽培技术在全县、全市乃至全省也都成了一面旗帜。在数十年的工作中，张尚平曾先后担任过万荣县农业局局长、分管农业的副县长，直至县人大常委会主任。但无论岗位和职务如何变动，张尚平的心里永远怀着矢志不渝的棉花情结。如今，退下来的张尚平虽然是无官一身轻，但他依然牢记着周恩来总理当年的嘱托，棉农们仍然常常找他，请教他种植棉花的栽培技术。张尚平也乐得无偿为棉农们耐心讲解，具体指导。闲暇时间，他还会经常到一些棉农的棉花地里看看，帮助棉农们解决生产中的实际问题。

张尚平连续几年参加全国棉花工作会议时，每次都有与周恩来总理等党和国家领导人的合影，且一直珍藏在身边。但那年他从省城下放到万荣县埝底乡劳动期间，由于住所地来回变动，珍藏多年的照片不幸丢失。后虽多方打听查问，却仍然没有找到，这在张尚平的心里留下了深深的遗憾。

多年来，每当有人提起张尚平几次参加全国棉花工作会议受到周恩来总理亲切接见的事，他总是十分谦虚地说：那些都是过去的事了。但细心的人们总会发现，说这番话的时候，张尚平内心的喜悦和激动之情常常会溢于言表，这一切都写在了他那饱经沧桑的脸上。

尉培荣

我所见到的《万学杂志》

20世纪70年代初，我在县公安局工作期间曾在太贾村下乡蹲点。一天，我在一社员家吃派饭时，无意间发现一本名为《万学杂志》的繁体字旧书。翻看前序内容后得知，此书是考古学家卫聚贤主编。序言大意是：卫君聚贤自幼好学，广览群书，知识渊博，以考古鸣世等。落款是万泉中等以上学生学友会编印。

因卫聚贤老先生与我同是皇甫乡北吴村人，出于好奇心，我遂向家人讨借细看。户主说，一本旧书说不定就当废品给扔了，你要看就拿去看吧，不要还了。我当时表示谢意，并说此书我先代为保管了。就这样我无意中得到了民国时期的《万学杂志》一本，因其内容涉及本县历史沿革、名胜古迹、行政教育等人文资料，故经常带在身边不时翻看。

后我被调到古城公社（今万泉乡）工作。20世纪80年代初的一天，突然有一陌生人找到我的办公室，并自我介绍说，他是北吴村的卫月望（卫聚贤之长子），从内蒙古呼市回来没几天。今天他来途径当年家父曾考察过的荆村瓦渣斜（仰韶文化遗址，省文物保护单位），再到文庙去看看。来之前曾听月圣兄说，我是村后的梁门后人，故而顺便见见我。我听了急忙让座倒水接待，稍歇片刻后就陪他去看文庙。他里里外外很认真地从照壁、古柏、石碑等都认真细致地边看边记录，同时对文物的破损失修也表示了深深的惋惜。

卫月望是我国著名的古钱币专家，深受其父卫聚贤的深刻影响。当时他对考古工作的非常关注和内行的精神感动了我，我便拿出《万

轶事钩沉

学杂志》让他看，并说明了来历。只见他爱不释手，深表难得，同时说让他先拿去看看，复印后再还我。我说既然是家父所著，你就拿去收藏了吧。谁知此后卫月望一去再也没回过故里，再后来听说他于1994年6月在呼市去世。我为能把其父的佳作赠还给其子而欣慰和高兴，同时也为没能留下复印件作为纪念而遗憾。

20世纪90年代中期，一次，我在回村与卫中炎老先生闲聊时，得知他家中也有一本《万学杂志》。经观看后发现该书本虽破烂，封面已不复存在，但从序白中可以看出并非其前书原版，而是一本《万学杂志附刊》，书里内容基本类同且齐全。有了上次得书送书的经历，我便向老先生求借复印后归还原本，复印本现存我处。

《万学杂志附刊》印刷于民国十五年（1926），距今将尽世纪百年，由当时万泉县学生学友会主编。主要内容共十章：（一）沿革与疆域、（二）山水和古迹、（三）教育、（四）财政、（五）赋税、（六）户口、（七）保卫、（八）实业、（九）行政、（十）希仿，是研究我县大范围办学育人历史不可多得的珍贵资料。其开篇告白原文是：

"本县曾发行万学杂志，每期印刷一千份，分送各处赠阅。但不敷分配，多印则限于经济，故节录万泉县志及万学杂志另编一本，名曰《万学杂志附刊》，再印两千份，分送县中各高级小学校学生及各初级小学第四年级学生，便于课外阅览本书，则县事可知大概。又本书第十章希仿，如能实行，则小学生对于村事已明，将来自治事业易办，此即孔子所谓'民可使由之，不可使知之'之意也"。

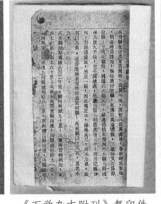

《万学杂志附刊》复印件

值得一提的是，当年教育条件十分落后，经济状况非常有限，入学率低失学率高，女孩子基本不上学。万泉县仅有高小五处，分别是城里（今万泉村）、神疙瘩岭、东埝、薛店、北解，女子高小仅一处在城里，各村只有初级小学。往往大多数小学毕业后再升学无力，出门（做生意）尚早，课本读完，四书禁念，常苦无书可读。县上遂要求各乡教育会议加授珠算尺读、通俗应酬等计共若干本，可于运城或新绛石印馆印刷，成本由各村摊钱购用。

卫聚贤、卫月望父子在考古工作上卓有成就，对教书育人亦十分重视。历史不可重复，但可以借鉴，他们留给后人的则是弥足珍贵的财富。

梁天海

轶事钩沉

卫景安先生家书述录

　　2005 年，现定居陕西省户县的皇甫乡北吴村人卫茂轩先生，将自己珍藏多年的父亲卫景安在"走西口"（1928—1942）期间，与家乡亲人们的来往家书信函共 25 件（封），捐赠给了由国家博物馆等单位联合组成的"抢救民间家书项目组委会"。

　　卫景安，字新斋,（1911—1973），万荣县皇甫乡北吴村人。1928 年，卫景安父母出于让儿子修身养性、多学本事、将来立撑家庭门户的考虑，决定让卫景安"走西口"，到生意门店"熬相公"。从 1928 年至 1942 年的十多年间，景安先后在甘肃省的兰州、张掖、平凉、定西、酒泉等地的商号（门店）供职期间，刻苦学习，练就了精到流利的珠算和潇洒赢人的毛笔字。

　　在消息闭塞、通讯落后的旧社会里，像绝大多数走西口的人们一样，思乡、思亲、思家心切的卫景安，只有用书信的形式，与家乡的亲人们交流沟通。据卫茂轩介绍，家父卫景安与家乡亲人们之间的来往信件居多，但因年代久远，世事更迭，现保存下来的只有 25 件（封）。所有来往信件全都纸质精良，笔迹娟秀。每逢过年、过节时的信纸，还特地使用了梅红色的信笺，以表示卫景安对家乡亲人们的问候和思念。尤为珍贵的是：卫景安之妻解姣娥（娘家系万泉乡庙后村）也曾托人给丈夫写过一封信，所用信笺顶端印有孙中山先生的遗像和遗嘱全文，透露出了当年的时代气息，是一件甚为罕见的收藏珍品。

　　认真欣赏这些信件（影印件），我们可以从中发现，所有信件都笔迹娟秀，刚劲潇洒，竖写格式中的笔画笔顺犹如行云流水一般，留

卫景安　　　　　　　　　　　　卫景安家书

给人们的是一种惟俊唯美的亲情享受。这些来往信件的内容涵盖面较宽，有表达卫景安在远离家乡走西口后，对家乡亲人们的殷殷思念之情的；有询问家乡社会治安、庄稼收成等项状况的；有表达夫妻长期分别之后苦苦相思之恋的；更有他反复叮嘱、相劝家乡亲人们要远离大烟侵害、立志振兴家业的。

　　2006年元月，卫景安家书入选由国学泰斗季羡林题签的《家书抵万金》一书，并作为《民间家书第一辑》由新华出版社出版发行。新中国成立60周年的2009年国庆节期间，卫景安家书又入选了在北京举办的《民间家书展览》，并被编入由中国人民大学出版社出版的《打开尘封的记忆——中国民间手写家书展图录》一书。

　　据悉，由国家博物馆等单位联合组成的"抢救民间家书项目组委会"在面向全国征集家书活动中，当年就收到了家书作品3万多件，而卫景安家书名列于组委会精选的30件家书之中。

立木　天海

林山村通电话记忆

　　1957 年初冬的一天，根据受村干部的安排，我和队里的一位社员牵着毛驴，带着干粮，从我们林山村七拐八弯的崎岖小道上一路下山，来到县城解店去见当时县里的王国英县长。

　　之前，王国英县长曾几次骑着自行车到我们林山村检查指导工作。就在前些天来村里时，他说：你们村每年都要产数百万斤金梨，道路不通，通讯不畅，对梨果销售影响很大。目前全县各乡镇都通了电话，对工作非常有促进，你们村就先安装一部电话吧！当时全县各村都还没有安装电话，我们村虽说离乡里只有十来里地，但是沿路七沟八梁，山高坡陡，若论安装电话的地理条件，比全县任何一个村都差。

　　王县长当时好像看透了村干部的心思，就十分肯定地说：困难不要怕，电线和技术人员由县上帮你们解决，劳力和电线杆你们村里自行安排。村里安装电话的事，就这样由王县长拍板决定了。

　　到了县城，另一位社员在外面照看毛驴，我进到县政府去见王县长。当时王县长正在办公室给两个干部模样的人交代工作，见我进门就热情地给我倒水，然后递给我一张字条，让我到县交电公司提货。当他得知我们只牵了一头毛驴，就嘱咐说，你们今天先驮上电线，明天再来一趟驮上瓷瓶和其他材料，邮电局很快就会派技术员上山施工。

　　当时领电线（铁丝）时还闹了个小笑话，我们只看字条上写的是100斤，交电公司的人却说是100公斤。与我一起去的社员听了插嘴说，我们不晓得这"斤"还分公母哩，惹得大家一阵哄堂大笑。说笑中，交电公司的人已为我们称好了电线，并且与我们一起把电线分成了两捆，大家一起动手把电线放到了毛驴身上。

毛驴驮着 200 斤重的电线走起路来十分吃力，十几里的路程整整走了好几个小时。就要到我们村时，因村里的上坡路越来越陡，毛驴实在是走不动了，我们只好先卸下铁丝，让毛驴分作两次驮到村里。

第二天，邮电局的技术员就来到了我们村，村里在各生产队抽调了十几名劳力，大家有的跟着扭铁丝、安瓷瓶，有的挖电杆坑，这样前后共用了十来天时间，终于接通了村里的也是全县的第一部村级电话。

如今，随着社会的发展和进步，人们家家都有了程控电话，而且大多数人都用上了移动电话。可是在 20 世纪 50 年代，像我们这样的山村能够在全县率先通了电话，对我们全村人来说实在是一件开天辟地的大喜事。正因为如此，1957 年冬天，就在村里通上电话的那天晚上，村支书黄联贵还通过好几次接转，特意向乡领导和王国英县长报告了这一喜讯。

一直到第二年，根据我们村地理条件分散的实际情况，乡里又给我们村配备了一台交换机，村里再配备了一名专职电话员。这样，全村七个生产队和村主要干部家里就都安装上了电话分机，这在当时极大地方便了群众的生产和生活。

黄登贵

轶事钩沉

1969 年 9 月，在万荣县孤峰山半腰的万泉乡林山村，曾经成立过一支——

执行特殊任务的民兵排

1969 年 7 月，为了及时制止"文化大革命"中步步升级的派性武斗，中央发布了由毛泽东主席亲自批示"照办"的"7·23"公告，要求立即解散派性武斗组织，收缴一切武器（包括枪支、弹药），无条件地停止一切形式的武斗。

当年 9 月上旬的一天，万荣县武装部和当时驻万荣的"支左"部队负责人，在公社干部的陪同下来到孤山脚下的林山村，在张家山沟底察看地形，选择地址，进行销毁"文化大革命"武斗武器（主要是以硝铵肥料为原料土法炒制的炸药）工作。

为了做到销毁工作的顺利、安全，县武装部和"支左"部队干部联合成立了现场指挥部，并在林山村抽调了 20 多名家庭出身好、政治可靠、能说或能听懂普通话的基干民兵，组成了一个临时民兵排，宣布由林山村黄登贵为民兵排政治指导员，尉培荣为排长。抽调的基干民兵有王国凯、张文栋、王宏玉、周延明等。当时，指挥部交给民兵排的任务主要有三项：一是配合部队战士安全转运武器炸药（因为汽车只能到林山村的"三号桥"边，距选定的销毁地点尚有好几里地，并且沿途杂草丛生、地形复杂，拐弯抹角的崎岖小道上处处都是山沟坡梁，极容易隐蔽和隐藏）；二是与战士们共同执行监督任务，防止转运途中有人趁机藏匿炸药武器；三是在执行任务过程中，负责沟通战士们与当地群众语言上的各种方言障碍，及时疏散周围的村民或牲畜，绝对保证安全。

当时，指挥部还对全体部队战士和民兵做了战前动员和实地演练，假设和讨论了整个销毁过程中可能出现的各种情况，把准备工作做得十分扎实、可靠，以达到万无一失。

9月12日一大早，部队战士共计100多人从万荣县城乘汽车到达了林山村"三号桥"边，已在桥边等候的民兵与战士们一起，立即小心翼翼地卸车。等由战士和民兵组成的监督员分别跑步到达指定岗位后，转运工作才开始进行。参加销毁工作的解放军，不论是干部还是战士，都和民兵们一起，扛起每件百十斤重的炸药包，排队走在杂草丛生的羊肠小道上，小心谨慎地向选定的销毁地点进发。

按照事先反复强调的安全要求，行进间要求必须保持一定的间隔距离，且中途不得休息，不得互相碰撞，扛包、放包必须轻起轻放，不得随意直立放包，避免因炸药包的相互碰撞而造成意外爆炸。在每次引爆前，大家都把炸药包在沟里摆成三大堆，每堆距离约500～1000米左右。等炸药堆码放整齐后，才由部队战士中的专业技术人员执行引爆任务。引爆前半小时，必须将周围所有人畜疏散到3000米以外的安全地带。

等一切准备就绪后，分散在销毁现场周围8个哨位上的部队战士开始用旗语和手语联系，当地民兵则用口语联系，直到两套联系方式完全分别进行结束后，才由现场指挥员下达引爆命令。

当年在林山村进行的销毁武器工作前后共进行了三天。由林山村20多名基干民兵组成的临时民兵排与100多名解放军战士一样，吃苦耐劳，不计报酬，安全顺利地完成了全县的武器销毁任务。整个销毁任务结束后，战士们与民兵一起，认真细致地检查了爆破现场所有的草丛、树根和一切可能隐藏炸药的山凹旮旯，然后，指挥部才宣布销毁武器任务圆满完成。临别时，指挥部和部队首长还表扬了林山村的民兵说：你们大队（当时村称生产大队）的民兵政治觉悟和人员素质都很高，很值得战士们学习。

立木

轶事钩沉

当年的"三县四校田径夺杯赛"

1963 年至 1965 年的三年时间内，曾经举行的"三县四校田径夺杯赛"至今让我们记忆犹新。

当年参加"三县四校田径夺杯赛"的三个县是稷山中学、河津中学、万荣中学及万荣县的阎景中学。按照当时的组织安排，原定只有三个县的完全中学（即含高中、初中部的中学）参加比赛，后阎景中学（亦为完全中学）向组委会也提出参赛申请，在得到批准后才改为三县四校中学生田径夺杯赛。当时决定夺杯赛在四个学校分期举行，比赛分为高中部、初中部及男生组和女生组，评比办法按照当时全国统一的《田径全能评分表》查验与成绩相对应的分数，然后按团体成绩总分计算名次。当时比赛规定，除三项、五项等全能项目外，每个人只准报两个比赛项目。万荣中学当时参加比赛的高中部同学有：王可民、王保祥、阎仁庆、李全生、裴春芳、陈春菊、王贞艳等，初中部有：孙家驹、张兆林、董武魁、张拉弟、薛芳平、赵惠迪、贾秀峰等。

1963 年 10 月 1 日，第一次比赛安排在稷山中学举行。万荣中学由教导处主任冯敬义担任领队，体育老师张忍堂、谢百忍、赵克恭担任教练员。当时，稷山中学的操场跑道只有 300 米，根本不符合国家和国际田径场的 400 米标准跑道要求。但就是在这样的条件下，万荣中学夺得了首次比赛的团体总分第一名。

1964 年 5 月 1 日，三县四校夺杯赛移师到万荣县的阎景中学举行。经过几个月的变化（主要是高三、初三学生运动员的毕业以及运动员的刻苦锻炼），河津中学运动员这次竞技状态有了明显提高。因此，在阎景中学的比赛中，万荣中学虽然再次夺冠，但总成绩与河津中学相比，并无明显优势。

1964 年国庆节后，夺杯赛又改在河津中学举行。第一天赛程结束后，万荣中学的总体成绩并不理想。第二天赛程结束时，河津中学与万荣中学的总体分数难分高下。直到第三天，万荣中学高中组的王可民在 200 米跑步中以 24.2 秒的优异成绩名列四校榜首，王保祥的跳高取得 1.67 米的优异成绩，也在四校中拢得头筹，还有女子组黄转样的 400 米和 800 米中长跑，陈春菊、赵惠迪的百米短跑，裴春芳、贾秀峰的铅球以及董武魁的五项全能等项目，也都在比赛中取得了第一名的好成绩。这样，由于万荣中学的不少单项比赛成绩优势明显，都在比赛中名列四校之首，因此在河津中学的这次比赛中又一次夺冠。比赛结束返程时，领队冯敬义不仅与大家一起到禹门口观看了奔腾汹涌的黄河，还让大家上九龙庙进行了游览。

转眼到了 1965 年 5 月 1 日，三县四校夺杯赛又移到了万荣中学举行。前两天比赛下来，河津中学总成绩遥遥领先，学校领导和全校师生都十分着急。尤其是担任总教练的张忍堂老师和女队教练谢百忍老师，着急得几天都吃不下饭，嘴角上都冒起了大血泡。直到比赛的

当年参加夺杯赛的运动员合影

最后一天，依靠王可民的短跑、王保祥的跳高、跳远等优势项目的超水平发挥，尤其是短跑选手阎仁庆的100米短跑项目取得了11秒9的优异成绩，达到了国家二级运动员标准，仅此一项就夺得1000分，万荣中学才又一次在这次比赛中夺得总分第一名。

当年参加"三县四校夺杯赛"时，师生们的交通工具都是骑自行车，为此，领队和教练员一再强调大家在路上要安全第一。同学们在两年四届的比赛中，团结一致，为团队而战，为学校的集体荣誉而战，付出了积极的努力，取得了骄人的成绩。如今四十多年过去了，但每当提起当年比赛的许多具体细节，大家仍依然神采飞扬，话题不断。

张兆林　王可民

1965 年，在晋南地区（当时临汾和运城为一个地区）中学生篮球友谊比赛中，万荣中学男子篮球队取得了——

一个影响深远的第一名

　　20 世纪 60 年代初，晋南地区每年都会组织一次中学生篮球友谊赛，参赛队分为男、女两支队伍，万荣中学每次都会组队参加比赛。当时的比赛规程是：按地域划片分为临汾和运城两个赛区，每个县只能有一支男、女球队参赛。在 1964 年的运城赛区比赛中，万荣中学男子篮球队取得了第二名的成绩。

　　根据组织者的安排，两个赛区比赛结束后，整个比赛就算圆满结束了。但是各个参赛队并不知道，就在比赛进行期间，临汾和运城的方方面面以及广大球迷，都纷纷要求让两个赛区的前两名再到一起参加比赛。当时提出这个建议的领导和球迷们都有一个共同的目的，就是想让两个赛区的前两名球队同场角逐，以此来检验全地区的中学生篮球竞技水平。但是摆在大家面前的一个十分现实的问题是：当初主办者只安排了两个赛区的比赛经费，如果两组的前两名再到一起比赛，所需经费又该如何解决。

　　后来，组织者根据广大球迷的意见和建议，决定利用出售门票的办法来筹集经费，以解决比赛的必要开支。这样，1964 年，万荣中学便作为运城赛区的第二名到当时的专区所在地临汾，与临汾地区的前两名进行了友谊比赛，但只取得了第四名的成绩。

　　到了 1965 年，万荣中学这次在运城赛区取得了冠军。依照前一年的惯例，仍然要到临汾参加比赛。万荣中学的教练依旧是学校的音、体、美教研组组长、体育教师张忍堂，运动员有王创全、孙林海、王治孝、王保祥、王可民、董武魁、李全生等。

315

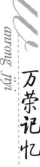

由于学生的学习十分紧张，学生球队的训练时间十分有限，只有早操和自由活动时间可以利用。但是，有了前一年的比赛经历，队员们在比赛中看到了差距和不足，大家的训练更加认真和刻苦。经过一年时间的准备和经验积累，大家的基本功比以前更为扎实，也演练了好多套进攻和防守的战术。再加上经常参加一些实战比赛，让队员们用以赛代练的方法，在实战中锻炼比赛经验，球队的实战能力和水平与前一年相比都有了很大的进步和提高。果然，在 1965 年的运城赛区比赛中，万荣中学男篮一路过关斩将，终于取得了第一名的好成绩。

在临汾的比赛中，球迷的热情十分高涨。虽然在当时的情况下，中学生篮球比赛还从来没有过出售门票的先例，但是，1965 年的比赛场面与前一年相比更为火爆。当时每张门票只有一角钱，算是十分便宜的，所以比赛现场每次都是座无虚席。

在与临汾赛区前两名的比赛中，万荣中学男子篮球队发挥出了较高的水平，在教练员张忍堂的临场指挥下，队员们根据球队的特点不断变换攻防战术，加上现场观众热情的鼓励，万荣中学男篮先后战胜了临汾地区的前两名球队，在这次友谊比赛中取得了第一名的优异成绩。

万荣中学男子篮球队在晋南地区取得的优异成绩，影响在当时非常深远。毕业以后，球员中大多数人都被机关、部队、厂矿和企事业单位相中，成为身怀一技之长的"抢手货"，他们都成了这些单位篮球队的骨干力量。张忍堂老师作为教练，也在万荣中学体育教师的岗位上，默默无闻，尽心竭力，悉心训练出了一茬又一茬的优秀篮球运动员，为群众体育运动的普及和发展做出了突出的贡献。

王可民

参加全国中学生田径运动会的记忆

1979 年 9 月的太原，秋高气爽，全国中学生田径运动会在太原市举行。由于我县汉薛中学学生张震的中长跑 1500 米、3000 米，董保国的 400 米、800 米都是省选拔赛中的第一名，所以山西省代表团在组团时，张震、董保国二人都同时顺利入选，成为山西省中学生代表团的参赛运动员。我当时在汉薛中学担任体育教师，作为他们的启蒙教练，我们三人一起按时来到省城太原。

那届全国中学生田径运动会在太原市杏花岭体育场举行，当时的教育部副部长柳斌和国家体委及山西省有关负责人出席了开幕式，柳斌副部长致开幕词。给人们印象最深的是由全国著名田径教练马俊仁率领的辽宁省代表队，当时的王军霞、曲云霞等已在国内田坛崭露头角，她们当时都作为中学生参加了比赛，并且取得了多项第一名的优异成绩。代表山西省参赛的我县汉薛中学学生张震、董保国，经过全力拼搏，也取得了各自参赛项目前 10 名的好成绩。

根据组委会的安排，各项比赛圆满结束后，取得每项成绩第一名的选手，随后又临时混合组队，与来访的日本中学生田径代表队同场角逐，举行"中日中学生田径运动对抗赛"。这次给人们印象最深刻的，仍然是在田径比赛项目中王军霞她们的出色表现。当时对抗赛中的中长跑项目几乎全部被王军霞和她的队友们夺得，引起国内外体育界的广泛关注。果然，此后辽宁省中长跑项目异军突起，屡次在重大国际比赛中勇夺佳绩。尤其是被世界体育界誉为"东方神鹿"的优秀女子中长跑运动员王军霞，在 1996 年举行的第 26 届奥运会上不负众望，凭借雄厚的实力和顽强的斗志，一举夺得 5000 米长跑金牌，为中国田径运动在奥运会上的金牌突破，为全国田径运动的发展做出了突出贡献。

柴百锁

解店镇下义村民赵克恭——
他曾参加了第一届全运会

1959 年 9 月，我国第一届全民运动会在首都北京举行。万荣县解店镇下义村的赵克恭（时任河津中学体育教师）作为田径运动员，曾代表山西省参加了第一届全运会，并参加了 400 米短跑、急行跳远、五项全能及 4×400 米接力赛四个项目比赛。

赵克恭曾就读于山西大学体育系，毕业后分配到河津中学担任体育教师。他在体育方面有不少专长，曾是校篮球队和足球队队员，尤其在田径比赛项目中成绩显著。

1957 年在山西省举办的全民运动会上，赵克恭就曾以 6.23m 的优异成绩取得过全省跳远第一名。在五项全能比赛中，又以 1996 分的总成绩，夺得全省第一名。其中跳远和五项全能成绩都打破了省运会纪录。凭借在省运会上取得的优异成绩，赵克恭以业余选手的身份入选了山西省体育代表团，光荣参加了我国第一届全运会。

参加了第一届全运会后，赵克恭先后取得了国家二级田径裁判员及三级运动员资格。此后，他先后在河津中学、稷山师范、万荣中学等学校担任过体育教师，为国家体育人才的培养、为群众体育运动的普及发展，都做出了积极的贡献。

如今 50 多年过去了，回忆起当年参加第一届全运会的盛况，如今已年迈的赵克恭仍然是那样的津津乐道，喜形于色。他还清晰记得，当时的山西代表团团长是副省长王中青，出席全运会的国家领导人有毛泽东、刘少奇、周恩来、朱德、贺龙以及国家体委主任荣高棠等。第一届全运会比赛期间，党和国家领导人经常在繁忙的工作之余，抽空到现场观看比赛。特别是全运会比赛接近尾声时，从国家领导到现场观众，都对具有打破世界纪录实力的游泳运动员穆祥雄充满了期待，国务院总理周恩来还亲自到现场观看比赛。当穆祥雄后来不负众望，在100米蛙泳比赛中打破世界纪录时，全场一片欢呼，整个体育场都沸腾了。

立木

吴建章：毛主席亲自为他授过枪

　　吴建章，贾村乡通爱村人。1955 年，吴建章参加了村体育锻炼队，后因成绩突出于1958年参加了全国社会主义建设积极分子代表大会，1960 年又参加了全国民兵代表大会。

　　20 世纪 50 年代初，一些回乡知识青年返回农村，深感农村文化活动不活跃，枯燥无味，于是，部分青年便自发组织了一支没有场地、没有锻炼器材的体育锻炼队，主要是以打篮球为主。这些知识青年的行为深深地打动了吴建章，之后，吴建章就带领大家利用业余时间开垦荒地种植葵花，然后通过出售换零钱的方式购买了篮球等，开展农村体育锻炼活动。没有场地，大家就充分利用空庙荒地做场地。有了场地和篮球，没有球架子怎么办？大家又主动捐物，你一块板，他一根椽，大家动手做。就在这样的艰苦环境下，他们自己动手建起了篮球场。

　　锻炼队在 1954 年 4 月份成立，起初只有 20 余人，也没有球队名字，只是在业余时间打打球。后来在团县委的帮助和支持下，队员迅速增多，队伍不断壮大。为了纪念英雄人物，以英雄人物鞭策自己、鼓舞自己，他们便起名为"黄继光体育锻炼队"。当时的口号是：学习英雄黄继光，要把身体练成钢，平时劳动多打粮，战时挺身保国防。

　　锻炼队成立后，在省、地、县各级领导的支持下，村里渐渐开始有了一些锻炼器材，于是又先后成立了青年妇女的"刘胡兰体育锻炼队"，以及"老黄忠体育锻炼队"、"佘太君武术队"，"赵子龙体育锻炼队"、"花木兰武术队"等，掀起了全民体育锻炼的高潮，各级领导多次在通爱村召开了现场会。吴建章也先后光荣参加了省、地、县社会主义建设积极分子代表大会，省政府为其颁发了银质奖章，地、县也为其发了奖。1958 年 6 月，吴建章再次参加了中央召开的全国社会主义建设积极分子代表大会，会议在首都工人体育馆召开，吴建章他们受到了毛泽东、周恩来、朱德等党中央领导的亲切接见。

1958 年，通爱村体育锻炼队又成立了民兵营，民兵组织既是一支体育锻炼队，又是一支生产战线上的主力军。体育锻炼也由篮球一项逐步扩展增加了广播操、乒乓球、体操、单双杠、举重、拔河、武术等多种项目，同时还练刺杀、搞爆破、学射击等。在生产上民兵营还是一支突击队，除搞好本村生产外，还支援了曲沃河水库工程、东丁桥工程等，并创办了小农场、林业队等，大搞科学种田，为农村培养了一批批农业科技人才。

由于通爱村体育锻炼工作搞得好，青年身体素质明显增强，村里原来许多青年人兵役体检时都不合格，到后来每年都能给国家输送多名优秀合格兵员，受到了县武装部、行署军分区及省军区领导的好评。省军区、军分区多次在通爱村召开现场会，吴建章都作为民兵代表出席，并于 1960 年 4 月光荣出席了全国民兵代表会。会议在北京庄严雄伟的人民大会堂召开，中央领导到会讲话。让吴建章特别难忘的是当年 4 月 24 日在中南海怀仁堂，他与部分代表受到了毛泽东、周恩来、贺龙等中央领导的接见，毛主席还亲自授予吴建章 762 式半自动步枪一支。

王艳花

海南育种记

　　20世纪60年代末，上级要求粮食亩产要达纲要，争取跨长江（纲要指标是亩产400斤，长江指标是亩产800斤）。国务院还要求长江以北的省、市、县分别抽调人员赴海南培育优种，即充分利用海南的特殊气候条件，及早育出良种，投入大田获得高产。为此，县革委会责成种子公司牵头，从各乡镇（当时称公社）选送出1至2人，到海南岛分期分批培育高产优质"晋杂5号"种子。抽调人员年龄都是20岁左右的男青年，共28人。

　　这批育种人员一路乘火车历时5天后才到达了目的地——海南岛五指山下的黎族苗族自治州（当时海南岛隶属广东省管辖）保亭县什屹公社红星大队。他们中有光华的薛长安、胡天德，有汉薛镇的王永康，城关镇的畅金泉、贾青海，皇甫乡的杜恩功等。其中王永康任班长，畅金泉是炊事员。县上带队的是种子公司的解梦虎、王永安。后来又增派了省下放干部郭向伟为领队。

　　育种人员驻地设在红星大队的大队部，大家全部住在当地的茅草屋，每人发给一条蚊帐、一张床。距驻地10多米远就是一条小河，叫什屹河，下游叫陵水河。他们这批人全都是没有出过远门的热血青年，但个个志情饱满，干劲十足。

　　由于育种人员驻扎在黎族村寨，语言不通，给工作生活带来了许多不便。好在当地村小学内有一名汉族教师，为他们当起了义务翻译兼导游。黎民对汉族人十分和善、敬仰，他们虽有语言却没有文字。生产队还为育种组提供了土地、牲畜和一部分劳动力。

当时已进入 11 月份，气温下降，低温天气直接影响到了育种工作。高粱苗小不变、叶片发红。为了赶时促苗，技术人员提出给每亩地再追施尿素 30 斤，饱浇田地，组织劳力中耕除草促苗生长。高粱吐穗后，又开展人工授粉。眼看丰收在望之际，可不巧当地有一种黑麻雀，机灵奸巧，成群结队袭击觅食，整天围着高粱地转，吞食人们的劳动成果。为

当时培育的"晋杂 5 号"高粱照

解决这一问题，育种队员只得轮流看守值班，驱赶麻雀。

国家当时供应给育种队人员每月成粮 45 斤，由当地粮站按月供给，他们隔上十天半月就得步行挑担 15 里山路从粮站领回。每天 1.5 斤粮食对于 20 多岁的小伙子来说是根本不够吃的。为此，他们想方设法，一边到山上挖野菜、摘苦瓜，一边又在驻地开垦了小块菜地，还买回当地黎民的木薯用作伙食补贴。

在海南育种期间，育种人员还同黎民一道度过了一个愉快的春节。县上当时提前为他们送来了柿饼、红枣等生活用品，当地黎民也为他们举办了一场新年盛宴，他们到黎民家中拜年、吃年饭。育种队还出了一期板报，每位人员都写了一篇稿子。胡天德仿毛主席诗词作了一首诗："脚踏海南头顶天，山村为家水做伴，达纲要敢破万重困难关……"得到了当时带队的县领导和大家的好评！

经过 6 个月的艰苦努力，在海南培育出来的新高粱品种终于获得了好收成，他们胜利完成了海南育种任务，并于翌年 5 月返回万荣。途中育种人员还顺道参观了"毛主席旧居"——湖南湘潭韶山冲。

延伸阅读：

在海南培育的"晋杂 5 号"优种高粱曾在我县大田推广。由于"晋杂 5 号"秸秆低，一般只有 3 尺左右，又因它的结穗呈圆球状，所以被当地群众称为"三尺三"或"疙瘩稻黍"。而当地传统种植的高粱秸秆一般都高达 5 尺以上，结穗又是开散型，就像敞开的牛尾巴一样，因此，被人们叫做"牛尾巴稻黍"。

高粱是我国传统农作物之一，一年生草本植物，籽实有红、褐、黄、白等颜色，种类很多。子实除食用外，还可酿酒和制作淀粉，顶端基部和结穗部分被广泛用作绑缚笤帚的主要材料。长期以来，高粱一直被当地人们称为"稻黍"。

抗日战争期间，我国著名考古学家卫聚贤（皇甫乡北吴村人）曾在我县万泉乡荆村瓦渣斜（仰韶文化遗址）挖掘出大量黍稷壳皮、高粱壳皮。这证明，远在 5000 多年前，我国人民就掌握了谷黍稻谷和高粱栽培技术，打破了高粱是 3000 年前从印度传入我国的定论。荆村出土的文物标本，后来分别在北京和台湾博物馆展出。

口述：胡天德

整理：郭学民

轶事钩沉

325

想起荆村"闹家戏"

万泉乡荆村闹"家戏"的传统由来已久。据一些曾经在村里闹过"家戏"和看过荆村"家戏"的老人们回忆说，荆村闹"家戏"的历史至少可以追溯到清末民初，尤以抗战时期、新中国成立前后及农业集体化的几十年时间里，"家戏"闹得最为红火，在远近村范围内都很有名气，还写进了《万荣县志》。

早在抗战时期，荆村就曾有不少青年人参加过地下党组织和212旅（孙定国任旅长）领导的"东青剧社"，排演过许多宣传坚持抗日、抵御外侮的进步剧目。尤其是1947年初万泉、荣河先后新中国成立后，万泉县人民政府为配合土地改革运动，成立了"万泉县农筹会宣传队"。1950年，"万泉县人民剧团"正式成立，当时招收了部分十多岁左右的小演员，这些小演员苦练基本功和文化知识，被观众亲切地称为"万泉娃子戏"。当时在农筹会宣传队和娃子戏班中，就都有荆村的青年人参加。

由于荆村与当时的万泉县政府所在地古城村（今万泉村）相距只有二三里地，鸡犬之声相闻，因此在县宣传队和剧团排练时，荆村人听得很真切，如同就在眼前一般。而且在万泉县人民剧团的教师中，就有一名做教师的荆村人"蔓菁"（艺名）。他每次回来都会给村民们带来许多剧团的趣闻轶事，加上他惟妙惟肖的举手投足，让村里人深受影响和感染。

不久，一部分爱好者便在村干部的支持下，开始自发组织起来闹"家戏"，而且影响越来越广。当时，上至六七十岁的老人，下到正在上学的青年学生，都想在"家戏"里谋得一个登台亮相的角色。演员中既有父子、父女、夫妻，又有兄弟姐妹和妯娌同时登台，就连在外地工作的王武祥等人，也常常抽空回到村里接受角色任务。

当时每年一进入腊月以后，闹"家戏"的人们便开始聚集在一起，选剧本，定角色，人人忙得不亦乐乎。所排演的剧目大多是从其他地方移植过来的，也有一些传统剧目如《杀狗》、《空城计》等，但大都是根据演员们的记忆拼凑而成的。导演、舞台监督、剧本统筹（就是熟悉剧本而不登台表演，为防表演者忘词只在幕后提词的）等，都由本村人担任。排练过程中，确定了角色的演员们忙着抄记自己的台词，乐队的演奏者则一遍一遍不厌其烦地练习着伴奏乐曲。排练场地虽说十分简陋，四面透风，可人们的热情依然非常高涨，谁也不需要去做动员工作。那些天，从村里的巷道到各个院落，到处都是悠扬的"乱弹"（即蒲剧）、眉户乐曲、对白和唱腔。这些业余排演活动甚至还吸引了附近的林山、荆淮、涧薛等村里的戏曲爱好者踊跃参与。

经过一个腊月里的紧张排练，从正月初一开始，这些所排练的剧目和演员们就开始粉墨登场、登台亮相了。演出的剧目既有《杀狗》、《空城计》、《表花》等传统戏，还有《杜鹃山》、《南海长城》、《血泪仇》等现代戏。预先排好的剧目可以连演四五场而不重戏。从正月初一到十五（元宵节），村里"家戏"还经常应邀到远近村庄进行友情演出，而这一切都是义务的，只需要管演职人员的吃饭问题，而没有任何报酬。

新中国成立前后时期，村里晚上演戏照明用的是大铁灯，灯里盛上绵绸油，然后用粗线搓成灯捻子照明，演到半场时还需要有专人上台拨亮灯捻，直到后来换成了更高级更明亮的汽灯。整个演出现场没有音响扩大，全凭演员用嗓门吼，非常辛苦。村民们为了答谢演员们给村里带来的节日喜庆，在每台演出时都会有村民们自愿把一些好吃的食品送到舞台上，其中有麻花、馄饨馍、花生、柿饼，还有冒着热气的火锅台上安排专人登记后，会用红纸写上条幅摆放在舞台左右，等演出完后大家便把火锅菜倒入大锅一热，然后泡上麻花，就着馄饨馍，蘸上油辣子，就是一顿可口的美味夜餐了。

由于受过专业导演的指导点拨，加上村里一代一代演员对戏剧的投入和传承，所以荆村的"家戏"表演，虽说不敢与高水平的专业剧团相媲美，但演员们的一招一式、举手投足，尤其是唱腔道白，当时都很显得颇具专业化的水准。闫子英和尉加善早年有过专业学戏的经历，他们分别饰演《空城计》中的诸葛亮和《表花》中的梅英，一个聪睿持重，一个台架婀娜，所刻画的剧中人物可谓形似神像，入木三分。

荆村"家戏"的乐队伴奏也都是业余出身，但由于演奏者对乐器的钟爱和投入，加上自己的长期摸索和领悟，演奏水平也颇见功底。由于荆村"闹家戏"影响广远，一些人便创作了顺口溜这样说："欢天喜地过大年，荆村的"家戏"闹得欢。金龙的胡胡镜凯的板，哨笛吹唢呐不捏眼。诸葛亮还是子英演，加善的腰比婆娘软。台上下雨不打伞，抢着登台不搽脸（指清唱）。你一句，我一段，腊月里排下正月演"。

王世荣

我的高考经历

1977 年 11 月的一天，我正在家里擦红薯粉面，（那几年生产队分的红薯特别多，吃不了又没有地窖储藏红薯的人家都只好选择擦红薯粉面）。就在天快黑的时候，当时在裴庄中学工作的父亲突然从学校回来后告诉我说，国家已决定恢复高考，他也给我报了名。

父亲告诉我这件事时，其实之前我也在广播中听到了恢复高考的消息，所以心里当时并没有多大的喜悦，也没有停下手中的活计。我是 1966 年万荣中学的高中毕业生，当年因为"文革"的原因，我们这一届毕业生，包括 1967、1968 两届的高中毕业生，就都失去了参加高考的机会。

记得还是在 1966 年 6 月份，我们高三毕业的学生们正在紧张地复习功课，准备参加当年 7 月份（当时全国高考统一时间为 7 月份）的高考时，忽然得到官方消息说，国家决定把当年的高考时间推迟半年，谁知这一推竟然推迟了 11 年之久（其间大中专学校招生采取推荐选拔的方法）。11 年来，我们这些"老三届"毕业生已大都回到农村十多年了，许多人甚至已结婚成家，虽说国家规定我们这些学生还可以参加高考，但是大多数人都丢掉书本十多年了，再参加高考对我们来说能考出个什么样子，真的不敢想象。

当时我正在村里学校担任民办教师，学校的学生们也面临着紧张的学习，自己根本没有时间复习功课。到了 12 月 4 日下午，根据高考通知，我便骑着自行车带着铺盖卷向县城奔去。就在要出村的时候，还有童年的伙伴见了问我干啥去，我回答说要到县里参加高考去。不料对方竟然开玩笑地说：你是不是要考取擦红薯粉专业。

到了县城，我们被告知要住在县建筑公司的职工宿舍。进门一看，一大溜的土炕上连一张席片都没有，我和大家一起只好把铺盖就放在光溜溜的土炕上。当时正是大冬天的寒冷天气，屋子里也没有炉火，非常寒冷，大家就这样凑合着住了两夜。高考地点设在万荣中学，那正是我的母校，我在那里度过了初高中6年的学习生活。在离开母校11年之后，我又来到了当年的教室参加高考，想来真是让人感慨万千，11年间仿佛就是一场梦。

当年高考于12月5日如期举行，考试的科目是语文、政治、数学、理化（合并为一门）四门功课，共分两天进行。除了住宿是统一安排的以外，吃饭都是由自己负担。直到高考成绩公布以后，南张联区的联校长解文胜对我说，你的成绩达线了，现在要求填报志愿。我随即回答说你就帮我填一下吧。解校长当时给我填的志愿是"山西工学院师资培训班"，谁知后来在接到录取通知书时，我却被录取到了"山西农学院"（校址在太谷）。

在农学院学习的四年间，学校不但不收取学生学费及其他费用，而且大多数同学还都享受着不等的助学金，使我这个上有老、下有小的"老学生"也顺利地读完了大学。农学院毕业后，我服从国家分配，被安排到了位于临汾市的"山西省小麦研究所"工作。到1985年，我又调回到万荣县农业局工作。现在想起，那年与我一起考取大学的万中老三届同学中还有刘福管、张世杰、薛正清、李广荣、王天杰等。大家毕业后，大多数同学都安排在了在县里的农业和教育系统工作。

牛振龙

那年暑假打工记

1965 年夏，我还正在万荣中学上初中二年级。就在当年放暑假时，忽然听说有些同学准备在暑假期间到街上找些零活干，以便在假期里能挣些现钱作为自己下学期的伙食费补贴，我和一些同学的心里便也有些痒痒。

当年在万中上学时，学生的户籍和粮食关系是都要转入学校的，成为那些年被人们羡慕不已的"非农业户口"。虽说当年学生的每月伙食费只有七元五角钱，这其中还要包括从粮站买粮的钱。但是，在农业集体化时，农村社员只有到年终才会结算分红，平时就都在生产队干活，根本不准外出打工挣钱，因此社员们很少有现钱进账。所以每到交下月灶费的时候，大多数农村学生的家长们都会像过关一样，很难给孩子凑够这七块五角钱的灶费。

时任万荣中学校长的王晓勇在听说各班都有学生准备在暑假期间打工的消息后，十分支持大家的勤工俭学行动。王校长告诉学校的总务主任郭哲翰，让其安排统计出各班要住校打工的学生人数。但学生灶房必须留下值班的大师傅，以让假期打工的学生仍然可以在灶上吃饭。王校长还要求各班要在教导处报一名负责人或联络员，以便做好打工期间住校学生的安全工作。

暑假前夕，有些班的学生已通过熟人和家长联系好了假期的活，各班留校的女同学都被县副食加工厂全部要去包糖块，而我们班的几个同学却都还没有找到活干。大家一夜七嘴八舌地议论不休，但谁也没有提出有价值的意见。

　　第二天吃过早饭，我们几个同学便急匆匆地出了校门找活，但漫无目的地在街上转悠了一上午也没有找下。到了下午一点多钟，我们忽然看见一辆满载着大西瓜的解放牌汽车，慢慢地停靠在了位于县城南大街西边的"干鲜瓜果门市部"旁边。（那是当时万荣县城唯一的瓜果门市部。）我们几个见状，立刻三步并作两步地赶了过去。就这样，我们终于揽下了这个卸载西瓜的活。大家小心翼翼地一个一个地把西瓜从车上转到门市部的库房，一车西瓜足足用了三个多小时才卸完。门市部主任杜长命（后来才知道他是皇甫乡南吴村人）当即让会计付给我们每人一元钱的报酬。

　　当天晚上，大家怀着收获的喜悦美美地睡了一觉。到了第二天一早，我们又一连进了好几家企业单位却又没有找下活。到十点多钟，我们商量后，尝试着在县机械厂见了分管业务的副厂长吴云卿（北薛朝村人）。起初，吴厂长也说没活，但见到我们几个十分失望的样子，吴厂长又说，今天我先给你们找个"闲活"干着。说着就把我们带到了厂后院的一堆废旧机器旁边，安排我们在废旧机器上下螺丝，并说这活是按件记工的，下一个螺丝一分钱，同时给我们每人发了一把钳子和一个扳手。

　　吴厂长走后，我们几个便用尽全身力气，却死活也下不了几个螺丝。正当大家有些泄气的时候，吴厂长又赶了过来，手里还提着个煤油瓶。他告诉我们说，要先在生锈的螺丝上滴一点煤油，让煤油渗一渗再下。我们就学着照吴厂长说的法子干，果然速度快了很多。晚上收工的时候，吴厂长当时并没有安排厂里的人来数我们的螺丝，而是让我们自己数。见吴厂长对我们这样关心和信任，我们就都如实地上报了自己卸下的螺丝数，多的100多个，少的也有90多个。吴厂长当即决定，让会计给我们一共发了6元钱，还说你们辛苦了一天，每人就一元二角钱吧！

　　当吴厂长把我们送出大门口时，他突然告诉我们说，中午他已和县建筑公司说过，让我们第二天早上八点钟前去找县建筑公司的廉同江队长，说这个假期就让我们跟着廉队长干吧。听了吴厂长的话，真让我们觉得十分欢喜和意外，竟一时不知该怎样谢谢他。

　　这样，那年暑假的第三天，我们就开始跟着县建筑公司的工程队当小工。我们主要任务是和泥、活白灰、泡砖、搬砖、搬土坯和胡基，也就是把大工施工要用的建筑材料及时送到手边。小工们是绝对不能耽误大工的活计的。那些天，我们和工程队的大工们一样，忍受着三暑天太阳的曝晒，渴了就喝工地上和泥用的沉淀清了的水。每当中午太阳光最强烈的时候，我们也学着工人们的样子，把擦汗用的小手帕蘸湿顶在头上，一会晒干了就又再蘸湿。

也就是在那个暑假里，我们这些十五六岁的初中学生，基本懂得了建房时的挑底、备料、和泥、活灰、上梁、瓦房等程序，亲身体会到了建筑工人们的劳动辛苦，也认识了县建筑公司的廉同江、毋万明、马守善、黄金义等大工师傅，还有那个一直默默无闻地当小工的王兆文，和他们交上了永远的朋友。直至今天，我和他们还有不少来往。

那个暑假，我们几个同学一直干到开学前一天才停工，大约有二十多天。好在那时没有暑假作业，也没有培训班。虽然每天只有1元5角钱的工钱，可近一个月下来每人都领到了30多块钱，基本上够一个学期的灶费了。更为重要的是，那年暑假的打工经历，对我们今后走向社会是一个难得的磨炼机会。

回忆：王智深等

整理：立　木

轶事钩沉

333

五十多年前的两则日记

　　1960 年 5 月，应晋南专区文化卫生体育群英大会的邀请，万荣县曾组织推广普通话宣传队赴临汾（当时的专区所在地）进行表演。随队担任宣传队工作人员的马天文用两篇日记的形式，记录了当时表演的几个精彩片断：

真乃奇才

　　"下一个节目，由六岁幼儿表演拼写——"台下一阵热烈的掌声，淹没了报幕姑娘清脆的声音。

　　麦克风被放到最低，比板凳高不了多少的吴建生一扭一扭地走到台前，五千多双眼睛惊奇地看着她。

　　"我是万荣县荣河公社荣河幼儿园的小朋友，今年六岁。我今天为大家表演拼写，请叔叔阿姨们随便出题。"

　　一阵掌声过后，台下一位大约十岁的顽皮小观众站在了椅子上，以挑战的口吻大声说道："政治挂帅。"只见小建生毫不迟疑，不过一分钟便在小黑板上写了下来。原来这个聪明的小观众是看着舞台边上的大幅标语出的题。此时台下观众都对照着吴建生看不见的标语检查黑板上的拼写，结果一字不差，完全正确，连声调也标得非常规范。台下观众不禁大喊一声：好！一阵雷鸣般的掌声中，刚才那个怀疑而挑衅的小朋友，由敬佩而羡慕，欢笑着跳下椅子，使劲地拍起了小手。

　　我旁边一位穿着呢子制服的领导人也啧啧称赞："啊呀，真乃奇才也！"

三十四次鼓掌

十多位六十多岁的老大娘出场了。这是王显公社青谷村老年班自编自演的"老年乐"。她们有的说着快板上场，有的唱着歌出来，有的扭着小脚亮相。每一位老大娘的出场都引发观众一阵狂热的掌声。你听，正科妈虽然牙都快掉光了，可她的眉户还唱得有模有样：万荣遍地都发芽，拼音识字两朵花，一朵摘掉文盲帽，一朵学会普通话。你看，这是安稳妈在说快板：白天下地搞生产，晚上还上老年班，排个节目做表演，说个快板搞宣传……你看，程淑欠大娘在唱蒲剧：青谷青，青谷青，青谷是个小北京，那天吴老（即国家文改委主任吴玉章）来看我，他夸我是穆桂英……若不是报幕姑娘的介绍，听她们几位的腔调，你还以为他们是北京的大娘呢。

八仙过海，各显其能，老年班的节目最受欢迎。当最后她们在台上用三寸金莲扭着秧歌时，台下观众全场起立，有节奏地"哗、哗、哗、哗"地拍手给他们打着节拍。有几个观众还高兴地跳到台上和她们一起扭了起来。

我在台下一角一边鼓掌一边数着，观众为她们共拍了三十四次热烈的掌声。

接着由头上包着羊肚毛巾的李泰白等 9 位青年农民在舞台上给大家进行了作诗、赛诗表演，也得到了全场观众的热烈欢迎。

马天文

轶事钩沉

新中国成立以来的万荣县之"最"

●全县最早的电影队是 1950 年北薛朝村贾华山自办的个体电影队。

●全县最早使用电灯的是阁景中学，该校于 1955 年自行发电，但仅限于照明使用。

●最早接通电话的村是万泉乡林山村。该村在 1957 年全县实现乡乡通电话以后，率先接通了全县第一部村级（时称农业社）电话。

●全县最早的拖拉机站（后称农机站）于 1957 年 3 月在荣河镇建立。而最早拥有拖拉机的村是万泉乡林山村，该村于 1967 年 8 月买回一辆"跃进"牌大型拖拉机，用作载运和机耕使用。

●县城最早的楼房是县百货公司的二层木板楼，该楼于 1959 年秋季动工，1960 年春季竣工。

●最早的县城标志性建筑是人民大礼堂，于 1960 年建成。总建筑面积 1200 平方米，设置观众座位 1400 个。

●县城最早饮用泉水是 1961 年 10 月，自 1960 年 3 月开始动工的"引水下山工程"，历时一年半时间，成功将孤山柳树沟泉水引入县城。工程告竣后，县城人民第一次饮用上了清洁的泉水。

●全县最早投入使用的第一辆摩托车，是县邮政局于 1971 年买回的一辆旧摩托车。

●县城最早使用自来水是 1972 年，在省技术人员的帮助指导下，县城建起了第一座水塔，开始使用上了自来水。

●最早拥有汽车的村是万泉乡林山村。1975 年，在首都北京召开的知识青年上山下乡表彰大会上，全国知青办和北京市革命委员会，奖给林山村 130 型载重汽车 1 辆、手扶拖拉机 3 台及柴油机等。

●位于县大礼堂后院南侧的住宅楼，是县城第一幢商品住宅楼。该楼始建于 1988 年，每平方米当时造价 149 元，每套建筑面积 70 平方米，楼层为三层。当时一层每套售价 12 万元，二层每套售价 12 万元，三层每套售价 11 万元。

●全县最早的公交车于 1997 年 9 月开通，当时投入运营的共有 8 辆中巴。

轶事钩沉

荣河县解放纪实

一

1947年4月9日（农历闰二月十八日）这一天，距离荣河县城15里的西光华村逢集。临近下午的时候，赶集的人们开始相互偷偷议论了起来。起初还是在熟人之间传播，很快，无论认识或不认识的人们之间都传递起了这样一条特大消息：今晚解放军要攻打荣河县城。有些人还互相叮咛说，晚上要把大门关好，注意外边的动静，千万别脱衣服睡觉。

解放军要攻打荣河县城的消息，其传播速度之快令人咋舌。人们传亲戚、传朋友、传邻居，不到一顿饭工夫，荣河县城周围的村庄就几乎传了个遍。西光华集上的一位老汉正在小吃摊上就着凉粉，吃着几天前在清明节上坟时专门蒸的子福馍，听到消息后马上放下碗筷一路小跑到东光华村去告诉亲戚朋友。一位大步流星地青年小伙子，一路快跑中几乎把刚在集上买的麨旗①洒了一地，也浑然不知。

其实在西光华集上，人们慢跑快走传播的消息是千真万确的。原来，4月9日下午，刚刚率部解放了河津县的太岳军区第十旅旅长周希汉，在接到要其立即解放荣河县的紧急命令后，立即派出了一个班的兵力，主要任务就是摸清从河津县到荣河县方向的最近距离行军路线。虽说探路的战士当时都换上了便衣，但还是因为其说话的口音和服装与当地人不同，让光华集上的群众看出了端倪。

大战在即，重任在肩。14岁就参加了革命的周希汉，在经过一番缜密考虑后，与旅政治部主任雷起云、作战参谋处处长胡锦弟简单地交换了一下意见，随即果断命令：三十团立即行动，一举解放距河津县 70 多里地的荣河县。

接到战斗任务的三十团团长卢星显和团政委梁天喜，马上召集营以上干部开了 10 多分钟的碰头会，还没有来得及做进一步详细的战前准备工作，就于当日 19 时率部队出发了。直到在行军路上，卢星显团长才初步了解到了一些荣河县的具体情况。同时，他要求部队在距荣河县城以北 2 里之遥的荣张村集结。

目送卢星显和梁天喜率部出发，看到战士们个个精神饱满、志在必得，周希汉旅长的脸上露出了微笑。他心里明白，这次解放荣河县，从大局考虑，应该有三方面影响：

1.1945 年 8 月，日本侵略者无条件投降。1946 年 6 月，蒋介石完全撕毁了停战协议，开始向解放区发动全面进攻。虽说国共和谈彻底破裂，内战不可避免，但国民党大多数官兵却不愿意打内战。就在当年 3 月，蒋介石调动 34 个旅的兵力，在胡宗南指挥下大举进犯延安根据地。而从荣河县过了黄河就是陕西的韩城县，尽快解放河津、荣河等县，对胡宗南部的行动影响很大。

2.时任国民党察哈尔政府主席的傅作义将军就是荣河县人。据了解，傅作义的家乡是距荣河县 30 多里的安昌村。八年抗战期间，傅作义多次违背蒋介石的"先安内，后攘外"不抵抗政策，其积极抗日

原荣河县政府房屋

晋东南抗日根据地军民粉碎日军九路围攻前，第一二九师
三八六旅举行动员大会。图为该旅参谋长周希汉在会上讲话

的战绩国人尽知。抗战胜利后，傅作义又多次公开或不公开地表示，坚决反对蒋介石一意孤行坚持内战的行为。尽快解放荣河县，对傅作义和他的部队影响巨大。

3. 荣河县地理位置特殊，与陕西省仅隔一条黄河。多年来，荣河县在陕西、甘肃、绥远等地做生意的人比较多，在傅作义部队做官当兵的人也较多，其中就有不少是共产党人。从这个层面来认识解放荣河县的重要性，意义更加深远。因此，中央军委在当年 4 月初致电晋南部队的电文中，要求其"放手扩大战果，尽快攻占河津、荣河、万泉、猗氏、临晋等县"。

周希汉心里明白，中央军委在电文中要求尽快解放和占领的县城，差不多都在山西省的晋南地区，它们都与陕西省仅一（黄）河之隔。因此，尽快拿下这些县城，其政治上的意义要远远超越军事上的意义。而率部解放荣河县对周希汉个人来说，同时也还有着一个私人层面上的关系。

早在抗战时期的 1941 年，当时担任太岳根据地三八六旅参谋长的周希汉，经决死一旅政治部主任刘有光介绍，由陈赓司令员和薄一波政委批准，与时任太岳三地委秘书处秘书的周璇（原名柴英、柴梨仙）结婚，至今已经 6 年了。而周璇的娘家就是荣河县人，周希汉还曾听周璇说过，她家就在荣河县的县城里。

回到驻地的周希汉扔掉手中的半截香烟，双手背后在屋内踱来踱去。旅作战参谋洪资善见状，当即展开了作战地图。只见周希汉双眉

纪实连载

紧锁，一双大眼在地图上扫来扫去，一会儿却又离开地图闭目深思。

先前担任过连队指导员，年前（1946年9月）才担任了旅作战参谋的洪资善（当时21岁），他最了解大战之前周旅长的一举一动表示什么。凝视地图，是周旅长在推测30团卢星显团长他们此刻在什么位置，是否部署好了具体作战计划；闭目深思，一定是周旅长在考虑部队是否进入了战斗之中，进展态势如何。跟随周旅长连续解放了洪洞、赵城、汾阳、孝义、新绛、河津等县城的洪资善明白，今夜，周旅长肯定会一夜无眠了。

二

卢星显团长、梁天喜政委带着三十团全部人马离开河津县后，乘着月色星夜赶路。由于沿路每个村口都有先前派出的探路战士接应，因此，虽然是一夜急行军，但沿路还比较顺利，没有因为走错路而耽误了时间。

从第一天晚上7时出发，直到部队接近了距荣河县北边2里地的荣张村时，卢星显团长才确认，部队一夜急行军70里的路程走了将近6个小时。他下达命令让部队在荣张村集结，就地休息。要严格执行"三大纪律、八项注意"，尽量做到不声张，不扰民。

当全团指战员都来到荣张村时，还不到晚上1点钟。行军途中，

陈家贵

作战参谋把了解到的荣河县具体情况已向卢星显团长、梁天喜政委作了简要汇报：荣河县曾名汾阴县，因汉武帝祭祀后土时得鼎改为宝鼎县。现在的县城是民国十年（1920年）从宝鼎村迁来的，全县面积大约750平方公里，人口7万多。分有4个区，共计146个行政村，还有25个自然村。

说到荣河县城的地理位置和军事布防，卢星显了解到，荣河县城地处汾河入黄河口以南，面临黄河与陕西接壤。过了县西的庙前村渡口就是陕西省韩城县的芝川镇，是通往西安和陕甘边区的主要水路渡口，自古以来就是兵家必争的军事要地。抗日战争全面爆发的1937年8月，朱德、刘伯承等领导的八路军率部北上抗日时，就是从韩城县的芝川镇渡河，经庙前渡口来到荣河县的。

卢星显团长还了解到，荣河县城的城墙宽厚坚固，虽说四面的城门无关，但城墙上垛口、碉堡密集。同时，环城还有6到10米宽的护城河，城外又设有周长3里之多的鹿寨②、铁丝网等。城内守敌有爱乡团、保警大队、警署力量和阎锡山的伪县政府人员，共计700多人。

在了解到这一切之后，卢星显团长对梁天喜政委说：这些只是荣河县的地理位置和军事布防的大概情况，要一举拿下这个县城，光有这些还不够。果然，荣张村的几位老者在听说解放军已经来到了村里后，就连夜找到卢团长说：虽说县城地势平坦，但城西边有一条深沟，沟壑纵横交错。沟的两边还有许多羊肠小路，可以攀延上下，地形非常隐蔽复杂。他们提醒解放军在攻城时，一定要注意到这个情况，防止城外的敌人从那里增援。

而此时，荣河县城里的守敌也于4月9日晚得到情报，了解到解放军的一个团兵力已从河津县出发，行军路线一直朝南，看来是要攻打荣河县城了。

得到消息后，伪荣河县县长李绪守十分惊慌，他连晚饭也没有吃就找到了荣河县的联防指挥官、少将薛子栋。李绪守操着浓重的永济口音说："八路军来攻城了，我们该怎么办？"薛子栋见李绪守满脸惊慌，先说了一句"怕什么"，又接着说："你是一县之长，县城里的情况你最清楚，他们（解放军）要轻易攻下荣河也是没有那么容易的。再说，我们不仅可以向专署求援，还有秘密东西在城内，怕什么。"

李绪守见薛子栋一再说"怕什么"，心里便想，人家到底不愧是行伍出身的少将，胆量就是大。可转念又一想，薛子栋虽然说荣河城易守难攻，固若金汤，但城外的护城河那是当年筑城墙时绕城取土时留下的壕沟，确切地说只是一条干河，从来就没有蓄过水，还不如叫护城沟、护城壕比较符合实际，根本没有防御能力。一时，李绪守的心里也没有底了，忧心忡忡。

至于薛子栋说的城内存有"秘密"武器，这倒让李绪守的心头一振。原来那是两天前，运城专署给万泉、稷山、新绛、河津等县发放的一批武器装备，包括机关枪、步枪和弹药等。因为当时万泉县城已被解放军重重围困，而稷山、河津、新绛的县城都已经被解放军所攻占，所以最后那些用车马拉运的武器弹药就只好临时就近都给了荣河县，这才让荣河县的武器弹药一下子增加了许多。李绪守当时就心想，这个特殊情况，攻城的八路军部队肯定不会想到吧！

想到这儿，李绪守才越想越兴奋，直到晚上 10 点多钟了，他才觉得肚子有点饿了。于是，李绪守就像是掉在河里的落水者突然间抓住了一根救命的稻草，又拿出了县长的架子，立即吩咐厨房重新给他备饭，同时还嘱咐勤务员要摆上酒具。而后又邀来了薛子栋、爱乡团团长徐敬祥和心腹樊响之（化名）等人一同来陪他饮酒。

席间，李绪守一改先前的失态，壮着胆子给众人鼓劲打气说："咱们荣河县城的布防诸位都很清楚，那可是真正的固若金汤，易守难攻。他们（解放军）想和咱们作对，也该掂量掂量。"

酒足饭饱之后，李绪守就连夜一边向阎匪运城专属的专员谢克俭报告了情况，反复叮咛请求支援荣河，一边又以荣河县的城防司令和县长双重身份，召集了联防指挥官薛子栋、警察局局长、爱乡团团长徐敬祥等人，共同商议守城的具体事宜。会上，李绪守言辞凿凿，让大家安排好城内所有人员，包括伪县政府的文职人员，都必须做到人人武器在手，加强警戒，严

周希汉

防死守，共同战斗，全力以赴守住荣河县城，决不给解放军以任何可乘之机。

再说到达了荣张村的卢星显团长和梁天喜政委，这时他们又从当地群众口中了解到，荣河县城虽说四面都有城门，但自从日寇侵占县城后，为了所谓的城内安全就下令关闭了南门和北门，平时只开东门和西门。于是，卢星显团长在经过认真考虑后下达了攻城任务。他让一营一连担任主攻任务，用迅速而勇猛的动作全力突破东门城墙。让二营在西门待命，等一营于东门发起进攻后，二营在西门开始虚张声势，佯装攻城，以分散城内守敌兵力，全力支援一营在东门的进攻。

部署安排妥当后，一、二营的指战员迅速集结到达了指定位置。但作为预备队的三营指战员们心里却很不愉快，埋怨说他们都急急忙忙地赶到了荣河县，战斗任务却都被一、二营抢去。三营营长陈家贵、教导员范新友虽然极力安抚战士们的情绪，但他们的心里也在连连嘀咕，团长和政委太"偏心眼"。

三

4月10日，战斗在拂晓时分打响，担任主攻东门任务的一营一连指战员率先发起进攻，用密集的火力突破了东门城墙，然后指挥战士们开始登上先前准备好的云梯，穿过城墙进城。

城内敌人很快就发现解放军已有数十人攻入城内，立即用足够两个连的兵力，轻重机枪一齐扫射，封锁了一连一班的突破口，这让先前进城的战士立刻失去了后续支援。这时候天色已经大亮，城外一、二营的指战员们顿时完全暴露在了敌人射程以内的开阔地上。为了减小不必要的伤亡，指战员们只好就地修筑防御工事，以抵御和避开敌人的密集火力杀伤。

城内守军薛子栋、李绪守此时凭借荣河县城里的重机枪、轻机枪火力，在截断解放军的登城部队后，又对攻入城内的几名解放军战士实施围追堵截，致使几位解放军战士光荣牺牲。让李绪守异常恼火的是，他明明看见至少有3名解放军战士在他的眼皮底下跑了，但他的下属们却说，保证城里再没有活着的解放军战士。

到了上午，荣河县城内已到处是一片恐慌，就连守军的炊事员们也一个个心跳加快，双腿、双手不停地打战发抖，直到上午10点多钟，各个灶房的早饭都还没有做好。薛子栋、李绪守虽然见状连声大骂说"都是一伙软蛋"，可连他们自己也心里明白，解放军兵临城下，绝不可能轻易放弃攻城。要说到了这般时候人们还能够镇定自如不害怕，那才是骗人的。

中午时分，荣河县周围突然响起了飞机的轰隆声。薛子栋、李绪守心头为之一振：运城方面果不食言，派飞机前来支援我们了。当时城内城外的人们不仅听到了飞机飞行时的声音，而且都还看到了距地面很低有3架飞机兜着圈子在城周围来回盘旋，并不时向下扔炸弹。但飞机轰炸的目标好像只是在荣张村周围。事后获悉，当天敌机在轰炸时，炸死炸伤了几名正在荣张村中间深井打水的解放军战士。村里的关老爷庙和舞台，也是那天敌机给炸毁的。

到了10日晚上，三十团又安排组织第二次攻城战斗。工兵仍然从东门爆破。可是，无论东城门爆炸如何激烈，城内的敌人始终不肯弃城而逃。而攻城解放军的武器全部是步枪，没有更为强大的火力支援。这样，第二次攻打荣河县城仍然没有成功。

两打荣河县城未果的消息传到河津后，周希汉旅长心里非常焦急，但同时也下了更大的决心：一定要迅速攻下荣河城，以壮大我军在整个晋南反攻战役中的威望和声势。

4月11日拂晓，周希汉与二十九团团长吴效闵带领4个步兵连、旅山炮部队的第一连、工兵连，到达了三十团位于荣张村的作战指挥所。周希汉不顾星夜奔波的辛劳，立即听取了卢星显团长和梁天喜政委的简要汇报，随后又带领二十九、三十两个团的团、营指挥员以及旅作战参谋洪资善等，勘察地形，了解敌情，再次精心安排火力配置，要求各部队一定要做好周密详细的战前准备。当时，荣河城墙上敌人的机关枪还在不停地向城外扫射，不时有弹头就落在周旅长他们的身边。

4月12日下午，在团党委会议上，周希汉首先通报了万泉县已于11日宣告解放的消息，这让参会的指挥员们倍受振奋和鼓舞。随后，根据三十团三营营长陈家贵、教导员范新友的主动请缨，由作战参谋洪资善宣读了周希汉旅长早就写好的作战决心书。会议决定调整兵力部署，由三十团三营担任主攻，一营助攻，仍然以东城门为突破方向，

原荣河县政府房屋

二营佯攻西城门，旅工兵连、炮兵连配合主攻，二十九团4个连担任预备队，分别置于东、西、南三处，相机投入战斗。三十团三营营长陈家贵在会上斩钉截铁地表态说："主攻荣河城的任务交给我们三营担任，我们决心亲自带领部队进攻，誓死攻下荣河城。"

4月12日22时30分，参战部队分别到达了指定的进攻阵地。在短暂的战前准备空隙，周希汉习惯地点上一支烟后，发出了开始攻击的命令。只见3颗红色信号弹飞向高高的夜空，荣河县城周围顿时炮火齐鸣、火光冲天。当敌人发现解放军仍以东门为主攻方向时，便紧急调动兵力和火器进行阻击。这时，我军又及时命令二营乘机猛攻西门，以给城内敌人造成错觉，迫使李绪守慌忙中指挥向西门转移兵力。

就在城内敌人东、西难以兼顾之机，周希汉又果断下达命令，让工兵连在东门实施爆破，排除障碍物，摧毁敌人的地堡。三营在营长陈家贵和教导员范新友的带领下，迅速跃出战壕，在轻、重机枪和山炮的密集火力掩护下搭起了跳板，架起了攻城的云梯。排长宋天明和战士侯方荣率先登上云梯跳跃上了城头后，连续准确地投出了四颗手榴弹，阻击住了企图反扑的敌人，守住了突破口，保障了全连顺利进城。

在解放军的密集火力进攻下，东门城墙终于被打破了一个大缺口，并在炮火的猛烈攻击下，缺口不断扩大。很快，纷纷落下的城墙上的土块在地面上形成了一个漫坡。指战员们乘机踩着城上掉下来的残垣破壁，蜂拥攻入城内。随即各营相继进入城内，沿大街分别向县政府、保警大队部、警察局及爱乡团指挥所进击，将敌人分割成几块聚而歼之。少数逃向城外的敌人被城外的二十九团围歼。至 4 月 13 日，荣河县城宣告解放。

在解放荣河战斗中，4 月 10 日率先进入城内的第一班战士张维发、吴耀忠和袁占礼三人，在看到当时后续部队被敌人阻断，敌人四处追杀他们时，急中生智躲藏到了城内的一个大麦草垛里，在敌人的心脏里潜伏了两昼夜。直到两天后解放军攻打荣河城时，他们才配合主攻部队反击，起到了可贵的内应作用，为解放荣河县城立下了奇功。

值得一提的是张维发他们三人都是不久前才从国民党部队中俘虏过来的（他们都是高平县人），在危急时刻，他们机智勇敢，坚信解放军一定会取得最后的胜利。因此，三人忍着饥饿和夜间的冷冻，饿了就寻找麦垛中的小麦颗粒，渴了就喝麦积垛外围冻结的冰凌水，用坚强的毅力和坚定的信念，终于等到了解放荣河的那一天。

周希汉旅长在听了张维发他们三人的事迹后，十分感动，当即指示旅政治部予以嘉奖表扬。后来新华社和太岳《新华日报》都报道了他们的事迹。纵队文工团还就这件事编演了《两天两夜》的话剧，在各部队巡回演出，让广大官兵受到了深刻的启发和教育。

担任突击任务的九连干部战士在战斗中英勇顽强，得到了旅政治部的嘉奖。攻城尖兵排的第三排还受到了纵队领导表彰，并授予他们"攻无不克，战无不胜"锦旗一面。

四

在解放荣河县的战斗中，我人民解放军共击毙击伤敌人 200 多名，俘虏了包括荣河县联防指挥官、少将薛子栋及伪县长李绪守以下 500 余人。还缴获了轻重机枪 37 挺，各种弹药 30 余万发，伪钞 20 多捆及大批军用物资。

部队在荣河县驻扎期间，荣河县人民在国民党的暴虐统治下生活十分艰难困苦。周希汉看到后，决定从部队的军粮中拿出 4000 多斤粮食来救济当地群众，又命令战士们打开了伪县政府的粮仓，将敌人搜刮老百姓的5000多斤粮食（多为小麦），一并救济了当地贫苦群众。

当时，在荣河县刚刚解放后的两天里，国民党运城方面仍然派飞机来轰炸骚扰。广大群众在庆祝胜利的同时，坚持冒着敌机当空骚扰的危险，扶老携幼，赶着马车，背着口袋，从各村赶到县城领取救济粮。16日那天下午，当领粮群众在认出周希汉旅长后，立刻自发地簇拥着他，感谢周旅长率部队解放了荣河县。不少青年人还踊跃报名参军，一些父母还坚决要求儿子一定要参加周旅长率领的解放军部队。

荣河县的解放，是解放军对驻在延安胡宗南部的一个迎头痛击，迫使胡宗南临时决定从陕北抽调兵力，来保护他所谓的"军事要地"运城。

部队随后在总结解放荣河县战役经验的过程中，指战员们用铁的事实说话，又一次深刻地认识到了"兵民是胜利之本"（毛泽东语）。早在4月10日，当三十团到达荣张村时，村里就有不少群众找到部队，自觉给解放军指战员带路，在夜色中帮助指战员指认地形、地点。当部队决定发起第一次进攻时，战士们又一再叮嘱让群众赶快回到安全的地方去，但许多群众仍然不肯离去。荣张村的苏武林后来回忆说，部队发起进攻时，他们村不少人就在城外附近等候着，一边看着解放军攻城，一边及时帮助解放军转移物资和伤员。

直到4月10日后半夜，当村里群众听到部队已经进村的消息而打开家门时，大家才发现巷道里全是解放军。这些解放军在经过从河津县到荣张村的紧急行军后，一到目的地就在巷道里躺下休息。当时正是农历二月的深夜，天寒地冻、滴水成冰，村民们在看到这样的情形后，纷纷请指战员们到自己家里休息。但哨兵们却告诉村民说：这也只是个临时休息，可能马上就有新的任务。

4月11日中午，忽然有3位解放军战士来到荣张村苏永发的家里。其中一位战士说，他们的战友在战斗中负伤，想在他家做点面条汤。当年只有15岁的苏永发听此情况立刻满口答应。之后，三位解放军战士就用苏永发家的面和油做了一顿汤面，并按价付给了苏永发解放区专用的晋南钞和粮票证，同时还有一个写有部队地址、姓名的小折叠本。

解放荣河战役期间，广大解放军战士纪律严明，对群众利益秋毫无犯。在 4 月 11 日、12 日白天的战斗空隙，不少战士休息时，都自觉睡在了群众房檐下的台阶上（当地称"圪台上"）、牛院里、草橘子边，做到尽量不打扰群众的正常生活。当年荣河县立高小（校址在今荣河中学对面）学生、南辛村的村民李永发回忆说，4 月 11 日那天他正好因感冒请假，在从西门出城时，解放军战士对过往人员盘查得十分严格，并一再嘱咐大家说：这几天尽量不要到城周围来，一定要注意安全。

当年荣河解放战役中，负伤的解放军战士在荣张村的临时医院实施救治，地址就在苏玉和等几家群众的房子里。退休干部、荣张村的苏永发回忆说：当时在战斗进行的 4 月 10 日、11 日、12 日连续三天的每天晚上，苏玉和的家门口都挂着一盏明亮的汽灯，而那里就是解放军部队的战地临时医院。

当时荣张村和附近的群众还都先后出动了牛马车数十辆，来支援解放军转移运送伤员。每辆畜力牛马车可以拉运 3 ～ 5 名伤员，车辆在解放军战士的护送下由当地群众赶车，趁着夜色一路送到了裴庄村附近，那里有负责接应伤员的医生和战士。新中国成立前从山东逃荒到荣张村的老王，虽说平时靠打零工来维持生计，他自己并没有车马，但他每次都积极帮助村人套牛赶车，跟随车马转移伤员，一次也不肯落下。

在解放荣河战役中牺牲的解放军指战员人数统计并不准确，有资料说大约有 70 人。荣张村不少老者后来回忆说：从 4 月 14 日早上开始，解放军战士就和村民们一起在荣张村北的关门外挖了一个大坑，用来掩埋牺牲的革命烈士。当时只有牺牲的两位连长在安葬时使用了棺材，其余的则连棺材都没有。每位烈士在埋葬时，身边还都放有一个写有牺牲者姓名、年龄、籍贯、编号的纸牌子，以方便其后他们的家属在搬尸时辨认。烈士们在并排安放结束后，部队首长和战士群众一起为烈士们默哀鞠躬，然后予以了集体葬埋（当时说是临时掩埋）。

这以后的几年时间里，便陆续有家属亲人来到荣张村搬走了部分烈士的遗骨。1952 年荣河县政府在建立烈士陵园时，县政府又安排为每位烈士准备了棺材，再次统一进行了安葬。但至今仍有一部分在解放荣河战役中牺牲的革命烈士，他们永久地长眠在了荣河的大地之中。

在解放荣河县以后，旅长周希汉还借机来到出生于荣张村的老战友、烈士杨鹏鲲（他们在太岳根据地一起工作过）家的巷口，从外围探望了杨家的院落和房屋。

由于周希汉的爱人周璇就是荣河县城人，他俩于1941年在太岳区结婚以来，周希汉一直还没有去过自己的丈人家。因此，4月14日晚，周希汉还借机到周璇的娘家去看望了岳父柴江海等人，这也让荣河县及周边地区的群众津津乐道了好多年。

五

荣河县解放后，周希汉旅长率部在荣河县驻扎了10多天，一直到接到其他战斗任务后才离开荣河。期间，有部分荣河县城的国民党士兵在解放军的教育下，认清了全国必将解放的大好形势，毅然加入解放军的行列。几天前还曾与解放军兵戎相见的守城敌人现在却汇入人民解放军的大部队之中。当地群众说：这样的事，只有共产党领导的人民军队才能做得到。

荣河县解放后的短短几天里，中共太岳三地委就任命郭兆英为中共荣河县委书记，丁夫为副书记，赵龙为县委委员兼县农会主席，荣河县的党组织很快便得以重新健全和恢复（荣河新中国成立前的1946年下半年，由于叛徒出卖，当时的荣河县委委员李天增等人被捕，县委书记王波被迫离开荣河奔赴太岳根据地，中共荣河县的地下党组织遭到了严重破坏。这也是人民解放军在前来解放荣河县时，无法与当时荣河县委取得联系的原因）。不久又建立了荣河县民主政府，县长为赵殿举。为了加强党在荣河县的领导，巩固新生的人民政权，太岳军区还从革命老区抽调了50多名干部到荣河县开展工作，他们中的赵秀英、严谦、冯茹建、张成杰等人，从此就一直在荣河与后来合并后的万荣县工作。当时，荣河县委与县民主政府的驻地就设在荣河县城。县委工作机构当时共4个，分别是组织部、宣传部、办公室（又称秘书室）、公安局。同时，县民主政府也设立了秘书室、财粮科、教育科、生产科、邮政局、税务局、供销社等10个办事机构。

在全县贯彻剿匪、反奸等项工作中，荣河县委认真执行党的各项政策，尤其是注重做好旧军人和旧政府人员的教育改造和重新使用工作。当时，荣河县仍然以区（当时设有光华、孙吉、年村、周王四个区）为单位，对旧军人和旧政府人员先进行了摸底造册登记，然后开展集中培训，学习改造，力争使他们通过改造教育实现重新做人。

由于战乱年代人们不断流动和频繁外出的原因，许多人今天还是民，明天便是兵，今天还在这里当兵，明天又可能到那里吃饷，其真实身份常常很难确定，这给剿匪、反奸工作造成了很大困难。杨X庄有个人叫樊响之（化名），解放荣河县时就在城里当兵。4月13日凌晨，当解放军攻进荣河县城后，樊响之便趁混乱之际只身逃出城外，跑到了一户老百姓的家里，欺骗主人说，他是国民党二战区抓走的一名民夫。在借换了老百姓的一身衣服后，樊响之又悄悄回到自己家里，对村人说这几年他在外地做生意。但纸里终究包不住火，村里村外其实都有人了解樊响之的真实身份。后来经群众检举揭发，樊响之不得已参加了培训改造学习班。学习结束后，根据他的实际表现，政府还安排他到了当时的王显区政府工作。两年后又调到供销部门工作，直至退休。

南辛村有一个叫六娃的人，荣河县新中国成立前是县政府的一名文职人员。4月12日夜里，六娃见伪政府大势已去，便凭着自己对城内地形的熟悉，偷偷地从西城墙的一个低处跳下，先跑到深沟里躲藏了一阵，然后才回到自己的老家里。在剿匪、反奸运动中，政府认定六娃在伪政府期间并没有多大罪恶，就根据其本人意愿，让六娃回自己老家继续务农。

有几名旧军人后来交代说，从4月11日起，徐敬祥、薛子栋就曾两次安排手下亲信冒充老百姓混出城外，秘密刺探解放军的旅、团首长的具体驻地，妄图搞暗杀活动。但让徐、薛二人没有想到的是，两次派出的亲信一出城就再也没有回来。殊不知，当时城里的爱乡团成员多数都是本地人，他们大都不愿意与解放军为敌。当时有个叫丁老五的爱乡团成员因说了一句"八路军攻下荣河城是早晚的事"，就被爱乡团团长徐敬祥叫去，遭到了严厉的训斥和打骂。

荣河县解放后，获得了新生的荣河县人民在中共荣河县委和民主政府的领导下，又积极开展起了支援前线、参军参战和土地改革的准备工作。从中小学校到广大农村，全县到处响彻着"解放区的天是晴朗的天"的嘹亮歌声。

注：①麨旗，当地群众每年在农历二月里，用面粉、米粉、豆粉炒熟加工而成的旗块状食物，意欲祈求一年里无邪无灾、风调雨顺。

②鹿寨（zhai）：用粗壮树木交叉搭建而成的障碍物。荣河县城外围的鹿砦用材，一部分是在各村征用的，一部分是从北山买来的，都是槐木、椿木等硬茬杂木。

附言：

①荣河县原伪县长李绪守，又名葆贞，运城师范学校毕业，曾任国民党第二战区司令长官办公室上校秘书、少将参事。1946年担任旧荣河县县长。荣河县解放时被解放军俘虏，后经过教育改造，人民政府安排其到太原师范学校担任了教师，几年后又调入到晋城一中，并曾任晋城市政协委员。1977年，李绪守离休后定居永济，又曾当选为永济市第八届人大代表。1988年5月，李绪守去世，终年80岁。

②原荣河县爱乡团团长徐敬祥，今万荣县光华乡人。荣河县解放时，徐敬祥趁机逃往了陕西省大荔县，又组织了"晋南游击队"企图继续与人民为敌。西安新中国成立后，徐敬祥曾两次被解放军抓获。在押回荣河县途中，又乘机逃跑到陕西省的耀县、径阳等地。1952年5月，徐敬祥再次被抓获后在荣河县被人民政府处决。

③荣河曾为荣河县，现为荣河镇，镇政府驻地为荣河村（原名冯村）。

上古时期，荣河为纶邑（县）。西周时荣河为耿国地，东周时属晋国地，战国时期为魏国地，置汾阴县。秦、汉、三国时皆为汾阴县，隶属河东郡。西晋时废汾阴县，归蒲坂县，至北魏时重设汾阴县到北周。隋唐时仍为汾阴，唐开元十年，因重修后土祠时出土宝鼎，遂将县改称宝鼎县。

宋大中祥符四年（1011），因境内现"荣光幂河"之象，被人们认为吉祥之兆，故将县名改为了荣河。金佑三年，荣河县升为荣州，为河中府荣州，元初又废州复县。明、清、民国直到新中国成立的 1954 年 8 月，一直为荣河县。1954 年 8 月 15 日，原万泉、荣河两县合并为万荣县至今（合并后荣河为荣河镇）。1958 年 11 月 1 日至 1959 年 7 月 1 日期间，曾随万荣县与河津、稷山三县合并为稷山县。

1958 年 9 月实现人民公社化时，荣河镇改称荣河公社（期间 1958—1961 年曾称卫星公社），公社机关仍驻荣河村。1984 年 10 月改人民公社为乡、镇时，荣河公社又改为荣河镇至今。2001 年撤乡并镇时，原宝鼎乡并入荣河镇。

原荣河县县城，隋开皇时期始建于后土祠南约 10 里地，后经多次重修。民国初年，因县城屡次遭遇河水侵犯，遂在冯村另择基地，重修新县城。万泉、荣河合并为万荣县后，原荣河县县城一直为荣河公社、镇政府所在地。

引水下山纪实录

前所未有的县城水荒

万荣县地处黄土高原，十年九旱，地下水资源十分缺乏。受水利条件的制约，工业发展举步维艰，农业生产更要靠老天爷吃饭。20世纪70年代，为了加强地方工业的发展，省、市曾安排部分中小企业移迁至县级城镇，可是最初决定在万荣县建厂的几个企业却都因缺水而搁浅，最后只留下一个地方国营蓬布厂。

1951年5月，经过多方论证，并经上级批准，原万泉县县城所在地由古城(今万泉村)迁往解店。1954年8月，随着行政区划的变化，万泉、荣河两县被合并为万荣县，但县治所在地仍未解店。

合并后的万荣县城，机关、工厂、学校的人数逐年增多，而让人们始料不及的是，一直靠旱井蓄水来解决县城人口吃水问题的传统做法受到了前所未有的挑战，水荒现象日益严重。一些久居县城的"老万荣"回忆说："1955年到1956年春季缺水时，县城附近的西解、南解等村群众就不得不到10里以外的下涧、北涧等村担水、拉水，生产队则用畜力车集体拉水，而县城一担水（两桶，约60斤）的售价在那时就达到了5～7角钱，降水稀少时更高达1元钱，创下了历史最高。"

20世纪中叶，省城一家知名权威杂志曾发表了一篇关于万荣缺水的文章，其中有段民谣这样说："干万荣，万荣干，口中喷水来洗脸。若要等到园林化，柏叶落了柳叶圆。"

虽说民谣所说的"口中喷水来洗脸"当时还不至于，但一盆水供几个人洗脸，一家人共用一盆洗脸水却都是事实。尤其是当时的城关中学（位于今万荣中学）住校学生，每个班的几十个学生只能合用极少量的几盆水来解决洗脸问题。以致在以后的许多年里，万荣人还保持着几个人用一盆水洗脸的习惯，常常能听到人们"你先洗，你先洗"的相互谦让用语。民谣中关于实现园林化的说法，更是对万荣县城下了一个"绝无可能"的定语，因为人们都知道：柏叶不会落，柳叶不会圆。

县城闹水荒的实际情况让人们头痛不已，于是，有关部门使用了发水票、凭票用水的办法。实事求是地说，凭票供水是个好办法，但实际上，所发水票根本不能满足人们的日常用水需要，大家只能节省着用。当时，万荣县的机关干部都愿意到专区或外县开会学习，不为别的，就只为能洗个痛快脸，能可量地喝够水。但也有尴尬的时候，那就是在当时的晋南专区（万荣县时属晋南专区）乃至更广泛的范围内，人们都了解万荣的缺水状况，常常会当着万荣人的面戏说：我某年某月到你们万荣去，口渴了不让喝水，却只让吃馍，岂不知嘴巴和喉咙干得像着了火似的，咋能咽下干馍。这些开玩笑的话虽说有些夸大其词，但万荣县城缺水的情况倒是不争的事实。所以后来好多年，外地有些不了解真相的朋友仍然对万荣人"宁叫客人吃个馍，也不叫客人喝口水"这一说法感到莫明其妙。

严重的水荒状况困扰着万荣县城的各级领导和每一位群众。凭票用水的办法虽说有效控制了用水量，但眼看着到了春夏之交的"行龙"时节，老天爷却天天都是大眼瞪小眼的天高云淡，县领导们对此日思夜想，坐卧不安，首先想到的是蓄雨水用。于是1956年冬季的11月，在县委、人委（当时县政府称县人民委员会，简称"人委"）的组织安排下，全县动员在县城北街附近打成了一个大池塘，并取名"高潮池"，面积约10亩之大，可蓄5万立方米水。建成后，确实在一定程度上暂时缓解了县城用水的紧张状况。

有了蓄水池，但降水升稀少蓄不下水又怎么办？人人都知道节水不如减口的道理。于是20世纪五六十年代的春夏之交，县城严重缺水时，县上曾决定机关留够值班人员后，其余干部全部蹲点下乡，这样，蹲点的下乡干部就可以停止供给其水票。城关中学的高、初中一、二年级学生则实行特殊放假，布置作业后在家复习（当时学生通常只放寒假和春秋农忙假，因缺水放假可以说史无先例），高三和初三班学生因面临毕业，暂时搬迁到距涧水地源较近的古城高小和文庙内上课。

1963 年，吴勉之（左）与时任万荣县政府副县长的黄舒卿（中）在一起研讨工作

当年高三年级学生吴永珍至今还清楚地记得，那时，老师带着他们背着铺盖和书本等步行离开县城向古城进发，当走到飞云楼附近时，有几个同学实在口渴难忍，便向老师请假到城关小学附近的居民家里讨水喝的情景。一路上，老师还给学生们讲曹操带兵时的望梅止渴故事，鼓励大家鼓足劲尽快赶到古城。果然，到达古城时，古城高小的师生们已经为他们准备了两大桶开水和十几桶洗脸水。

节水、蓄水、减人减口的办法都用上了，但人人都知道，这些不过是权宜之计，是没有办法的办法。那如何才能有效地化解县城水荒？县领导反复思考，几度掂量，最终决定根本的办法要靠从孤山引水，并把这一任务交给了当时的大礼堂负责人吴勉之以及杜友让、宋云峰等人，就是要把孤山上的泉水引入县城，来彻底解决县城的人畜饮水问题。

引入县城的孤山水源

县上决定要把孤山的泉水引入县城，化解县城的水荒状况，无疑，当时这个决策是十分正确的。可是，孤山的泉水流量到底有多大，水源的具体位置又在什么地方，一开始并无人知晓。

当年的引水下山工程距今算来已过去了 50 余年，但有许多亲历

者至今仍然记忆犹新，说起当年的人和事仍津津乐道。可问起当时引水的具体水源地时，绝大多数人却不太明白，说不清楚，就连一些相关资料的记载也是说法不一。

时光追溯到公元620年，秦王李世民率部进驻孤山、解店、张瓮一带，在扫平河东隋朝旧部残余之后，认为孤山一带民风淳朴，薛通城（今万泉乡万泉村）易守难攻，实属战略要地，遂上书父王李渊恩准，割汾阴、猗氏、稷山、安邑、龙门五县部分村庄，在薛通城设置了万泉县。李世民在给父王李渊的奏折中，曾提到薛通城"城临山涧，地多涌泉"的情况，故县名定为"万泉"。

但是在地名为万泉的县域地界，尤其是在决定引水的孤山，所引泉水究竟应在何处？至于这一点，当年参与找水的亲历者吴勉之、杜友让等人曾说，根据时任万荣县县长王国英的指示安排，他们一行数人在实地察看了山上大大小小的数十处泉水后，才最后决定了引水的具体地点。

当年，孤山金顶的西峪壕有泉，黄家峪沟里有一股暖泉（水是温的，隆冬不冻），袁家庄有旧万泉八景中所说的"双泉流碧"，林山黄家峪沟里有李世民当年在孤山屯兵时发现的"马跑泉"，万泉乡的北涧、下涧、羽子沟也有泉，还有槛泉、雕石泉、圣水泉等等。但这些泉虽说常年从地下冒水（孤山泉水的特点），但它们的流量实在太小，并且距县城太远，实施引水下山的工程量太大。一句话，引水的价值不高。

其实，参与上山找水的人们心里是早有目的的。不过，为了更好地解决县城的吃水问题，他们还是认真跑遍了孤山所有有水的山沟坡洼，看是否还会找到更大更好的水源。而这里是他们找水的最后一站，也是他们最大的希望所在。

深秋的阳光明媚温暖。参与找水的一行人并没有上下班的概念，这一天虽说是星期天，可他们还是一大早就从县城骑自行车出发，更确切地说是推着自行车。因为从县城向南到孤山以北的林山村尉家岭沟里的泉水所在地，一路上全是上坡的山路。

将近两个小时的上坡路，走得大家都早已满头大汗。半路上他们便相继脱去外衣，但仍然是一个个汗流浃背的。从尉家岭的路东下沟之前，他们从当地村民尉培军家里借了两把铁锹、一杆大秤、一只水桶和一个舀水的马勺。当时正是村民们下工吃早饭的时候，大家看这些人借这些工具使用，虽说有些摸不着头脑，也不便过多地询问，但还是十分爽快地借给了他们。可这一行人的举动却深深地吸引了放假在家的小学生们。

一行人沿着弯弯曲曲的羊肠小道，首先来到叫作蓖麻凹的沟底。只见自上而下的泉水缓缓地从大大小小的麻石缝间流过，哗哗哗的流水声像是一曲没有休止符的交响乐一样，悦耳动听，接连不断。跟来的小学生们更为好奇，在这些小学生们看来，这条涧水也太普通、太平常了。听大人们说，水是从山后边流下来的，经过南涧、下涧、窑院、西解等村的深沟，就不知道流向了哪里。至于这条涧水流了多少年，村里年龄最大的老爷爷也说不清道不明。他们平时上学放学，大人们从沟东到沟西，都是踩着沟里高出水面的石头来回走动的。他们上学放学时还会经常在沟里打水仗，也常常用双手捧起泉水解渴。大人们也经常在沟里洗衣服，天旱无雨时，村民们还会下沟里担水吃。可这几个人都好像没有见过泉水似的，站在沟里的大石头上，双眼盯着源源不断的水流，看得是那样的专注和入神。

接着，只见一个人用铁锹在沟里挖了一个深壕，让壕沟的流水归成一路，然后用水桶在前面接着。还有两个人挽起了袖子，目不转睛地盯着手腕上的手表。当水桶接满泉水后，他们就用大秤称起了重量。村里的小孩子只见过用大秤称粮食、称梨果，用大秤称泉水还从来没有见过。学校老师的办公桌上有一个大座钟，可是能够戴在手腕上的钟表，孩子们也从来没有见过。直到后来引水时孩子们才知道，当时那些人是在计算沟里水流的流速和流量。

当年参与找水的人们分别在沟里的铧尖咀、甘家沟、耐饥滩、张家山等几个地方都测算了泉水的流速和流量，然后又找到泉水的发源地南樊沟和北樊沟一带。只见足有 2 亩多大的山坡和沟壕里，麻石缝隙的根部和石头缝里处处都向外冒水，走不了几步，泉水就会湿透鞋袜和裤管，这里被当地人叫作东沟。西边柳树沟和前边的南北沟壕里也有这样的泉水冒出，一直流到铧尖咀的地方，才与东沟的水汇合在了一起。所以被人们说了几十年的引水下山时所引的泉水，发源地就在林山村张家山和八条汕的沟壕里。

向县领导详细汇报了成功找到水源的经过后,县长王国英非常兴奋。他还骑着自行车到山上亲自作了考察,并与技术人员一道在现场讨论了引水的可行性及具体实施方案。于是,从孤山引水进县城这件事就这样拍板定案了。

时隔将近半个世纪后的 2007 年 4 月 4 日,时任万荣县委书记卫孺牛在到李世民当年于孤山屯兵的秦王寨调研时,听说 20 世纪 60 年代引水下山的泉水源头就在不远处的林山村柳树沟,遂决定去实地察看。卫孺牛一行在村干部尉恒贞、曹红兵的引导下,从林山公路的三号桥下车,顶着齐腰深的荆棘杂草步行 10 多里地后,终于来到当年引水的源头柳树沟和东沟,只见当年用麻石砌成的三角蓄水坝石堤依旧完好,只是池内泉水早已干涸,厚厚的淤泥上长满了野花杂草。

简易引水的初步成功

从孤山林山村尉家岭的沟里引水到县城的方案定下来后,县长王国英催得很紧,他对技术人员交代说,限你们两三天内拿出方案。

参与引水的指挥部成员和技术员们在领受了王县长的紧急指示后,大家一刻也不敢怠慢。走出王县长办公室,大家就立即又聚在一起,再次具体讨论了方案。他们当时先提出用铺装管道的方式引水,认为这是最安全、最合算的办法。在简短而激烈的讨论以后,大家一致认为,从孤山水源所在地开始,把管道铺设到县城的引水办法并不需要太高的技术要求,至于用什么材料和材质的管道,还需汇报给县领导定夺。

方案汇报给县领导后,两天便就有了下文,同意铺装管道的引水方式,但为了长久之计,宜用陶瓷管铺装管道。可是县领导又提出一个十分尖锐的问题,即铺装管道需用多长时间? 于是,技术员们又马不停蹄立即出发,从孤山的柳树沟和东沟交汇处的铧尖咀起,一直丈量到县城南街(今大礼堂门前),全程共计 10 000 余米约 20 里的路程。这个数字计算出来后,大家觉得还是比较可信的,虽然说丈量时拉动软尺会有一定的误差,但人们常说从尉家岭到解店(县城)有 18 里远的说法,就是一个很有力的佐证。

技术员们借鉴外地的经验，结合沿路的地形地貌，认为要完成铺装管道引水的任务最快也需要多半年的时间，剔除下雨天误工等因素，大约需要一年的时间。就这还需要在施工开始后，采取沿途分段施工的办法才能如期完成。

方案递交上去后的第二天，县长王国英又把参与引水人员召集到一起，明确表态说：方案可行，但工期太长。一年时间实在等不及，必须用最简易、最快当的方法先把水引下来，以解决县城的燃眉之急。

经过一天多时间的合谋，大家决定尝试先使用帆布管或橡皮管作为临时简易引水办法，在获得成功后再开始铺设管道的设计施工。

简易引水的方法得到县领导允许后，采买材料的任务就交给了杜友让和宋云峰两个年轻人。接受任务后，他俩立即动身，经过没有几天时间的坐汽车、转火车的劳顿，所需用的帆布管、橡皮管以及赛璐珞（塑料的一种）材质的接头等材料，便陆续运到了引水工地。

简易引水的施工开始了，能不能一次性取得成功，参与施工的指挥人员和技术人员心里其实都没有绝对把握。因为从沿路的荆村到县城都是下坡路，自古水往低处流，只要沿路装好管道，再把接头处捆绑严实，引水就一定会成功。可最艰难的地方是所引水源位于尉家岭旁的深沟里，如何从入水口开始，让水在不用机械动力的前提下，走一段慢上坡路后再走下坡路，这是简易引水工程最关键的一环，也是整个工程最大的难题。

工程负责人吴勉之首先请来了县城的杨子顺等人，又请来了荆村的王临端和林山村的尉庚夗、尉栋臣三位农民，他们都是人们公认的"有窍眼"的"能人"。大家坐在沟底工地现场的麻石头上，一边听着沟里哗哗哗的流水声，一边大声发表着自己的想法和意见。

无论是在当时的县城还是在农村，乃至周边的一些县，吴勉之和杨子顺应该是人人公认的"能行人"。让他们办集体开会的大灶、管理后勤事务，他们都能料理得井井有条、有排有行。让他们负责一项工程，他们也既懂得工程配料配方，又能估摸透工程所需的大概材料和所需工时。可现在这样的难题他们却没有遇到过。他俩虽然心里也有些设想，但此时在孤山尉家岭的沟壕里，他俩更想听的是这三位地地道道农民的意见。

三位农民见大名鼎鼎的老吴和老杨的态度如此随和与诚恳，索性大胆地提出了他们的建议：让水管从入水口向北边沟里的耐饥滩逐步前移，形成上坡形势，把管道从西往东空架过去，再在崖边选一块略高于对面甘家沟的地势，空架水管过沟，利用流水的冲击压力和下边空水管的引力，引水上坡，引水过沟，然后引水下山。至于从西往东架设的空中水管，可以用铁丝扭成"浮桥"扶住水管，解决水管在空中的下沉问题。

吴勉之听了心中大喜，他随即从石头上站起身来大声说："应该能行，真是茅草堆里藏老虎哩！"几位农民心想，远近的人们都知道老吴爱说笑，只要有他在的场合，就肯定会有笑声，真是名不虚传。

说干就干，简易引水的攻坚战很快就开始了。大家经过反复实验、测量坡势，才确定了管道坡度（肉眼几乎看不出的细小坡度）。在从西往东架设空中管道时，又采用了几位农民提出的办法：量好距离后，把接好的管道与用 8 号铁丝扭成的"浮桥"连成一体，再用粗大麻绳扶送"浮桥"和管道升空过沟后，分别在沟两边打桩固定。

接下来，经过反复对比试验，调整管道坡度，简易引水终于获得成功。对于几位农民既出力又出策、还耽误在生产队挣工分的无私精神，吴勉之他们实在感到过意不去。那几天，老吴常常这样自问：他们跟着工程干了好几天，不挣公家一分钱，不吃公家一口饭，到底图个什么。还是庄稼户人朴实憨厚呀。

陶瓷管道引水的两次设计

简易引水成功后，暂时缓解了县城水荒。虽然机关工作人员和居民用水还都要掏钱买水票，但饱尝缺水滋味的人们还是觉得"美得太"。因为在此之前，县城的用水全都是靠下雨时蓄的旱井水，现在终于有了从孤山引来的长流泉水，那还不是"摸了天牌"。再说，这可是县城人们历史以来第一次饮用上干净泉水。

参与引水的几个人劳苦功高，他们天天一大早就从县城出发，在沿路架设管道，固定接头，忙得焦头烂额，但也紧张有序。每天到了中午，他们的午饭就是干粮馍馍，再到当地居民家喝点开水。县领导和县城各机关干部群众，甚至远近村的村民们，都知道他们是引水下山的功臣。

在领导的表扬声中，在人们的欢呼声中，参与引水的人们更觉得自己肩上担子的沉重。因为他们比任何人都清楚，简易引水只是权宜之计，无论是帆布管还是橡皮管道，都经不起长时间的风吹日晒，尤其是经不起夏天的暴晒和冬天的冷冻。管道的自然风化必然会严重影响引水的成败。下一步的铺装陶瓷管道的引水施工图纸已经摆在了他们的面前。

一开始的埋陶瓷管道的设计图纸，既没有经过方方面面的技术论证，也没有像简易引水时那样，请一些农民出身的有窍眼的能人出谋献策。大家都抱着尽快调集民工上马、尽快安排施工、尽快完成任务的决心和信心，各自有序地忙碌着。

1960年3月，民工们在技术人员的指挥下，按照设计的图纸方案，已经挖好了线路上的几个检查井。这条线路是从林山村第四生产队的沟半坡起，经神仙凹、鞍轿坡、三条壕等地后再到荆村。水源所在地距神仙凹上边的碾麦场足有100多米高，也就是说，要让泉水走100多米高的上坡路才能下山。

施工开始后，负责引水的吴勉之天天站在神仙凹的半沟，他戴着白边、白框、白（镜）片的眼镜，或仰头张望，或低头思索，认为这个引水方案存在着很大的疑问，就是不用动力设备扬水就无法让水走上坡路。而他们的引水宗旨是尽量减少工序，尽量节约开支。于是，他又与杨子顺等人在沟半坡讨论了大半天，最后的结论是现行施工方案被紧急叫停，必须重新调整引水线路。

第一次的设计方案被放弃后，吴勉之紧急找到涧薛村沟楞上自然村的屈子明，请他着手设计图纸（屈子明于1959年曾成功设计了林山公路）。屈子明原是省建筑公司的工程师，后被下放到原籍农村劳动（恢复工作后曾在县水利局工作）。要让他参与引水工作，按当时的情况应事先征得公社、大队、小队等有关负责人同意，吴勉之当然知道这一切。但屈子明在听完老吴介绍情况后，却深深地被老吴那认真的工作态度、严谨的工作作风所折服，二话没说就跟着老吴上了引水工地。

在吴勉之的具体参与和催促下，不多天工夫，屈子明的设计方案

365

就出来了。这一次，吴勉之他们更为谨慎，大家与屈子明带上图纸，从水源入口处出发，一路走到了县城大礼堂门前。屈子明一边走一边讲解图纸，给大家论证图纸所标路线的施工要点。

屈子明设计的引水路线图自入口处起，从林山村的神仙凹半沟开挖涵洞 10 个，向北通往荆村，再经涧薛绕东到沟楞上自然村，过南解村到县城，全程 10 000 多米，沿途留有检查井 98 个。原则上每隔百米就留一眼检查井，这样设计主要是从以后维修水路方面考虑。

对于路线为何不经涧薛、窑院、西解这条直线直达县城的疑问，屈子明解释说，那样当然会短一些，可以省些工料，但一直让水走直线、走下坡会存在一定的安全隐患。尤其是每年雨季山洪暴发季节，应考虑水管的承受能力。屈子明的解释得到了大家的一致赞同和认可。于是，按照第二次的设计方案，引水下山工程又开始全线上马。

事隔多年之后的 20 世纪 80 年代，笔者还就当年的引水设计路线当面问过吴勉之和屈子明先生。屈子明坦诚地说，按技术要求当然是桌面上的理由，但我心里还有一层私心，就是从涧薛和沟楞上过，村人就有了吃水的方便（检查井可以随时取水）。而屈子明就是沟楞村人，沟楞自然村行政上又属于涧薛大队，从这一点上说，老屈的"私心"完全可以理解。吴勉之的回答也是一样的坦诚，老屈当时的用心我当然心知肚明，但图纸是他和我一同设计的，他这样做既符合技术要求，又合乎人之常情，大家当然就都不好再说什么了。

从入口处开始，第一个涵洞自林山公路三号桥东北面的"Z"字形拐弯处起，要再穿过 200 多米到北面的郭家沟边，然后一直向正北方向前行，再通过长短不一的大小 9 个涵洞。这些涵洞短的只有几米、几十米，长的要达百余米，都是人工挖凿的。虽然施工队手中有设计图纸，但为了抢时间、抢进度，在挖凿涵洞时，全部都采用了从两头挖起的办法。这其中就有一个从两头定走向、定高低、定方位的技术问题。在挖凿这些涵洞的过程中，技术人员要随时检测和调整涵洞掘进的高低、左右方向及尺寸。

由于作业面太小，开挖、出土很不方便，在挖凿涵洞时施工队都安排了两班人马，以保持作业面一直有人作业，这样的安排就加快了开挖进度。有的涵洞正好定在坚硬的黄垆土搅料角、搅麻石的土层上，民工们用洋镐一点一点地挖凿，常常一样镐抡下去就会溅起一串串细细的火花。为保障涵洞的质量，绝对不能用炸药炸，只能靠一寸一寸、一尺一尺地人工挖凿。

还有一个施工难题在郭家沟，这条沟深到了沟底的泉水平面。现在要从南向北通过去铺装管道，就必须用垫压土方的办法把沟填平。于是大家就把从两边涵洞里挖出来的土石用来填沟，又把涵洞口所在方位的土崖截成齐面，把这些土石也用来填压深沟，沟两边的民工再从两面推土填沟，这样就大大加快了工程的进度。那时候小平车的使用还不太普遍，人们就用 1958 年"大跃进"时的独轮车推土，用旧时留下来的铁木脚高力车推土，这种旧式畜力车十分沉重，仅伸起辕杆就需用四五个强壮劳力。

郭家沟两边宽 49 米多，沟面填平后形成了一座土桥。考虑到突击填压起来的土桥虽说经过石夯等工具碾压，但这些虚土方时间一长，必然会有不同程度的下沉。工程负责人吴勉之立即请示有关领导，决定采买造价更高、质量更好的铁质管材。经过丈量测算，共买回 8 根6 米多长与陶瓷管直径相当的铁质管材，横架在沟的南北两端，这样就保证了土桥下沉时而钢管不下沉的问题。以后这座桥也成了人们通过沟两边时的必经之道，被当地人一直称为"引水桥"。

沿路管道沟壕开挖的同时，采购人员这时从洛阳、三门峡等地已经购回陶瓷管 20 000 多节，这些陶瓷管的质量像人们使用的水缸一样，都是上了釉的，其中有黑、黄两种颜色。当陶瓷管拉运到引水沿线的公路边时，为了节省开支，县上发动机关干部群众及学校的学生一齐上阵，利用休息时间，采用一人扛、两人抬的办法送到了工地。当时参与引水工程的薛庚寅老人回忆说，那时县城正好来了一批逃难的安徽农民，县上为他们安排食宿，也让他们参与到了运送陶瓷管的行列中来。

铺装陶瓷管接口处用什么材料，当时人们意见并不一致。最好的材质当然是水泥，可在当时的三年困难时期水泥奇缺，根本采买不到。吴勉之便从村里人打井用黄垆土防渗漏的方法上得到启示，想到了可就地取材，使用不用花钱的黄垆土。他安排技术人员分几处挖取黄垆土，分别在高温、常温、阴凉处反复比对做试验，最后发现在林山村尉家岭门下有一层黄垆土，不仅黏合性能强，而且在一般温度下根本不漏水、不渗水，十分适合管道口的黏合使用。

管道接合部的黏合材料解决后，工程进展便十分顺利了。后来沿途每个检查井还都配备了铁井盖。直到水源口处铺装的铁质管道与第一个涵洞内的陶瓷管相接时，这样，历时一年多时间，到 1961 年 9 月底的国庆节前夕，陶瓷管道引水下山工程终于胜利竣工。

引水工地的意外案情

陶瓷管道引水的设计、施工期间，县城用水仍然依靠着原先的简易引水设施。也就是说，在陶瓷管道引水工程施工的一年多时间里，简易引水依然发挥着应有的作用。可是，就在这一年多的时间里，引水工地却发生了一件让所有人都意想不到的案情。

俗话说"祸从口出"，这里所说的"口"，一是包含由口而引起的"吃"，二是包含由口而引起的"说"两层意思。

众所周知，引水工程的具体地方就在林山村的第四生产队。当年，林山村是个盛产梨果的山区村庄，尤其是当地每年出产的几百万斤孤山金梨，以个大肉厚、金黄灿亮、口感好、耐储存等优点而享誉河南、陕西、甘肃、宁夏、湖南等省市，它既是万荣特产的拳头品牌，又是当地经济收入的重要来源。

到了金梨成熟时期，在引水工地沿线挂满枝头的金梨到处都是。当地社员和民工们只要出了家门来到工地，随时随地都可以举手摘到金梨。当地社员起初认为，虽然金梨是他们的经济支柱，但民工们既然来到工地，吃上几个也未尝不可。可实在不能容忍的是，极少数人也太贪心了，他们不光白天在工地干活时吃，到晚上收工时还要偷着装上几袋子，趁着夜色带回山下。

少数民工们借机"偷"梨的行为让村民们十分反感。由于引水工地的施工战线长，涉及林山村的第三、第四、第五生产队和荆村的南涧村，所以这件事在当时反响十分强烈。意见反映到生产队和大队干部那里很快就有了结果，村里决定派专人把守民工们的上下山路口，发现民工携带梨果下山时一律给予没收，严重的还要给予经济处罚。具体负责把守路口的有曹志强、尉风才等人。

村干部和社员们都知道，把守路口的做法实在是个下策。因为林山村的梨果树满山坡沟梁上到处都是，并不像现在的果园那样是园林式栽植，便于看管。同时在出入工地的路口把守，也让负责把守的人和个别民工之间产生了矛盾，心里有了深深的过节，彼此见了面虽然还像以前那样点头打招呼，但双方心里毕竟都不美气。

忽然有一天，有人发现引入县城的泉水流量有所减少，水势有所减弱。经派专人沿路检查，发现从引水入口处到荆村沿线的帆布管和橡皮管都有漏水现象，有的地方像被针扎了一样喷出涓涓细流，有的地方则像刀割了一样。水从管子里犹如喷雾机那样喷出，高低不齐的水雾在阳光的照射下形如彩虹，十分扎眼。而且漏水的地方无规则、无规律，管壁的上下左右几个方向都有。

找出了水势减小的原因，当即引起了人们的纷纷议论和猜测。这时候，民工中有人检举说，是林山村的曹志强、尉风才二人对引水下山抱有很深的成见，是他们偷偷地用针扎、用刀割，故意破坏引水造成的。

这件事惊动了县上的主要领导，吵闹得满县城一时都沸沸扬扬。县公安局很快接到了有关领导的批示，如检举属实就立即抓捕破坏者归案。经过实地勘察后，公安人员也觉得检举人的检举是有道理的，为什么漏水现象主要发生在林山至荆村一线？于是，公安人员立即与村干部取得联系，要求帮助协同破案。而这时候，被检举的尉风才几个月前已被招工到太原某厂当了工人，村里只有曹志强一人。

县公安局很快向尉风才所在的工厂发出公函，称其与一宗破坏案有关，要求将尉风才立即返回原籍接受调查。过了没几天，尉风才就回到了村里。当时的社员们都认为这是一宗冤案，可似乎谁也说不清楚。曹志强、尉风才二人就这样被公安人员监视住了。面对公安人员的一再询问，他们总是一脸茫然，不知所措。而公安人员办案是重视证据的，那位姓李的办案负责人虽然也很着急，但没有可靠的证据是不能随便抓人的。

这期间，县上一再催问案件的进展情况，公安局负责人遂向村干部提议，要把高、尉二人带到县公安局询问。但村干部却坚持要在村里就把事情搞清楚，如果真是他们搞的破坏，再带去也不迟。于是，公安人员就在村里住了下来，并要求村干部尽量做通高、尉二人的思想工作，让他们最好主动承认破坏行为，以争取宽大处理。

引水工地所在林山村第四生产队的社员们一致认为，曹、尉二人不可能蓄意破坏引水工程。当时的生产队干部尉庚劣、尉栋臣与引水负责人吴勉之等人一起也反复在管道漏水的地方进行了细心观察，认为漏水原因是有些地方的帆布管和橡皮管被水流冲击而撑破的（沿路水管有打扭现象），有的地方则是因为管道经过冬天的冷冻和夏天的暴晒而风化造成的。他们的理由和根据主要有两点：一是所有管道破口都呈锯齿形状，参差不齐，明显不是用刀割破的；二是有些平地沟坡地方的管道漏水，说是人为破坏还勉强能说得过去。但在耐饥滩那里引水过沟时架起的"浮桥"也有漏水现象，而这些地方好几丈宽的"浮桥"都是用铁丝扭成的软桥，离地下的沟面有好几丈高，人根本就到不了那些地方，这充分说明漏水现象绝不是人为破坏引起的。

公安人员听了尉庚劣、尉栋臣、吴勉之他们的意见，又与村干部再次具体察看了沿路的漏水地段，认为他们的看法是正确的、有根据的。这样，引水管道的漏水原因有了最后的结论：漏水原因是帆布管和橡皮管的自然风化所致，并非人为破坏，遂解除了对曹志强、尉风才二人的怀疑与审查。

如今，当事人之一的曹志强已85岁高龄，提起当年的往事，老人满脸泪痕地说：要不是他们（尉庚劣、尉栋臣、吴勉之）几个人细心，险些给我判几年刑哩！而另一个当事人尉风才前些年已经过世，他因破坏引水嫌疑而丢掉工作的事，后来再没有跟人提起过。

引水引出的联产承包

1966年春夏之交，"文化大革命"开始了，许多工厂停工，学校停课，机关干部也脱离了自己的岗位，都卷入了大串连、大辩论，甚至武斗之中，给工农业生产造成了严重影响。

可是，在孤山引水的吴勉之、杜友让、宋云峰他们，却从来没有离开过自己的岗位，仍然巡查沿线水路，排除管道堵塞，做他们的事情。其间，为了更好地集中泉水源头的各路泉水，引水工程处决定，在林山村第四生产队的张家山沟下，筑建一个可容数千立方米水的三角型蓄水坝，以便让山沟里的每一股泉水都能进入水坝。而且遇山洪暴发时的雨季，浊水也不能进入大坝，这样既可以保证引水的流量，还可以保证引入县城泉水的质量。

为了筑建蓄水大坝，县上为引水工地抽调了40多名民工，筑坝民工就分别住在林山村第四生产队的村民家中。他们每天去沟里劳动时，从沟东场边转运筑坝所用的水泥等材料都需要从神仙凹的一条小路通过。而来来往往的民工们在从山上的杏树、梨树下路过时，随时都可以摘到半生不熟的酸杏，尤其是路边地里的金梨。这些果树从结果到成熟采摘之间有5个多月时间，期间从农历六月到采摘收获的农历八月，就有两个多月的时间可以食用。

当时，在筑坝工地的沟坡里也有不少梨树，但民工们在山上住得时间久了，也知道沟里的梨树属阴，光照时间短，皮厚渣粗很不好吃。而他们每天上下工转运材料路过的神仙凹的金梨，皮薄渣细、口感香甜，是远近闻名的，当年还被专门精选送给了毛泽东主席等党和国家领导人。

神仙凹共有梨树200多株，按正常年份每年可收获金梨十万来斤，但1966年收获时却只收了不到一万斤，队干部和社员们对此虽然十分不满，却又无可奈何。引水负责人对这件事也是看在眼里，急在心里，可又有什么办法呢？一边是县上的引水工程不能停，一边是当地群众的切身利益受损失，一个是耽误不得，一个是损失严重，到底该怎么办呢？

到了1967年夏季，当地生产队有社员提出，不如把神仙凹的梨果承包给个人。可是，这件现在看来再平常不过的事，在当时几乎是无人敢想、更没人敢做的事。

20世纪60年代的农村还是集体化的经营模式，现在的村当时叫生产大队，现在的村民小组当时被称为生产队，现在的村民当时一律称为社员。每个生产队有生产、政治、财务等干部，领导社员们进行集体生产劳动。生产队所有收入归集体，社员出工记工分，年终按劳动工分计算，所有工分参与集体总收入的分配，原则是"多劳多得，少劳少得"。

"文化大革命"前夕，在"农业学大寨"的方针指引下，农村生产队普遍推行"大寨记工法"。这种记工方法的核心内容是让社员们根据自己的劳动能力和劳动态度，自行申报自己每天的劳动工分，男劳力每天不超过 12 分，女劳力每天不超过 10 分。在这样的大形势、大背景下，把集体经济承包给个人经营，让承包者交够集体的、剩下的归个人所有的办法，是要犯路线错误的。

当时担任林山村第四生产队队长的尉进财还是个 30 多岁的年轻人。群众选他当队长，是因为他种庄稼、料理生产都是一把好手，可眼下关乎"政治路线"的事，他敢冒这个风险吗？

尉进财心里明白：如果承包了，队里还会有些收入，不承包任其发展，那就会和往年一样颗"梨"无收。为了集体收入少受损失，尉进财暗下决心"豁出去"。队里还有政治队长和其他干部，他不开会研究。生产队有大队的包队干部，干脆不告诉他。大不了这个队长不当了。

生产队长决定承包了，可在当地却有人想包而不敢包，怕被抓"资本主义尾巴"。尉进财便与队里几个老农找到荆村一位 60 多岁的老汉说：你已经脱离了劳力范围，连半个劳力也不是，你怕什么。这位名叫王金乃的老汉终于答应以 750 元的价格，承包了神仙凹的全部梨果。

1965 年 9 月欢送售水员老崔（前排左一）在大礼堂门前合影。后排中为吴勉之，后排左一杜友让，前排左二张秀英，前排右一宋云峰

王老汉承包后第二天就来到了神仙凹看管梨果，尽管他逢人就说，梨是吃的东西，你们只管吃。可说来也怪，无论是本队社员还是引水民工，一听说是王老汉承包了，就再也无人摘吃神仙凹的金梨，可见人的思想观念转变是多么重要。

到了秋后，王金乃老汉如期交了750元承包费。有人问他挣了多少，老汉总是笑眯眯地回答说：好着哩，下了一回苦没赔本。后来，王老汉还连续承包了几年神仙凹的梨果。

承包梨果的事让尉进财得到了启发。因为他当队长以来十分讨厌"一窝蜂""大糊弄式"的办法，老嫌农活干得慢。而有了这次承包经验，尉进财便尝试在其他农活上也开始实行包工、包工分的办法。如割麦论亩计工分，碾麦论斤记工分，给牲口起圈不论时间只按数量记工分，再让一些半劳力比如家庭主妇、哺乳期的妇女们灵活出工，承包一些锄田、棉花管理、为牲口割草等较轻松的农活，这样既照顾了她们的生活，又合理地使用了劳力，提高了劳动效率，很受社员欢迎。尉进财还把队里特别偏远的八条山汕、张家山的一些小块地承包给当地的三户社员，让他们给队里种菜、种豆子，以改善社员生活。

林山村地处孤山半腰，村民们自古就有利用土崖面打窑洞的习惯。当年生产队需要在张家山沟边打一孔窑洞，要求规格尺寸为3丈深、1丈高、1丈宽。生产队长尉进财决定以35个工时（每个工时12分）、420个工分承包给李俊杰、曹树泽等三个年轻人。由于工地离家较远，往返回家吃饭要走6里多地。承包后，三个年轻人为了赶时间、多挣工分，就每天早上带着开水和干粮上工，一整天都不回家。当窑洞打成验工时，队长尉进财认为窑洞立腿面处理得不够齐整，还扣掉了20个工分。以后生产队在沟东打一孔窑洞做牲畜饲养室时，基本相同的规格尺寸，用大寨记工法一天三晌记工分，竟然用了90多个工时，共记了1000多个工分。

农村实行联产承包以后，新闻媒体曾报道过许多在"农业学大寨"期间，冒着被批斗、被罢官的风险偷偷实行联产承包的典型事例。但从时间上看，林山村第四生产队实行联产承包制都是比较早的。用如今已经70多岁高龄的尉进财的话来说：那都是被逼出来的。

引水工地的骨科医师

孤山泉水成功引入县城时，当时在县城大礼堂东边还挖了一个蓄水池。平时人们用水需要预先购买水票，再凭水票到蓄水池取水，一担水也就几分钱，负责收水票的人是相里奉生。当时的蓄水池向北还挖有一条退水道，当从山上引下来的泉水用不了时，就会沿退水道流入高潮池。县城一些老居民回忆说，退水道的走向朝北，通过现在的小南街进入高潮池。

引水成功以后，当时参与引水的决策者和实施者都知道，引水工程与其他建筑工程一样，是需要随时维修和保护的。尤其是引水下山工程沿途路线长、管道接头多，维护工作十分重要。泉水进入管道的入水端是孤山北麓沟底的一片开阔地带，每当雨季时节，雨水从山上冲刷下来的草根杂物较多，如果让洪水进入管道，就会导致好多天泉水浑浊，既不卫生，又有堵塞管道的危险。

为了保证泉水的干净卫生和水流通畅，工程完成后，根据县领导的安排，吴勉之、杜友让他们的工作重点仍然在孤山脚下的林山村尉家岭沟底。熟悉当时情况的人们回忆说，吴勉之、杜友让以及宋云峰等人，当时都是大礼堂的管理工作人员，吴勉之是负责人。

这样，吴勉之、杜友让他们仍经常在山上工作，回到县城大礼堂的时间很少。按照工作需要来解释这是很正常的事情，可是，这就给一些骨科病人造成了极大的不便，在当时交通困难（县城到孤山不通公路，机动车辆极缺）、信息不灵（县城与引水地不通电话）的情况下要想及时找到吴勉之、杜友让他们，是一件十分困难的事。

人们不禁会问，骨科病人为什么要找老吴、老杜他们，县城不是就有医院吗？要回答这个问题，先要从吴勉之说起。

吴勉之是万荣县皇甫乡皇甫村人，他自幼聪明伶俐，机敏好学，精通事务学、工程学、管理学等学科。他还担任过阎景中学的总务主任，因工作出色被调入县城，参与过全县标志性建筑——大礼堂的施工建设工作。每逢县上召开有千余人参加的四级干部大会，都是由吴勉之、杨子顺他们负责会议的后勤事务工作。而他们出色的管理服务，总会博得领导和与会者的一致称赞。

同时，吴勉之又是个勤于政务、廉洁奉公的优秀干部，他在认真做好本职工作的同时，还凭借自己勤学苦钻的精神和悟性极高的天赋，自学成才，成了一位远近闻名的骨科医师。在他几十年的工作生活中，曾为多少骨科病人医好了伤痛，现在已无法确切统计。更加难能可贵的是，吴勉之为病人看病从来都是义务的，没有收过病人一分钱。在调入县城工作后，他还口传身教，毫无保留地教成了杜友让、宋云峰两名高徒。

1964 年春季的植树造林时节，万荣中学的师生上山刨鱼鳞坑种油松，一位同学不小心被麻石绊倒扭伤了脚，痛得大汗淋漓无法行走。在老师的提议下，该同学就由其他同学背了好几里地，找到了引水工地的吴勉之，经他几分钟的简单治疗便立即恢复了走路。贾村一位农民赶车时被牲口挤伤了腿，造成骨骼错位不能行走，家人就用自行车推着这位病人找到引水工地，还是吴勉之、杜友让为其治好了伤痛，病人在返回时就能正常走路了。

还有一次，汉薛北坡一位老人早先在下地劳动时不慎扭伤了胳膊，右臂一直抬不起来，饮食起居难以自理。后来，两个儿子就用小平车拉着父亲找到孤山上的引水工地，吴勉之在认真为老人诊治后，知道老人的病一天两天都不能彻底治愈，但让老人和儿子每天来回往返几十里地又觉得有实际困难，于是，吴勉之就与当地生产队的饲养员联系协商，安排老人在饲养室里住了一个星期，最终没有收一分钱为老人治好了病。

稷山清河一位农民为集体打井时摔坏了腰，村里人用小平车把病人送到孤山东边引水工地后，吴勉之、杜友让、宋云峰他们仍然安排这位素昧平生的病人，住在了林山村第四生产队的一个社员家里，经过前后 10 多天的治疗，让病人恢复了健康。

像这样的事例还有很多很多。当时，县里的医院还没有专门的骨科，大多数骨科病人都是先经过吴勉之他们治疗后，给医院拿出建设性意见，然后再让医生有针对性地用药。因此说，老吴、老杜他们是骨科医师当之无愧，名副其实。

吴勉之、杜友让他们利用自己的一技之长、分文不取、义务为患者解除伤痛的义举，本来是值得大力称颂和弘扬的好人好事。可是，由于他们医技超群、医德高尚、名气太大的原因，在"文革"那个特殊年代里，却受到了意想不到的冲击。

1966 年"文化大革命"开始后，学校停课，工厂停工，人们放下手中的工作不干都卷入了所谓的革命之中。而吴勉之、杜友让他们却肩负县城人们吃水用水的重任，仍然坚守在孤山脚下的引水工地。

忽然有一天，老吴他们接到造反派的"勒令"，通知他们说，从今天开始，没有造反派的允许（批条子）不准再为骨科病人治病。这样荒唐令人哭笑不得的事，今天的人们根本无法想象或根本不会相信，然而，在"文革"中却是实实在在发生过的事。

但以后有病人找到引水工地时，老吴他们却并不管有没有造反派批的"条子"，仍然一如既往地为病人治病。其实有许多患者也根本不买造反派的账。再说，当患者意外发生了跌打损伤，第一时间都是急于找老吴他们，哪会去管什么造反派的"勒令"和"条子"呢。这样一来就有些为难了老吴他们，好在有参过军、赴过朝、根正苗红的杜友让这时站出来对老吴说：以后有人问起，就说是我看的（病），你从来没有插过手。

就这样，尽管有造反派的所谓"勒令"，可老吴他们依然坚守在引水工地，依旧为病人义务治病。何况"文化大革命"中，造反派更乐于在县城"夺权""闹革命"，也懒得到孤山上的引水工地去落实所谓的"勒令"和"条子"的事。

1993 年春季，笔者曾在皇甫村见到过早已退休赋闲在家的吴勉之，他家当时仍然有找他治病的患者，老吴仍像过去一样，只治病不收分文。提起引水和"文化大革命"中的一些往事，老吴平静地笑着说："过去的都是好日子。"

引水设施的维修管理

孤山泉水源源不断地通过陶瓷管道引入县城，因当时被人们称为"洋灰"的水泥货源奇缺、价格昂贵等原因，陶瓷管的接头黏接便使用了就地取材的黄垆土。虽说使用前经过多次对比试验，但吴勉之他们的心里还是有些不太踏实。

这天，在县城蓄水池边，老吴他们像在孤山找水时一样，又一次测试了泉水流量。结果发现，引入县城的泉水流量与山上沟壕里的流量相差无几，这说明黄垆土接口处并无漏水现象。山上与山下水流量的差数（山下小于山上）缘于沿路每个检查井口都有随时取水的缘故。但村民们只是担几担水吃用，对整个水流量影响并不是太大。尽管这样，吴勉之还是及时安排了引水设施的维修工作。

要说引水设施的维修，有必要为读者介绍几个既熟悉又陌生的与水有关的日常用语。说熟悉，是因为有过担水吃经历的人都很熟悉；说陌生，是因为生下来就使用自来水的人就很陌生。这几个与水有关的日常用语是"闷沫"、"淀清"和"吃不满（桶）"。

"闷沫"是指以前用旱井蓄水时，随雨水流入水井然后漂流在水面的细碎柴草。当人们在井内打水时，水桶内就会带上一些柴草细沫，被人们称为"闷沫"。而这些闷沫在引水下山的入水口处也会随水随时带入。当引水的源头修好蓄水坝后，吴勉之他们早就在入水口设置了滤网，有效地把柴草细沫挡在了入口处，保证了水质的干净卫生。

"淀清"是指以前旱井蓄水时，雨水流过的地方都是泥土地，因此，流入旱井的水不可避免地就会带进一定的泥土，使水变得浑浊不清。等过上一段时间，水里的泥土就会慢慢沉淀到水底，井水才会变清，这个过程被人们叫作"淀清"。同样，引水沿路的陶瓷管道和检查井口也会沉淀一些沙土，时间长了就会影响泉水质量，甚至堵塞水路。

"吃不满（桶）"，是指以前旱井的水快要用完时，人们难以测定井内还有多少水，当水桶下到井内打水时，水桶已经打不满水时，说明井内存水已经很少，这种现象被人们称为"吃不满（桶）"。引水沿路的每个检查井都可用水桶随时取水，但当泥沙沉淀在检查井内过多时，像旱井一样，用水桶在检查井内打水也同样会出现"吃不满（桶）"的现象。

综上所述，引水设施与其他建筑设施一样，也是需要及时维修和看护的。而引水设施的维护重点，就是沿路巡查，清除杂物，做到防堵塞，防渗漏，保畅通，保水质。

当时承担引水任务的县大礼堂管理人员满打满算也只有 5 个人。他们中吴勉之、杜友让是山上和山下"两头跑"，宋云峰负责卖水票，相里奉生负责收水票（凭票取水），他们都脱不开身。还有一位叫张秀英的女同志就住在高潮池边的木板房里，负责高潮池的卫生和看护工作，人员实在是"拉不开栓"。

吴勉之心里清楚引水路上维护工作的重要性，他们的人抽不出身，就只能临时雇人。可 20 世纪 60 年代，任何单位都不得在农村生产队随便抽人。吴勉之就把这一问题反映给王国英县长，王县长当即拍板说，需要几个人，我给他们（指公社和村干部）说。吴勉之听后马上也表态说，有王县长这句话就行。凭着吴勉之在干部群众中的声望，他很快就找好了2名维护人员，一位是涧薛村第四生产队的退伍军人廉东生，另一位是涧薛村第一生产队的薛庚寅（小名窝子）。

廉东生、薛庚寅他们在接受任务后，就每天从涧薛村分头出发巡查水路。县上蓄水池边的相里奉生发现水流小了，就立即捎话给廉东生、薛庚寅二人。吴勉之当时交代给他们寻找问题的方法是这样的：两人各扛一把圆头锨，外带一卷8号铁丝。从山上泉水入口处开始，把8号铁丝塞进水管内，两个人一人把住一个检查井口来回拉动铁丝，不一会儿就会拉出堵塞在管道内的淤泥和杂物（主要是柴草和树叶），有时，还会拉出细小的扭成团状的树木须根。这样经过细心检查，才发现水路沿线的树木太多，是树木的须根（当地人称绒根）穿过了陶瓷管接头处的缝隙钻进了水管内。大家在感叹之余，也见证了树木生命力的旺盛和顽强。

当某个检查井内沉淀的淤泥沙土太多、水已经吃不满时，薛庚寅他们就会用圆头锨掏挖井底的淤泥。经过水流慢慢冲刷形成的淤泥在一天天的冲刷、一层层的沉淀后，虽然常年泡在水里却十分厚实，只有慢慢打开一个"缺口"，才能一锨一锨地掏挖上来。

位于林山村郭家沟口当年用虚土方垫起来的那座引水桥，虽然土桥上架起了铁质水管，保证了水路畅通，但虚土垫起来的桥面在每年雨季过后都会有不同程度的下沉。于是，薛庚寅他们两个人就用小平车推土充填，但因所需土方太多，他俩干上好几天仍然收效不大。而夏秋季节的天气随时都可能遇到大雨或连阴雨，在经过大雨冲刷后，前边的劳动有时就会前功尽弃。每当这时候，引水所在地林山村第四生产队的干部就会调集队里的强壮劳力，及时参与到垫压桥面的劳动中去（这座桥至今依然完好）。

引水桥北边的那口检查井是人们用水最多的一口井，井的东北方向还有引水工程实施中凿打成的10来孔土窑洞，工地民工吃水做饭都使用这口井的水。村民们遇到天旱缺水时，也会下沟到这口检查井担水吃。还有距此10多里远的皇甫乡南吴村村民，缺水时也会往返20多里地道这口检查井担水。每当这口井的泥沙沉淀太多，造成"吃不满（桶）"的情况时，就会有村民自动掏挖淤泥。因此，这口被当地人称作"满水井"的检查井就成了巡查水路上的一口观测井。每当人们用水桶在井内汲水后，前边的水流马上就会补充过来，而只要这口井始终保持水流畅通，就说明堵塞的地方在这口检查井的下游方向，上游方向是没有问题的。

当年引水路上的涵洞是检查维护的重点和难点。虽然涵洞有成人身体的高度，但涵洞内却没有照明设备，检查人员只能靠微弱的手电筒照点亮光检查。尤其是位于林山公路"Z"字形拐弯处的第一个、也是线路上最长的涵洞，长度达 200 余米，在洞的两端说话都听不见声音，涵洞里更是伸手不见五指。因此，每次检查时，如果问题出在这个涵洞里就会相当棘手。

当年参与引水路线检查维修工作的薛庚寅如今已 77 岁高龄。他回忆说，自引水下山工程开始后，他先后在引水路上"跑"了有 10 多年，而依照当时的商定，每天两晌（一天为三晌，另一晌参加生产队劳动，计算工分）计报酬只有 1 块钱。他又说，那时候如有机会打一天零工，工钱也就 1 元 5 角（仍然按一天三晌计工酬，一晌工报酬为 5 角钱），因此，待遇是很不错的了。

引水沿线的朴实村民

从 1959 年开始的引水下山工程到 20 世纪 70 年代初的 10 多年时间，参与引水的负责人和施工者都常说，那时在山上实施引水工程经常会打搅当地村民，但山上尉家岭和后来的南涧村村民，却都是那样的朴实、憨厚和无私。

大家之所以这么说，的确是参与引水的干部和民工们的亲身感受。

从 1959 年开始，引水人员首先占用了村民尉金鹏家的北窑，而这一占就长达 10 年之久。同样，后来大量调集民工到林山村尉家岭的沟里工地施工时，共有城关公社（现解店镇）的新城、西解、南解、北解、七庄、太贾等村百余名的男劳力到了山上的引水工地，并调用了北薛朝村的石匠淮定礼，北吴村开柴油机的卫文庚和涧薛村的屈从贵、孙怀林等技术工人，村干部就把这些民工们分别安排到尉家岭（林山大队第四生产队）的沟东、沟西和张家山三地食宿。当时，新城、北解村的民工住在沟西的尉卫民和曹树川家，七庄村的民工住在沟东的薛金强家，太贾村的民工住在张家山的李根合家，西解村的民工住在李俊卿家。参与引水的干部孙永贞、王满林，技术员李全登、董世荣以及指挥部的灶房，木工、石匠住房，工具材料库，炸药雷管库等，共占用当地村民窑洞 30 多孔，但从来没有人提起过房租或占用费的事。

除指挥部以外，各个村的民工到山上施工时，每个村子当时都各起一个灶，民工们每天由县上补贴 2 两粮食和 1 角钱（后改为 2 角钱）菜金，然后与在村里生产队劳动的社员一样记工分。

当年一直参与引水工地巡查工作的薛庚寅回忆说，那个时候的社会风气才真叫好，沟里经常露天堆放着工地的松木板方材，晚上根本不用派人看管。引水工地战线长，占了张家山整个一条沟，工地上到处都有洋镐、圆头锨等劳动工具，但村里人无论是路过（多为放羊、割草者），还是在当地干农活，工具从来没有丢失过。

原新城村民工吴杰等人回忆说，当时在山上干活免不了要借用当地村民的生产、生活用具，比如工地上全是圆头锨，也没有水担，我们就经常借用村民的水担担水、方锨铲炭。初到山上办灶时，许多东西都没有带齐，还借用当地群众的柴草生火，借他们锅头上的勺子、碗筷等生活用具使用。

林山大队第四生产队即尉家岭的村民，当时绝大多数人的家都住在土窑洞里，一般每户都是 3 孔窑洞。随着引水工程人数的越来越多，需要腾出自家窑洞的社员也就越来越多。特别是到了 1968 年冬季，上边安排北京知识青年 20 多名也到林山村插队落户，仍然要住在第四生产队，这就需要更多的人家继续来腾出自家的窑洞。这对于当时只有 20 多户、100 多口人的自然小山庄尉家岭来说，困难是相当大的。但村民们都没有一家讲条件，没有任何人有怨言，更没有人提起过住房租金或任何交换条件。

引水工程负责人也看到了当地的实际困难，加上县上的炸药雷管库也要设在引水工地，而炸药库的设置又要远离人家，以保证绝对安全。当他们发现位于引水桥东北方向的郭家沟里有一溜可以打窑的崖面时，就与生产队商议，想在当地打几眼土窑洞来安排指挥部人员或炸药库及灶房等使用。当时的生产队干部与社员们商议后，也没有提任何条件，就同意了在引水工地打凿窑洞。

当时，从县城周围村调集来的民工家里一般都住着砖木结构的瓦房，就连调来的木工匠们也没有打窑洞的经验。这时候，工地负责人又提出，是否可以采用请当地社员帮助打窑洞，而让工地民工给生产队干农活的换工方法。就这样，引水工地在林山村共打了5眼窑洞作为炸药库、灶房等使用。加上以后万荣中学林

吴勉之（退休前重回孤峰山脚下引水源头工地时留影）

山分校又在原地挨个儿打的窑洞，在引水桥北边共计打成的土窑洞有十几孔之多。

时任林山村党支部书记尉恒贞及村民李俊杰、尉进财等人回忆说，那时，引水工地的大小洋镐及圆头锹不怕料角和石子打了刃子，用起来十分得手，以后他们打窑洞时，就经常借工地上的工具（主要是大小洋镐）使用。再后来，当地社员的劳动工具中，也逐步添置了洋镐、钢钎和圆头锹等。

当年工地民工们居住的窑洞与当地社员一样，距引水工地有泉水的地方足有好几里路程。平时，他们与当地人一起使用旱井蓄的雨水，只有当每年麦收前后天旱无雨蓄不下水时，才会和村民们一样往返好几里路，上下好几道坡，到沟里的泉水边担水吃。而即使这样，村民们也从来没有发过半点牢骚。同时，民工们与当地村民的关系也是十分融洽的。每当夜幕降临的时候，民工和当地社员都收了工，大家就都围在各自的住处，在听完县上的有线广播节目（有线广播节目一般每晚9：30结束）后，新城村的吴杰就弹起了三弦，北解村的黄智瑶就吹起了笛子，当地几位社员也拉起了二胡、吹起了唢呐，他们的独奏或合奏乐曲在寂静山村的夜里随风传送到了沟西和沟东，在山谷中

回荡，为家家户户劳累了一天的人们送去了欢乐，对那时文化生活相对缺乏的小山村来说，是非常受大家欢迎的。

在引水下山工程前后 10 多年的时间里，林山村第四生产队和南涧村的村民们从大局利益出发，用朴实无私的宽大胸怀，为引水下山工程的顺利实施做出了积极的努力和特殊贡献，在万荣的发展史上也留下了可歌可泣的一页。

引水工程的逐步下马

在县城使用孤山泉水的几年里，人们都想让泉水的流量再大一些，以适应人口逐年增加的县城的用水需求。至 1970 年左右，从扩大孤山水源流量的愿望出发，有关部门决定抽调 100 余名农村社员作为民工，参与引水下山工程的水源开挖。当时主要从城关公社（现解店镇）的西解、北解、南解、新城、七庄、太贾等村调用劳力，还成立了"万荣县黑子沟引水工程指挥部"。原来负责引水下山工程的吴勉之等人这时已回到了他们原来的单位，指挥部的人员全部重新被组建。

这次决策让引水工地的水源处又一次热闹了起来。当挂起"万荣县黑子沟引水工程指挥部"的长方形木牌（白底黑字）以后，当地群众和参与引水的人们都有些莫名其妙，因为黑子沟虽然是林山村的一个自然村，但引水的水源并不在黑子沟，而且引水的所有人员也不住在黑子沟，甚至从住地到工地地来回往返也不经过黑子沟，也就是说，引水下山与林山村的黑子沟并没有什么直接联系。

有了指挥部，也就有了办公室、技术、财务、保卫以及后勤等机构，指挥部还单独办起了食堂，配备了司务长、炊事员等。为了统一号令，还从北解村的民工中选拔李元洪为专职司号员。等这一切"架子"都撑起来之后，人们终于发现，这一次的架势比先前那几年要大得多，也气派得多。

当时百余名的引水工程队伍，每天的工作任务主要就是在林山村张家山的沟里（原先的水源处，也是引水入口处）炒制炸药炸石头，打试水井。可是，让人们感到不可理解的是，虽说在炸开的石头缝里，在刨开的料角沙土下面，处处都有细细的泉水涌出，但日复一日，年复一年，大家在经过了不知多少人力、物力的投入后，沟里的泉水不仅不见有所增大，反而变得越来越细，越来越小。

为了加大水源，指挥部又安排人员到荆村的南涧沟底打成了一口出水量很好的深井，并使用沿沟坡架设管道的方法，用柴油机动力把井水扬到了几百米以上的沟顶，再汇入上游的引水管道。这样，引水流量才有所增大、增多。

1971年，随着社会的发展，打深井的技术不断成熟，县上逐步改变了县城居民的饮用水思路，先后在县果树场和农机公司院内各打成了一眼深井。1972年又在南大街打出了时出水量达50多吨的深井。出水后，县上又安排建起了水塔，安装上了输送水管道，从此，县城多数机关及居民都用上了地下自来水。

县城用上自来水之后，引水下山工程的水流量虽然比以前小了，但仍然整天川流不息地流向县城，只是山上参与引水的人数在逐步减少，绝大多数抽调来的民工也陆续回到了各自所在的生产队。再后来，引水工程指挥部的一排排窑洞只剩下了两孔炸药库房，一孔是炸药保管员老孙的住处，还有几孔窑洞内放置着几件渐渐生锈的工具，其余空闲的窑洞陆续被当地村民临时占用了。

这样维持到1978年以后，县上终于决定把引水工地的全部财产移交给县房产所管理。负责接收财产的畅宏旭等人在原来指挥部人员的陪同下来到引水工地，大家见山上的所谓"固定"资产，其实就只剩下引水桥边的一排土窑洞、水源处先后凿打成的数十口大小试水井、工地上为临时避雨而打的两孔简易窑洞而已，几乎全部是不可移动的"固定"资产了。

同时，原来的炸药库和雷管也移交给了公安部门管理。指挥部的成员中，原来从县武装部调来的老孙办理了退休手续，李全登调到了县水利局工作，王满林和董世荣调到了县打井队，以前抽调的民工都已回到了各村，原指挥部的负责人也被安排到了县上的其他单位工作。

到20世纪80年代以后，引水下山工程开始逐步全线下马。在沿途水路管理巡查多年的廉东生、薛庚寅也不再担任维护任务，水源入口处被柴草淤泥堵塞后也再没有人负责掏挖了。当地村民李根合、李俊杰回忆说，那时他们放羊路过时还会用鞭杆棍掏一掏，当入口处被完全堵塞严实后(入口处被堵塞的过程究竟有多长,现在谁也说不清)，引水下山工程的水才彻底断流了。

又过了一段时日，原引水路上的一些村民见引水工程不再有人管理，就开始有人悄悄地刨出水路上的陶瓷管，这些管道在地下隐埋了将近 20 年之后又再次重见天日，被人们或改为烟囱使用，或铺装成院中的排水管道，还有的干脆把它们当作支撑架用来晒柿饼、晒棉花。这时候，刨挖陶瓷管道的行动已经被人们堂而皇之地公开化了，直至现在引水路上仍埋有不少陶瓷水管，尤其是在大大小小的涵洞里。

孤山的水不再流入县城了，但奇怪的是，沟里也再也没有哗哗哗的泉水流过了。柳树沟和东沟虽然还有泉水溢出地面，但流程很短，并没有像以前那样在前面的铧尖咀处汇合。只有在三暑天的暴雨时节，沟里才会有流水通过。不过当地人都知道，那是山上的雨水，而不是泉水。

1975 年夏，时任林山村村干部的黄登贵、曹湖海，曾邀请在荆淮村插队的省水利厅工程师安孝廉，并会同在林山村插队的同为省水利厅工程师的黄静岩、吴修雨，对孤山东沟和柳树沟的泉水（原来引入县城的水源）再次进行了实地勘察。

当时，三位省上的水利专家在没有任何仪器的情况下，对孤山的形成、地形、地貌、雨涝时水旺、天旱时水弱，以及多处都有泉水冒出的奇特现象进行了细致的勘察，他们认为，孤山泉水是地下水在地壳压力下溢出地面的地壳表层淋水，这种情况在其他各地并不多见。而人们后来的无序开挖则破坏了这一地层结构，因此才出现了越挖水势越弱小的状况。同时，也不排除地下水整体水位下降的因素影响。

引水下山工程是万荣县历史上解决县城人畜饮水问题的一次前所未有的伟大创举，具有深远历史意义。如今，当我们重新回顾这一工程那一幕幕壮怀激烈的情景时，相信每个人都会有更多的感慨在其中，为曾经的"万荣精神万荣人"而感动，而自豪！

（本文在写作过程中，得到不少亲历者、知情者的回忆帮助，在此，作者、编者一并表示深深的谢意。）

撰文：方山水　配图：李泓晓　尉魁鹏

北京知青在万荣

万荣县来了"北京娃"

自 1966 年至 1968 年，"文化大革命"已经两年多了，当时的大中专院校仍然不招生，工厂不招工，全国高、初中毕业生已连续毕业离校的有 1966、1967、1968 年三届（后来被人们称为"老三届"）。他们中间绝大多数为农业户口，就自然而然地回到自己所在的农村生产队，参加了当时农业生产当了农民，社会上统称这些人为回乡青年。而当时父母为非农业户口的毕业生，由于自己也是非农业户口，毕业后就滞留在全国各大中小城市，整日里无所事事，不知何去何从。对此，社会各阶层人士都忧心忡忡，认为这样长期下去终归不是个事儿。

1968 年 12 月 22 日，《人民日报》发表文章，文章引述了中共中央主席毛泽东同志的指示："知识青年到农村去，接受贫下中农的再教育很有必要。"随即，党中央、国务院做出了动员千百万城市知识青年到农村插队落户的决策，并出台了相关规定，成立了相应的办事机构。

这样，根据上级安排，各地都开始组织专人到北京去完成对口接收学生任务。万荣县当时去北京接收学生工作组由谢居信任组长，成员有县妇联干部范效玉和县医院医生贾文华。对口接收插队学生的公社干部有皇甫公社的解淼元、汉薛公社的赵创义、古城公社的张满栋、垯底公社的王恩喜等。

1968 年 12 月底，来自北京崇文区的 52、109、116 三所中学的

898 名学生，在乘坐了一天一夜的火车及汽车后，终于来到了他们插队落户的目的地——万荣县。

来万荣插队的北京知青原定全部为 1966 届的初中毕业生，后来的个别高中毕业生是在北京接收时临时调整的。由于受首都北京当时办学条件的限制，这三所中学的初中毕业生全部为半日制（半天到校上课、半天在家写作业自习）。

让知识青年到农村接受"再教育"并非"文革"时期的发明，早在 20 世纪 50 年代国家就曾大力倡导过，当时的流行口号和众多说法是"广阔天地，大有作为"，目的是为了消灭"三大差别"。其中刑燕子、侯隽、董加耕等，就是当时树立的知识青年到农村扎根落户的优秀代表。

万荣县北京学生安置工作当时由县革命委员会政工组具体负责。在坐了一天一夜的火车到达运城火车站后，天刚刚亮，县上便派来大卡车把他们接回了万荣。中午在县招待所吃过午饭，下午即宣布了各自的具体插队地点，然后再用大卡车送往各公社所在地。当时，政工组组长是军代表（县武装部现役军人）靳云海，副组长是姚孝先，工作人员有张鲜玉、董文龙、娄培立等 7 人。

1970 年冬，清档知青曹淑琴光荣参军，入伍前在原万荣县公安局门前与军管组部分同志及清档知青们合影

由于学生们从北京出发时就基本上是以学校、班级为基础，进行了自愿结合（其中以同学、亲戚、朋友关系为多），所以，在研究具体插队分配方案时，原则上依旧遵从学生们的自愿组合，只是为了每个大队的人数和男女生比例的搭配，才做了极个别小范围内的调整。这样，800多名来万荣的北京知青在人员组合方面都基本做到了令人满意。

当时，全县的埝底、三文、汉薛、王显、王亚（今高村）、古城（今万泉）、孙吉（1971年划归临猗县）等11个公社，全部都有接收北京插队学生的任务，每个公社大都是安排了3个大队，每个大队一般接收20名学生，既有男生，也有女生。政工组和县上各机关干部一般称北京学生为"洋娃娃"，村民多数称他们为"洋学生"或"北京娃"。

按照当时的有关规定，学生档案一律存放在县安置办公室，户口则落放到各所属辖区的派出所或公社民政办公室，粮户关系转到就近的粮站。并明确从1969年1月1日起，插队学生执行市民粮油供应标准，每人每月供应成粮30市斤、食油半市斤。

这样，在到达插队点后的半年时间里，知青们的生活标准一直是每人每月15元钱，医疗费和零花钱半年为90元，由国家财政补助。直到1969年所在生产队进行新粮分配时，一切才转由所在生产大队供应，取消了国家发给的粮钱补助。知青到安置点后与当地社员一样参加集体生产劳动，并实行同工同酬，住宿地方则由接收大队统一安置。由于知青到万荣时正值三九隆冬，天寒地冻，县安置办还特别强调，要落实好知青们的安全越冬具体措施。

在知青的管理体制上，县上由政工组负责，公社、大队都确定了分管知青的责任人。公社由一名党委副书记负责，大队由一名支部副书记或副主任负责。根据县上安排，各大队都以老党员、老干部、老贫农为主干，在党支部的领导下组成"再教育"领导小组，主要任务就是对知青进行忆苦思甜、艰苦奋斗教育，培养知青们的爱国主义和集体主义思想，激发劳动热情，提高劳动技能。一句话，千方百计帮助知青们牢固树立扎根农村一辈子的意识，坚定他们彻底革命的决心。

尉培荣

孤山脚下的"延安院"

1968年12月26日,古城公社(今万泉乡)林山大队根据上级安排,接收了20名来自首都北京插队的知识青年,其中男生7名,女生13名。

接收插队学生的村子重点是要做好安置工作。时任林山村革委会主任黄联贵几天前就在第四生产队为知青们找好了住处,20名知青被分别安置到了尉进财、曹英民、李小建等4户社员家的窑洞里。4户社员家的窑洞都有土式火炕,冬天可以用柴火烧土炕取暖。

根据公社通知,知青们到达公社所在地万泉村是当日下午四五点钟,村里派一名干部带队,挑选了三四名能听懂或者会说普通话的回乡青年,开着村里的"跃进"牌拖拉机,到公社去欢迎知识青年。

在公社大院(位于今天万泉乡文庙院内)接上知青后,这三四名回乡青年就一边与北京知青搭话交流,一边帮他们把行李搬上了拖拉机。当时,几个看似微小的细节让到林山村插队的知青们感到非常高兴。那就是其他村里都是用畜力胶轮车来接知青,林山村却是用大型拖拉机;其他村每个车上都只有一位赶车把式,林山村一路上却有懂普通话的青年与他们攀谈交流;其他村的知青到村后一般都直接分组到了各生产队,而林山村却是让知青们集体起灶吃饭,住宿地点也集中在一个生产队,相互距离较近,便于知青们互相照顾。

知青们到村后,村干部先是带他们到村里各地熟悉环境,并简要介绍了乡土人情。起初,知青们在村里陡峭的小路上小心翼翼地缓行慢走,尤其是上坡时,有的互相拉着手,有的则拽住前边人的衣服后襟。下坡时就干脆蹲下身子,双手拄在地上才放心下坡。知青们在住了几天窑洞后,觉得大冬天的窑洞里并不是太冷,只是窑洞里的光线太暗。就问当地群众说,为什么不在窑洞后边再开一扇窗户。在场的人们一阵大笑,原来,从北京来的知青们根本不知道,山里的土窑洞都是依山而凿,背后都是不知多高的崖背和多厚的山梁,那是根本不可能开窗户的。

早在知青们到来之前,村干部黄联贵他们就几经选址,决定在孤山脚下的尉家岭半沟凿打一排土窑洞,让知青们集体食宿。在截崖面、打窑洞时,村里社员负责劳动强度大、技术要求高的活,而让知青们只负责相对轻松地用平车推土的任务。经过半年多时间，最终一共打凿成窑洞 20 多孔，除安排知青宿舍外，还配备了库房、活动室、会议室等。为了防止土窑洞因下雨而淋湿门窗，村里还决定，知青们居住的窑洞一律用青砖卷门窗口，再把崖面用青砖砌到高过窑门口以上，这种土窑洞的修整方式被当地群众叫作"砖锁门口"和"缠腰崖面"。

这样一年多后，知青们就全部由社员家里迁到了新住处。新的居住点由村党支部委员、革委会副主任曹湖海负责，并配有老干部尉栋臣、曹彦森及回乡青年黄亮贵、王晋明等人，主要任务是与知青们一块学习，参加劳动，帮助知青们熟悉当地农活。并经过村干部与知青们多次讨论，决定把知青居住点叫作"延安院"。

知青们对"延安院"的叫法十分赞成。杜玉玲、庄桂香、韩国茹等知青都说，她们来林山村插队的日子是 12 月 26 日，这天正好是伟大领袖毛主席的生日，她们住的窑洞又与延安党中央毛主席住过的窑洞一模一样，并且距"延安院"南边不远处就是巍峨挺拔的孤峰山，就像延安的宝塔山，延安院的名字叫得实在是太亲切、太确切了。

1969 年的春节知青们没有回城过年。林山村里的主要干部黄联贵、黄登贵、曹湖海他们过年时也没有回家，而是与知青们一起贴对联、放鞭炮、包饺子。早饭后，村干部又与知青们一起唱歌、下棋、打扑克，按当时的话说，就是度过了一个"革命化"的春节。

林山村集体安排知青的做法得到了各级领导的关注和表扬，无论是各级领导还是知青们的同学和亲属，到了"延安院"都大加赞誉。知青们春天在地里播种，夏天管理庄稼，秋收时节不仅收获了粮食、蔬菜，还和当地社员一样入冬前既贮藏白菜、萝卜、土豆，又腌制了韭菜、葱叶、芥菜和泡菜等，一年四季粮食蔬菜完全实现了自给有余。直到 1972 年在上级安排下，村里又接收了北京军区司令部干部子女 3 人到"延安院"插队。

几年中，在林山村插队的北京知青中先后有胡文涛、杜玉玲、庄桂香、李朴等 6 人加入了党组织，田其昌、庄桂香、杜玉玲等 8 人被推荐上了大学，王宏玉、张文栋、帖卫京等分配到了厂矿企业工作，胡文涛参军入伍，温金香则因病批准返城。

随着知青和当地群众的逐步熟悉，知青们慢慢地也添置了一些花色品种与当地人一样的衣服鞋袜，冬天也和当地人一样，学会了用柴火把土炕烧热。当知青们对当地的生活、婚姻等习惯越来越了解后，就总结出了"面条像裤带，草帽像锅盖，结婚早、离婚快，抱着娃娃谈恋爱"等顺口溜，点出了当地生活习惯特点，也批评了当时晋南一带流行的早婚或包办婚姻陋习。

1970年12月，时任林山村党支部书记黄登贵及北京知青胡文涛出席了山西省首届知识青年上山下乡积极分子代表会议，并向大会作了典型发言。1972年，北京市革命委员会奖给林山村知青点手扶拖拉机3台，柴油机、抽水机、水泵多台，还有篮球架、缝纫机等体育器材和生活用品。1975年，在全国上山下乡知青办和北京市革命委员会联合在北京召开的知识青年上山下乡先进模范表彰大会上，又奖给了林山村130型载重汽车一辆，并由出席会议的村干部曹湖海与司机解永贞一起，把汽车从北京开回到了林山村。

由于林山村对北京知青在教育管理方面做出了突出成绩，《人民日报》、《解放军报》、《战友报》、中央人民广播电台等新闻媒体，都先后作过专题报道。当时为林山村"延安院"知青写报道材料、作摄影报道的当地通知讯员有董应南、崔洸、李克荣、马天文、尉培荣、吴芳林等。

曹树珍

南张户村的"知青院"

来当时城关公社（现为解店镇）解店镇南张户大队插队的10名北京知青本来分配在县里的另一个村里，后来由于各种原因，才决定让知青们转移到了南张户大队。

时任南张户大队革委会主任的闫旺祥在代表全村干部群众接受任务时，上级领导一再给他强调说，安排好这批北京知青是一项严肃的政治任务，因此他在思想上非常重视。当村干部在县知青办的陪同下把10个知青接回村后，好客的南张户干部群众都纷纷涌到了大队部，欢迎从首都北京、从毛主席身边来的北京娃。知青们到来时，同时还带来了两辆手扶拖拉机。村里干部群众见一下子有了属于自己的拖拉机，一时间，看热闹的人越来越多。这个用手摸一摸，那个跳上去用脚踩几下，都说："是北京娃给咱村带来了手扶拖拉机。"以后实践也证明了，别看手扶拖拉机机身不大，它又能搞运输，又能耕地，在全村的生产生活中还真派上了大用场。

那时村里的住房很紧张，村干部只好临时先把知青安置在了比较宽敞的群众家里。但这对于知青们的生活和劳动都很不方便，于是村干部就萌发了给知青们建一个好住处的念头。先是开了几天会，最后决定箍几孔砖窑。说干就干，村里马上请来了箍窑师傅，小工就以知青为主。知青们听说是他们的新房，干劲都很大，运砖、运瓦、筛石灰，干得很欢。女知青刘桂英、赵春秀等人还上了脚手架，接砖、撂瓦、吊灰包样样都干，群众见了都夸她们是"北京来的铁姑娘"。大约有二十天工夫，工程就竣工了。5 孔大砖窑矗立在村子里，从外面看像城墙一样，到里面看像个砖洞，谈起话来嗡嗡直响，这在当时是最高级的住房了。知青们喜得合不拢嘴，群众也夸窑洞建得好，大家都亲切地叫它"知青院"。

知青们住进了新房后，干部们又张罗着给他们办起了小灶，这大大方便了知青们的生活。村干部还特意安排他们干些轻松的活，把他们安排到了大队林业队。当时农村正掀起声势浩大的"农业学大寨"运动，群众在生产队早出晚归，夜以继日，大干快上，农活十分繁重，而知青们在林业队的主要任务是育树苗、管果园、搞科学实验、繁育

北京知青当年在南张户村居住过的砖窑洞

种子，相比之下就显得比较轻松了。

知青们就是在这里辛勤劳动、虚心向贫下中农请教的。他们由当初一个个五谷不分的门外汉到能辨认各种庄稼，能干简单的农活，还学会了育树苗、管果园、帮助技术员培育新种子等等，更重要的是学到了贫下中农艰苦奋斗的精神。在农村最紧张、最繁忙的俗称"龙口夺食"的夏收时节，知青们也不愿清闲，纷纷下到生产队里帮助夏收。在蒸笼似的麦行里，他们和群众一道汗流浃背，挥镰收割。刚开始知青们不会割，群众割三垄，他们割一垄还跟不上，村里的小伙子姑娘们就争先恐后地帮助他们。但知青们在困难面前并不后退，一面向老农学习，一面咬紧牙关坚持下去。这样一个夏收过后，大部分知青就都成了割麦打场的行家里手。

后来，这些知青一部分由群众推荐，或安排了工作，或上了大学。杨学华、唐美英等三人被推荐到了华东师范学院学习，一部分则按政策返回了城里。在南张户这块热土上，他们生活劳动了 5 年，留下了青春的身影，留下了成长的足迹，洒下了辛勤的汗水。

知青们在全部离开村里后，当年村里为知青们建造的窑洞院，后来有的窑洞被村里拆除了，地基作了其他用途，有的则划给其他群众做了宅基地，窑洞也作为附着物一并划归了当地群众居住使用。

讲述：闫旺祥　撰文、配图：文闫绳祖

参加公安清档的北京知青

1969 年，国家公检法部门受到了"文革"冲击，上级决定进行必要的整顿。那年，我们复转军人刚刚走出军营返乡后，就被分配到当年公检法部门尚为一体的县革委"保卫组"、亦称"军管组"工作。当时公检法大部分老同志都被集中到了永济办学习班，公安工作处于瘫痪状态。我们的进入虽然给机关增添了新鲜血液，但却只有热情，还缺乏实际工作经验。加之当时积案如山、新案不断、新老人员青黄不接，一切都处于急需整顿状态。

档案是公安工作的历史依据和工作基础，而当时的档案室历史资料在"文化大革命"中都遭到了严重破坏，且大量"文化大革命"案件又因"专案组"和"学习班"支左部队介入，经常受到运动式的突击查处，所以大量的结案文书及档案卷宗亟待整理和归类存档。为此，根据上级部门安排，县上于 1970 年开始先后两批从当年的北京插队学生中，择优抽调了近 20 名女知青和部分复员军人，组成了一支强有力的"清档"工作队伍。这其中皆因为他（她）们均未参加过当地的派性活动，思想单纯，不存在任何的思想倾向性。尤其是北京知青，她们在经过了一年多的上山下乡插队锻炼后，都具有了很高的革命工作热情，虽然只是阶段性的临时工作，却都深感自豪，纷纷决心不负众望，积极负责，全身心地投入清档工作中去。

这以后在历时两年多的时间里，这些参加清档工作的知青们在公安人员的指导下，便开始了认真细致地工作。她们经过认真清理整顿，特别是历史性的敌特社情、海外关系、内控对象、危险分子、冤假错案、人口流动、自然减员及新增的法律文书等，均严格分类归档，并通过内查外调，去伪存真，为公安资料工作打下了坚实的基础。

北京知青为我县的公安清档工作做出了突出的贡献，同时清档工作也锻炼了这些北京知青。她们干中学，学中干，充实提高，由插队学生逐步实现了向国家工作人员转化。1973 年，公检法部门分家后，随着清档工作的结束，她们中也多数得到了分配上岗。记得其中赵福

北京知青胡文涛（前中）1970 年入伍时，村干部欢送时留影

芝、牛永刚被分别留任在公安局和法院工作，刘玉珍被分配到县广播站当上了播音员，赵科平、孙西林、李学中被分配到县社和妇联会工作，还有的分配到供销系统工作，曹淑琴在清档工作期间参军到部队去锻炼了。她们在各自的不同岗位上工作积极，表现良好。再后来随着拨乱反正形势的发展及恢复高考，知青们又有的上大学再深造，有的返京回城，有的走向新的工作岗位，并做出了更大的贡献。

近年来，市县两级政府曾用走出去请回来的办法与北京知青共商当地改革发展大计，我有幸两次参加了万荣县知青返乡座谈会。一次是在 2003 年公祭后土圣母大典期间，另一次是在组织知青上山下乡四十周年纪念活动期间。大家久别重逢，热情洋溢，念念不忘在万荣插队时的经历，不忘公安清档工作期间的历练。都说是虽出生在北京，却成长在万荣，表示要以实际行动支持万荣发展。例如，原在皇甫乡东杜村插队的范茂槐夫妇，现在已成为北京医疗战线上的专家，他们经常利用自己的一技之长，在北京对万荣患者优先接诊提供方便，或寄方捎药略表心意。他们说，万荣有他们的师长、恩人和老领导，万荣是他们人生道路上的起点，万荣为他们自立自强提供了难得的锻炼机会，万荣是他们的第二故乡啊。

我从万荣上大学

见到《万荣人》报的《北京知青在万荣》的标题，我心里为之一振。细看内容，写的还真是当年我们在万荣插队时的事情。

当年，我们被分配到万荣县王显公社红卫大队插队落户。到村里以后才知道，红卫大队是在"文化大革命"中新改的名字，它实际上就是张仪村。从一些老年人口中得知，春秋战国时期的舌辩家、外交鼻祖张仪，就出生在我们插队的村子里。

在村里停了两年多后，我被抽调到县公安局与其他知青一起开始搞清理档案工作。在老公安同志的帮助指导下，经过积极努力，我们最终顺利完成了在县公安局的清档任务。离开公安局时，我和赵福芝都被分配了新的工作：我到县法院上班，赵福芝留在公安局。法院领导安排我担任了法庭书记员，每月工资 32.5 元。

远在北京的父母和亲人，还有和我一起插队的同学，在得知我被分配到县法院工作的消息后，大家都说我的运气很好，纷纷鼓励我安心工作，争取做出优异的成绩。说实话，我内心当时也感到非常知足了。

　　工作在平平静静的日子里一天天过去。可是，那一年高校开始招生的消息传到了万荣，我心里不免也开始活动起来。有一天，我和赵福芝在大街上毫无目的地走来走去，无意间竟走进了县招生办公室。进门后，我冲着招办主任说，我也要上大学。主任当时除了问我们是在哪里插队的知青外，并没有给我们多说什么。

　　到了下午，我仍然照常到办公室上班，并没有把找县招办主任的事放在心里。忽然就听见法院院长杨长祥在院里喊叫我，我一出门他就直截了当地问："牛娃子，你想上大学？"我听了不禁一愣。杨院长接着说："我们早上开会，中午与招办主任在招待所同桌吃饭时，他把你的情况都告诉了我。"我急忙回答说，我只是去找了他一下，就像闹着玩一样。没想到杨院长却很认真地说："你上学吧，你年龄还小，学点东西必定有好处。"我疑惑地看着他，心想自己年龄也不小了，并且已经分配了工作，比起和我一起插队的其他同学，我应该是很幸运的了。

当年在汉薛镇南景村生产队养猪场里的王惠美等北京知青

不料，杨院长听后却继续肯定地说："你去报名吧，我让薛院长和你一起到招办，剩下的事你就别管了。"这时候，我才完全清醒过来，我真的能够上大学了。

1974年，在法院领导的关心支持下，我终于被推荐到了山西大学历史系上学，毕业后又留在了学校工作。说实话，我十分怀念和喜欢万荣，那儿的山好、水好、人更好，现在还有许多人都和我保持着联系。

再有一点忘了告诉大家，当年因为我姓牛的原因，又因为我是个女孩子却取了个男性化十足的名字，所以在万荣插队和工作的几年里，许多人都喜欢叫我"牛娃子"。起初我心里还有些不太美气，当弄清了牛娃子就是牛犊子，在万荣这块土地上，这个称呼是个实实在在的昵称，所以我就很乐意地接受了。还有，杨长祥院长也是王显公社人，他是一位慈祥的好领导，薛副院长名叫薛仲杰，他们都是我成长道路上的长者和恩人。

万荣，我亲爱的第二故乡！

牛永刚（原北京插队知青）

样板戏·普通话和"撇洋腔"

自北京知青到万荣县插队以来，从县城（镇）到农村，几乎到处都有北京知青的身影。这其中最明显的标志，并不是知青们与当地干部群众略有不同的衣着打扮，而是知青们一开口说话就与当地人截然不同的标准普通话。

20世纪六、七十年代，无论是县城还是广大农村，文化生活都相对贫乏。除了机关和群众家里的有线广播（群众称为"广播匣子"，每天早、中、晚分别播音三次）以外，就是少之又少的电影和戏剧。当年的戏剧全部都是《红灯记》《沙家浜》等样板戏，电影除少数故事片外，再就是科教片、新闻片和幻灯片。

当时，银幕上的样板戏也全是清一色的京剧，当地群众根本看不习惯，但北京知青们却感到十分亲切。只要电影队在知青们所在的村里放映样板戏电影，知青们是场场不漏。就是在别的村演，他们也会步行好几里地，甚至来回往返几十里地去观看。用他们的说法就是看一次京剧，就好像回到了北京的家里一样，感觉出奇的好。

北京知青的普通话是十分标准的，然而当地人们却觉得，知青们在说话时虽然使用的是普通话，但催字有些过紧过快，让人有时听不明白。由于当地人与知青们整天在一起劳动生活，时时处处需要互相沟通和交流，就不得不也撇起了"洋腔"，虽说不标准，但只求让知青们能听个明白就行。

早在 20 世纪 60 年代初期，万荣县就因注音识字扫盲工作成绩突出在全国打响走红，但人们在日常生活中相互交流时仍然广泛使用当地方言，只有县广播局的播音员、舞台上的报幕员、学校教师等使用普通话。好在当地大多数青壮年都不同程度地学习和接触过汉语拼音，基本上都能掌握大部分汉字的标准发音，这就为"撇洋腔"打下了一定的基础。然而，尽管当地群众扭七趔八通过"撇洋腔"与北京知青进行普通话交流，可仍然有些困难和障碍，有时还会无意间造成一些误会和笑话。

知青们在插队几年后便有少数人通过上学、参军、招工等去了外地，也有不少人到县城各部门参加了工作。当年的北京知青白金刚被安排到县糖酒公司当了营业员，贺秀娟到饮食服务公司当了售票员，邢俊强也到生产资料公司工作。他们平时站柜台、干业务，与大家在一起并无什么两样，但只要一开口就会让人们听到那一腔标准的普通话。如在县城南街饭店打杂工、当学徒的北京知青帖卫京，平时不大爱说话，但只要开口就能显露出其标准的普通话来。

北京知青在万荣插队期间，"农业学大寨"运动正开展得如火如荼。为改变干万荣的土地耕作条件，许多水利工程纷纷上马。当时的古城公社（今万泉乡）调集各村干部群众在孤山脚下修筑"大寨湖"，决心"蓄住天上水，灌溉大寨田"。为了推动工程进展还开展了竞赛活动，工地上安装了扩大喇叭，并选调在荆淮村插队的北京女知青果绍媛担任播音员。果绍媛不负众望，用流利而标准的普通话极大地鼓舞了大家干劲。县上有位领导来检查工程时，还特别表扬说，工地上的广播员果绍媛，绝对顶得上一个基干民兵排的强壮劳动力。

还有部分北京知青也分别被安排到了村学校、供销社、保健站工作。当时全县许多村的学校、加工厂和田间地头，随时都会响起普通话读书声和歌唱声。在汉薛公社南景村，有几位北京女知青自告奋勇担任了村里的猪场饲养员。她们在劳动休息之余，用旧瓶装新酒的办法在旧曲谱中填上自己创作的表演唱《养猪好》，其自编自导自演、京腔韵味十足的出色表演，给远近干部群众留下了非常难忘的印象。

多年后，许多北京知青还回忆说，他们在万荣插队时最欢迎、最盼望的就是邮政局的"绿衣天使"乡邮投递员。由于当时的通讯条件限制，知青们与远在北京的亲人联系时最常用的方法就是互通信件。是乡邮投递员们为知青们送去了发往北京的信件，又送来了远方亲人的信函、包裹或电报，让知青们体会到了"家书抵万金"的亲情感受。

当年还有一件值得一提的事情。那时，县大礼堂经常有演出活动，但礼堂管理处却只有几个有限的管理人员，有时根本忙不过来。加之每次演出时都会有少数特殊单位的人不买票"看白戏"（或电影），这种情况让礼堂管理人员很是头疼，广大群众也很有意见。忽然就有人提出说，县上不是有北京知青在开会、学习吗，不如让他们负责把门收票吧。于是这个把门收票的任务就落在了女知青张秀英等人身上。

这一招还果真灵验，当礼堂门口把门收票的人变成了年轻的北京知青面孔后，白看演出的人便大大减少了。这些北京知青在礼堂门口的临时上岗虽说只是个义务的活儿，可他们在万荣人生地不熟，只知道恪尽职守，严格把关，这以后观看演出的秩序也就渐渐地越来越好了。

方轶贤

插队知青的业余幻灯队

1970 年秋天，我们城镇电影队和城关公社万和大队干部通过协商，决定在村里的北京插队知识青年中，选出 2 至 3 名热爱宣传工作的青年组成一支业余幻灯队，这个幻灯队一开始由知青队队长王君和与民办女教师石永红两人组成。

北京插队知青业余幻灯队的成立，不仅得到了县电影管理站的大力支持，也受到了运城地区电影公司的极端重视。当时的地区公司革委会主任景承继到万和大队调研以后，当即决定赠送给插队知青幻灯队一套扩音变压设备，这在解决幻灯放映电器问题的同时，也解决了村里的广播扩音问题。

当知青幻灯队组建以后，我们就先在万和大队收拾了两间空房，又对王、石二人进行了短期业务培训。当时，城镇电影队责成我住在万和村，对两名知青进行幻灯编写、绘画和操作等具体业务辅导。城镇电影队队长郭弘度和其他同志也经常利用放映电影的空余时间到万和村来帮助辅导。

两名知青自幼生长在北京，普通话说得非常标准，且文化基础好，悟性高。王君和平时就爱玩机械、电器，又具备基本乐理知识，还会几样乐器。石永红有一定的绘画基础和写作能力，字写得也不错，还能用女低音演唱通俗歌曲。加之我们在培训中采取了边学习、边实践的方法，让他们经常在晚上跟随城镇队放映电影幻灯，因此，不到一个月的时间，他们就初步掌握了幻灯编写、绘制、解说和操作的基本规律，还制作出了属于他们自己的第一部幻灯片《两个决议永放光芒》。幻灯片制成以后，先在万和大队和城关公社其他大队演出，后来不仅在全县许多公社所在地和县大礼堂演出，还代表我县到运城地区及其他部分县进行了汇报演出，都获得了好评。特别是石永红打起竹板说快板时银幕上出现的动画特技，以及王君和在操作幻灯的同时给石永红用口琴伴奏的情景，放映场内回荡着雄浑的女低音歌声，观众的情绪非常亢奋。这部幻灯片在全区电影工作会议演出后，同样引起了强

20 世纪 70 年代结婚时兴的四大件

烈反响。其后，全区刮起了一阵从插队知青中招收放映员之风，很短时间内，几乎各县电影管理站都有了北京知青放映员。

由于石永红的嗓子属于女低音，若能再有一个女高音配合，由单人解说变成双人解说，效果可能就会更理想。一天，我们在古城公社（今万泉乡）的荆淮大队放映电影时，偶然发现一名叫原廷英的北京女知青，她唱歌时发音准确，嗓音洪亮，属于高音唱法，心里就产生了借调原廷英到万和知青幻灯队的想法。回到县上后，我马上和队长郭弘度找到"五七"办的董文龙商议。董说："你们说的是原廷英啊，她不仅是荆淮大队知青队的队长，而且是我县北京插队知青的代表。她确实有点闯劲，嗓子也不错。如果你们需要，我可以帮助协调一下。"很快，原廷英就成为万和大队北京知青业余幻灯队的一员了。

知青幻灯队最辉煌的时期是在1971年的上半年。那年春季，运城地区召开"五七"战士先进单位和先进个人代表会议，知青幻灯队被选为出席会议的先进单位代表。为出席这次会议，知青幻灯队成员们根据县"五七"办提供的材料，精心绘编制作了幻灯片《广阔天地育新人》，全面形象地介绍了我县上山下乡知识青年的先进典型。这是他们制作的第二部大型幻灯片，各方面都更加成熟，解说也由单人变成了双人。会议开幕的第一天晚上，先在电影晚会之前给与会领导

当年在运城二招礼堂，万荣知青幻灯队正在为"五七"战士先进代表队演出

和代表做了汇报演出。由于在场的观众绝大多数是朝气蓬勃、充满激情的年轻人，因此反响特别强烈，当场就有许多代表特意走到幻灯机旁边，瞪大眼睛看他们如何操作、如何打竹板、如何演唱。第二天会议休息中间，代表们又一致鼓掌欢迎原廷英唱歌、石永红说快板。会议讨论和休息期间，许多县的代表团还派人请他们介绍了制作幻灯片的方法和经验。

1971年下半年，不少单位开始从插队知青中招人。当时，新绛纺织厂到万荣招工的李新水看了万和知青幻灯队的演出后，决定将他们3人全部招走。但县宣教办公室知道后明确表态："一个都不能放，是人才就要留在万荣。"

又过了一年，王君和被永济农药厂招为了工人，原廷英被县电影管理站招收为放映员，石永红在西范扬水工程工地办了几个月《水利战报》后，也被夏县石英厂招走。后来，王君和与石永红还结为伴侣。原廷英在成为电影管理站正式职工后，又先后独立制作了几部幻灯片，其中最成功的一部是《四个女猪倌》。这部幻灯片讲的是汉薛公社南景大队以王惠美为首的4名女知青为集体养猪的事迹。原廷英以操作、解说一人承担的独特方式，在全省幻灯片汇映大会上演出后，引起全省同行的关注和赞扬。一时间她成为三晋电影放映界的名人。1975年，原廷英被调到太原长风影院工作。

知青幻灯队的3名成员全部离开以后，后来省"五七"办又突然指名要调万荣知青业余幻灯队到太原演出，于是县上只好又从万和大队知青点选调了宋雅兰和郭爱萍组成了一支新队伍，并经过短期排练，带上原来制作的一部幻灯片应对了这次演出。演出结束以后，宋雅兰被安排到国家电力局五八列车发电厂，郭爱萍则被分配到运城地区物资公司上班。知青业余幻灯队的活动从此结束。

撰文、配图：杜勤学

舍身救人的烈士——杨学昌

与大多数北京来万荣插队的学生一样，杨学昌也是北京市崇文区人，他家就住在崇文区草贩二条胡同38号。插队前他毕业于北京市109中学，1968年12月来万荣后，被分配到埝底公社（今皇甫乡）

西埝底大队插队落户。

杨学昌出生于 1951 年，在我们同时插队的同学中年龄是比较小的，只有 18 虚岁。但他在插队以后，无论干什么农活，从来不服小、不服输，经常与村里的青壮年强壮劳力一起，专拣生产队最重的农活。村里不少群众常常劝他尽量干一些轻体力活，但杨学昌却一如既往，坚持要与大家一起参加拉粪、挑担等脏活、重活，由此，也结识了村里不少青年朋友。

杨学昌是个充满爱心的青年，平时一有空就给村里的军烈属担水、扫院，为生产队集体喂养牲口、铡草、垫圈等。在村干部和群众的眼里，杨学昌是个舍得力气、从来不会耍奸取巧的"好娃"。

杨学昌还是个肯钻研、爱学习的人。在西埝底插队劳动期间，他利用雨天和晚上时间，抽空通读了《毛泽东选集》一至四卷，并学习了不少马克思、恩格斯著作以及列宁的《国家与革命》等。同时，他还坚持写读书心得和记日记。在西埝底插队一年多的时间里，杨学昌的学习笔记就达十几万字。在当时全国深入开展学习毛主席著作的群众运动中，他被群众推举为村里的学习毛著辅导员。

1970 年 9 月，县上决定抽调杨学昌参加"一打三反"（打击现行反革命，反贪污、反铺张浪费、反投机倒把）运动，并加入了县上组织的农村工作宣传队，进驻到王亚公社（今高村乡）的王亚大队。在工作告一段落后，又进驻到王亚公社的郭村大队开展工作。

杨学昌烈士遗照

1971 年 7 月 20 日中午，烈日当空，骄阳似火。在郭村大队的办公室里，杨学昌正与村干部一起研究讨论村里的一些具体工作，忽然从村里巷道传来了群众的杂乱喊叫声。杨学昌急忙跑出屋外，才知道是村里的羊倌马麦忙在池塘洗羊时（绵羊在剪毛前先要洗浴干净），一不小心掉进了池中深水区，情况十分危急。

弄清情况后，杨学昌立刻边跑边脱掉衬衫，他顾不得多想，也顾不上摘下自己的近视眼镜就一纵身跳入了池中。但在四五丈深的浑浊池水中，实在难以马上摸寻到落水者。只见杨学昌几次浮出水面，在吸了几口气后又继续潜入水中探找。岸上的人们见状纷纷大声呼喊，要他赶快上来，但终因池深水浊，杨学昌不幸遇难。就这样，当年只有20虚岁的杨学昌，为了抢救一名农村的普通社员而献出了自己年轻而宝贵的生命。

当这个不幸的消息传到西埝底村时，干部群众万分悲痛。郭村和西埝底村的干部群众都要求把杨学昌安葬在他们村里。西埝底村的干部群众说，学昌在他们村插队，户口和粮食关系都在他们村，应该是西埝底村人，理应安葬在西埝底村。后来，西埝底村便派了一辆畜力胶轮车把杨学昌的遗体拉回到村里，暂时安置在了村里的舞台上。然后一边为杨学昌准备棺木衣服，一边派人到汉薛邮电所向北京发去了加急电报。

两天后，北京市知青办的人来到了西埝底村。经商议后，西埝底村的干部群众便怀着万分悲痛的心情，把全村人民的好儿子杨学昌像村里逝去的老人一样，安葬在了村集体陵园。西埝底村的张力钧、张祥定等人回忆说，当年安葬杨学昌时，村里和有关方面都送了花圈，村干部还致了悼词。参加杨学昌追悼会的除了县上和公社有关领导外，还有汉薛、皇甫、古城等公社的部分北京插队知青。再几年后，杨学昌的亲属们来到西埝底村，搬迁走了杨学昌的遗骸。

根据杨学昌的生前表现和愿望（杨学昌先前曾向党组织递交过几次入党申请书），中共万荣县委决定追认杨学昌为中国共产党正式党员。后又经山西省革命委员会批准，追认杨学昌同志为"革命烈士"。1976年5月17日，中共万荣县委又在全县颁发了《关于向杨学昌同志学习的决定》。

杨学昌同志永远活在万荣人民的心中！

（本文根据部分北京知青和西埝底村群众回忆讲述采写。）

周立

几件"丢人现眼"的事

连续看了几期《万荣人》报刊载的《北京知青在万荣》的接力回忆文章，内心非常激动，每位作者都站在不同的角度，对北京知青在万荣的工作和生活情况褒扬有加。但是，作为当年在万荣插队的北京知青，我们也曾亲历过一些难为情的傻事。

撵牛犊：我们来万荣时，农村还实行的是农业集体化制度。生产队（现在的村民组）的大牲畜，包括牛、驴、骡、马都是集体圈养，而幼畜称为牛犊、驴驹、骡驹和马驹，它们在未成年（使役前）前并不用牲口缰绳，而是跟随母畜随意跑动。

知青们刚来村里时，对牲畜的饲养、使役等情况一无所知，所以，一天在某某公社某村插队的几个男知青，忽然就发现一头小牛犊独自在巷道里乱跑，就把它当成山上的一只野牛，甩开大步一路撵了起来。小牛犊见后面有人追赶，就飞快地跑出村子，来到了村外地里，然后又跑进一块刚用拖拉机翻过的耕，地卧倒在地上。几个知青还以为"野牛"终于被他们撵得跑不动了，成了他们的俘虏。

当附近干活的村民发现后，这头可怜的小牛犊已因在慌不择路的奔跑中闪坏了一条后腿，造成了骨折。后生产队饲养员虽然精心喂养了一个多月，但牛犊后腿还是拉在地上抬不起来。队干部见这条小牛长大后也无法再正常使役，失去了喂养价值，最终便把这个小牛犊杀了卖了肉。

在以后的插队生活中，知青们才逐渐知道，牲畜是生产队的半份家当，尤其是万荣县的大黄牛早就闻名全国，它们可是农民朋友的心肝宝贝。

偷西瓜：我们在万荣时还是计划经济年代，那时候，每个生产队年年都会种植一些蔬菜和瓜类。生产队的瓜地里有甜瓜和西瓜，每当瓜地开园时，生产队就开始卖瓜，瓜地里早熟的"天鹅蛋"甜瓜香气袭人，离大老远都能闻得着，实在诱人。

那天下午，我们下工回来时从瓜地经过，有目的地察看了瓜园的地形。当晚 11 时多，我和小 L、小 Z 三个悄悄地溜进瓜地，乘着夜色摸索着偷摘甜瓜。我们还没摸到几个瓜，看瓜的吴大叔就提着马灯走出了瓜庵，大声喊叫着问"那窝"（万荣方言，谁的意思）。我们三个既不答话，也不像其他贼一样听见声音就跑，而是仍然蹲在地里不肯离去。吴大叔见状提着马灯就向我们这边走来，等他离我们还有几丈远时，我们三个才起身向瓜地中间跑去（这是事先说好的）。吴大叔见了急忙停下脚步，几乎是央求我们说，千万别跑，踩坏了瓜蔓可就全完啦。你们想吃就摘几个吧，千万不敢踩坏了瓜蔓。

第二天收工后，村干部通知知青们晚上去开会，我听了心头不禁慌张起来。看来这件事不挨一顿猛批是过不了关的。

但出乎我们的意料，晚上开会时，村干部不仅没有批评我们半句，反而还带来了一大筐熟透了的"天鹅蛋"甜瓜。大队长（相当于现在的村主任）王叔还十分抱歉地说：队里的瓜地开园了，知青们还没有尝过鲜。今天给大家带了几斤先吃着。过几天西瓜熟了，再给大家送一些。

听王叔这么一说，我们心里都十分难过，他用这种方式来处理这件事，比一巴掌打在我们的脸上还难受。面对天天都想吃的"天鹅蛋"，这会儿却丝毫没有了吃的念头。

盗群羊：1970年春节这天，皇甫乡某村的干部接到生产队羊倌报案称，就在除夕夜里，队里羊圈的两只肥绵羊被人偷去了，去向不明。

当时的社会治安状况很好，无论哪个村生产队的羊群，白天放牧，晚上就都圈在村外的简易羊圈里，而羊圈门从来不上锁，只用一根细铁丝搭扣住圈门即可。羊群里的绵羊都是本队或附近村社员的，羊倌放羊挣的是生产队工分，羊粪、羊毛归生产队，繁殖所得收入则归绵养所有者，这个养羊模式一直延续了好多年。

村干部在察看了羊圈后，一路走一路仔细分析，是什么人这样胆大妄为。他们反复在本村和邻村一些可疑人物身上搜索，唯独没有想到村里的插队知青。可是，事情往往总是出乎人们的意料之外，这次作案偷羊的人偏偏就是村里的两个北京插队知青，他们一个是黄念起（化名），一个是严招友（化名）。

深夜偷走生产队两只绵羊在当时来说就是一件大案了。案件从生产队到大队、到公社，最后再到县公安局。当公安人员最终查出结果后，询问起两人的作案动机时，他俩都说是"解馋"，这个结果一时实在有些让人啼笑皆非。但当人们更进一步深入了解情况后，无论是干部还是社员，却都对两名知青的偷盗行为起了同情之心。

原来，这两名知青都是回族人，回族人是不吃猪肉的。但每次逢年过节，知青点准备的都是猪肉，他们心里虽然不满意，但又不便明说。这年春节，当他们看见别的同学又在吃肉时，实在馋得不行，所以才一时糊涂偷了生产队的绵羊。

案件水落石出了，社员们却纷纷为两人说情开脱。村干部还检讨说，是村里没有安排好知青们的生活，是村干部自己的责任。于是，这件事最后也就不了了之了。

我们在万荣插队的 10 多年里，从生产到生活中都深深地体会到，万荣县的干部工作扎实，群众实诚热心（虽然也有因误会、误解而造成的不愉快）。以上所说的几件傻事、蠢事，直到当我们被招工、招干、参军、入党，直至后来返城时，干部群众都并没有耿耿于怀地旧事重提，这让我们至今回想起来心中仍感慨万千。在此，我们诚心诚意地向万荣县的父老乡亲们说一声："友谊长存，谢谢你们了！"

樊立之（作者为原在万荣插队的北京知青）

笑问客从何处来

北京知青后来不少人因招工、招干、参军和推荐上大学等原因，先后离开了万荣，到国家统一落实插队知青政策时，绝大多数北京知青就都又回城参加了工作，只有少数因在万荣已参加了工作，留在了万荣。

改革开放以后，有不少当年在万荣的插队知青重新回到万荣"探亲"，他们故地重游，引发了不少的感慨。这些当年的北京知青在如今的万荣县大街上来回转悠，让他们十分惊奇的是，除了县城南大街的人民大礼堂，西大街上高高插入云端的飞云楼，其他地方已是变化太大了。不少北京知青还反映说，当他们回到当年在万荣插队时的村口时，虽几经徘徊，但仍好半天都难以寻找到当年村庄的影子了。

这天，曾经在万泉乡林山村插队的女知青李小花租了一辆的士，出县城向正南方向过万泉村和涧沟桥，一路来到林山村的鞍轿坡前，让她感到十分意外的是，当年从林山村到县城的路上，总是晴天一身土，雨天两脚泥，如今早已换成了柏油路，30 多里地的路程也就不到半个小时。在县城时就听人们介绍说，万荣县早在前多年就实现了村村通油路，她当时还有些不大相信。这不走了一回，终于目睹了柏油路的平安稳当，真是耳闻不如一见啊。

李小花在林山村插队的好几年时间里，由于村里安排知青们统一食宿，集体劳动，因此她们和村里的其他社员群众接触并不是太多。这天，她找到了村里第四村民组的一户人家，男主人名叫李俊杰，女主人名叫张小仓，热情好客的这一对夫妇见到打的来到自家门口的客人，彼此上下先细细打量了一番。只听客人开口问：林业队的老队长、老贫协和"湖头"他们还好吗？听了客人的提问，主人深感意外：这位不速之客是从哪里来的？她怎么会这么熟悉村里的情况？要知道，她所提到的人都是当年在林业队和北京知青们一起劳动生活过的村干部。女主人几番都想开口问个究竟，但又觉得有些不妥。当李小花自报家门，说自己是当年在村里的插队知青时，夫妇俩才连声说：怪不得，怪不得。

当年在皇甫乡东杜村插队的范茂槐后来上大学当了医生，自万荣县 2003 年起开发后土祠和孤峰山景区以来，他几乎每年都要在祭祀后土圣母时回万荣一趟。这样相比之下，范茂槐回到东杜村的时候，

知青们在田间地头学习讨论

纪实连载

认识他的人就非常多了，因为他经常利用回到东杜村里的机会为乡亲们诊脉看病。范茂槐现在是北京某医院有所成就的儿科专家，这些年，县东一带不时有村民还专程到北京慕名请他看病。

还有一些当年的北京知青在到运城、太原、西安及临近一些城市旅游时，也总会抽出时间回到万荣县"走亲戚"。2008年北京奥运会刚刚结束，就有几位到西安旅游的北京知青相约来到万荣县城，他们想找到当年的高潮池、飞云楼和大礼堂，但不料在万荣县城街头却几次都迷失了方向。当他们向路人询问时，许多县城居民都会在心里默默地发出疑问：你们是从何处来的，为什么会专门寻找这些老地方。这真应了唐代诗人贺知章《回乡偶书》中的那句：笑问客从何处来！

文涛

嫁入寻常百姓家

到1970年底，北京知青在万荣插队就已经两年了。这时候，开始陆续有一些北京女知识青年，打破封建门第观念与当地青年农民结为了连理，这在当时的城镇与农村无疑是一件破天荒的大喜事。这些女知青在选择对象时，摒弃了门当户对的封建思想，选择的对象大都是普通农民家庭的青年。此事在当时被知青主管部门树立为扎根农村的典型事例，有的报刊和广播电台都分别予以了报道。

当时在埝底公社某大队插队的女知青小Z，是全县第一个与当地青年农民结婚的。多年后她回忆说，在插队一年后的1969年冬天，她因为得了甲亢病回到了北京治疗。在返回万荣时，由于临汾方面当时不通火车，她只好绕道郑州和三门峡，再经过运城回村。在陈闫村路口下车后，由于距离插队的村子还有10多里路，并且再没有班车可坐，她只好步行。几经辗转，多次倒车，当她终于回到知青点的时候，心头倏忽涌起了一股孤立无援的心绪。而后来发生的又一件事更加刺痛了她的心。小Z继续回忆说，她们初来村里时，大队安排她们集体生活了三个月，然后让她们插入各个生产队，这下真正成了插队知青。她和另外三个女知青被安排到第四生产队，住在队里原来的一间旧房子里，从此过上了自己和面做饭、下地劳动挣工分的真正农民生活。那天她们下地摘棉花，衣服放在宿舍里，下工后却发现她衣袋里仅有的几元钱（知青们那时每月有 2 元钱的生活补贴）不翼而飞。这是因为她们的宿舍门窗关不严实，小偷趁她们下地劳作之际钻了空子。后来经过公社和大队干部插手过问，钱虽然找回来了，但是让她又一次体会到了那种孤立无援的感觉。正好这时候，村里有位热心的大嫂给她提亲，她便没有多考虑就同意了，而对象就是本村的一位青年农民。

没有花前月下的恋爱过程，也没有信誓旦旦的海誓山盟。她后来在写信征得远在北京父母亲人的同意后，1970 年冬天，两人就带着大队开具的介绍信来到公社民政室，在各背了一段毛主席语录后，民政助理员就发给了他们结婚证书。那时领结婚证既不照相，也不掏任何费用，就在当地公社领取，十分方便。几天后，一个普通的日子，村里为她们举行了简朴而隆重的婚礼。说简朴，是因为她们的婚礼没有迎亲的车队，没有乐队，也没有欢庆的礼炮和喜宴，甚至没有娘家人在场。小两口推着自行车在村子巷道里转了一圈就回到了新郎家里。说隆重，是因为县上知青办和公社的领导都参加了他们的婚礼，村里村外看热闹的群众挤满了巷道。热心的同龄青年还为他们撰写了一副充满了革命化的对联：

山村添喜庆，俊梧桐招来金凤凰；
夫妻比翼飞，革命化征程比贡献。

那时，村里几位姑娘媳妇还为他们的新房剪贴了喜字窗花。这场简朴而隆重的婚礼在当时作为了一件移风易俗的典型事例，被县上、公社和大队干部在各种场合多次表扬。

在古城公社涧薛大队插队的北京女知识青年王秀，也是经热心人介绍与本村青年屈金结为了终身伴侣。到后来国家统一落实知识青年政策时，夫妻双方都被安排到县里的一家企业当了工人，他们的一个孩子当时按政策则回到了北京。20 世纪 90 年代末，王秀夫妇因企业改制都成了下岗工人，她们在县城北大街购置了属于自己的住房，夫妻俩利用原来在厂里学到的一技之长又受聘到其他企业担任了技术员。几年后，王秀因病去世，就安葬在了涧薛村。

北京女知青与当地青年喜结连理在当时是一件十分新鲜的事，得到了各级领导的肯定，也让当地不少青年十分羡慕。但是让这些嫁到万荣的北京女知青没有想到的是，以后上边招工、招干和推荐上大学，已婚的知青被硬性规定一律不招，这就使她们被一直留在了万荣。尽管后来国家落实政策时又明确规定，可以为在插队期间与本地青年结婚的知青及他们的配偶统一安置工作，但这些工作基本上都是到本地的一些小型企业做工人，而当年与小 Z 同在一个知青点的赵培芝、刘玉珍，后来则分别被招工和推荐上了大学，现在她们都在离北京很近的石家庄定居。所以直至现在，小 Z 一提起这件事，仍然多少还是觉得有些失落。

自小 Z 与当地青年结婚之后，当年在贾村、三文、汉薛等公社，又陆续有北京女知青与当地农民结为了夫妻。但是究竟一共有多少这样的夫妻却谁也没有进行过确切的统计。

如今，当年的小 Z 已经变成了老 Z。从当地退休后，她仍然住在村子里的农家小院，与周围一些邻居的两层小楼相比起来，她家的几间北房着实显得有些低矮破旧。但院子里仍然收拾得井井有条，门口的一棵大桐树和几株花草，则显得勃勃生机。

尉培荣

君问归期未有期

在插队后来的几年里，知青们因病、因事回北京都要带上相关证明，更重要的是必须带上粮票。因为当时全国各地的粮食供应都是在本人的户口所在地，一个人一份口粮由于北京知青的户口当时都已落在了当地农村，这样，知青们如果要回北京办事，停留的时间稍长一点，每天的口粮就成为他们的大难题。解决这个难题的唯一办法，就是必须带上他们的口粮和相关证明，先到当地粮站把口粮兑换成粮票，然后带到或捎到北京，才能凭粮票在北京购买到粮食，解决自己的吃饭问题。而且还必须兑换成全国粮票（当时分省市粮票和全国粮票，省市粮票只能在本省市流通，只有全国粮票才可以在全国范围内流通使用）。

国家统一落实知青政策后，有许多在万荣插队的知青或他们的子女按政策又都重新回到了北京，但也有少数在万荣工作或因与当地人结婚仍留在了万荣。有的知青虽然工作和户口都在万荣，但由于他们在北京的亲人住房较为宽敞，所以这些知青在假期或退休以后，便经常在万荣与北京两地往返居住。原在万荣生产资料公司工作的某夫妇就都是当年来万荣的北京知青。由于远在北京的父母领到了旧房拆迁的有关补偿，父母便为他们在北京也安排了住房，因此这对夫妇在万荣退休以后，就选择了长期居住在北京。但是他们的户口却仍在万荣，退休工资也在万荣领取。

还有部分留在万荣的知青在改革开放后重新闯荡起了北京市场。尤其是嫁到万荣的女知青，她们利用北京原来的一些社会关系，带着自己的万荣女婿到北京去做生意，闯市场，在首都北京又打拼出了一片属于自己的天地。原在三文柳林庄插队的女知青 W，早在改革开放前期，夫妇俩就到北京开始做生意。他们利用当年的同学、老师和街坊邻居等关系，先从小生意做起，在积累了一些资金后就开始办饭店，几年下来，积累的财富像雪球一样越滚越大。而对于三文的老家，他们就托亲朋邻居照看，只要村里没有婚丧嫁娶等大事，一般平时也忙于生意很少回来一趟。

那位名叫贝梅的北京女知青，当年被分配到了县城的北街食堂工作。她起初被饭店安排当了一名收银员，但她热情勤恳，虚心好学，利用一切机会跟师傅们学习凉粉、饺子、油糕、包子等万荣小吃的制作技术，很快便成了食堂的一位多面手。改革开放以后，贝梅便带着一身绝活到北京开了一家小吃店，在生意火爆、收入可观的同时，也把万荣小吃带进了首都北京。

还有部分留下来的北京知青在退休后又回到了北京，帮助他们如今在北京的子女或打理生意，或照看孩子，过着悠闲自得的晚年生活。所有这些在万荣和北京之间来往的当年知青，他们在两地居住的时间一般也没有什么规律。通常，他们从万荣或北京出发时，当邻居朋友们问及归来时间，大都会说"不一定""说不准"。因为在他们看来，万荣、北京都是自己的家。正如唐朝诗人李商隐的著名诗句那样：君问归期未有期。

（根据当事人意愿，本文中的姓名都为化名）

任佚

不辞长做万荣人

当年，毛主席发出"知识青年到农村去，接受贫下中农再教育很有必要"的指示后，全国各地的知识青年都积极响应号召，到农村插队落户。但由于那时候并没有说需要插队多长时间，全国各地也没有具体规定，所以无论是下乡插队的知青，还是当地的干部群众，心里都有一个很大的疑问：这个"再教育"的时间究竟有多长？大家在农村究竟是"一阵子"还是"一辈子"？

当知识青年们插队农村一段时间后，各地也都逐渐出现了一些扎根农村的先进典型和模范人物。在万荣县插队的北京知青中，当时上级树立的集体插队的典型就是古城公社林山大队知青队，模范个人则是原在北京 109 中学毕业、后在皇甫公社东杜大队插队的满族女知识青年翼宝荣。就山西省来说，当时上级树立的先进集体典型是平陆县毛家山的知青队，先进个人也是一位女知青，是在榆次杜家山插队的蔡立坚。

知青们在插队几年后，当时全县先后有好多位北京女知青与当地青年农民结为伉俪，她们的行为也得到了各级领导的大力肯定，说她们这是扎根农村与贫下中农相结合的实际行动。1970 年，在东杜村插队的女知青翼宝荣与皇甫乡北吴村的回乡青年卫志璋喜结良缘。从此，翼宝荣真正成了村里的一位普通社员，她和大家一起参加生产劳动，村里有了红白喜事，她也会和大家一样前去帮忙，和大家一样"洗头""随礼"。1975 年，翼宝荣被上级选拔为青年干部，安排到了当时的皇甫公社担任党委副书记，成为知青中为数不多的国家干部。

翼宝荣在当地结婚后，她远在北京的父亲翼善如夫妇十分支持女儿的行动。1971 年，翼善如退休后，干脆带着老伴从北京来到北吴村，和女儿、女婿一起住了下来，这样，老夫妻俩就成了没有北吴村户口的北吴村民。翼善如每个月都会收到从北京寄来的退休工资和全国粮票，因此，老夫妻俩和邮递员都十分熟悉。后来，翼宝荣父母还先后把户口和粮食关系从北京迁到了北吴村，成了实实在在的北吴村民。翼宝荣一家扎根农村的先进事迹受到了各级领导的表彰和鼓励，当时的各级报刊、电台都为他们做了不少报道。其中县委通信组张启序整理、翼善如署名的《送女下乡，随女务农》文章在 1974 年 6 月 8 日的《人民日报》上刊载。翼宝荣后来还担任了县宗教局局长直至退休，她的父母亲去世后也安葬在了北吴村。

1974 年 6 月 8 日，《人民日报》三版刊登的由万荣县委通讯员张启序撰写的翼善如署名的文章

　　直至现在，仍有不少定居万荣的北京知青，他们的儿女们又与当地青年结婚，成为了名副其实扎根于万荣的"万荣人"。

　　后来，有许多人评价说，当年的知识青年下乡插队，实际上是中国人类历史上的又一次大迁徙活动。

立木

光影之音
GUANGYING ZHIYIN

1972 年，发行全球的《人民中国报道》用世界语专题报道了——

王希亮和他的气流清选机

自 20 世纪 60 年代起，全国劳动模范王希亮同志以忘我的工作精神，使一个县级小厂在农业部挂号，全国出名，厂子不断壮大。特别是 1970 年以后，他与徒弟们发明研制的气流清选脱粒机一直处于国内、国际领先水平。

20 世纪 60 年代，我国农业还处在很不发达的初级阶段，当时农民打场靠的还是牛拉碌碡，脚踏扇车，劳动强度大，工作效率低。正是于这一形势下，在晋南农机鉴定站的大力支持下，王希亮同志瞄准气流清选机项目，多年如一日，坚持科技攻关。那时，他整天冥思苦想，满脑子都是他的机器，常天与李龙武、李金胜、杜志中等几个徒弟反复试验，装了拆，拆了装，经过 200 多次的反复实验，历时四年时间，终于在 1969年使"东方红"气流清选脱粒机通过了国家有关部门的鉴定，在农业生产中被广泛应用。

"梅花香自苦寒来"。东方红气流清选脱粒机在王

王希亮等正在进行科研攻关

希亮同志的不断创新与改进提高下，引起了各级领导的重视与支持。后来，经各级领导的层层推荐，东方红 1 号清选脱粒机以崭新的面貌多次参加了国内重大展览，1970 年以后还多次参加了"广交会"，随后又在日本、德国等地展览。其高新的技术、新颖的造型，博得了国际友人和同行们的一致赞扬，被推荐为全国 32 个科研推广项目之一。

　　1972 年，发行全球的《人民中国报道》记者跋山涉水，专程来万荣县采访了王希亮，并在北解村的田间地头做了现场演示。后在第 11 期上，又用《一台多用脱粒机》为题（世界语），专门进行了报道。

撰文、配图：冯晓丽

刊登有王希亮事迹的《人民中国报道》杂志

《人民中国报道》杂志刊登的王希亮事迹文章

晋南棉花八仙——历史的见证

这是一张弥足珍贵的照片。

它的珍贵之处在于曾经被誉为"晋南棉花八仙"的八位植棉能手，能够有机会聚集在一起，在时隔30多年后的今天，为我们见证了当时的真实情景。

新中国成立后，从战备和国民经济发展的需要出发，国家十分重视棉花的种植和生产。20世纪60年代开始，国务院每年都要召开棉花工作会议，国家主要领导人毛泽东、刘少奇、周恩来等，都曾多次出席棉花工作会议。作为全国产棉大省的山西，棉花产地主要集中在

原晋南地区（包括现在的临汾、运城两市，1970 年行政区划分开）。

在多年的棉花栽培种植中，原晋南地区曾先后涌现出不少既有生产实践经验，又有一定理论水平的植棉能手。如解县曲庄头村的曲耀离（今盐湖区龙居镇南庙村）、闻喜县东镇涑阳村的吴吉昌、曲沃县杨谈村的王德合、翼城县城关镇西梁村的吴春安、万荣县裴庄乡岔门口村的沈辰法等。由于他们在棉花栽培生产工作中的突出贡献，曾先后多次参加了全国棉花工作会议，受到了国家主要领导人的亲切接见，并荣获了"植棉能手""劳动模范"等光荣称号。曲耀离等八名植棉能手则共同被誉为"晋南棉花八仙"。

该照片中自左一开始，依次为王德合、曲耀离、马芳庭、沈辰法、吴吉昌、夏建华（女）、吴春安、常修文、姚文章。照片拍摄时间是1978 年 8 月，当时正值棉花管理关键时节的盛蕾期，为了确保全省棉花的丰产，由省农业部门组织了"晋南棉花八仙"进行巡回观摩，共同商讨棉花管理工作中的实践经验。照片拍摄所在地是闻喜县东镇涑阳村，即吴吉昌所在生产大队的棉田里，由吴吉昌正在给大家介绍他们的实践管理经验。

照片中那位英姿飒爽的女青年名叫夏建华，她当年是万荣县古城公社（今万泉乡）杨家垛大队的植棉战斗队队长。由于她在植棉工作中的突出表现，曾先后被选为省人大代表、省劳动模范，并荣获全国"三八红旗手"等光荣称号。因此，有关单位特地安排她与"晋南棉花八仙"一起参加了这次巡回观摩活动。

据照片珍藏者夏建华回忆说，当年的巡回观摩活动除相关部门的领导参加以外，省广播电视台也跟踪他们进行了实况拍摄。这张照片就是在巡回观摩活动即将结束时拍摄的，摄制组当时为他们每人都赠送了一张纪念照片。照片的背面用钢笔清楚地记下了 1978 年 8 月 14日的字样。从此，这张照片一直由夏建华珍藏至今。

附记：

"晋南棉花八仙"

就"晋南棉花八仙"称号来历一事，我们专访了曾在省农业厅工作多年的张尚平先生。

张尚平回忆说，"晋南棉花八仙"的称号最初是由当时担任省农业厅厅长、农委主任的范履端（万荣县汉薛人）与大家一起商议后确定的。之所以这样说，是因为国家连年召开棉花工作会议，周恩来总理多次强调要把棉花工作搞上去。作为产棉大省的山西，曲耀离、吴吉昌等人都是种植棉花的高手，尤其是解县（今属盐湖区）的曲耀离，早在农业合作化以前就因棉花种植连年夺得高产闻名全国。张尚平在解县下乡时，还曾在曲耀离家住过一段时间。

省农业厅的提议得到了时任分管农业的副省长刘开基的肯定，他立即向当时的省委书记陶鲁笳汇报，说曲耀离等八位植棉能手都是农民出身的植棉专家和劳动模范，在棉花栽培方面都有自己的独创精神和独到之处，都参加过全国棉花工作会议，受到过党和国家领导人的亲切接见和宴请。授予他们"晋南棉花八仙"的荣誉称号（曲耀离为八仙之首），目的主要是为了在全省树立榜样，鼓励他们继续努力，广泛开展"比学赶帮超"活动，使大家在棉花生产中八仙过海，各显其能，为国家经济建设做出更大贡献！

以后，省委书记陶鲁笳和省里一些其他领导便都先后在一些会议尤其是棉花工作会议上，多次提到"晋南棉花八仙"的称号。至此，"晋南棉花八仙"的光荣称号很快在全省乃至更大的范围内叫响了。

韩维元　尉培荣

光影之音

首次同降我县河滩的两架载人直升飞机

　　1991 年 5 月 19 日上午 11 时，两架载人直升机在我县黄河岸畔的庙前治黄坝后滩的同时降落。当时，我县的黄河治理工程已达到国家的防洪标准，各项治理措施十分到位，引起了各级领导的关注，这次就是黄河防总及山东、河南、山西和陕西等省分管防汛的省领导乘专机前来视察的。时任运城地区行署副专员梁汝涛、万荣县委书记李文渊、万荣县县长吉炳南和山西局书记陈三成等领导陪同了视察。时任万荣修防段段长张启序专门做了汇报。

　　当日下午 1 时许，两架飞机开始起飞离开庙前河滩。这是我县有史以来的首次两架载人直升机同时降落。

撰文、配图：李克荣

1959 年，李德全来万荣视察工作

1959 年，万荣县群众体育工作及注音扫盲工作取得了非常显著的成绩，当年 11 月 21 日，时任卫生部部长、全国妇联副主席的李德全来到了万荣，并到荣河公社荣河大队幼儿园进行了视察。这张照片便是李德全在荣河大队幼儿园与公社及大队干部的合影。照片后排左二为李德全，右一为荣河公社党委书记李盛昌，左一为公社主任崔作祥。

照片收藏者王荣（前排左一），原名柴秉全，系 1938 年参加工作的老八路，时任荣河公社副主任。前排右一为荣河公社妇联主任徐明珍，前排中是荣河大队妇联主任薛荷莲。

王志虎

山西省注音扫盲工作现场会记忆

大会召开期间，平陆代表和万荣县招待员合影

　　20 世纪五六十年代，万荣县的注音扫盲和推广普通话工作成绩特别突出，成为全国的一面旗帜。1959 年 12 月，全省在万荣县新落成的人民大礼堂召开了"山西省推行注音扫盲和推广普通话工作现场会"。出席会议的除全省各县代表外，还有山东、上海等 14 个省、市的代表以及《光明日报》和其他媒体的代表。当时我和城关中学（今万荣中学前身）的李淑群等 4 人被抽调担任大会招待员，负责接待运城、平陆的代表。

解苏莲

吴玉章在南仁小学视察工作

　　我于 1963 年从事教育工作，先后在当时稷山县的白池、南仁、北仁等学校任教。由于自己拼音基础好，所以在低年级教学上拼音识字就一直抓得很紧。1965 年南仁小学拼音识字推广的"一口呼"读法，在整个稷山县成绩是最好的，特别是赵华英老师带的学前班 20 多名小学生个个都很优秀。当年 12 月，中央文改领导组组长吴玉章一行 3 人来到南仁小学视察，还同我们举行了亲切座谈，整整一天时间给我们留下了深刻的印象。吴老他们没有官架子，言语随和，没有前呼后拥的威严，没有指手画脚的瞎乱指挥，只是听汇报，看实际，鼓励我们好好干。如今时间虽然过去 45 年了，但我至今还记忆犹新！

解苏莲

吴玉章等在南仁小学与大家留影

老照片的记忆

　　20 世纪 50 年代，万荣县大力推广注音扫盲和推广普通话工作，取得了显著成绩，引起了各级领导的关注。1959 年 12 月，山西省推行注音扫盲和推广普通话工作会议在万荣召开。参会人员除山西省有关人员以外，还有上海、福建、山东、河北等 14 个省（市）的 60 多位来宾。当时的中共中央委员、中央文字改革委员会主任吴玉章曾专门为会议的召开发来了贺信。

　　1960 年 3 月到 6 月期间，先后有共青团中央第一书记胡耀邦、国家文化部副部长钱俊瑞、中央宣传部副部长张际春以及吴玉章等中央领导同志来万荣视察工作。

　　吴玉章与中央另几位德高望重的领导董必武、徐特立、谢觉哉、林伯渠等早在延安时期就被大家尊称为"五老"，具有很高的威望和影响。陪同吴老来万荣视察工作的有中央文字改革委员会研究处处长张照、中共山西

吴玉章（右二）在万荣视察时的留影

省委宣传部副部长刘宗武、中共晋南地委书记处书记李立功（后任山西省委书记），以及晋南专署副专员王沁声（新中国成立之初的1950—1952年，曾担任万泉县县长）。

"吴老"在万荣视察期间，先后听取了时任万荣县委书记李明等人的工作汇报，并视察了城关中学、孙吉公社（1971年行政区划调整时划归临猗县）、王显公社青谷村等地。"吴老"对万荣县的注音扫盲、推广普通话及其他各项工作表示肯定和满意，要求万荣县要花费一定的力气把工作做得更好，让先进常先进。同时他还给万荣县题了"汉语拼音和注音识字是统一语言和提高文化的好办法，是文字改革与'文化革命'的好工具。"

这张照片是由时任孙吉中学党支部书记的王鸿雁（荣河镇谢村人）珍藏的当年吴玉章在孙吉中学视察时的一张黑白照片。但由于年代久远，已记不清照片的摄影者。

王志虎　立木

光影之音

新发现的日军侵华 "铁" 证

1944 年春季的一天，高村乡南里村私塾学校的教师高忠义，让在私塾读书的 11 岁学生刘铭庭和 13 岁学生杨宗仁，到乌停村他的家里去取一把教学用的铁尺。

在返回南里村经过日本鬼子在王亚修的公路时，刘铭庭和杨宗仁无意中发现公路上的一根电线杆断了，电线就掉落在电线杆下的草丛里。怀着对日本鬼子的深仇大恨，想起大人们常说的日军在万泉县犯下的桩桩罪行，在刘铭庭的提议下，两个年幼的孩子冒着随时会被日本鬼子发现的危险，把日本鬼子掉落在地上的电话线弄断了大约 40 米，然后卷成小圆圈状悄悄带回到了村里，并藏在了刘铭庭家里。

刘铭庭（左）、杨宗仁（右）展示当年剪下的剩余电线

如今，经过 60 多年的风雨侵蚀，当年他们截下的日本鬼子的电话线铁丝已只剩下了大约 1.4 米，仍然存放在南里村刘铭庭的家里，这成为我县日本侵华的又一"铁证"。

采写：立　木

摄影：冯晓丽

光影之音

周恩来逝世一周年悼念活动

时任中共万荣县委书记吕喜凤致悼词

1977 年 1 月 8 日，是伟大的无产阶级革命家、敬爱的周恩来总理逝世一周年纪念日，这天万荣县各界干部群众，在如今的县大礼堂门前隆重举行了深切悼念活动。

下图为当时悼念活动的照片。

配图、撰文：马天文

参加悼念活动的干部群众

珍贵的纪念

　　1969 年，汉薛镇东杨李村青年黄全安应征入伍，在河北保定某部服役，不久即担任了团政委孔令华的司机，而孔令华夫人是毛主席的大女儿李敏。由于他们夫妇俩在两地工作，因此在每年探亲时，黄全安都有机会见到李敏同志。黄全安回忆说，李敏特别平易近人，没有半点主席女儿的架子，而且在生活上艰苦朴素，很是节俭，从不搞特权。但黄全安在和李敏一家相处 4 年多的时间里，却从来没有留下一张照片，这件事让黄全安一直感到很遗憾。

　　直到 1989 年，已调到万荣县人民武装部工作的黄全安，一次因事赴京又顺便探望李敏一家时，才由李敏送给了他这张母女照作为纪

念。照片右为李敏同志，左为孔令华与李敏的女儿孔东梅。黄全安回忆说：关于孔东梅的名字来历，李敏曾给他介绍说，因为毛主席十分喜爱梅花，多次在他的诗词中提到梅花。因此，他们夫妇便为女儿起名东梅。黄全安还回忆说：孔令华、李敏夫妇的家里总是悬挂着父亲的照片，每次照相都会让摄影师同时拍下毛主席的遗像。

立木

省五届人代会万荣代表团的合影

　　1977年12月，山西省第五届人民代表大会在省城太原召开，这是"文化大革命"后山西省首次召开的人民代表大会。根据中共山西省委关于召开山西省第五届人民代表大会的通知和运城地委关于出席省五届人代会代表名额分配的意见，万荣县经过认真摸底，反复协商，最后推选出了省五届人代会代表9名。他们中间有工人、农民和其他劳动者以及干部和非党员代表，代表了全县社会各个阶层和各个方面。

　　当时代表们在到达运城后，由运城地委领导阎广洪任代表团团长，大家统一乘火车到太原参会。代表们在会议期间，还抽空在太原红旗照相馆合影留念。照片前排左起依次为：荣河公社郑村大队的模范饲养员赵建功，王显公社青谷大队的程淑欠，万荣县委副书记、县革命委员会主任李虎胜，裴庄公社岔门口大队党支部书记、"晋南棉花八

仙"之一的沈辰法。后排左起依次为：裴庄大队海鸥女子锻炼队队长张彩霞，县五七干校教师李致荣，县脱粒机厂副主任、技术员王希亮，县邮电局乡邮员吕欢胜，古城公社杨家垛村植棉模范夏建华。

万泉县工商联的记忆

　　1949 年 7 月，我参加革命工作后，首先在万泉县的粮油土布交易所工作。交易所的办公地址就设在集会比较繁华的解店镇，当时的县城还在今万泉村，办公场所是租用私人房屋，地址很不固定，经常迁来迁去。

　　1950 年，为了贯彻国家关于对工商业者进行社会主义教育的政策，即历史上的社会主义改造工作，我被调到了万泉县工商业联合会（简称"工商联"）工作，办公地点在今县城南街的城关供销社院内。我们当时的主要工作任务是：宣传贯彻国家关于对工商业者进行社会主义教育和改造的方针、政策，教育他们遵守国家的各项政策和法令。后来在实行公私合营时，又把个体小商贩（包括无固定经营场所的流

1954 年 5 月 8 日与万泉县工商联同志合影（后排右一为张启明）

动小商贩）划归供销社（集体企业）管理，一些企业和交通运输业则归到了国营企业，实行归口（系统）合营。

这张照片是 1954 年 5 月照的（当年下半年，万泉县就与荣河县合并为万荣县），是当时万泉县工商联机关工作人员的合影。后排右一为张启明，后排左二是王万民（杨郭村人），后排左一是范登立（芦邑村人），我们三个人当时的职务都是干事。前排右一是通讯员牛如虎（万泉村人）。当时的工商联负责人由万泉县银行副行长董文华和县供销社主任周展兼任，北薛朝村的准康元（后排右二）担任秘书。时间虽然过去了多半个世纪，期间我的工作也曾有过多次调动，但我一直都珍藏着这张具有历史意义的照片。

讲述：张启明

整理：黄新运

丁秦生与志愿军战士的友谊

　　1953 年冬，万泉县教育局在全县小学四年级中举行了一次作文大赛（当时全县的高小很少，四年级就是大多数村的高年级学生），题目是：读《谁是最可爱的人》有感。之后，每个学校从中挑选出几篇优秀作文送到县上经评审后，又邮到朝鲜前线作为了当年对志愿军战士的新年贺礼。

　　元旦过后不久，这天，薛里完小校长冯铭（丁樊村人）和四年级班主任薛映斗老师 (万泉村人)，突然问本校四年级学生丁秦生，是否有认识的人是志愿军。丁秦生回答说没有。冯铭校长又问："朝鲜前线志愿军 8610 部队司直指挥连二排余安同志给你寄来了信，是否可以拆开？"在得到同意后，他们便拆开来信看。原来是丁秦生的作文在邮到朝鲜后，志愿军一名排长余安同志给丁秦生的回信，并附有

丁秦生现保存的抗美援朝纪念章

志愿军战士余安从朝鲜前线寄来的信件

一张4寸照片,照片是余安在朝鲜战场坑道前雪地上拍摄的。画面上,余安同志身穿棉大衣,胸前挂着望远镜,右边还有一名战士手握冲锋枪站着。冯校长马上集合全校师生,由薛映斗老师在会上向大家宣读来信内容。余安在来信中说:"你们生长在这样幸福的时代,要好好学习。朝鲜的学校都被美帝国主义的飞机炸毁了,许多孩子失去了亲人,丧失了上学的机会。"信中并讲到,志愿军战士大多数都是文盲或半文盲,在这种国际性现代化战争中,没有文化是不行的。他们现在在前线除了打仗,就是学习文化,等等。

1954年春天,余安同志还将一枚抗美援朝纪念章装在弹卡内邮给了丁秦生。丁秦生后来先后共收到余安同志的4封信,最后一封信是在1956年春天收到的。信的内容是他们正在上甘岭为牺牲的战友修建陵园,可能不久之后就会回国,等他回国后再和丁秦生联系。

"文化大革命"期间,由于种种原因,丁秦生与余安的通信中断,他悉心保存的来往信函和物件也被造反派搜查没收后不知去向。现在丁秦生只保存了一个余安在1950年10月份给他来信时的信封,一枚余安邮赠给他的抗美援朝纪念章。章的正面是一只和平鸽,上有"和平万岁"四个字。

口述:丁秦生 采写:尉培荣 摄影:冯晓丽

光影之音

王秀兰和王引娥的师徒情

　　著名蒲剧表演艺术家、全国人大代表王秀兰，特别重视蒲剧事业的传承和发展，十分关心基层蒲剧团优秀中青年演员的培养。原万荣县蒲剧团副团长、旦角演员王引娥就是她的高徒之一。

　　"文化大革命"期间，王秀兰受到了冲击，并被下放劳动，但她仍然利用一切机会指导王引娥排练。现代戏《红灯记》（王引娥饰李铁梅）、《红色娘子军》（王引娥饰吴琼花）、传统剧《杀狗》（王引娥饰焦氏）等，剧中人物从表演到唱腔，王引娥的一招一式都得到了王秀兰的细心指导，让王引娥的表演艺术迈上了更新更高的层次。

维荣

1981 年参加运城地区蒲剧优秀剧目调演后，王秀兰（右）
和王引娥在地区招待所门前合影

《海鸥在飞翔》来万荣拍摄

1974 年春季，中央电影新闻制片厂摄制组来到万荣，着手拍摄一部《海鸥在飞翔》的纪录片。同行的还有两位新闻记者。

当时，我和柴振刚都在县委通讯组工作，柴振刚是专职摄影记者，我们陪同摄制组到海鸥女子体育锻炼队所在地的裴庄村，在庭院、球场、田间、河滩拍摄了许多该队员们生动的活动场面。《海鸥在飞翔》的纪录片拍摄十分成功，主要反映我县裴庄村海鸥女子体育锻炼队，坚持业余时间锻炼身体的事迹，当年曾在全国各地上映。

图为柴振刚当年在纪录片拍摄期间用黑白相机拍摄的海鸥女子锻炼队中的一张照片。

张启序

光影之音

边区政府颁发的结婚证书

这张结婚证书是 1947 年 1 月 26 日由晋冀鲁豫边区政府颁发给郭志远、王桂花夫妇的，当年郭志远 27 岁，王桂花 20 岁。如今 65 年过去了，郭志远夫妇的婚龄早已度过了人生珍贵的"钻石婚"阶段，但夫妻俩依然相敬如宾，恩爱如初。

从结婚证书的内容中我们可以看出，晋冀鲁豫边区政府的婚姻条例中明确规定，"男女双方自愿结婚，任何人不得干涉"、"口不为凭，特发给此证"，并有"证人"及村干部姓名等。这些内容说明，边区政府在成立之初就及时颁布了婚姻条例，主张男女婚姻自主，反对包办买卖婚姻及"娃娃婚""童养媳"等一切不平等婚姻陋习。

郭志远原籍夏县，1938 年参加革命工作。1943 年 7 月，郭志远所在的太岳军区独立营从沁源县转移到沁水县郑庄公社西郎必村时，驻扎在一村民的小楼上。

郭志远夫妇的结婚证书

郭志远和王桂花夫妇

王桂花就是该村村民,她家就在部队所在地的隔壁。平时,郭志远除了忙公事外,也经常帮村里老百姓干些零活,深得该村村民的喜爱。

1947年,太岳军区独立营移师阳城县,郭志远随即被派到沁水县郭华乡区公所工作。这时已年满27岁的郭志远为了革命工作,还从来没有考虑过自己的婚姻大事。他的同事常秀德和西郎必村的村主任王克和(也是王桂花一位本家的堂兄)见郭志远憨厚朴实、勤劳勇敢,而王桂花也是一位贤惠、勤劳的好姑娘,经二人从中撮合,便促成了他们的婚姻。

王桂花回忆说,1947年1月他俩结婚时,区、县领导知道后,原想把她接到区公所举行婚礼,但因当时西郎必村与郭华乡相距50多里,道路太远,交通不便,最后才决定派同志们牵着毛驴迎娶了新娘。

1947年秋后,郭志远调到了荣河县搞土改,后来还曾担任过县税务局副局长、二轻局副局长等职。1949年王桂花也随夫来到了荣河县,从此全家定居在万荣直到今天。

配图、撰文:冯晓丽

南牛池村的贾氏家谱

解店镇南牛池村69岁的村民贾振民（贾家二十一世孙）至今保存着一份贾氏家谱。该家谱25厘米见方，麻纸质，墨笔书写，重要事项着红笔圈点（如下图）。略读贾氏家谱，可以发现：

一、南牛池村贾氏家族是自明洪武四年（1372年）贾宜禄从闻喜县畈底镇关村移居到南牛池村的（村民们称其为南牛池村贾姓始祖），距今已有639年，共计29世。其间，有不少贾姓村民又从南牛池村移居到万泉县县城（今万泉村）和北张户、北坡等地，以及安邑县（今属盐湖区）八将门村等地。

二、从家谱记载中可以得知，家谱历经了明、清、民国等年代，

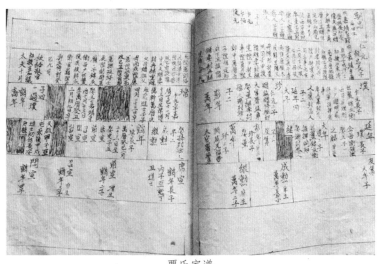

贾氏家谱

在其 600 多年的时间里，族中有因兵乱和地震灾害而绝户者，亦有因其他自然灾害而外出逃荒者，更有因战乱遭兵痞流寇袭击而惨死者，对研究明、清、"民国"时期的历史具有一定的价值。

三、家谱中一个重要的亮点是，明嘉靖辛酉年，族人贾仁元考中进士，初任山东省历城知县，后任河北保定知府以及云南、贵州和户部主事等职。贾仁元三子贾玮在明万历庚戌年也考中进士，贾玮长子贾鹤年则为明崇祯甲戌年进士，并曾选任陕西长安县令，而贾鹤年长子贾席宣后亦考中进士。

贾仁元弟兄三人，仁元为长，其族兄贾仁德寿过百岁。自明朝嘉靖年起，贾仁元一门四代考中进士，先后在朝中或各地为官。贾仁元长子贾璞、长孙贾大年等，都被钦封为世袭锦衣卫，历代在光禄寺任职者有数十人之多。四代进士中的各位夫人都曾被册封为淑人、儒人。

四、贾仁元家族中有与西村乡南仁村赵廉（明万历年间进士，曾任陕西眉县县令，戏剧《法门寺》中的县令赵廉原型）家族结为姻亲者（这一点在赵廉的墓志铭中也得到证实），这符合封建社会婚姻联盟中的门当户对习惯，为研究明代的婚姻关系提供了有力佐证。

有学者考证说，我国贾氏的源头在山西襄汾。古晋国时，晋襄公（晋文公之子）曾把原贾国之地封给狐偃之子、晋国大夫狐姑射为封地，人称贾季。因此，他的后代就以封邑名为姓氏。又有学者认为，闻喜县关村贾姓者应为狐姑射、即贾季后裔，这一点还须进一步考察证实。

配图、撰文：立木

珍藏近百年的大学毕业证书

　　我县汉薛镇怀介村村民赵笃勤，珍藏着一份其父赵应咸的山西公立法政专门学校（本科）毕业证书（如图）。

　　这张毕业证是赵应咸先生于民国十二年（1924年）在山西公立法政专门学校完成全部学业后，经校方严格考试考察后发给他的毕业证书。毕业证书落款的校长为民国时期的著名教育学家冀贡泉先生。

当时能够顺利完成大学本科学业的赵应咸，成为万泉县及周边各地十分少有的大学本科毕业生，因此，被乡邻亲友多年来一直津津称道。

赵应咸，字虚受，生于清光绪年间的1896年，1984年去世，享年89岁。幼年时期，其父靠经营砖瓦窑为生，为了改变家庭生活状况，父亲便让他念书求学以便考取功名。赵应咸在15岁读

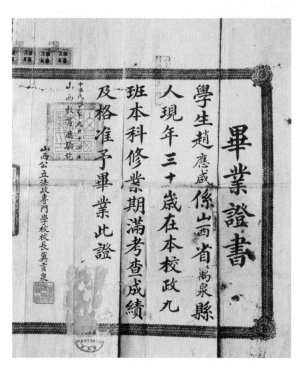

毕业证书

完私塾学校后，家人鼓励他考入了河南省第二中学读书，后又转第九中学完成高中学业，随即考入山西公立法政专门学校本科部学习。毕业后，赵应咸曾在河北省民政厅及山西省的交城、河曲、保德、夏县等地工作。国共两党合作时，在国民革命军北方总司令政务处工作的赵应咸曾以法官的身份，参加了国共两党合作的第二次谈判，有幸目睹了中共领导人、伟大的无产阶级革命家周恩来等的风采，并得到了一枚纪念章。实为可惜的是，"文化大革命"期间，在红卫兵"破四旧"中，纪念章被家人无奈烧毁。

万泉县新中国成立后，赵应咸曾担任汾南中学教师。新中国成立之后，又先后在古城、乌苏、皇甫等学校担任教师，并担任过第四届、第五届县政协委员。

赵笃勤珍藏的这张毕业证书虽说历经 80 多年，将近一个世纪，但证书至今保存完好，字迹印章清晰如初。据悉，山西公立法政专门学校的前身是山西公立法政专门学堂，于清光绪三十三年（1907 年）由山西巡抚恩寿奏准创设，堂址在上官巷原课吏馆学署旧址（今省公安厅所在地）。民国元年（1912 年），山西公立法政专门学堂改称山西公立法政专门学校，其与山西大学堂是当时的山西社会科学研究的中心。1934 年，学校被并入当时的山西大学法学院。

撰文、配图：赵报春

光影之音

445

周佐卿珍藏的淮海战役纪念证

皇甫乡高家村离休干部周佐卿至今还精心保存着一个淮海战役时期的纪念证。纪念证的正面印有"中原野战军四纵队政治部"，右面印有解放军与敌作战的图案。图案上，战士们趴在战壕里与敌正面交锋，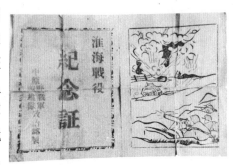子弹、手榴弹嗖嗖地飞入敌人的阵地，火光冲天，显示了人民解放军英勇顽强、奋力杀敌的信心和勇气，表现了他们誓死报国的决心和气概。纪念证背面，一边填写有持证人所在部队、职务、立功、受伤等个人信息，另一边是我中原野战军的作战口号："中央下令淮海战役，中原首长亲临前线。为国为民英勇善战，负伤牺牲美名传扬。好男立功英雄好汉，解放全国解放中原。"虽然纪念证是周佐卿同志在官雀战役负伤后离开部队时发的，距今已有 60 余年，但保存仍相当完好。

该纪念证是周佐卿当年参加淮海战役的唯一见证物。透过这一证件，我们仍仿佛看到了当年无数革命战士为了新中国与敌人英勇作战的壮烈场面。

周海洪

南景村惊现清代诏书

万荣县汉薛镇南景村村民王万福家收藏着一份祖上留下的诏书，该诏书长 215 厘米、高 31 厘米，从诏书中可以看出，它是于清代嘉庆元年农历正月初一颁发的。

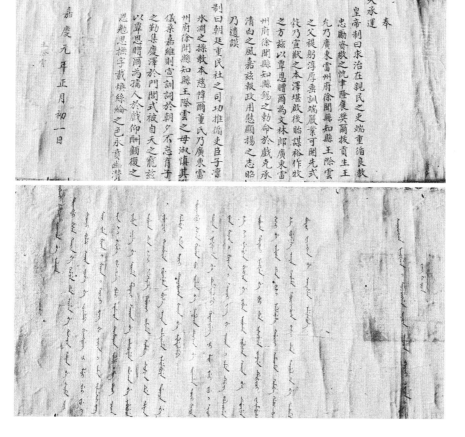

　　诏书起句有"奉天承运，皇帝制曰"字样。主要内容是写王际云（南景村人，王万福先祖）在任广东省徐闻县知县期间，为官清廉、政绩突出，嘉庆皇帝为了表彰其祖母和其父母（另一份诏书）教孙、教子有方而颁发的。虽然诏书距今已有 200 多年，但保存基本完好，墨迹依旧十分清晰。内容有汉文、满文两种文字，并相互对照。皇帝玉玺印章也依稀可辨。

　　按照清代皇宫制度，"诏曰"为皇帝口述，旁人代笔，而"制曰"则是由皇帝亲自书写。王万福家的诏书是否为嘉庆皇帝手书，还有待进一步考证。

配图、撰文：王俊杰

平定青海告成太学碑

该碑现置于万泉文庙大殿前院内，碑高 26 米，宽 1.06 米，为清雍正三年（1725 年）5 月 17 日立，距今已有 280 多年。

碑文内容用汉、满两种文字并列，内容主要记载清代雍正年间，朝廷武力平定青海萝卜藏津叛乱情况。文中记述，为平定青海萝卜藏津的叛乱，朝廷命年羹尧大将军调四川省提督岳钟琪为奋威将军，率军征讨叛军，并一举平息叛乱的基本概况。

现碑体完整无残缺，碑文字迹清晰可辨，个别文字有风化残缺现象。

生番村的"寿碑"

汉薛镇生番村有一通清代嘉庆年间立的"寿碑"。这通"寿碑"现矗立在生番村村口的大路中央，建有 1.86 米高的碑亭（厦），碑亭前设有石材保护栏杆。

"寿碑"立于清嘉庆二十五年（1820年），距今约 200 年。碑文主要记载生番村村民王吹律寿高 85 岁，实属罕见。因旧时人们寿命一般偏低，人生七十古来稀，而王吹律却在当时寿高 85 岁，远近十分少见。

有村民介绍说，这通碑一直被当地人称为"寿碑"。从碑文看，当年倡导立碑者多为当地有学问、有地位之乡贤，说明当时人们尊老、爱老的文明之风盛行。同时崇文重教、耕读传家、读书识字也是当时人们普遍追求的目标。这对于今天的人们仍然有着十分可贵的借鉴作用。

配图、撰文：丁彩苹

黄河涛声

HUANGHE TAOSHENG

这是一座经历了近两个世纪的私邸大院，历经岁月沧桑，已渐渐湮没在了都市喧嚣的背后。当我们踏上脚下的青石板，触摸着那一块块用白灰勾勒的青砖时，透过一扇扇雕刻精美的窗花射进的光影，我们仿佛又回到了160多年前那座繁华恢宏的私邸——寻家大院。

湮没在红尘中的私邸——寻家大院

——清代进士寻步月故居探访

在万荣县这块物华天宝的土地上，有我们熟知的李家大院、后土祠、飞云楼等等太多的名胜古迹让我们骄傲，有薛瑄、王勃、王通等等不胜枚举的先贤文人为我们所乐道。然而，有这样一个人，这样一座宅院，随着岁月的流逝，却湮没在了历史的滚滚红尘中，它就是清代道光年间进士寻步月的故居——寻家大院。

在寻步月第六、第七代后人寻培坪、寻锐的指引介绍中，这天，带着对这座神秘私邸的无限遐想，我们一起走进了这座昔日的豪门大院。

大院的主人——寻步月

要说这座宅院，首先不得不先说它的主人寻步月。

寻步月，字云阶，清代道光年间进士。生卒年月不详。荣河县横山沟寨子村人（今荣河镇刘村）。受父辈的影响，寻步月从小就十分注重道德修养。因为村处黄河岸边，寻家的田地和房屋曾多次被河水淹没，家境一直比较贫困。

据乡邻们相传，寻步月身材修长，气宇轩昂，容貌不凡。性格沉稳而刚毅，与人交往和蔼可亲，少年时就表现出了明显的个性，不仅读书勤奋，而且经常帮助家里耕田劳作。19岁时，寻步月进入到乡里的学校读书，随后被定为由朝廷供给粮食的生员。道光辛巳年（1821年），寻步月考取了副榜名，壬午年（1822年）又中了举人，癸未年（1823年）再中进士，随后以主事的职衔分配到户部工作。

寻步月不仅勤于工作，而且一身正气，不畏强权。在户部他具体管理着八旗的现审处工作。据说当时有王府的一个包衣，诬陷亲戚李佶一族而挑起官司，已经多年未能了结案子。寻步月再次研究了审讯的记录后，发现李佶家里一名家奴的名字本叫李结，因为想窃取李佶的田地财产便把名字中的"结"改为"佶"，并串通这名包衣在王府的名册上进行登记。由于这个包衣在衙门内颇有关系，就请了许多有权势的人来给寻步月说情，甚至还有人进行威胁。但寻步月始终坚持原则，不为强权所动，在与宗人府诸王公会审的公堂上，寻步月慷慨陈词，据理力争，坚决揭露了包衣和李结勾结诬陷的事实，最终使李结被判以诬告罪，按照《大清律》受到了惩治。

丁酉年（1837），寻步月由员外郎一职转任江南道御史。其间，他一改前任对商户的苛政，坚决严令禁止欺侮商户，倡导维护商户的

踏着寻家大院的青石板阶，我们似乎聆听到了历史的回声

利益，兴集活市，并规劝和引导各商户整修街道，兴办公益，使当地的经济、社会得到了前所未有的繁荣。

庚子年（1840），寻步月又转任工部给事中，这是一个可以接近皇帝、出入宫禁的官职。很快，寻步月再因表现优秀，又被任命委以京官记名，实际担任福建盐法道一职，官至三品。当时盐法道是掌管盐场生产、估评盐价、管理水陆运输业务的大员，在当地官场可谓举足轻重。

这个时期，福建的盐业政务已经很疲软混乱了。前

矗立于寻家大院前的石旗杆

任官员为完成朝廷税银，把许多已经倒闭盐商所欠的税银，都统统加到了现有盐商的身上，盐税日益加重，使盐务管理陷入了恶性循环。寻步月到任后，革除时弊，清理积案，改善关系，减轻税负，经过整顿，使当地盐商界又逐步得以重新振兴。

寻步月当时还同时兼任福建省抚台主管刑狱和官员考核的按察使（相当于现代的省检察长兼省纪委书记），他判案和询问案件十分勤奋和精准，案头从不留积压的公文。莆田县某监生为了赖债，谎称自己被盗窃，并报官于县衙。而县令刘家达清廉刚正，在查得了该监生报假案的事实后，准备追究监生的问题。监生闻讯又急忙到抚台衙门告状，诬告刘家达包庇盗贼。护抚某公听后误信，准备以此判决。但寻步月以为案情可疑，坚持不肯动用刑狱。护抚某公就以单方面的言辞弹劾了刘家达，致使刘家达官职被罢免。此后，寻步月便和刘家达一起又把案情反映到了都察院里，都察院便委派寻步月复查此案。寻步月在反复清查了40余昼夜后，终于使案情真相得以大白，刘家达

最后也官复原职。

在此期间，朝廷要各地保举贤明的官员，都察院、抚台院都保举寻步月为第一贤明官员，朝廷也批示要他到皇宫接受觐见。但福建的都察院和抚台院以盐政方面还有很多事情要办为由，坚持把他留在了福建。其间，寻步月又免除了各商号所欠的本息 180 余万两银子，清除了福建商人们百余年来积累起来的沉重负担。

当都察院、抚台院正准备继续让寻步月整顿政务等事宜时，老家忽然传来寻步月母亲去世的消息。无奈，寻步月千里迢迢回到山西荣河县老家服丧 3 年，直至丁未年（1847）服丧期满方返回北京，再被朝廷任命为湖北省安襄、郧、荆的兵备道。寻步月至武昌拜见巡抚后，正欲坐船赴任，不幸中途暴卒。

寻步月一生节俭勤廉，常穿粗布之衣，食粗淡饭菜。他常对人说："俭也助廉。"居官期间，除薪俸外，从不多拿朝廷一分一毫。

寻步月先后生有 5 子，皆有才干。其中长子寻鸾绩，道光庚子科（1840）的贡生，被地方推举为孝廉方正。次子寻銮炜，咸丰二年（1852年）进士，曾任翰林院编修、国史馆协修、功臣馆纂修、文渊阁校理，曾为山西太谷一民妇鸣冤昭雪，受到社会各界人士的颂扬。五子寻銮晋，同治年间进士，曾任翰林院庶吉士、直隶县知县，每到一地，皆以"兴学校，勤训课，劝农桑，崇节孝，孜孜培养人才"为己任，为社会造福。

寻家大院便是寻步月在担任福建盐法道期间所建，因其老家寨子村位居黄河之滨，常患水灾，房屋田舍常被河水冲毁，寻步月便委托他人在家乡另选新址，重新规划，兴建了自己的故居老宅，即现在人称的寻家大院。

晋南私邸的代表——寻家大院

"寻家大院"是我们现在对寻步月故居的一种俗称。大院始建年代不详，大致建于 1840 年至 1845 年之间，因其大气恢宏而备受后人瞩目。

大院建筑总占地面积 1080 平方米，现仅存建筑面积约 400 平方米，分别由东西关门、寻家巷、照壁、主院、东西偏院、场房以及草料房、马房等组成。

　　从大院东关门进入，首先映入眼帘的是"嵋冈萃香"四个砖刻大字。整个门洞用青砖砌成，白灰勾缝，高10余米，成阔"八"字而立。门洞上呈椭圆形，两侧各有精美砖雕图案，现已被毁。与之相对应的西关门则在新中国成立后被毁。

　　进入东关门便是寻家巷，巷子为东西向。北侧即为大院主体，共有一正院、两偏院及附属偏房。南侧为草料房、马房及打麦场等。而今附属偏房及草料房、马房皆已被毁，随之而建起了村民住宅，仅有的两块巨大的上马石也被村民用做了门墩，供人们纳凉歇息之用。只有从这些镶嵌在各家门前的一块块大大小小的青石条中，依稀可寻觅出大院曾经的布局。

　　最吸引人眼球的要数大院正面影壁两侧高10余米的大旗杆了，旗杆用青石做成，分两斗三节，蔚为壮观。原有东西两根，现仅存东侧一根，西侧一根已折断为数截，散落它处，仅剩基石。根据史料记载，在等级森严的封建社会，人们对旗杆的要求也是大有讲究的。旗杆是户主身份的象征。清代规定，读书人考中举人以上的功名，方可在宗祠或村道、住宅前立一对石旗杆，刻上某年某人考中了什么功名、

巍然屹立于大院门前的照壁与"文化大革命"期间所绘的巨幅毛主席像，一起承载着一段特定历史的记痕

获得第几名等文字，以光宗耀祖，流芳百世，激励后人勤奋读书。即使富可敌国的商人也只能立木旗杆。每有骑马坐轿的官人路过时都要下马落轿拜石旗杆。在荣河一带一直有"荣河县的老爷不愿去刘村"之说，原因便在其中。

两根石旗杆当中是个巨大的照壁，照壁由青砖构成，上下各有精美的砖雕。照壁当中的图案也已经被"文化大革命"期间一幅巨大的毛主席画像所取代。高大的照壁在两侧石旗杆的烘托中更显得庄重而威严。

照壁正对面便是寻家大院的主院。大院坐北朝南，为南北二进院落，两侧为东、西偏院。

从正院大门进入大院，门庭为深"八"字砖木结构，两侧各有精美的砖、石雕，虽然有些破旧，但官宦人家大院的威严依旧摄人心魄。门庭中央大匾上的字迹已经看不清楚，两扇朱漆大门被后人们刷成了黑色，脚下的青石台阶也被后人改成了砖坡，以方便车辆出入。

推开大门，首先看到的是南院，由大门与东西厢房构成。北院与南院基本相似，也由东西厢房与北房构成。不同的是，两院在地势上有些不同。南院作为前院，地势相对较低。而北院则是全院的核心，

长满了荒草的寻家院落

是主人生活起居所在地。北房作为大院核心中的核心，是整个院落中地势最高的房间，在门窗雕绘、内部装修上也略有别于其他各房。两院之间用穿堂厅相连，堂厅与北房均以阔五间结构排列，而且进深跨度极大，给人以恢宏之势。

如今的大院虽有些破旧，但整体建筑风格基本仍保存完好，门房、过厅、东西厢房均有雕刻精美的石雕、砖雕和木雕装饰。特别是过厅与北房大梁上各有的6个花墩，不仅雕刻精美，而且体积巨大，处处体现出作为官宦大院的气度。院落四围是别具一格的风火墙，高墙低房，设计精巧。整个院落既呈现出晋南地区特有的四合院宅第建筑风格，又融合了闽式建筑韵味在其中，是研究清代晋南地区私邸院落的典型代表。

现存的偏院如今只剩下西院。走进西偏院，虽然少了些正院的气度，但恢宏之势比一般商家大院还是有过之而无不及。西偏院又分前后两院，各为典型的四合院结构。前院因常年无人居住已是荒草丛生，但整体结构保存良好。后院现为村人居住，在拆迁中也只剩下北房。屋内陈设虽有所改造，但格局基本保留了道光年间的形态，门、窗、隔断依旧完好。

在大院正门对面的照壁后方原是一片平坦的空地，这里是大院停放车辆和马匹的地方，也是大院晾晒麦子、谷物的场地。新中国成立后土改时大部分已被划做家宅用地。如今，照壁后面仅留的一片狭长的地方也是一片荒凉。

从辉煌到沧桑——大院历史

从大院建成至今，已经历了160余年。这160多年中，寻家大院历经了荣耀、动荡、战火、变革的一次次洗礼，完成了一座豪门大院从辉煌到凋零的历史变迁。在寻培坪先生的介绍中，覆在大院上那层厚厚的尘埃渐渐被拂去，曾经辉煌而沧桑的历史渐渐浮现在了我们的面前。

大院落成之时，富丽恢宏，气度不凡，一派"官"家气象，一时间成为当时全县乃至晋南地区首屈一指的官宦人家的豪门大院。然而，就是这样一座宏伟的私邸，寻步月一生也只在大院中度过了短暂的三年时光，即是他回乡为母亲服丧的那三年。

短短的三年时光，见证了大院最为辉煌的三年，大院中也到处留下了寻步月先生的印记。三年时间里，他每天坚持白衣粗布为母亲尽孝；每天坚持读书作文，为朝廷奏报。其间，他还抽出大量时间来教育同族子孙，不仅同族的孩子们喜欢听他讲，很多四方学子也慕名前来听他讲学。一时间，各乡学子尚学成风。如今时过境迁，我们也只有在寻步月的书房中想象他苦读的身影，以及为众学子讲学的情景。

因为被黄河冲毁，服丧期间的寻步月还积极奔走，奏请朝廷为黄河沿岸田地被毁的村民免去了赋税，受到四方乡邻们的尊敬和爱戴。他还向朝廷呈交了大量反应晋南百姓生活的奏折，对改善晋南百姓生活起到了积极的作用。据寻家后人回忆，寻步月在家的那三年，寻家宅院前经常是门庭若市，车水马龙。

寻步月去世后，大院由几个儿子分别照料。虽然经历了频繁的改朝换代，但从寻步月开始，寻家三代在朝为官，大院在族人的守护中也得以安稳延续。直至抗日战争期间，也只是遭到了日本侵略者的轻微破坏。

大气的布局、精美的木雕，透过眼前的荒凉，我们仿佛仍能感知到那曾经的繁华

寻氏后人现保存的寻氏家谱

民国后期，寻家开始逐渐中落。后孙辈们私分了大院准备各自拆卖，但家族中辈分最长的寻步月长孙之妻因不愿看到大院被拆一幕，遂一家出资将大院从族人手中全部买下，方使大院免此一劫。新中国成立后大院被收归集体，土改期间被作为荣河县政府的临时办公场所，但其长孙之妻却被划了富农成分。大院的东西偏院、南北场房、草料房、马房等也被几户贫农分得。

后来，寻家大院又先后被用做过学校和村里的大队部（支村委办公地方），期间，乡里、村里的很多会议都曾在这里召开。至今贴在大院北房西侧横梁上的"荣河公社夏分工作刘村现场会"的字样依旧清晰可辨。

值得庆幸的是，"文化大革命"期间破"四旧"中，因大院被征用为大队部，因此，并没有过多地对其进行大规模的破坏拆除，只是很多精美的砖雕、木雕、石雕有些被毁。大院前精美绝伦的砖雕照壁便是此时被损坏。

改革开放后，大队部从此迁出，不久又被一家纸箱厂租用为厂房。虽然工厂只是占用了短短的几年时间，但大院的很多格局都是在此时被改变、拆除的，甚至就连大院穿堂厅中地面上光亮平整的方砖也未能逃脱被工业火碱损坏的命运。

随着时间的流逝，大院破败之象日趋严重，寻培坪、寻培琮两位寻家后人多年来一直在为大院的修复工作积极奔走。但无奈，两人一直处在一个两难的境地。寻家后人也曾提出由自己筹资对大院进行修缮，但大院产权现归于集体，寻家后人又为谁而修？这一问题至今令后人们作难。而让村集体来修，又显然不太现实。作为国家文物保护对象，由于种种原因，寻家大院也一直得不到有效的保护。近年来，已有多起文物盗窃案件发生，大院堂厅东西两侧大柱下的石狮底座就曾被盗。

如今，我们看到的也只是一座满目疮痍的大院和寻家后人那无奈的眼神，只有散落在各处的青石条、敦实的上马石和巍然屹立的石旗杆在默默诉说着寻家大院曾经的辉煌与荣耀。

2007 年，在我省第三次全国文物普查试点工作中，寻家大院终于被列为重点文物保护单位。2009 年，时任万荣县委书记卫孺牛曾亲临大院视察调研，要求有关部门思想上高度重视，要切实加强对寻家大院的保护工作。

寻家大院作晋南官宦私邸的一个象征，正逐渐从尘埃中重新走入人们的视线！

撰文：韩维元

配图：闫　鑫

黄河岸边的神秘民俗——扎马角

据说在过去，万荣县一些地方民间一直延续着一种名为"扎马角"的祭祀民俗。这些"马角"们届时会用一两根小拇指粗的钢钎从两腮向外交叉穿过，然后手持麻鞭，沿路狂舞，挥鞭抽打，驱邪祈福。后于"破四旧"中被停止。

但在近年春节期间，这一极具神秘色彩的民俗活动在沉寂多年后，又一次惊现于万荣县荣河镇邱家村。

扎马角又叫上马角、闹马角，据传起源于一种古老的祭祀仪式，过程恐怖而疯狂，充满着血腥气。扎马角作为黄河沿岸一带村庄民俗文化活动的一项内容古已有之，是农民在农事开始之前的一种春季祭礼。作为土生土长的晋南民俗，竟然历经千年传承而不息，但这在"文化大革命"期间已被当作封建迷信活动遭到封杀，恢复这种民俗活动也是近几年的事情。

扎马角究竟会是一个怎样的场面，这种威猛彪悍甚至有些野蛮原始的民俗，又是一种什么崇拜呢？它与数千年的农耕文明之间又有什么内在联系？在春节喜气洋洋的日子里为什么要举行这种带有惨烈和血腥味道的活动？在这个文化巨变的时代它又承载着怎样的文化价值取向？……带着诸多疑问，笔者于一次春节期间曾走进了扎马角的现场。

扎马角的前戏

因为事先得知看扎马角的人太多、村口已"被封"的消息，那天，我们便绕道河滩，步行进村。刚到村口，便被房顶上几个来回走动的人所吸引，这也更加剧了我们对扎马角的好奇。进入村中，一眼望去，村里早已是人流如潮了。窄小的巷子，路旁的柴火堆，甚至树上、屋顶都挤满了看热闹的人们。在一户农家大院的周围，人们围成了一团，不少各地来的记者也扛着"长枪短炮"，挤在人群中。

笔者费了很大劲才挤到了大院中，见到由 20 位男性组成的马角队伍，他们个个身体健壮，精神抖擞，年龄大者有 50 来岁，小者 20 出头。扮演马角的人被村民们称为"马角勇士"。马角勇士们的准备工作是从吃一顿饱饭开始的，他们除了要吃特地为马角勇士准备的饭菜之外，还要多吃几个鸡蛋。听他们讲，这顿饭要顶到下午活动结束，而吃鸡蛋耐饱又少尿，便于表演。饭后，马角们开始装扮。先用黄长巾围头，再戴上用彩纸扎成的马角帽，脸面用赤红涂抹，两腮处用朱砂画着十字，身穿大红色衣裤并斜挂着一串马铃，左手执铁制的古戟，右手握麻质的长鞭。除了这些必要的行头和道具之外，每个马角身上还要披几条红缎子被面。听老乡们说，这些缎子被面是他们的家人和

狂舞的马角勇士们

亲朋特地新买的，他们认为用马角披过的被面做成的被子能驱祟辟邪，护佑保安。

　　早上 10 点左右，震天的锣鼓敲响了，这叫震马角，通过这样的形式，鼓舞斗志，振奋人心。鼓声之后，马角就要登场了！

　　马角队由锣鼓队和铳炮队在前开道，风风火火地来到主场地。走在马角队伍前面的是两位 60 多岁的老者，他们是举行扎马角表演的司仪。其中一位手里拿有十几根用黄纸包裹的钢钎，这些钢钎是扎马角表演的重要器械。钢钎的造型十分别致，长度约 30 厘米，粗细近 1 厘米，一头用砂轮打磨成三棱状，看上去锋利尖锐；一头是一个关老爷青龙偃月刀的造型，刀口的尽头，缀着一条红艳艳的丝带。另一位手里拿着几瓶矿泉水，也是扎马角表演中必须要用到的。

　　马角的出场别开生面。20 个威风凛凛的汉子扭动着奇怪的身姿，鱼贯而入，一字排开，全部是黄头巾、红衣服，头上戴着一个项圈状的环，环上扎着三个翘起的三色花，一手拿着一个古戟，上面缀着铃铛，一手握着近 1 丈长的麻鞭，不断挥舞，发出啪啪的声响。围观的人群一起拥上去，左拥右推，马角也被挤到了人群当中，这时，马角随即舞起麻鞭，猛抽一鞭，场子立刻打开。一时间，锣鼓的声音一阵紧似一阵，马角在场子里往来穿梭，红衣裳、黄帽子、白球鞋、花头饰，再加上 20 条麻鞭此伏彼起，甚为壮观。

扎马角的正戏

　　正午 12 时，扎马角正式开始。马角们一边挥舞着手中的麻鞭，一边沿场边赶着向前拥挤的看热闹的人群，扩大着表演的地盘，同时也起到烘托气氛的作用。

　　一阵锣鼓过后，人群中忽然一声惊呼，一个年轻人飞身一跃，跳上了场内高高的桌子。只见他在桌子上高高举起麻鞭，响亮地甩出一连串炫目的弧线和清亮的声响后，手里就多了一个亮锃锃的钢钎。笔者身旁的一个中年人告诉笔者说："这个叫上马。扎马角分三个步骤：上马——扎钢钎，逗马——巷道里游行，下马——取下钢钎，完成表演。"只见旁边拿水的老年人给马角递去一瓶矿泉水，他猛喝一口，仰着头转圈地朝天喷射，然后再喝一口，细细地用噙着的水清洗钢钎。

这时，几千人的场子鸦雀无声，空气中到处弥漫着紧张的气息。马角缓缓地放平了钢钎，高扬头颅，张开嘴巴，将钢钎伸进嘴里，忽的一下，从面颊斜刺而出，全场掌声雷动，叫好声不绝于耳。未等声音少歇，又一根钢钎从另一面颊扎出，于是，马角上马了，新的"神"诞生了。扎了马角的勇士从桌子上飞一般的冲了下来，做出马的昂首、尥蹶子等动作，并甩响手中的麻鞭在场子里转圈狂奔，比先前那阵更加疯狂，更加狰狞，更加恐怖，麻鞭舞动得越发迅捷，舞步扭动得越发有力，场面也更加壮阔粗犷。从现在开始，他们已经是一个可以造福四方的"神"，一个能用自己的威力驱散恶魔、赶走妖邪的"神"。

紧接着，又一个马角上马了。两个马角开始对话，扭动着奇怪的舞步，嘴里念念有词。他们在场子里表演了一阵后，开始进村入户。据说要进 14 个宅子，每个宅子里都将诞生一个马角。对于那些能够在自己院子里面扎马角的人家，也将驱走一年的邪气，迎来满门福星。离开场子，人流便随着锣鼓队、鞭炮声四处跑动，扎了的马角和未扎的马角的都随着队伍狂奔。

沿路的表演是一个非常重要的部分，马角一路甩着鞭子、舞着古戟、吼着听不懂的歌。由于鞭子沉重，有人专门负责给马角掌鞭子，在其身后服务。不时地，有人溜到马角身后，悄悄地在他的屁股上摸上一把，这叫逗马角，马角一生气，回头扬起粗壮的麻鞭，狠狠地朝着这人打去。被打的人一边躲闪，一边再次溜过去，伺机再摸一把，赢得马角的又一鞭。一旁的老者告诉笔者说，逗马角是有讲究的，挨上马角三鞭子，可以驱赶晦气，保你全家全年平安吉祥。

据乡邻们说，若按照过去的做法，马角上马后应该还有一个取水的过程。过去上马角是真正的祈雨仪式，多在干旱无雨的日子里进行。扎马角前，要找一位属龙的年轻人，穿上龙袍，戴上龙须，扮成龙王的样子。等扎完马角后，"龙王"便在马角们的长鞭甩动声中颤颤巍巍走出来，被剥去衣衫，脱去鞋袜，打着赤脚，披枷戴锁，怀抱一只细脖粗腹的青花瓷水瓶，做出一副可怜兮兮的样子，由马角们像押解囚犯一般簇拥着，以铳炮开道，浩浩荡荡向黄河奔去。一路上，马角要不断地对龙王进行语言震慑，说出种种威吓的话，还要甩鞭弄叉，做出种种威吓动作，像对待一个十恶不赦的坏蛋。跟来看热闹的人们

观看扎马角的人潮

汇成人流，调笑声，赞叹声，呼喊声，铳炮声，加上马角们的甩鞭声，平时寂冷的河滩会变得如同集会一样，热闹而又混乱。取水路上忌讳也颇多，沿途若发现看热闹的人中有怕热打阳伞、戴草帽的，马角们便要上前挥鞭抽去，以示警告。在汹涌的河水旁，一群人停下来，一位领头的马角大声命令龙王将河水灌满水瓶，别的马角如衙役一样，"威武"一声，在旁边助威。等龙王老老实实战战兢兢把水灌满，背到背上，在水瓶口插上碧绿的柳枝，又呼喊着往回赶。回来途中，龙王就是上宾了，马角们要做的事和来时正好相反，他们要保护龙王，更要保护龙王背上的水。在庄稼人看来，这瓶水象征着一年的收成和希望，万不可弄洒了。沿途路过每一个村庄时，年轻人都要哄闹着抢水，常常是蜂拥而上。这时，马角们又把龙王团团围护在中间，挥舞古戟，甩动长鞭，左冲右突，一直把水护送到自己村里。旧时，连当地的县太爷也经常要在村口迎候取水的队伍，以保农业有个好收成。为取回的水举行完隆重的敬水仪式后，才徐徐倒进田里。

另外，又据一些老人们说，过去在晋南一些其他农村，也常常要在每年割完麦子后，碰到干旱少雨时要"跑马角"祈雨。届时，上了马后的马角们会赤着两脚在麦茬地里狂奔疯舞，直至两脚鲜血淋漓，极其惨烈，这多在离河较远的村庄举行。至今，一些四五十岁的人们现在可能还记得小时候的"跑马角"游戏。说的是一帮孩子们分成两拨，互相远远背对着站立，一边的一个孩子就喊："琉璃盘，跑马角，马角开，叫哪外。"另一边的孩子就答："叫××"，这边孩子又喊："快到这边送兵来。"于是一个孩子就从那边转过身跑到了这边。近年来，一直收集万荣县民间口歌的吴永珍老师收集的"跑马角"口歌则是这样说的："锁的铃，开马场，马场开，叫哪外，我叫×× 上殿来……"，也说明扎马角这一民俗文化在晋南一带传承之久，传播之广。

如此精彩而耐人寻味的场面，当然我们现在已经看不到了。

扎好马角的队伍分成几路沿村里街巷完成表演之后，就要到各家各户"踩院子"了。"踩院子"是应户主邀请有选择地进行的。需要踩院的一般有两类：一是美在新宅基上刚盖起新房，以图在未来年景里门户兴旺、家宅平安；另一类是在过去一年中家里因某种原因出过不好的事情，趁此机会让马角们镇住扰人安宁的恶魔鬼怪，驱逐晦气，期望以后事情顺达。而今只要家里经济条件稍好点的都愿意让马角们

狂舞的马角勇士们

到自家的院子中踩一踩，目的也都是辟邪纳福，图个吉利。马角每到一家，主人无一例外的都要在院子里摆上香案，进行祭奠，马角随之在院子里现场表演扎马角的过程，然后全副武装地道主家的每一个房间走一走，以此驱邪。马角们所到之处锣鼓齐鸣，炮声震天，人声嘈杂，尘土飞扬。不少年轻村民围观取闹，挑逗马角。他们以让勇士的马鞭打到自己身上为荣，但又要避免马角的马鞭过重地打到自己身上而感到疼痛。

所有的马角用了3个多小时完成了他们的一系列表演之后回到了主场地，依次又走上台子进行下马，在司仪的指导下拔掉钢钎。最后一个马角跳上桌子，再跳上桌子上的椅子，把麻鞭舞得呼呼作响，并连续地甩出几个鞭花后，突然仰天长啸，狠狠地一把拧出嘴里的钢钎，再高高地跃起，从几米高的高台上呼啸而下，整个表演宣告结束。

扎马角的渊源

扎马角作为农耕文明时期的一种祭祀性民俗活动，始于何年何代已无从考证。它不仅是古代祭祀活动中的一部分，而且蕴含着古老巫舞和傩祭的某些遗意，并有原始农耕社会血祭的意味，是农耕文明传承过程中一种较为典型的农事祭礼。它的节令性特征和地域特色都很鲜明，在既娱神又娱人的热闹当中体现了村人功利性明确的祈愿意图。

同时，扎马角作为一个充满原始味道并带有巫术色彩的复合体，是这里的人们在沉重的生产过程中所遭遇的各种灾害和在生活中所面临的巨大异样力量的化身。凝聚着先人智慧，经过村人代代积累，约定俗成而又切合村人自身意愿。是一个与土地信仰相关的形象，一种从原始的巫舞和傩祭活动中演变而来的特殊民俗。

据村民们相传，马角是一种凶神，具体是什么样子，何方神圣，谁也说不清。不过，从村民的陈述中可以看出，马角是一种庄稼人根据自己意愿造出的神灵，一种能够降服天地鬼神的神上之神。

中国数千年的农耕文化，其实也是一个不断创造神的过程。而万荣县土厚水深，干旱少雨，沿黄河各村虽然面对着滔滔大河，种的却是十年九不收的高塬沟坡地，祈雨便成为他们每年都要面对的任务，在年复一年地祈雨祷告中，依旧频繁的旱灾终于让河边鲁莽的汉子们

黄河涛声

耐不住了性子，开始破口大骂。他们在大骂之余渴望有一个自己的神，一个能够制服所有与庄稼人为难的神，于是，就出现了马角——一种造了龙王反的神，一种庄稼人自己想象出来的能为自己做主的神，像自家人一样，代表着庄稼人的利益。庄稼人期望着他能在天旱不雨的时候冲上天庭，像绿林好汉那样，威慑那些与百姓为难的神灵，为自己带来福祉。

在万荣县一直流传的一首祈雨歌中有这样一段歌词。

……

龙王爷，你听着，你不下雨小心着，

拔你胡子扳你角，要你龙王做什么！

从这段歌词中，我们便可以真切地感受到几分桀骜不驯的马角精神。

从扎马角的本质意义来讲，扎马角在折磨肉体而流血的形式中所表现出的勇敢和自豪，是村民们在生产生活过程中面对自然灾害和不可避免的灾祸由惊惧转为征服的一种心理反应和心理平衡。这种有意识地摆脱外在压力和自我减压的心理释放，传达出村人血脉里那种源于原始崇拜的崇高美感，激发起村人在征服和改造自然中的饱满热情和高昂斗志。

结语：

也许，正是黄河的迅猛和黄土的厚重，造就了这一带庄稼人骨子里的桀骜不驯，造就了他们强悍不屈的个性，也造就了他们自己的神——马角。我们经常把万荣人特有的精神叫作"憎气"，所谓憎，学者的解释是争强好胜，机智而又悖于常情。而在扎马角中，这

扎马角的勇士们在人们的关注中"上马"

种"憎气"更多表现出的是一种敢于挑战自然胁迫，敢于向大自然，向冥冥中的神灵显示人类不屈的精神，虽然带着几分荒诞和狂妄，但这或许正是扎马角这种看似原始野蛮的祭祀活动能够延续至今的重要原因吧。

扎马角，这种传承了上千年的民俗文化，在当今现代文明中或许显得极其"另类"，但他属于勇敢者的游戏，也属于极其厚重的河东民俗文化中的一个不可或缺的部分。

撰文：薛勇勤　韩维元

配图：闫士奇

黄河涛声

戏里戏外的进士赵廉

自明末清初以来，在几代戏迷的心目中，蒲剧《法门寺》是大家津津乐道、广为喜爱的一出好戏，尤其是剧中《拾玉镯》一折尤为精彩，成为众多戏迷茶余饭后广泛热议的永久话题。

还有众多的超级铁杆戏迷，不仅多次看过蒲剧《法门寺》，而且还看过秦腔、眉户、碗碗腔《双玉镯》，甚至还看过京剧、桂剧《朱砂井》《孙玉姣》但戏迷们在剧中不难发现，虽然舞台上的《法门寺》《双玉镯》《朱砂井》剧种不同，有蒲剧、秦腔、桂剧、眉户、京剧、碗碗腔等，但剧情内容却大同小异，几近一致。

舞台上的县令赵廉

《法门寺》这部脍炙人口的传统戏，是明代万历年间发生在陕西省眉县的一段真实而感人的故事。主要描写富家公子傅鹏与农家姑娘孙玉娇一见钟情、相爱相恋而最后却引起人命奇案的故事。在县令赵廉对案情调查了解不深不透而导致误判案件的情况下，侠女宋巧姣疾恶如仇，冒死告状，从而引起朝臣九千岁刘瑾的特别注意，再命赵廉三日内查清案情，并在法门寺内重审重判，最后予以结案。

在《法门寺》一剧中，县令赵廉虽然是个清官形象，但剧中也对赵廉起初主观臆断而导致案情失察、案件误判的行为作了恰如其分的批评，同时对赵廉在意识到自己的失误后，先是坐卧不安，扪心自责，继而明察秋毫、为民请命、勇于修正错误的高姿态，给予了热情的褒扬。因此，《法门寺》中的赵廉是一位爱民如子、闻过即改得好官。

所以在戏剧结尾时，赵廉由县令擢升为知府的情节，博得了台下观众的一致赞同。

说赵廉闻过即改，是因为他在发现到自己对案情的误判之后，面对宋巧姣的冒死告状并不是一味的刚愎自用、利用职权打击报复告状人，而是暗地里做了机智巧妙的安排，让师爷偷听同时关在监牢里的孙玉姣和宋巧姣的谈话内容，才使案情最终真相大白。

说赵廉爱民如子，这在剧情的发展过程中随处都有所体现，尤其是赵廉在完全搞清案情之后，发自内心深处的一段唱更使人深省、感人至深。"劝世人若居官务须谨慎，你看我判错案悔也不悔"两句，是赵廉误判案情后深深的反省自责。"宋先生年迈苍苍该靠何人"一句，表达了对宋国士失去唯一儿子后，晚年凄惨生活的担忧和同情。

根据相关资料考证，明末清初就有了《法门寺》剧本，现存最早的剧本为清嘉庆年间老本，距今已 200 余年。从旧剧本中可以看出，原剧主要是歌颂赵廉、刘瑾（九千岁）的。但剧中人物姓名都与实际人物音同字不同，或者改换了名字。其中，太君是刘瑾的母亲，而不是太后。刘瑾称太尉，并不称九千岁。县令赵廉的实际名字为赵嘉猷而非赵廉。

《法门寺》的剧本名称，除了《双玉镯》《朱砂井》以外，还有《宋巧姣告状》《法门寺降香》《双姣奇缘》等等。剧本名称如此之多，究其原因，一是剧本从产生到搬上舞台，期间历经 200 余年，已不知经过了多少次改编和加工。每一位改编者都从不同时代的角度出发，突出其各自的阐发主旨，因而改换剧本剧名的做法是完全可以理解的；二是不同的演出者为了吸引更多观众眼球，以求得更好的演出效益，必然不断更换剧本名称，致使该剧剧名增多。

但是，无论《法门寺》剧本名称有多少，但剧情却同出一辙。从众多的剧目分析，剧本大约可分为三个类型，即基本接近故事原型者、经过初步艺术加工者、经过多次反复艺术加工者。还有，《法门寺》从产生到演出的 200 多年间，剧情基本未变。剧中孙玉姣的天真活泼、刘媒婆的诙谐贪财、刘公道的老奸巨猾、傅鹏的年少轻狂，尤其是县令赵廉闻过即改、执法如山的可歌、可敬、可爱形象，正是《法门寺》在戏剧舞台上久演不衰的真正原因。整个剧本台词质朴，语言精练，

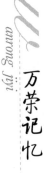
人物性格刻画突出，角色行当齐全，因此，该剧才能200余年来在全国民众中广为传颂，并被历代执法办案人员引为"历史的一面镜子"。

历史上真实的赵廉

古语云："今之所以知古，后之所以知今，不可口传，必凭诸史。"众所周知，小说、电影、戏剧等文学艺术中的人物，大都是艺术化的产物，其故事情节、人物形象，都是经过艺术加工的，但也有许多故事情节具有真实性，其人物形象有生活原型。《法门寺》剧中的县令赵廉，原型就是曾任陕西眉县县令、今山西省万荣县西村（原属稷山县，1971年行政区划变更时，划归万荣县至今）乡南仁村的明代进士赵嘉猷。

查阅陕西省眉县相关资料可知，赵嘉猷字子谏，号顺奄，山西省稷山县南仁村人，明万历年间进士，曾任陕西眉县县令。《法门寺》剧本中的赵廉（赵嘉猷）在担任眉县县令期间，爱民如子、清正廉洁的故事很多，至今仍被当地人们称颂。他在任期间，审理孙玉姣、宋巧姣、傅鹏（均有故事人物原型，剧中人物均为化名）等人案情的经过，在陕西眉县乃至更远的地区，至今仍被人们津津乐道，拍手称颂。现在人们到陕西扶风县法门寺时，仍可看到寺内大佛殿前存有一块中心微微凹下的大石头，据说这就是剧中人物宋巧姣冒死告状时，因双膝长时间下跪而留下的遗迹，被人们称为"巧姣跪石"。

笔者曾托学者卫茂轩（万荣县皇甫乡北吴村人，在陕西省工作、生活40余年）先生等人，就《法门寺》戏里戏外的赵廉作过深入调查。调查结果表明，陕西省确有眉县，法门寺就在距眉县不远的扶风县。明代赵嘉猷曾在眉县任县令也有据可查。虽然陕西省没有《法门寺》剧中所说的眉邬县，但汉代董卓为了防务需要，曾在眉县附近修筑城堡，并为城堡取名为"眉邬堡"。

直至现在，除陕西省以外，还有的地方历史上也发生过类似《法门寺》戏剧中的案件情节。所以，至今仍然有一些地方禁止演出各类剧种的《法门寺》，包括与其内容相同、剧名不同的戏剧。由此可见，包括戏剧在内的任何文艺作品，都是源于实际生活而创作的，《法门寺》当然也不例外。

如今的万荣县西村乡南仁村仍然留有许多关于明代进士赵嘉猷的遗迹、遗存，如墓地（原村里的小学附近，现为部分村民院落）、墓碑基座等。实为可惜的是，其家谱已在"文化大革命"中丢失，其中最有价值的应为墓志铭（现保存于南仁村赵家祠堂院内）。

略读赵嘉猷墓志铭碑文，可以看出：

1. 赵嘉猷生于明嘉靖末年的1566年，幼年聪慧好学，天赋超群，父辈家族都曾引以为荣。

2. 赵嘉猷祖上家境较好，虽不算远近富豪，也在殷实人家之列。其祖上家族中有与明代进士贾仁元（解店镇南牛池村人，明嘉靖四十一年进士，曾任陕西延绥巡抚都察院、兵部尚书。其子贾鹤年及孙贾席宣皆为明崇祯年间进士）之妹结为姻亲者，符合旧时"门当户对"的传统婚姻习惯。

3. 赵嘉猷少时，其父曾期望他去陕西学习经商，但赵嘉猷却立志发奋读书，并于明万历十二年（1584）在科选中一举高中，考取进士。后初任陕西省眉县县令。

4. 赵嘉猷在担任陕西眉县县令期间，不仅清正廉洁，匡扶正义，而且执法如山，爱民如子。因政绩卓著，后被擢升为陕西布政司左参

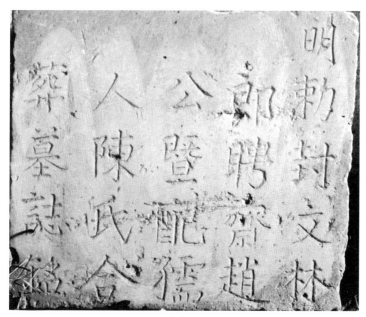

墓志铭

黄河涛声

石磨盘

议、按察使，奉敕巡抚贵（洲）湖（北）地方军务太平王、湖广郴州知州、都察院右副都察史等职。

5. 赵嘉猷为官期间，勤奋自勉，政绩突出，因长期操持政务而积劳成疾，于 59 岁时在其任上病殁，葬于故里今西村乡南仁村。

除赵嘉猷墓志铭外，现还存有一块与墓志铭碑石大小一般的石碑，正面有"明敕封文林郎聘赵公暨配儒人陈氏合葬墓志铭"。这些文字明确告诉我们，赵嘉猷死后被皇封为"文林郎"，他的妻子陈氏（姓名、年龄无考）与他合墓于一处。

以上这些，为今天的人们基本勾勒出了一位明代先贤。从大致轮廓去了解戏曲中的赵廉原型，即历史上真实的赵嘉猷，我们眼前仿佛就会呈现出一位血肉丰满、和蔼可敬，与《法门寺》中的清官形象赵廉神似、形似的历史人物，颇有呼之欲出之感。

故乡人们印象中的赵廉

因为蒲剧《法门寺》的广泛流传，剧中人物赵廉的形象在历代人民群众心灵里留下了深深的印记。在西村乡南仁村乃至更大的范围内，人们大多只知道戏曲中的清官赵廉是西村乡南仁村人，并不知道他的原型真实姓名叫赵嘉猷。南仁村原党支部书记赵成泰、退休教师赵庚贺等几位老人都说，《法门寺》的赵廉就是他们村的赵嘉猷，是他们村的祖辈先贤，是他们南仁村和西村乡乃至万荣县的自豪和骄傲。

赵成泰、赵庚贺告诉我们，直至现在，只要一听说远近村有剧团演出《法门寺》，村民们就会自发地、成群结伙地赶去观看。大家看戏时一脸喜悦，全神贯注，回来后又余兴未尽，纷纷议论剧中赵廉扮演者的举手投足、一招一式，看是否与他们心目中的赵嘉猷形象相一致，而这一议论，往往就得好几天。如今，关于戏曲中赵廉的真实故事，在远近村民的记忆中仍有很多……

赵廉井。赵廉考中进士跻身仕途时正是明朝末年，由于朝纲腐败，苛捐杂税名目繁多，加上连年自然灾害，人民群众生活十分困苦。赵廉回乡探亲后，看到村民们连生活用水都特别艰难，就立即拿出自己的俸银，请人在村祠堂西南的天神庙附近凿打成了一眼深井，为全村群众解决了生活用水问题。

村民们回忆说，赵廉出资打成的这眼深井一直解决了全村人畜100多年的吃水问题，祖辈人都叫它"赵廉井"。农业合作社时期，上级多次号召村里打旱井蓄水，南仁村也先后打了不少旱井，后来村民们就不再使用赵廉的深井水了。再后来，有村民便不自觉地向井内倾倒垃圾。现在，虽然"赵廉井"的井位、井口还在，但已多年废弃不再使用。

红香椿。香椿树是人们再也不能熟悉的一种普通落叶乔木，它树干高大，枝叶茂盛，树形如伞盖，为羽状复叶，嫩枝嫩叶香味可口，是一种食用佳品。更为神奇的是，每年开春时节，当人们食用了第一茬嫩香椿叶后，其还可生出又一茬嫩枝嫩叶，被人们称为"二茬香椿"。

南仁村村民说，早年间我们这一带的香椿树都是白干、白叶、白茎的。赵廉到陕西担

香椿树

任眉县县令期间，生活上清廉如水，常常与村民们共同讨论日常生活问题，话题大到春种秋收，小到柴米油盐。有一次他突然发现，陕西的红香椿与山西家乡的相比更加香气浓郁，余味犹长。于是，赵廉利用回家省亲的机会，就从陕西带回了几株红香椿树苗，并亲自栽植在了村中心的天神庙南边大约 30 米的地方。经过多年以后，赵廉亲手栽植的红香椿树种已迅速在更大的范围内扎根沃土，成为人们精心呵护的宝贝树。

石磨盘。赵廉在陕西为官多年，期间曾不止一次审断过村民们在日常磨面时，因借石磨（俗称硙子）、借牲口而造成的民事纠纷。审理案件之余，赵廉有感而发，联想到家乡村民也有着磨面不方便的问题，于是决定由自己出资为家乡南仁村民凿一合大石磨，缓解家乡亲人的磨面难题。

石磨凿好后，赵廉准备利用省亲的机会将石磨带回家乡南仁村。岂料，从陕西回来渡河时，当载有石磨的帆船行至黄河中心时，忽然间狂风大作，帆船在风浪中摇摇摆摆，险象环生。为了减轻船只负重，保护船上乘客性命，赵廉当机立断让大家把石磨推下河水。谁知，当人们合力刚推下一扇石磨后，河面却骤然间风平浪静。就这样，赵廉托人精心打凿的一合大石磨（直径 99 厘米，比一般石磨大 40 厘米左右）就只剩下了一扇。如今，这扇石磨仍静静地躺在南仁村体育广场的照壁旁边，好像给人们诉说着它从陕西来到南仁村时的坎坷经历。

撰文：方山水

配图：丁彩苹

进士王炳与青谷村村名

清代己亥科进士王炳（表字青谷）是我县王显乡青谷村人，生卒年份不详。

青谷村原名靖国村。"靖"字的意思是平静安定之意。明神宗万历元年（1573），青谷村重修娘娘庙时，据说神龛内就有"靖国村"东社、西社的字样。

明崇祯十七年（1644），镇守山海关名将吴三桂降清，并引清兵入关，攻占了北京，明王朝灭亡。清世祖福临登基，年号顺治，其在位18年。顺治帝念明将尚可喜、耿仲明、吴三桂有功，便将他们封为三个藩王。尚可喜驻守广东，耿仲明驻守广州（后移福建），吴三桂驻守云南。三藩割据称雄，重兵在握，对清王朝统治埋下隐患并构成威胁。

顺治十六年（1659），靖国村学子王炳进京赶考，中了己亥科进士。按清朝制度，县级官员要到千里以外任职，于是，王炳被吏部派往四川怀仁县当知县。王炳走马上任后，怀着忧国之心拯民之志，体察民情，为民办事，政绩卓著。但是好景不长，康熙帝继位后，在康熙十二年（1673）下令撤销三个藩王。吴三桂首先举兵叛乱，其余二藩相继响应，吴三桂由藩地云南北上攻到四川。当时王炳管辖的怀仁县兵临城下，被吴军包围。王炳向朝廷连发三次告急文书，但援兵却迟迟未到。眼看外援无门，王炳便在夜幕掩护下，令衙役把他从城角用绳索放下死里逃生，后历尽千辛万苦，回到了山西老家靖国村。

王炳回村后，害怕清廷找他麻烦，遂隐姓埋名住在了村东沟崖的山洞里，数年后生下一子，取名洞娃。后康熙帝用8年时间平定了三藩之乱，风声渐息，王炳才敢露面。王炳弃位逃官回到村后，为了避开可能发生的祸事，遂与村中老人商议决定改换村名。经过村人反复商议，最后决定用王炳的表字青谷作为村名。经过多年以后，"靖国村"便渐渐被后人淡忘。

为了使靖国村彻底被人遗忘，王炳与村人还试图改变村貌。青谷村地形方正，四面环沟，形似一顶官轿，下大雨时，一周积水绕着村子流向南沟。王炳就让村民用土把北面沟填平，又在村南门口挖了一池塘，再用挖池塘的土把南面沟填平。最后还在池塘南盖了一座财神庙，南沟尽头崖上盖了一座南池神庙，欲压住风脉，不想让青谷村后代再出官。但是王炳的努力并没有收效。乾隆二十六年（1761）的殿试状元，后居两朝宰相王杰的根基老家就是青谷村。只是在归宗认祖时，荣河知县嫌接上迎下麻烦，怕招待不周吃罪不起，就多次亲临青谷村做工作，告诫村民说官大必有险，犯了法灭门九族悔之晚矣，坚决不同意认祖归宗之事。就这样，村民只得按县太爷的意图办，没有承认状元认祖归宗之事，造成了历史上永远的缺憾。

王炳晚年写下的诗文很多，有劝世良言，也有风花雪月。保存下来的有《四时归山》《及早回头》《清闲安乐》《节气歌》《风花雪月》《十二月赞咏》《得过歌》《出家歌》《读书一生词四首》《劝农歌》《咏四时之景》《咏四时之花》等诗词。下面这首《急早回头》就很有名气。

急。相伴君王每催逼，紫袍玉带显功威，消息反复无人递。萧何才，韩信计，计谋使尽成何急。不如麻鞋草履学伯夷，逍遥自在有何急。

早。功名不弃何时了，痴心只等雨淋头，略犯事儿谁敢保。孙膑能，庞涓巧，古今兴废知多少。不如踏雪寻梅学浩然，散步逍遥无迟早。

回。锦衣花帽莫相随，身伴虎眠非长久，龙颜一怒永无追。苏武庙，李陵碑，功劳一旦化为灰。不如躲事藏非学巢父，洗耳河滨牵牛回。

头。位列三公莫探求，万户封侯无定准，得休歇处把心休。太公钓，李白瓯，尽在荒山葬土丘。不如轻舟泛湖学范蠡，自古英雄不到头。

《读书一生词四首》直白朴素，寓意深刻。其中有一首说道：

白日莫闲过，工夫休耽搁，勿谓今日不学来日学，想临场混过，等考后再说。一刻千金价不多，戒懒惰。自暴自弃到老无结果。

王炳亦擅长书法，村里遗留墨宝多处。娘娘庙正殿中央有一牌匾上书"万物滋生"，后巷关老爷庙上书"义之尽"等，都出自王炳之手，曾有无数文人墨客前来临摹，赞叹不绝。后由于村民缺乏文物保护意识而遭破坏，现已不存在。

王炳去世后安葬于村东高堰壕地。过去每逢清明和农历十月一，给他烧钱化纸的人络绎不绝。高堰壕因葬有名人，村人们就把地名也叫成了进士坟，一直流传至今。

王福兴

我国最早的神庙舞台在万荣

　　万荣县既有丰富的文物资源遗存，又有浓厚的传说文化积淀。从中央电视台拍摄的专题纪录片《三晋古戏楼》中得知：迄今为止，由民间集资建造的我国最早的神庙舞台，就在万荣县万泉乡桥上村。

　　在纪录片的第一段落中，观众可以了解到，桥上村现存一块北宋天禧四年（1020）的石碑。这一通躺在乡村院落中的石碑看上去十分普通，并无什么特别之处。碑文上记录，桥上村的舞台为"舞亭"，又叫"乐楼"，碑文内容还有宋真宗的亲祭活动记载，记录了桥上村的建庙缘起和简要过程。碑背面刻有"修舞亭都维那头李庭训"的字样，学术界即以此确定，中国的神庙舞台（剧场）早在11世纪就已经形成。

　　古代人们认为，世间生灵万物都是受神灵保佑的，因此在各村建立神庙被视为是头等大事。而在我国古代，每一处（村）神庙建立后，都会相继建立起戏曲舞台。一般都是庙堂居北，舞台在南，舞台的台口面北正对庙宇门口。因为人们认为，每次请来大戏演出，首先应是为神灵看的，其次才是为老百姓看的。

　　虽然桥上村建于北宋天禧年间的神庙舞台如今已经不复存在，但现存的舞台碑记却为民间传说的宋神宗在位期间曾亲临万荣祭祀后土圣母、登临孤山览胜、到孤山寺庙巡幸等活动提供了有力的佐证。

方山农

絮说 "河汾门下"

中央电视台举办的汉字听写总决赛中，一道"河汾门下"的题目，曾经难倒了一位闯过初赛、复赛而进入总决赛的选手，让人不胜惋惜。其实，"河汾门下"与王通有关。王通，字仲淹（584—617），今万荣县通化村人。隋末唐初著名的文学家、哲学家、思想家和教育家，尤以教书育人而名满天下。

王通自幼聪慧好学，饱读《诗经》《礼记》等书。19岁时，王通就曾向隋文帝献《太平十二策》，其中提出了"尊王道，推霸业……"的治国方略，深得隋文帝赏识。但由于他的太平十二策伤及各级官员的既得利益，在朝中大臣利益集团的极力反对下，王通被迫离开官场，回到了家乡通化村，并开始专心著书立说，收受门生教书育人。后来朝廷又曾几次召王通入朝为官，但都被他婉拒。据相关史料记载，投拜王通门下的学生经常有百余人，最多时达千余人。

王通的学生来自全国各地，当时许多学生见通化所在地为两条河水之滨，即黄河与汾河，逐步地便有学生说，他们是在河汾之滨的王通老师门下学习的，久而久之，王通的故乡通化村就有了"河汾之滨"称谓。后来，由于王通的学生有的出仕为官，有的也著书立说、教书育人，并且颇有成就者居多，而旧时人们又把跟老师学习的人称为门徒、门生、门客等，加之王通的家乡在河汾之滨，所以学生们便经常这样对人讲，自己是出于河汾门下，意思就是说，自己是出于河汾之地王通老师门下的。

但也有学者认为，王通的学生所指的河汾是河东之地的汾水之边，或者说是汾河之边的河津（河津古称龙门，通化村在 1971 年前属河津县管辖）。这两种说法似乎亦有道理，但大多数学者还是认为，"河"就是指黄河，许多典籍中对"河"的解释也都明确指出了这一点。据此，可以肯定地说："河汾门下"就是指王通门下，且千百年来早已被人们达成了共识。

王通画像

在王通众多的学生中，最为有名的有薛收（字伯褒，旧汾阳人，今万荣县薛稷村人），他曾为唐太宗李世民的记室参军。有担任过唐朝初年宰相的房玄龄（579—617，山东章丘人）、魏徵（唐时巨鹿人）以及杜如晦、李靖等人。而其中最为著名的当数房玄龄和魏徵。房玄龄是曾跟随唐太宗李世民冒百死、唯见创业与艰难的人。魏徵则是历史上以敢于冒死进谏唐太宗李世民而名垂青史的一代名相。他们都是王通门下的学生，因此，王通生前身后的崇高声望，用名扬四海、名播天下来形容，名至实归，毫不夸张。

近年来，不少书籍在介绍王通及其孙王勃（初唐四杰之首，其名篇《滕王阁序》及"海内存知己，天涯若比邻"的诗句，已传播海内外）时，仍称他们为河津人。只是在 1971 年行政区划调整时，通化村已划归到了万荣县至今。

立木

渐次淡出公众视野的"盒"式礼具

曾几何时，盒式礼具是万荣县及周边地区群众广泛使用的一种礼仪用具。

过去人们日常生活中使用频繁的盒式礼具主要包括捧盒、提盒、方盒、挑盒、帖盒、食撂盒等6种。从20世纪80年代以后，提盒、方盒、挑盒的使用越来越少，普遍放在家里被束之高阁，渐次淡出了人们日常生活的视野。只有食撂盒、捧盒还能在一些婚丧大事中偶然出现。

盒式礼具是一组系列用具，在人们婚丧嫁娶和其他礼仪活动中，多数时间为单独使用。但在少数礼仪活动中，也有同时使用的情况。

捧盒：顾名思义，是可以捧在手中的一种小型盒具，体积较小，方形、长方形的都有。作用以放置应时食品为主，多见于富贵人家和官宦人家。当地人也有称"糖盒"者，在安葬亡人时常摆于祭奠供桌上，内装各色食品，供礼宾先生食用。

提盒：长方形，大多为对口式单层盒具，亦有少数双层式，顶端设有木架，以方便提携。多在每年正月人们走亲访友时用，客人登门时大多带着提盒，提盒内备有来往礼品，旧时多为花馍、馄饨之类。清明扫墓时，又常用提盒盛装祭奠礼品。农忙时节，人们也有用提盒盛装饭菜的，为在田间劳作的劳力送饭，以节省回家吃饭的往返时间。受提盒广泛使用的启发，以往乡村都有为村学校教师特意准备的大提盒，比平时用的提盒要大，设双层装置，以方便给老师带饭菜。木质抬架可供两名学生共抬。

方盒：人们普遍称之为"盒子"，是盒式礼具中唯一的正方形用具，一般为一对。有时单独使用，有时一双并用，主要视具体情况而定，在红白喜事中使用较多。区别是婚事时盒子外包红袱子，白事时外包白袱子，新婚夫妇回娘家或拜访亲友时也经常使用。

帖盒：俗称"帖匣"，长方形，体积如现在的月饼盒一般大小，功能较为单一，只用于人们向主要亲戚告知儿女婚事日期时使用。使用前主人要用大红纸写好亲事的具体日期和告知对象，然后装在用红袱子包装的帖匣内。除口头告知外，还须将红帖送于对方，表示郑重其事。

食摞盒

挑盒：长方形，长 2 至 3 尺，宽约 1.5 尺，底部装有铁环套就的麻绳，便于担挑。一般也是一对，但配有木担，多在亲戚家红白事时使用，届时盒内也装有各色礼品。挑盒在使用时，主人一般还要请一名"担挑盒的"，也有称之为"担礼的"。

食摞盒：样式与提盒相似，但体积是提盒的 4 至 5 倍，一般为 5 节的复合型抬式盒具，是盒式礼具中体积最大、表示礼仪活动最为隆重的礼仪用具。在使用时，食摞盒各节中会放置不同类别的礼品，如花馍、馄饨、点心等。旧时多为双人合抬，如今红白事中大多数已变成了车辆拉运。

盒式礼仪系列用具的制作极为讲究。选料时立梆多为秋木、槐木等硬茬类上等木料，装板则多用优质桐木。每件盒式用具至少要经过木匠、铁匠、漆匠等三道工序的精心制作。在过去，即使是人口较多的大村，也很少有这些一应俱全的家户，因此邻里之间相互借用的情况较为普遍。

中华民族是传统的文明古国、礼仪之邦，万荣县亦是华夏文明的重要发祥地之一。关于盒式系列礼具的起源和发展，我们经常散见于各种报刊资料。其中春秋时期的古晋国（万荣县就属于古晋国）在祭祀家庙的活动中，就开始有使用盒式礼具的记载。东汉开国皇帝刘秀（汉光武帝）在孤山柏林庙一带避难时，也有在当地百姓的礼仪活动中，亲自见证过礼盒中花馍、剪纸的经历。东汉末年，丞相曹操的私人捧盒中，亦有因装食酥式点心而与主簿杨修之间发生的故事流传。

　　由此可见，在当地人们的礼仪活动中，盒式系列礼具的使用源远流长，沿袭已有 2000 年之久。但是新中国成立以后，尤其是改革开放以来，随着人民群众生活水平的越来越高，文明新风不断兴起，礼仪交往时越来越多地采用了更为方便的提包、食品袋等，以代替传统的提盒、方盒、挑盒等盒式礼具。如今，除了食摞盒、捧盒还在隆重的民间礼仪中被继续使用外，其他几种盒式礼具已逐渐淡出了人们的视野。

立木

挑盒

远去的"提盒饭"

20世纪80年代以前"提盒饭"是农村小学教师的"特权"。当年，曾在广大农村担任过小学教师的人们，都享用过由学生家长精心准备，再由学生用特别的提盒抬到学校的饭菜。用提盒抬送饭菜到学校，是每个农村学校开学期间具有规律性的、一成不变的活动内容。

各个学校抬饭使用的提盒，都是由村里为学校教师特地定做的，它比一般家庭使用的提盒体积会大一倍多。提盒内还特别设置成两层或三层，主要是为了盛装饭菜的需要。一般双层内分别装面食、馒头之类，还要装上咸盐和油辣子碟及筷子、勺子之类。

与一般家庭使用的可以用手提携的提盒不同，为老师送饭的提盒由于体积大、分量重，小学生又都是抬着给老师送饭的，因此称它为"饭盒"更为确切。

可别小瞧这个为教师抬饭用的提盒，它至少要经过解（jiě）匠、木匠、铁匠和油漆匠四道师傅制作的工序。准备做提盒时，首先会选用楸木、桐木、香椿木等木质较为密实、特别是不会产生异味的木材。然后先由解匠将木材解成木板，当木板完全干透后，再由木工精心制作成饭盒（行话称为"白茬子"）。饭盒的提手上方正中心，要由铁匠打钉一个可以转动的铁环，以方便抬饭时使用。饭盒四周各层都有铁匠师傅打钉的"铁疤子"，俗称"钉挂"，主要是为了结实耐用，还可以抵御抬饭时不小心的磕碰。最后一道工序，则由油匠师傅将其精心油漆成红黑相间的颜色，等到油漆完全风干好后，一个既结实又起明发亮的提盒就可以使用了。

乡村学校使用的提盒，究竟兴起于何时，现在已无从细究。在漫长的历史长河中，从秦汉到唐宋元明时期，富人家的子弟上学时都是请私塾老师，大多数穷孩子并没有上学念书的机会。据许多老教师、村干部回忆，万荣县农村小学校大多创办于清朝后期和民国时期。由清朝进士解荣辂在家乡北牛池村创办的正则初级小学，应该是全县较早的农村小学。

村里有了学校，娃娃们便有了上学念书的机会，这样，为老师做一个漂亮的提盒送饭就成了一件大事。但到冬天天气太冷的时候，为避免饭菜在抬到学校时变凉，也有的村会让老师到学生家里吃饭。

新中国成立以后，随着教育事业蓬勃发展，万荣县各村都办起了学校，而且在一些村民居住比较分散的村，为方便学生就近上学，一个村办2所甚至3所小学的情况也为数不少。如万泉乡的涧薛村，就有中心村、下涧和沟楞三所小学，每个学校都有为老师抬饭用的提盒。那个时期的学生，都有管老师饭或者当值日生为老师抬饭的经历。

那时乡村学校在管老师饭时，都是采用轮流周转的办法。由每个在校学生家长每次管老师一天或两天饭后再转到下一名学生家长管，这样周而复始，以此类推。每天给老师抬饭的任务则由当天值日学生完成。一般由两名学生抬提盒，还有一名学生负责提抱汤罐或暖水瓶。那时候的学校教师基本上都是公办或代课教师，学生每管老师一天饭，都由老师付给学生家长每天1斤粮票和3角钱菜钱。

提盒

20 世纪 60 年代起，全县大多数村都相继办起了七年制学校（由小学到初中为七学年制），这样学校老师大大增加。为了方便老师用餐，于是各村学校几乎都办起了教师灶。除少数规模较小的学校以外，大多数村都结束了由学生家长管派饭的历史。

如今，曾经被许多人羡慕的"吃提盒饭，挣现成钱"的农村小学教师生活状况已经不复存在，成了那个时代人们心中的永久记忆。而现在仍然存放在村里某个角落的提盒，也成了人们回味和记忆的实物见证。

赵庭义　立木

谢帖的由来

民间，每当老者亡故后，在办理丧事中，常以"谢帖"形式对助葬的众乡亲友表示哀谢。下款常用"泣血稽首""泣血稽颡"等词语，一是对亡故者深表悲痛，二是表示叩头谢恩行跪拜大礼。据考证此举源于《伍员逃国》之历史典故。

公元前的春秋时期，伍员（字子胥，春秋末期楚国人，军事谋略家，少时习武，英勇善战。因其封于申地，故历史上又称其为申胥）父子三人均在楚国为臣，只因楚平王霸道乱伦、父纳子妻，伍员父兄冒险觐见奏疏，以正朝纲，不料父兄却遭杀身之祸，并要满门抄斩。伍员只得忍痛割爱，"杀府"托孤后弃楚投吴，逃出国门（历史剧目《杀府》情节，该剧在全国流行甚广，京剧、豫剧、晋剧、蒲剧等20多个剧种都有演出）。伍员逃到吴国后，在向吴王哭诉求援时直哭得泪干泣血，不停地叩拜磕响头。当时感动了吴王及满朝文武，吴王便收伍员于麾下。后伍员亲率援兵杀回楚国鞭打楚平王（尸骨），并夺取王位，整军经武，国势日强。

伍父因诤言直谏而遭杀身之祸，乃至全家被满门抄斩的冤枉和不幸，让伍员悲愤交加，哭至泪干泣血的悲壮，不仅感动了帝王将相，更感动了平民百姓。后来人们便常用"泣血稽首""泣血稽颡"等词语来形容痛失父母亲的悲痛，并写进谢帖内，以谢帖的形式来表达晚辈们的悲情，感谢众乡亲友的助葬之情。

丧事中使用的谢帖除张贴在本村主要巷道和大路两旁以外，还发送给逝者的主要亲戚。谢贴的制作经历了毛笔书写、色纸复写、蜡纸刻印、铅字打印等演变过程。近年来的谢贴制作，大多采用电脑打字和复印的方法，使谢贴的内容格式更为规范整齐。

万荣春节里的年俗文化

春节是中华民族最主要的传统节日，我们习惯把过春节称为"过年"或"过大年"。万荣当地的年俗文化，与许多地区极为相似，年俗文化的基本结构保存得基本完整。一系列年俗文化促使了以黄河流域为核心地带的中华传统民俗得以长期的继承和发展。

万荣年俗文化的基本节点

人们通常所指的过年，是从每年农历腊月二十三至来年的正月十五元宵节，共计 22 天或 23 天（农历腊月有大月、小月之分）。在长达 20 多天里，从农历腊月二十三的小年开始，到除夕、初一、初二、初三、初五、初十和十五，都是多年来形成的年俗文化活动的节点，饱含着浓厚的年俗文化内涵和鲜明的地域特色。

小年：农历腊月二十三。这一天人们要祭祀灶神，即灶王爷。据说灶王爷是东厨司命府君，负责管理民间的灶火。传说灶王爷自腊月二十三上天后，会把这家人一年来的所作所为向玉帝汇报，作为玉皇大帝在人间赏罚的依据。人们希望灶王爷到天宫后多说好话，所以祭祀灶王爷的对联也多年来约定俗成地写成了"上天言好事，回宫降吉祥"。由于灶王爷喜欢吃甜食，所以祭品也多为糖瓜、糖豆角、芝麻糖之类，让灶王爷吃了粘住嘴，不至于汇报时说人们的不然。

除夕：农历腊月的最后一天（大月为腊月三十、小月为二十九）。这一天，人们会在打扫一新的屋里屋外贴上新春联、门神(尉迟恭和秦琼像)、窗花等，营造喜庆和美的气氛。家人还会精心准备

黄河涛声

节日饭菜，一家人围在一起吃团圆饭，看春节联欢晚会节目。除夕晚，一家人常常会叙谈到深夜，俗称"守岁"。据说除夕夜睡得越晚人的寿命会越长。

春节贴春联

初一：农历新年的第一天。这一天，人们比以往起床时间更早，大家会穿上新衣服，祭祀财神爷、土地爷和诸路神灵，并趁着黎明前的夜色，燃放早已备好的旺火（通常为柏枝火），鸣放鞭炮、礼花。早饭后要进行隆重的拜年活动，晚辈们和新过门的媳妇会得到长辈们的红包，即压岁钱。近年来，远方的亲人和朋友之间还兴起了电话、短信等拜年方式。在我县荣河一带，正月初一还保留着妇女走娘家、外甥看舅父的习惯。

初二：这是万荣当地人们祭祀逝去老人的重要节点。这一天，家人们会在黄昏时分为逝去的先辈们焚烧纸钱。焚烧纸钱的地点，有的在自家门前，有的在村外的十字路口，也有直接到埋葬先祖的坟地、坟前去焚烧的。人们的心愿都是想让焚烧的纸钱尽快送到逝去的亲人手中，让他们在九泉之下生活安康，不缺吃穿，不缺钱花，含有过大年不忘先祖之意。

初三：这是正月里走亲访友比较集中的节点，当地人们一般会在这一天款待新出嫁的女儿、女婿。同时这天也是青年人结婚或定亲的好日子，热心的媒人、媒婆常常会选择在这天安排男女青年借走亲戚的机会来相亲见面。不需阴阳先生择定吉日，正月初三是人们普遍认可的黄道吉日。

初五：春节期间的正月初五一般正好处在大寒与立春两个节气的交接点上。从正月初一到初五，人们多讲究不倾倒垃圾，厨间灶房不乱倒脏水。这一天人们称之为"破五"，意思是只有过了正月初五，日常生活才算恢复了正常。

初十：这是传说中的老鼠嫁女日。老鼠为十二生肖之首，但由于老鼠的习性和本能，它偷吃食物，咬坏衣物，传播疾病，成为人们生活中的敌人。民间传说正月初十是老鼠婚配嫁婆的日子。这一天，小孩会在大人的指点下凑到磨盘的石眼跟前去偷听老鼠嫁女时的热闹。各家各户也会在这一天捏猫耳朵饭吃，意为用猫的威严去震慑老鼠，称为"捏老鼠嘴"。有研究表明：正月初十后一般就处于立春节气，经过了一个严冬的老鼠从这时起，又开始了交媾繁殖。

正月十五日：这天为元宵节，是整个大年的结尾之日，一般会有戏曲（包括各村的家戏）、焰火、观灯、锣鼓等社火活动。元宵节也是我国年节里的主要节日之一，也有元夕、元夜、灯节、上元节之称。因为它是新年里的第一个月圆之夜，历代都有元宵节观灯的习惯，最早形成时间可以追溯到西汉时期。

万荣年俗文化的禁忌

过年欢度春节，是人们为了庆祝去年的丰硕收获，期盼新一年的更大丰收，因此，除了一系列喜庆活动之外，人们也遵循和延续了不少禁忌，即通常所说的"讲究"。

禁忌一：出嫁的女儿不能在娘家过年，包括小年和大年。出嫁的闺女如果在婆家受到了欺负或闹了矛盾，常常会赌气长期住在娘家。但腊月二十三的小年是个节坎，一般情况下，男方都会提前亲自或托人上门说合，冰释前嫌，化解矛盾，让女方在二十三之前回到婆家。即使个别化解不了矛盾，女方也只能选择在村外的破房屋、破庙里度过小年和大年之夜，而不可以在娘家"过年"。

禁忌二：正月十三为杨公忌日，这一天人们不走亲访友、不外出办事，不安排结婚、相亲、定亲、老人祝寿、小儿满月等喜庆活动。这个忌日与正月初二的禁忌基本相同。

春节期间也是人们重视礼仪、教习礼节的重要时期。春节食品中的饺子、汤圆都象征人们团团圆圆，鸡鸭鱼肉象征吉庆有余，对联、窗花、鞭炮、灯笼象征着红红火火等。同时，小孩们会在大人的言传

身教中学会讲吉利话、祝福的话，否则会被人们认为是"不会说话"。譬如：锅里煮破的饺子不能说"破了"，而要说"挣了""开花了"；春节燃放鞭炮后，碎红满院、灿若织锦，被人们称为"满堂红"，不宜当天清扫。

另外还有，春节期间大人们不可斗气拌嘴，不能打骂孩子，灶间锅台餐桌之间，挪动摆放器物要小心谨慎。即使万一失手跌盘碎碗，也应悄悄捡起碎片，不可声张，等等。

尉培荣

河东两则乡村民俗风情

在我们河东地区的乡村里，在群众平时的生产生活中，传承和沿袭着不知从何时兴起的民俗风情。现介绍其中的二则，与广大读者共享。

借用药锅不送

由于中医诊病、中草药治病技术源远流长，因此千百年来，乡村广大群众对中草药治病的神奇疗效笃信不疑。因为绝大多数中草药都是需要煎服的，所以煎药用的药锅，就成了群众生活中必不可少的物件。

中医煎药的经验告诉人们，煎服中草药时不能使用金属类的铁、铜锅，只能使用砂锅，而且是专门用来煎熬中草药的，不可混用，人们习惯上称为"药锅"。在一个村或村里的一条巷，往往只有少数几个专用药锅，当有人需要使用时，就自己到药锅的主人家借用。而使用结束后，就存放在自己家里，如果以后还有其他人使用，就到存放药锅的家里米借取。这样，

熬药用的砂锅

黄河涛声

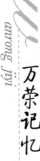
一个药锅在村里转来转去，基本上成了公用的，久而久之，村里人都弄不清药锅的真正主人是谁。

药锅只借不还的说法是：借用药锅的行为，含有帮助别人治病的因素，而送还药锅就有给人家送去疾病的忌讳。与药锅只借不还的讲究相关的还有：当有人外出替病人捎回药品（包括滋补类、保健类）时，即使两家是近在咫尺的邻居，也不会把药品直接送到病人家里去，总是让使用者或家人来取。

近年来，城镇的许多医院和药店，都有了为患者代煎中药的服务。但是在广大乡村，自己煎熬中草药的现象还仍然存在。

借用酵子要还

酵子，俗称"酵母""引酵"，是乡村群众蒸馍时用来发面的必需品。而酵子都是人们用玉茭面、软黍面等粗杂粮自制而成的。像其他任何产品一样，酵子也有使用期，时间久了就会不再新鲜，酵力就会减弱，就需要另做新酵子，人们习惯上称为"盘酵子"。

在民间，人们普遍认同"谁家的酵子酵力大、发面快，谁家的光景必然红火"的说法。因此，家中自制的酵子一般情况下是不会借给别人使用的，即使是关系再好的两家人，或者亲戚之间，家庭主妇们是不会轻易开口向别人借酵子用的。间或万不得已借用了别人家的酵子，一定要牢记，当自己盘了新酵子时，必须还给人家。

借用药锅不送和借用酵子要还的传统习惯，看似民间极为普通的一种约定俗成的做法，但存在的必然是合理的，有益的。其中蕴含着丰富的文化内涵。它们不仅表达了人民群众对富裕祥和美好生活的向往，同时也教育和约束人们，在日常生活的每件小事和细节中，要时时处处为他人着想，绝对不能做损人不利己的事，这两个"不送"和"要还"的民俗习惯，是和睦邻里关系、构建文明风气的有效举措。

立木

那些即将消失的老行当

我们身处的这个时代正在发生着日新月异的变化，传统的三百六十行受到了极大的冲击，转眼间，一切仿佛已时过境迁，许多曾经兴旺一时的传统手工技能正从我们的身边渐行渐远，注定将成为我们记忆深处的一道灰色风景……

吹糖人，一份淡忘已久的快乐

"当当……当当……"，儿时，一听到这清脆、短促的铜锣声，就知道是"吹糖人"的老人来了。村里的孩子们便有的光着脚，有的光着膀子，有的提着裤子，不顾一切地冲出来。

不一会，孩子们就会把老人团团围住，望向老人的担子——木箱上安装了几层竹片制成的架子，架子上插满了五六寸长的竹签，竹签的顶端粘着用糖稀制作的各式各样的玩意：穆桂英、花木兰、诸葛亮、包拯、孙悟空、猪八戒、鱼、虾、鸟、虫……应有尽有。

这好像是老电影中旧社会里经常出现在街头巷尾的一幕。孩子们在将糖塑艺人的担子团团围住后，无邪的目光便盯着了糖塑艺人手中的一团糖稀。只见老艺人不慌不忙地从担子里拿出一团团加热后的糖稀，经过吹、揉、捏、掐、刻，不消几分钟，一个活灵活现的"孙悟空"便做成了。在一双大手的操作下，一个个鲜活的作品不断出现，又很快被孩子们一一握在手中。

很多糖塑艺人都是既吹糖人又画糖人的。与吹糖人相比，画糖人要简单一些。先用油毡子在大理石板上轻轻蹭一下，然后用一把很精

致的小铜勺舀上少许糖稀，微微倾斜着，糖稀就缓缓流出，紧接着手往上一提就成了一条糖线，随着手腕的上下左右翻飞，一个个或人物或动物或花卉的糖画就出现在了大理石板上。待凉后定型，再用糖稀在糖人身上点两个点，把竹签朝上一贴就拿起来了，再往草把子上一插就大功告成。

听老辈人讲，在20世纪80年代初，物质奇缺，走街串巷的吹糖人为了让生意好做，糖人可以不必用钱来买，而是用牙膏皮来换。几支牙膏皮可以换一个孙猴子或是其他的小糖人。这一招颇受孩子们的欢迎，常常有小孩子把家里没有用完的牙膏挤出来，用牙膏皮去换糖人吃，即便挨大人的打也觉着甜滋滋的。

现在经济发展了，牙膏皮也就不那么紧缺了。恐怕一些老人们看到扔到垃圾堆里的牙膏皮时也只会报之以苦涩的一笑了。

过去糖人很便宜，在不富裕的时候是孩子们很喜爱的玩物。如今儿童的玩物多了，糖人也就渐渐淡出了我们的生活，"糖人"挑子也早已被人们遗忘，在城市的街头巷尾也很难再觅其踪迹了。对于现在的孩子，"糖人"已是个陌生的名词了。

"拨浪鼓儿风车转，琉璃咯嘣吹糖人"每当看到晶莹剔透的糖人，总是会唤起很多人尘封已久的童年记忆，唤起那份淡忘已久的快乐与惊喜。

绣花，点亮岁月的一道风景

每每趁着有阳光的日子，61岁的李大妈便会坐在自家小院里，操一根细细的绣花针在一块纱质的白布上飞针走线。花是红艳艳的，草是绿油油的，映衬着李大妈一脸的岁月沧桑，给人以无限遐想。李大妈说，自己五六岁便开始学习绣花，十来岁时已经能绣百十种图案。"那时，农活闲下来时，就经常会坐在家门口的大树底下绣，常有好多姑娘媳妇凑在一起绣，什么鞋垫、肚兜、小荷包都是自己动手制作。"

随着岁月的推进，皱纹逐渐爬上了李大妈的脸颊，李大妈经常使用的绣花活计也已换了一套又一套。但它如同点亮岁月的一道风景一样，在李大妈心里依然那么灿烂，使她永远放不下这门跟了她一辈子的手艺。即使在生活最艰难的日子里，李大妈也会忍不住给破了个洞的衣服补上两朵简单的花。如今，随着生活的改变，闲来无事时，她便会在朴素的被面或枕头上，绣上几针，随着一双巧手的舞动，一只杜鹃、一条金鱼便活灵活现地出现了。

"现在没人学绣花喽！"对于手艺的"失传"，李大妈并不伤心，因为她觉得现在人们已经不用再靠这个"吃饭"了。相比而言倒是自己在外做电脑设计的女儿，让大妈觉得比自己绣花更有出息，虽然女儿夜晚睡在她亲手绣的枕头上更安稳、更踏实。

爆米花，记忆中童年的味道

"开炮啦，大家当心，开炮啦！"满脸汗珠的赵大叔一脚踩在地上，一脚踏在爆米机上，双手按着爆米机的开关。随着一声清脆的"砰"，热腾腾的白气四处弥漫，甜沁沁的香味也随之四处荡开了。气散雾开，走近一看，白花花的爆米花正源源地从爆米用的铁丝网桶里流出来。圆滚滚的铁丝网桶只一枕大小，然而倒出的爆米花却有整整一大筐。爆米花的赵大叔也就成了小朋友心目中最可敬的"魔术师"。

只见大叔笑呵呵地用黑油油的大手指指面前小山一样的爆米花："抓一把尝尝"。啊！酥、脆、甜、香，全是童年的味道！小时候，农村没有零食，最奢侈的就是央求父母去爆米花。舀上一碗玉米倒进爆米缸桶里，有时会加一点糖精，看着黑黑的爆米机在炭火中转呀转，爆米机的指针一点点地移呀移，指针移到一定的地方时就会停下来，里面的爆米花也就"成熟"了。这时，爆米花的师傅就会大着嗓门吆喝几声："开炮了，开炮啦，大家小心！"仿佛他脚下的爆米机真成了一门大炮，远近围观的小伙伴便都严严地捂住耳朵，避开几步，等"砰"一声响后，又潮水般围拢过来。在气雾弥漫中抢上几粒散落在外的爆米花，也总有好心的人家会将米花分给围观的孩子们一些。

如今，这些已渐渐地淡出了我们的记忆，偶尔在街

爆米花

上看到它，就会想起自己的童年。

泥瓦盆，在烈火中磨砺

泥瓦盆，也叫泥盆、素烧盆，易透气、耐热温，瓦盆用黄土烧制，不上釉子，有红色和灰黑色两种，因和老式房子上的小青瓦用同样的方法和同样的窑烧制，就有了瓦盆的称呼，是旧时人家过日子不可或缺的日用品。瓦盆瓦罐儿的历史可谓是源远流长，因为价廉、实用，曾经是祖辈们最盛行的器物，是家家户户必备的饮食器具之一。

过去一般人家买不起铜盆、瓷盆，大部分买瓦盆用，哪家都有四五个大大小小的瓦盆。一般瓦盆分四个型号，大的二尺多口径，叫大盆。二尺左右的叫二盆，一尺左右的叫三盆，一尺来大小的叫四盆。大盆二盆用于洗衣服泡米，生豆芽，买不起缸的人家当水缸用。三盆多用于盛饭，做饭盆用。四盆有用于洗脸，也有当夜盆用的，三盆、四盆还可用于丧葬时在灵前烧纸用，出灵时由孝子摔于路上，叫摔丧盆。泥瓦盆还有很多好处，用它盛面粉，可以使面粉经久不变质。夏天用它盛菜，不仅可以使菜不变质、不发馊，还有种特别的土香味。人们还利用瓦盆保温的特性生豆芽。在六月麦黄的时候，大人早上临去割麦时总要带上一个瓦罐，里面盛上水，不论太阳如何晒，瓦罐里的水总是清凉甘甜的。

瓦盆因是泥制的，又薄又脆，易坏裂，裂了纹的一般要用细麻绳子像锯子似的锔上，盆沿再用麻绳线或铁丝箍上，因盆价低廉，所以也不必花钱用铜铁锔子锔。

过去我县周边一些村镇的瓦盆窑兴盛一时。瓦盆窑类似一个长宽各十几米左右的大坟包，窑中空，用砖拱起。装窑时，将大小瓦盆一套一套摆起来烧，比烧砖的火候要轻，然后撤火、闷窑，出窑后，盆就成了青灰色。运输和店家卖时也是一套一套地摆着，故而有句歇后语，说某某人说话出口成章，就说他是："卖瓦盆的出身——一套一套的"。

泥瓦盆

随着社会的发展和人们生活水平的日益提高，瓦盆的市场越来越小，铁制家具充斥市场，"洋瓷盆"、"塑料盆"独领风骚，瓦盆瓦罐儿就渐渐淡出淡远了。有的成为工艺用品，有的被制成赝品，当作地里挖出土的陶罐，糊弄外人赚取几个钱。如今，大多数盆匠都改行去做花盆了，只有为数不多的几位中老年人在守护着这门传统工艺。年轻人不再喜欢这个行业，他们大多选择外出打工，而不愿意蹲守在低矮的土窑里在火与土的磨砺中煎熬。

泥瓦盆黑黑的质地，粗糙的素面，虽然难登大雅之堂，但它却见证了一个时代、见证了劳动人民热爱生活的美好愿望。也许，在不远的将来，土陶真的就会在我们眼前消失，成为我们永远的记忆……

打铁，仿佛隔了一个时代

农耕时代，打铁是一门炙手可热的行当。打铁师傅的基本工具便是铁锤、铁砧和火炉。打铁的条件比较差，铁砧安放在三根粗木做的架子上。火炉很小，没有烟囱，连着一个很大的风箱，烧的是碎煤块。铁坯在炉上加热，徒弟拉动风箱，炉火不只是烧得通红，甚至可见蓝火苗。铁坯在炉上烧到橘黄色时，师傅就会用一把长铁钳将坯料从炉中夹出，放在铁砧上，一手持钳夹住坯料，另一手持一短把小锤往坯料上打。徒弟用一长把的大锤，双手握锤，重击坯料。一小一大，交替锤打，在外人听来就是叮当的节奏。师傅的小锤是给徒弟的大锤做向导的，师傅的锤落在哪里，徒弟的下一锤就会大力地跟去。打铁要趁热，所以落锤比较快。打铁的噪声比较大，语言的交流就不太有效。因此，师徒二人的交流就在铁砧上见证。你来我往，锤起锤落。师傅既要决定打击部位，还要负责翻动坯料，而徒弟只要卖力挥锤，跟上师傅的锤路就可以了。

坯料的颜色从出炉时的橘黄变成红色再变成暗红色，就意味着温度降低了，金属的可塑性变差，需要再加热。这时，师傅就会将铁件再放到炉上，徒弟拉动风箱。等到铁件烧热后，再来一轮。如此反复，直到形状达到要求。然后是淬火。铁件烧到见红，迅速地放入水中，淬硬。拿出水后用一把钢丝刷除去黑皮。有些铁器还要用一块破砂轮稍微打磨一下。

黄河涛声

毫无疑问，打铁是个力气活。打铁的人也就意味着很"男人"。特别是 20 世纪五六十年代的文艺作品中，铁匠通常都是正面人物或者是工人阶级的代表。典型的铁匠形象是黑红的脸膛、粗壮的胳膊和满是老茧的手。它把一个时代永远停留在了叮叮当当的锤声中……

换锅底，最后的守望

"老沈，我的壶底换好了没有？"沈师傅轻轻地动了动嘴，嘴角香烟的灰便随之飘落，手中锤子叮叮当当地敲打声淹没了他含混的回答："你急什么，我要一点一点地给你敲密实了，壶底才不会漏。"

换锅底

今年 60 多岁的沈师傅是贾村乡人，因为有把换壶修底的手艺，闲暇时便在村里的小卖部前摆了个修换锅底的小摊，用自己修修补补的老手艺挣几个零花钱。别看这换锅底，却也是个技术活，锅底与锅身的衔接，不上胶、不点焊，完全靠细致的敲打、均匀的锤击而严密接合。手艺好的师傅换的底，滴水不漏，经久耐用，美观漂亮。

记得小时候，家里买不起水壶，烧水的壶已经是换了四五次底的旧铝壶。那时铝壶换底很平常，一把壶换个一两次底，非常的普遍，只是现在的生活水平改善了，不仅壶的价格便宜了，而且大多用上了电磁炉，对壶底的磨损也少了很多，于是沈师傅换锅底的生意也就相对清冷了很多。沈师傅把换好底的壶交给了主人，将修理工具收拾摆放整齐，点了支香烟，就又等待着下一个客人的光顾。

老裁缝，默默地坚守者

今年 72 岁的黄师傅，从 12 岁开始学习裁缝手艺算起，已经有整整 60 年了。这 60 年间，老人从来没有离开过身旁的缝纫机、放下过手中的剪刀，即使三年困难时期，那么艰苦的岁月，老人也要踩几脚，剪几刀，心里才安稳踏实。

20 世纪中后期，学裁缝风靡一时，很多大姑娘、小媳妇都为能学得一手好裁缝活而骄傲。随便在集市上扯块布，"巧媳妇"就能给家人做件合体的衣服，甚是让人羡慕。时过境迁，如今的人们都讲究品牌，没有谁再喜欢穿家人做的粗布土衣。多数裁缝早已改行转业另谋生路了，只有少数的老裁缝依旧在风雨中默默坚守着。

老裁缝

黄师傅深情地看着跟了自己大半辈子的老伙伴，一台老式的缝纫机，喃喃自语：这裁缝的手艺带给我太多了。因为它，老人没有干过繁重的体力活。20世纪70年代，他们村成立了服装厂，他就被招到那里上班，生活虽然也艰苦，但比日晒夜露强了很多；因为它，老人靠着一脚一脚地踩，一刀一刀的剪，一针一针的缝将自己的五个孩子全部送出门。今天，子女都还不错；因为它，老人有了寄托，生活充实，身体健康，精神爽朗。老人说，他现在缝缝补补的，一个月收入也会有几百块，并不是一定要靠自己挣得这点辛苦钱过活。孩子们成了家立了业，个个都很孝顺，他就是什么事不干也能安享晚年。但老人就是闲不住，更重要的是舍不得放下养了一家子，干了一辈子的老手艺。

说话间，黄师傅手中衣服很快就缝补完毕，他提起衣服满意地看了看，理了理衣角，小心的给客人包好。那神情与动作在笔者看来，怎么也不像包一件衣服，而是一个老手艺人在清理着自己六十年的追求、六十年的坚守、六十年的酸甜苦辣。

锔碗，走进博物馆的绝活

"锔盆儿、锔碗儿、锔大缸……"小时候街上偶尔会响起这嘹亮的吆喝声。听到吆喝，家庭主妇们就会纷纷拎出打破了的饭碗、裂了缝的面盆瓦罐叫锔盆匠看过，讲好价钱，锔盆匠坐在马扎上，腿上搭一块布，开始修理。

锔盆儿、锔碗儿的锔子与现在的钉书钉相仿，钉脚短，钉面略宽而长。锔盆匠用一把简易的弓子，拉动钻子，"噌噌"几下，在裂缝的两边对称地钻上小眼。把锔子的钉脚垂直按进去，然后轻敲两下打结实。沿裂缝均匀钉上若干这样的锔子，之后用白灰和的腻子抹一下，这个盆就算锔好了。腻子干后，这补好的盆、碗滴水不漏。

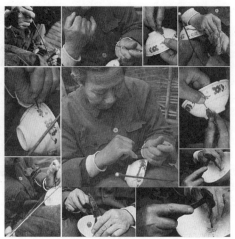

锔碗

那年月，人们买不起新物件，碗盆破了、裂了，人们大多选择锔好了再接着用。一个锔子几分钱，锔一个盆花不了一两毛，除了不太美观以外，比买一个新盆要划算。

现在，一个盆碗的价格不过几块钱，锔盆匠也早成了一种消失的行业。谁家有锔过的碗盆也快成文物了。

磨剪刀，定格的老照片

"磨剪刀嘞——锵菜刀——"这些苍老而遥远的吆喝，曾经回响在很多人童年的大街小巷里。磨刀的多是老年人，并以河南人居多。磨刀艺人多是这样一副打扮：肩挑一条长凳，一头固定两块磨刀石，一块用于粗磨，一块用于细磨，凳腿上还绑着个水铁罐。凳子的另一头则绑着坐垫，还挂了一个篮子或一只箱子，里面装一些简单的工具，锤子、钢铲、水刷、水布，等等。每每有磨剪刀人抑扬铿锵的吆喝声不经意间从村子里透出来，那些年迈的奶奶就会从针线篓里翻出几把半新不旧的剪刀，做饭的主妇就会拿出用钝的菜刀，交给磨剪刀人去整修一番。

磨刀人干起活来煞有架子：他劈腿呈骑马状跨在凳子上，自诩骑的是日行千里的赤兔马，磨的是青龙偃月刀，手捏刀背，眯眼看刀刃，在那里计划着从何处起磨。一般磨刀有粗磨和细磨两道工序，粗磨在砂砖上进行，细磨则在油石上进行，一边磨一边还要用绑着布条的木棒在竹筒里蘸水降温。磨好后还要看看刀柄的铆钉是否松动，若是松动活络了，他一定帮你用小榔头敲紧钉牢了。

当磨刀匠把磨好的剪子与菜刀交还给主人时，那脸上每一条皱纹里都蓄满了笑意。这一刻他或许正陶醉在喜悦里，他甚至淡忘了报酬，任凭细密的汗珠从他的额上沁出来。他端起主人送来的一碗茶，仰头一气喝完，随手用衣袖抹一下嘴，又佝偻着身子忙活开了……这样的画面似乎永远定格在了那一帧。

如今在农村、城市的街道巷尾里，再也难觅这样的吆喝声了，偶尔听到的几声"磨剪刀嘞——镪菜刀——"的吆喝，也成了人们繁忙生活中的匆匆过客。一个古老的行当正在逐渐萎缩，这也许是工业时代与传统手艺不可调和的矛盾吧。

生活每天都在发生着变化，不断有新事物出现，也不断有旧事物消亡。这些逝去的事物构成了记忆中的"过去"。这些逝去，有时让我们欣喜，有时却会让我们生出无穷的感伤。

整理：尉培荣　韩维元

黄河涛声

后　记

　　《万荣记忆》这本书经过三年多时间的反复修改、编校，至今终于成稿刊印了！面对厚厚的书稿，作为编者，我们感慨万千。

　　编辑这部书的思路，来源于2010年万荣县志办和《万荣人》报联合开展的"黄腾杯"万荣文史资料征集大赛。2010年初，从搜集整理万荣文史资料，充实《万荣人》报"文史版"的内容，我们决定启动这一活动。为了保证大赛的进展，我们合议后采取了有奖征集的办法。面对资金的缺口，又都不约而同的想到了黄腾化工有限公司的董事长孙克俭，同时，孙总又是八龙文化传媒公司的董事长，是个对文化很尊崇的大企业家，也有实力。没想到，事情果真出奇的顺利。当我们在找到孙总谈明事情原委后，爽快得到了孙总的大力支持。后来，正是由于有了孙总这个强大的后盾力量，才保障了该项工作的开展。再后来，一年多后，我们还召集了马天文、陈振民、解放、张启序等一批老文化人对征集的所有稿件进行了评奖。这是后话。

　　文史版的刊出当时在社会上引来了一片叫好声，都说这个活动搞得有特色，有看头。一些朋友或读者还打来了电话提供线索，或者商榷建议，都极大地支持和鼓舞了我们，坚定了我们把征集工作继续进行下去的信心和决心。这以后，在《万荣人》报社"文史版"编辑尉培荣同志的具体负责下，我们又陆陆续续收到了好多社会上的稿件，尉培荣同志经过自己的努力，也搜集整理了大量珍贵的史料。而就在这每一期的审稿中，每每读起这些东西来，都常常使我们感慨颇多，觉得这些东西不仅可读性极强，而且实在来之不易。正是带着这样一种心情，到了2011年底，看着这些虽然有些凌乱却又难得可贵的东西，我们便决定将这些资料编辑成书，并很快就着手开始了整理。

但及至将这些东西真的要从报纸上移到书稿上时，才发觉还有大量的工作在等着我们。因为即使原来曾在《万荣人》报上发表过的东西，如今要重新编辑入书，也还要再次进行详细的打磨。毕竟报纸是个快捷读物，而书籍就不同了。一些稿件过去在报纸上刊登时可能还存在着得过且过的思想，只要不出原则性的错误就罢了，而要入书，就还需要更为仔细地把关了。一些不确定的人物事迹需要重新走访，特别是比较大的历史事件要继续严格澄清，一些文字语言也要再进行润色。比如在《刻骨铭心的记忆》一文中，就反复对杨鹏鲲烈士的女儿杨妙莺当年的年龄、转移的路线进又行了多方询问推敲。在《薛克忠将军：战斗在稷王山下的峥嵘岁月》一文中，更是对当年错综复杂的稷王山工委、稷王山县委、教导第三总队、政卫一支队等之间的关系再三进行了梳理。在《三县合并为稷山县始末》一文中，也重新对其批准日期和实际合并日期查了资料。期间的繁杂实在不能一一枚举。

起初的书稿大约有 20 多万字，后来在编辑修改的过程中，觉得又有了好稿子，比如《荣河县解放纪实》、《万荣"一贯道"的兴起与覆灭》、《记忆中的万荣人民大学》、《难以忘怀的县水利凿井队》等，就忍不住又都收录了进去。对于修改的部分，我们最后也没有再请原作者同意，这一点还请各位谅解。当然也有一些稿子原来虽然已经在《万荣人》报上刊登了，但再次细看，仍觉得事情有些难以理清，或者存在一些其他方面的原因，只好又给割舍了，这些也请原作者予以理解。

该书的分章也让我们是一波三折。由于这些史料事先并没有按照什么时间或者主题来做搜集整理，而是零散的长时间陆续搜集整理出来的，大多数都是各方社会人士投递过来的，所以在写作水平上、语言风格上、文章体裁上、事件挖掘的深度上都不一致。具体到分章时，也就难以按照编年体什么的。最后经过再三权衡，我们只好大体先根据时间分成了《红色记忆》部分和后面新中国成立以后的部分，又把后面的部分选出了一些有影响的事件作为《岁月回眸》，一些带有个人回忆或不具有全县性质的内容就笼统归到了《轶事钩沉》，一些长篇连载根据文章体裁划入到了《纪实连载》，一些带有图片说明性质

后记

的内容算作《光影之音》，而把一些有关当地风土民情等虽不算文史却又觉得很有意思的内容收录到了《黄河涛声》中，这样就凑成了六大章。同时，由于稿件搜集整理的多少不同，也就形成了各部分内容的轻重不同。正如郝振省先生在前言里所说的，有些章节内容丰满而充实，而有些就显得骨感而单薄。但不管什么样的原因，对于该书的不足之处，诸如章节划分的合理与否、史料的详实程度等，都还请读者再次见谅。

这里还需要说明两点，一是本书并不是严格意义上的史书，它只是由众多的人士以回忆手法记叙整理出来的手稿集本，是由大家的碎片记忆来试图勾勒万荣过去影像的一种尝试，故名《万荣记忆》，所以内容皆为发散式的，文体也为多样性的，这可能会使你觉得有点不伦不类，各位皆不可以严格的史志性质来看待该书。二是本书还有很多方面没有涉猎到，比如20世纪50年代的大炼钢铁、文化大革命期间的一些东西等等。有些是由于史料一时难以搜集到，有些则是因为过于敏感吧，因此不免给该书带来一些遗憾。至于该书到底怎么样，仁者见仁，智者见智，只要各位看了后觉得若有所思，触动了你记忆中的某根弦，那就算我们大家在一起聊过了，就算这本书还是起了点作用。

没有历史记忆的民族是很悲哀的，对于一个国家、一个地区的人们来说，对个体的人来说都是如此。的确，当我们行走在世间，有时候是很需要回过头来看看的，去回忆一下我们曾经走过的历程，让那些难忘的记忆在脑海重新回放。因为只有记忆才会唤醒我们内心世界的历史使命感，才会增强我们后人肩上的社会责任感，也才会使我们在时空上有了一种生命存在感。《万荣记忆》，记忆里的万荣。陈酿才会更浓香。相信很多人们对书中记忆里的万荣都定会从内心深处生出许多怀念和感慨来，都会手捧该书透过岁月浮华咀嚼出那记忆深处的某种滋味来！

啰里啰嗦，权当补充说明。

是为后记。

编　者

二〇一五年八月

N